Das Buch

»Komm bald wieder nach Hause, die Taschen voll mit spanischem Gold!« und »Vergiß nicht, uns die goldene Krone des spanischen Königs mitzubringen«, rufen die Leute Peter Palafax nach, dem mittellosen Sohn eines irischen Pfarrers, als er 1740 sein bitterarmes Dorf verläßt, um im Dienst der Royal Navy an Bord der *Centurion* dem Goldenen Ozean entgegenzusegeln. Obwohl niemand außer Kommodore Anson die Befehle für diese Reise kennt, drehen sich bald sämtliche Spekulationen, die im Geschwader angestellt werden, um das Ziel, die spanische Schiffahrt im Großen Südmeer zu stören. Und das bedeutet, wie sogar der ausgemachteste Schwachkopf an Bord begreift: Gold für alle. Das Batteriedeck vibriert vor Aufregung, wo die Männer der Freiwache dicht an dicht in den Hängematten schaukeln und immer wieder in Phantasien von den Schätzen schwelgen, die sie erwarten. Vorher aber müssen sie Kap Hoorn auf einer Route umrunden, auf der kein anderes Schiff ihnen folgen kann.

»Ich mag Patrick O'Brian nicht nur, ich vergöttere ihn!«

DONNA LEON

Der Autor

Patrick O'Brian, in der Nähe von London geboren, entwickelte bereits während seiner Kindheit eine starke Beziehung zum Meer. Der Übersetzer von Sartre und Colette arbeitete während des Zweiten Weltkriegs für den britischen Geheimdienst und ließ diese Erfahrung später in sein schriftstellerisches Werk einfließen. 1969 begann er seine maritime Abenteuerserie um Jack Aubrey und den Schiffsarzt und Geheimagenten Dr. Maturin und wurde zum internationalen Bestsellerautor für spannende maritime Unterhaltung. Es erschienen 20 Bände, die dem Autor Millionenauflagen in aller Welt bescherten. Im Frühjahr verstarb der Autor in Dublin.

In unserem Haus sind von Patrick O'Brian bereits erschienen:
Kurs auf Spaniens Küste · Feindliche Segel · Duell vor Sumatra · Geheimauftrag Mauritius · Sturm in der Antarktis · Kanonen auf hoher See · Verfolgung im Nebel · Die Inseln der Paschas · Gefahr im Roten Meer · Manöver um Feuerland · Hafen des Unglücks · Sieg der Freibeuter · Tödliches Riff · Anker vor Australien · Inseln der Vulkane · Gefährliche See vor Kap Hoorn · Der Triumph des Kommodore · Der gelbe Admiral · Mission im Mittelmeer · Der Lohn der Navy

Patrick O'Brian

Das Gold des Ozeans

Roman

Aus dem Englischen von
Andrea Kann

Ullstein

Besuchen Sie uns im Internet:
www.ullstein-taschenbuch.de

Umwelthinweis:
Dieses Buch wurde auf chlor- und säurefreiem Papier gedruckt.

Deutsche Erstausgabe im Ullstein Taschenbuch
1. Auflage Juli 2005

Titel der Originalausgabe:
The Golden Ocean

Umschlaggestaltung: Buch & Werbung, Berlin
Titelabbildung: Geoffrey Hunt
Gesetzt aus der Cochin
Satz: Pinkuin Satz und Datentechnik, Berlin
Druck und Bindearbeiten: Ebner & Spiegel, Ulm
Printed in Germany
ISBN-13: 978-3-548-26297-0
ISBN-10: 3-548-26297-X

ERSTES KAPITEL

AUF WIEDERSEHEN!« riefen alle im Chor. »Leb wohl, Peter! Auf Wiedersehen! Auf Wiedersehen!«

Auch er wollte ihnen noch einmal »Auf Wiedersehen« zurufen, aber mit dem würgenden Kloß im Hals brachte er nur ein mühsames Krächzen heraus.

»Auf Wiedersehen, Peter!« riefen sie immer weiter, und er hörte deutlich die Stimme vom alten Turlough heraus, der ihm nachrief: »Peter, komm bald wieder nach Hause, die Taschen voll mit spanischem Gold!«

Am Fuß des Hügels, wo der Weg eine Biegung machte, drehte Peter sich noch einmal im Sattel um, sah die weißen, winkenden Taschentücher auf dem Hang und hob die Hand zu einem letzten Abschiedsgruß. Mit tränenverschwommenen Augen starrte er zu den winkenden Menschen und den flatternden Tüchern, bis alle hinter der Biegung und der langen Torfmiete verschwunden waren.

Wenig später kamen Peter und Liam zu der grasbewachsenen Wegkreuzung bei der Hütte von Joseph Noonan, wo die Frauen zum Abschied ihre blauen Tücher schwenkten, und er mußte sich stark zusammenreißen, um lächelnd ihren Gruß zu erwidern.

»Und vergiß nicht, uns die goldene Krone des spanischen Königs mitzubringen!« rief Pegeen Ban ihm nach.

Jetzt geht es also los, dachte er. Aber obwohl er sich auf diesen Tag so sehr gefreut hatte, ließ ihn der Gedanke, daß das Abenteuer nun begann, seltsam kalt. Überwältigt vom Abschiedsschmerz, der so viel größer war, als er sich jemals vorgestellt hätte, fing er fast an zu verzagen. Verflogen war die ganze Begeisterung, die ihn seit vielen Nächten nicht mehr hatte schlafen lassen, und er fühlte sich nur noch schrecklich einsam. Er warf Liam von der Seite einen verstohlenen Blick zu, aber dieser tat taktvoll so, als werde seine ganze Aufmerksamkeit von der Schnalle seiner Zügel absorbiert, und sagte nichts. Schweigend ritten sie weiter, nur das Knarren von Leder und der dumpfe Hufschlag ihrer Pferde auf dem weichen, grasigen Weg waren zu hören.

Jetzt geht es also los, sagte sich Peter nach einer ganzen Weile erneut, und wieder wunderte er sich darüber, daß die Worte so abgedroschen und trivial klangen. Vielleicht liegt es einfach daran, daß ich immer noch auf so vertrautem Boden bin, dachte er und hob den Blick von der Mähne seines Pferdes. Vielleicht erwartet man, wenn man zu einem großen Abenteuer aufbricht, daß sich ringsum alles schlagartig verändert, und solange man durch die Gegend reitet, die einem so vertraut ist, hat man das komische Gefühl, daß irgend etwas nicht stimmt. Er sah sich um, und tatsächlich, es war dieselbe Gegend, die er jeden Tag in seinem Leben gesehen hatte: Die Straße durchs Landesinnere führte nun über das Moor von Connveagh. Das Meer zu seiner Rechten war bereits in weite Ferne gerückt. Linker Hand erhoben sich sanft die blauen Berge von Slieve Donagh und Cruachan vor dem weiten, fahlen Himmel; und er wußte, wenn er sich im Sattel umdrehte, würde er in der Ferne die Eschen sehen, die schützend das Pfarrhaus von Ballynasaggart umstanden, wo sich nun alle an den Frühstückstisch setzten. Vor Peter verlief die Straße, durch die düsteren

Binsen und das Gras nur undeutlich zu erkennen, immer weiter bis zu dem jähen Gefälle, wo das Moor von Conn-veagh aufhörte und das Moor von Moin begann und wo sich die Welt weit und flach bis zum Horizont ausdehnte. Über der Ebene der Zwei Nebel hing reglos ein weißer Dunstschleier, und in dieser schier endlosen Fläche war keine einzige Hütte zu sehen, geschweige denn ein Bauernhof oder ein Haus – nichts außer dem hell blinkenden Wasser in den Torfgräben und dem Schimmern des träge dahinströmenden Flusses.

Ein Fremder hätte diese gewaltige und wilde Landschaft vielleicht als unmenschlich und trostlos empfunden. Für Peter aber war es die Heimat, und sie erschien ihm nicht bedrückender als der langgezogene Schrei der Brachvögel, die hinter ihnen über den Weg flogen. Doch obwohl ihm die Gegend vertraut war, betrachtete er sie heute so aufmerksam, daß er sie eine Weile wie durch die Augen eines Fremden sah. Aber dann trieben Regenschleier vom Meer heran und verhüllten das Hinterland. Es war kein kalter und auch kein strömender Regen, und sie spürten die leichten, feinen Tropfen kaum, die, wie an so vielen Tagen im Jahr, sanft aus dem Himmel nieselten; aber das Wetter paßte zu Peters Gemütslage und zu dem Lied, das Liam halb summend, halb singend vor sich hin brummte – das traurige Lied von den Wildgänsen, die in die Verbannung flogen und nie wieder zurückkehrten –, und machte ihn noch betrübter, als er ohnehin schon war.

Unbeirrt ritten sie weiter und immer weiter durch den Nieselregen, und Peter war so tief in Gedanken versunken, daß ihm vor Schreck fast das Herz stehenblieb, als plötzlich eine Gestalt am Wegrand aufsprang, eine hochgewachsene Gestalt in einem blauen Rock, die mit einem gellenden Schrei und flatternden Rockschößen aus dem Graben hüpfte.

»T'anam an Dial, omadhaun!«[1] rief Peter und beruhigte sein Pferd. Und immer noch auf Irisch fragte er: »Was machst du denn hier, Sean? Hast du nichts Besseres im Kopf, als aus dem Graben zu springen und mit deinen Rockschößen herumzuwedeln, obwohl es noch nicht mal dein Rock ist, sondern der von Patrick Kearney?«

»Du frecher, ungezogener Bengel!« fuhr auch Liam seinen Neffen wütend an. »Was sind denn das für Manieren? Und warum ziehst du deine Schuhe nicht an?«

»Ich komme mit«, erklärte Sean grinsend, packte Peters Steigbügelriemen und klopfte dem Pferd damit in die Seite, um es anzutreiben.

»Nein!« riefen Peter und Liam wie aus einem Mund, ersterer eher verwundert, letzterer ohne viel Überzeugungskraft.

»Doch, und ob«, erwiderte Sean trotzig, während er neben den Pferden hertrabte und ihm im Takt dazu die um den Hals baumelnden Schuhe gegen den breiten Brustkorb prallten.

»Kommt gar nicht in Frage«, protestierte sein Onkel, wenn auch nur aus reinem Widerspruchsgeist.

»Doch«, beharrte Sean.

Peter, der aus Erfahrung wußte, daß dieser Dialog womöglich endlos lange weiterging, unterbrach die beiden: »Hat dein Vater dir erlaubt mitzukommen?«

Sean wandte Peter sein pausbäckiges Gesicht zu. »Haltet Ihr mich etwa für so böse und ungehorsam, daß ich ohne die Erlaubnis meines Vaters und den Segen von Hochwürden meine Heimat verlassen würde?« fragte er mit treuherzigem Blick. »Würde ich etwa nicht ewig unter der Schande leiden, wenn ich mich heimlich wie ein Iltis davonstehle?«

Da sich Peter bei so dick aufgetragener Rechtschaf-

[1] Zum Teufel mit dir, du Trottel! (Anm. d. Ü.)

fenheit fast sicher war, daß Sean log, fragte er ihn ohne Umschweife: »Hat dir dein Vater wirklich erlaubt mitzukommen? Und hat mein Vater zugestimmt?«

»Ah!« stöhnte Sean und sprang so ungestüm in die Luft, daß Placidus scheute und aus dem Tritt kam. »Oh, es ist schon hart«, rief er gekränkt aus, »wenn man sich nach einem zwanzig Meilen weiten Fußmarsch über den Berg und das Moor als Lügner und Verräter beschimpfen lassen muß.«

»Das sind höchstens sieben«, widersprach Liam, »und ich will einen Besen fressen, wenn das mit der Erlaubnis mehr als leeres Geschwätz ist.«

»Nun mal ehrlich, Sean«, fragte Peter, »hat dein Vater wirklich gesagt, daß du mitdarfst?«

»Wie oft soll ich das denn noch sagen?« rief Sean verzweifelt und riß so heftig an dem Lederriemen, daß der arme Gaul ins Straucheln geriet. »Hab' ich meinen Vater etwa nicht gefragt: ›Darf ich gehen?‹, und hat er etwa nicht gesagt: ›Ja, du darfst‹? Und hat Hochwürden mich mit seinen wunderbaren Schilderungen vom freien und herrlichen Leben in der stolzen Flotte Seiner Majestät nicht ausdrücklich ermutigt? ›Fahr hinaus in die Welt, Junge!‹ hat seine Ehrwürden wortwörtlich gesagt, während er in dem kleinen Empfangszimmer auf und ab geschritten ist. ›Fahr mit der Royal Navy in den goldenen Ozean, fahr hinaus auf die goldene See.‹«

»Der goldene Ozean? Die goldene See?« rief Peter zweifelnd. »Hat er das wirklich gesagt, Sean?«

»Ja, das hat er«, antwortete Sean, voller Genugtuung über die Wirkung seiner Worte. »›Segel über die goldenen Wogen des Westens der Sonne entgegen, bis du sie mit deiner Hand berühren kannst‹, hat er gesagt, ›und wenn du dich zur Royal Navy meldest, wird dir mein jüngster Sohn Peter, dieser Prachtbursche, schützend zur Seite stehen.‹«

»Das klingt aber gar nicht nach meinem Vater – Gott segne ihn ...«

»Gott segne ihn!« wiederholten die beiden anderen, und Liam lüftete seinen Hut.

»... bis auf das mit dem goldenen Ozean, der weiten, goldenen See«, fuhr Peter fort. »So was Ähnliches hat er zu mir auch gesagt, von einer goldenen Reise und einem Ort namens Kolchis – er sagte, ich müsse den Weg dorthin selbst finden.«

»Wir gehen nach Cork«, stellte Liam pragmatisch klar, »nach Cork, und zwar den Weg über Derrynacaol – und nicht zu irgendeinem komischen Kolchis.«

»Wo liegt denn dieses Kolchis überhaupt?« fragte Sean.

»Oh, in Griechenland bestimmt, oder sogar noch dahinter«, erklärte Peter. »Das steht alles in dem Buch. Aber ich erinnere mich nicht mehr so genau, es gab dieses goldene Fell im Baum und einen Drachen, und eine weise, schöne Frau, die Tochter des Königs. William wüßte es bestimmt, er liest nämlich Griechisch und Latein wie ein Erzbischof.«

»Das war doch sicher vor langer Zeit, oder?«

»Ja, bestimmt, das muß lange her sein.«

»Noch vor St. Patrick vielleicht?«

»Schon möglich, Sean, sehr wahrscheinlich sogar, wenn ich mich recht entsinne.«

»Vielleicht war es zur Zeit der Tuatha De Danaan?«[1]

»Ach, Sean, ich weiß es nicht. Das mußt du William fragen – er ist der große Gelehrte mit seinem fußkranken Achill[2] und seinem *hic hac horum.*«

»Ich wünschte«, seufzte Sean mit gesenktem Blick und starrte beim Laufen eine Weile auf seine nackten Füße, »ich wünschte, ich könnte Griechisch lesen.«

[1] Keltisches Göttergeschlecht (Anm. d. Ü.)

[2] Fußkranker Achill – hier scherzhaft gemeint (Anm. d. Ü.)

»Was sagst du da – Griechisch lesen?« entrüstete sich Liam. »Oh, diese Schlange! Dieser dreiste, unverschämte Lügner! Wie oft habe ich zu meiner armen Schwester gesagt, die er mit seinem ungezogenen Benehmen wahnsinnig gemacht hat, wie oft habe ich zu ihr gesagt: ›Wenn du diesem Bürschchen nicht bald die Flausen austreibst, wird er noch am Galgen enden wie so manch ein anderer unverbesserlicher Halunke. Oder wir hören eines Tages von ihm, daß er Soldat in König Ludwigs Papistenarmee geworden ist, wo er ruck, zuck ein paar auf die Rübe kriegt und von Gewehrkugeln und Lanzen durchbohrt wird. Und wenn sie ihn dann nach Hause bringen, wird man ihn wegen Landesverrat und Dienst in einer ausländischen Armee vor Gericht stellen und an der Wegkreuzung von Ballynasaggart aufhängen. Sorg lieber dafür, daß er zu einem anständigen Meister in die Lehre kommt‹, habe ich ihr gesagt, ›damit die Herumtreiberei ein Ende hat und endlich Schluß ist mit dem Gefiedel und irischen Reimgeklingel. Es ist schlimm genug, diese Sprache im engsten Kreis zu sprechen, wenn uns niemand hören kann, aber sie auch noch zu Papier zu bringen …‹«

»Was ist denn so schlimm an Gälisch?«

»Es ist die Sprache der Dienstboten. Und nicht mal für die ist sie gut genug. Was für eine Stellung kann ein Dienstbote erwarten, wenn er nichts als Irisch kann – so, als sei er geradewegs dem Moor entsprungen?«

»Früher war es mal die Sprache der Könige.«

»Ich spucke auf unsere Könige. Es war nie die Verkehrs- und Handelssprache.«

»Es ist die Sprache, die im Paradies gesprochen wird.«

»Das stimmt nicht. Mag sein, daß ein paar ganz arme, ungebildete Engel, die kaum eine Feder am Leib haben, in irgendwelchen dunklen Winkeln des Himmels noch ein paar Brocken Irisch sprechen, aber die offizielle Sprache dort ist Englisch.«

»Also für mich ist Irisch gut genug«, erklärte Peter.

»Bitte sehr, wie es Euer Ehren beliebt«, sagte Liam scharf, »aber bei unserem Treffen mit dem jungen Herrn in Derrynacaol wird mich der Sohn Eures Vaters hoffentlich nicht vor Scham im Boden versinken lassen, weil er die Sprache der Unterschicht spricht.«

»Aber hör mal, Sean«, rief Peter und kehrte wieder zu ihrem Ausgangsthema zurück, das er keineswegs vergessen hatte, »wenn das wirklich alles stimmt, was du sagst, warum hat mein Vater mir dann nichts davon gesagt? Und warum bist du dann nicht mit uns zusammen aufgebrochen? Du hättest dir Clancys Stute borgen können, und dein Onkel hätte sie zusammen mit Placidus wieder zurückgebracht. Und wo ist, außer Patrick Kearneys Rock, den du hoffentlich auf redliche Weise von ihm bekommen hast, dein Gepäck für eine so ungeheuer lange Reise? Hast du wenigstens ein Empfehlungsschreiben für Mr. Walter, Sean?«

»Ich habe die Schuhe«, antwortete Sean, »und vor Derrynacaol werde ich sie anziehen.«

Derrynacaol – normalerweise waren es zwei volle Tagesreisen von Ballynasaggart nach Derrynacaol, das in einer Gegend lag, die Peter nicht kannte. Sie wollten aber versuchen, es in anderthalb Tagen zu erreichen, denn zu dieser Zeit des Jahres fand dort der große Pferdemarkt statt, mit Rennen und Jahrmarkt, und es wäre jammerschade gewesen, einfach daran vorbeizureiten, ohne wenigstens etwas davon zu sehen. Wenn sie auch nachts bei Mondschein ritten, konnten sie am Mittwochnachmittag, rechtzeitig zu den Rennen, in der Stadt eintreffen.

»Das sogenannte Stadtrennen müssen wir unbedingt sehen«, erklärte Liam, als sie die weiße Straße von Slieve

Alan hinaufritten, »denn das ist das Hauptrennen, und dem Sieger stiftet die Stadt einen Silberpokal.«

»Sind das gute Pferde dort, Liam?«

»Ob das gute Pferde sind? Das sind die besten der Welt, mein Lieber, auf die würde sich sogar ein Julius Cäsar oder ein Vizekönig setzen. Und halb Irland säumt die Rennbahn und jubelt dem Sieger zu. Selbst die allerlahmsten von den Gäulen hier würden in Ballynasaggart immer noch alles in Grund und Boden rennen und Cormac O'Neils braunen Wallach, die häßliche Schindmähre, zum Gespött machen.«

»Ich wünschte, ich könnte bei so einem Rennen mitreiten«, seufzte Sean, der hinter seinem Onkel aufgesessen war, um sich vom Laufen auszuruhen.

»Pah!« stieß Liam verächtlich hervor. »So ein langer, fetter Lulatsch wie du? Da würden sich diese hochbeinigen, edlen Pferde ja bis zum Boden biegen. Nein, im Ernst: Wenn ihre Besitzer nicht ganz leicht sind, lassen sie kleine Jockeys reiten, die nicht mehr als eine Eule wiegen. Denn sie sind ganz wild darauf, dieses Rennen zu gewinnen, verstehst du. Deshalb werden die Pferde keine Unze zu viel tragen. Es geht nicht nur um die Ehre, den Pokal zu gewinnen, sondern jeder Edelmann zahlt fünf Guineen Startgeld und jeder Lehnsherr zehn, und der Sieger bekommt den gesamten Einsatz – außerdem gibt es ja noch die Nebenrennen und die Wetten. Aber dazu sage ich lieber nichts mehr.«

»Und warum nicht?«

»Weil das die verruchte Seite von Pferderennen ist. Hat seine Hochwürden euch nie erklärt, wie gottlos das Glücksspiel ist? Und habe ich euch nicht auch gesagt, wie töricht es ist – ich, der beste Pferdekenner in der Grafschaft Galway, wenn nicht von ganz Connaught, da kann Cormac O'Neil sagen, was er will. Nein, die prächtigen Tiere sind ein herrlicher und wunderbarer Anblick, und außerdem gibt es Flötenmusik und Tanz. Aber das Wetten und die gottlosen Laster – vor solchen Torheiten hütet euch, und solange Hochwürden das Sagen hat, wird es derlei nicht geben, und auch keine Geschäfte mit Hütchenspielern und gemeinen Bauernfängern. Und ehe ich's vergesse, möchte ich euch noch vor den Taschendieben warnen, von denen es beim Pferdemarkt nur so wimmelt. Ihr müßt immer die Hände in den Taschen behalten, sonst stehlen sie euch alles, was ihr habt. Was nicht heißt, daß sie es nicht trotzdem tun, denn einem Mann aus Dungannon haben sie in dem Tumult am Zielpfosten die Perücke vom Kopf geklaut, während er krampfhaft seine Taschen zuhielt. Das habe ich von seiner Tante in Dungannon persönlich gehört. Wenn ihr also Geld oder irgend etwas Wertvolles bei euch tragt, gebt es mir, ich stecke es in meinen Geldbeutel. Gott bewahre uns vor allem Unheil. Ihr glaubt ja nicht, wie dreist und verderbt dieses Pack ist.«

»Gott behüte uns vor dem Bösen«, sagten sie, und Peter händigte Liam ein dickes, schweres Fünf-Shilling-Stück aus, das seit Jahren die Runde in der Familie machte und von John an William, Sophia, Rachel, Dermot, Hugh und an Laetitia weitergegeben wurde. Und nun hatte Peter die Münze von William bekommen, denn jeder bekam sie am Geburtstag vom Vorbesitzer und behielt sie, bis der nächste an die Reihe kam – ein sorgsam gehüteter Schatz, der, obwohl viel zu wertvoll, um jemals ausgegeben zu werden, seinem jeweiligen Besitzer das wundervolle Gefühl von Reichtum vermittelte, ein seltenes Vorkommnis in der Familie eines Landpfarrers. Liam zog den Geldbeutel, der an einer Schnur um seinen Hals hing, aus seinem Kragen – den Lederbeutel, in dem warm und glänzend die wenigen, sauer ersparten Guineen für die Reise lagen – und steckte das Fünf-Shilling-Stück hinein. Er musterte Sean, der seinem Blick auswich, und dann wieder Peter. »Und was ist mit Euren Schnallen?« fragte er.

»O je, die Schnallen!« rief Peter und griff erschrokken an seine Halsbinde. »Aber hör mal, Liam«, sagte er dann nach kurzem Überlegen, »mir wird doch niemand die Schnallen von meinen Schuhen oder Breeches stehlen, die sind doch nur aus Blech. Aber ich gebe dir die von meiner Halsbinde.«

»Das wertlose Glasding könnt Ihr behalten. Aber Eure Schuhschnallen sehen fast aus wie Silber, die nehmt Ihr besser ab. Auch die an den Knien.«

»Nein, Liam, das möchte ich nicht, wirklich. Wie sieht denn das aus, wenn ich nach Derrynacaol komme – das, nach allem, was du mir erzählt hast, wie die berühmte Stadt Ninive sein muß –, um Mr. FitzGerald zu treffen, und keine Schnallen an den Schuhen habe?«

»Die stehlen hier selbst einer Ratte die Ohren.«

»Sollen sie mir doch von mir aus den Rock vom Rücken stehlen, aber ich gehe trotzdem nicht nackt nach Derrynacaol. Ich werde denen schon die Stirn bieten, Liam.«

»Vorsicht, Mr. Peter, ist ...«, begann Liam, doch in diesem Moment erreichten sie die sanft gerundete Kuppe des grasbewachsenen Hügels, und vor ihnen erstreckte sich unter der dunstig verschwommenen Sonne die weite, grüne Ebene und tief unten der schimmernde Fluß.

»Da ist es!« rief Liam und zeigte auf einen dunklen Fleck in mittlerer Entfernung, eine Ansammlung von Häusern, über die Rauchschwaden zogen. »Da ist Derrynacaol.«

»Das da?« fragte Peter ungläubig.

»So ein mickriges, kleines Nest«, stellte Sean enttäuscht fest.

»Ach, ist das etwa kein richtiges Dorf?« brauste Liam auf. »Stehen da etwa nicht lauter Hütten und Katen? Ist das da drüben vielleicht kein Torfmoor? Habt ihr denn keine Augen im Kopf, um den stattlichen Kirchturm und das vornehme Gerichtsgebäude zu sehen? Obwohl es schon stimmt«, gab er nach einer Weile in sachlicherem Ton zu, »von hier aus sieht man eigentlich gar nicht viel. Aber dort, schaut mal, auf der anderen Seite des Flusses – in der Flußbiegung, seht ihr? – dieses große, grüne Rund, das halb so groß ist wie Amerika. Tja, das ist die Rennbahn.«

»Tatsächlich?« fragte Peter erstaunt.

»Allerdings«, erwiderte Liam besänftigt, »und sogar die schönste und größte Rennbahn im Himmel kann ja wohl kaum schöner oder größer sein.«

»Oh – und ich bin als erster dort!« rief Sean, rutschte vom Pferd und rannte los.

Sean war der schnellste Läufer in den umliegenden zwanzig Pfarrbezirken. In Ballynasaggart hieß es, wenn er zur Abwechslung mal etwas anderes essen wolle, bräuchte er nur so schnell er konnte zu rennen, um mit der einen Hand eine Schnepfe und mit der anderen einen Gockel zu fangen. Bereits nach kurzer Zeit hatte er sich einen beträchtlichen Vorsprung vor Peter und Liam erlaufen. Dann verloren die anderen ihn eine Zeitlang ganz aus den Augen, obwohl sie ihre Pferde zu einem flotten Tempo antrieben. Anders als in der Einsamkeit des Hochlands herrschte hier auf der Straße einiger Betrieb, und alles drängte eilig vorwärts, Richtung Derrynacaol. Etliche Eselskarren und Reiter waren unterwegs, und immer mehr Fußgänger, je näher sie der Stadt kamen, aber von Sean war nirgends eine Spur zu sehen. Erst als sie ihr Gasthaus erreichten, entdeckten sie ihn. Um seinen Reisebegleitern keine Schande zu machen, hatte er seine Schuhe bereits ein ganzes Stück außerhalb der Stadt angezogen. Aber da es sich um die Familienschuhe einer vielköpfigen Sippschaft handelte, deren Angehörige sich alle erheblich in ihrer Körpergröße unterschieden, machten sie zwar äußerlich einiges her, waren aber zum Laufen alles andere als bequem. So hatte er sich auf der letzten halben Meile die Haut an den Fersen abgelaufen, was seine Stimmung stark gedämpft und ihn gezwungen hatte, den Rest des Wegs auf Zehenspitzen zurückzulegen. Und nun war er so geschwächt, daß er nur noch mit letzter Kraft in den Stall humpelte, wo er, derweil Peter sich umzog, auf einem Strohhaufen lag, die Beine in die Luft gestreckt, während ein mitfühlender Stallknecht aus Tuam einen Strahl kaltes Wasser über seine wunden Füße pumpte.

Das Umziehen war Liams Einfall, und er bestand darauf, obwohl Peter darauf brannte, zum Pferdemarkt zu kommen. »Es kann sehr gut sein, daß Ihr Mr. FitzGerald unterwegs begegnet«, erklärte Liam, »und Ihr wollt uns doch wohl keine Schande in der alten Strickjacke da machen. Außerdem sind Lehnsherren und Edelleute aus dem ganzen Land angereist, und ihre Damen sind herausgeputzt wie stolze Pfauen – da kann man doch nicht als armer Schlucker auftreten.«

Und damit packte er Peters besten Rock aus, breitete ihn aus und begann, kräftig auf das Messing hauchend, die Manschettenknöpfe zu polieren, bis sie funkelten und blitzten. Peter schickte sich ins Unvermeidliche, worüber er im nachhinein froh war, nicht nur weil Liam die Genugtuung im Gesicht geschrieben stand – es macht immer Freude, die eigenen Leute zufriedenzustellen –, sondern auch, weil er sich in dem guten Rock bedeutend sicherer und weniger provinziell fühlte. Und für jemanden, der aus einem abgeschiedenen Pfarrhaus im entlegensten Winkel der ärmsten Diözese der westlichen Welt kam, machte er sogar einen recht achtbaren Eindruck. Sein langer, blauer Rock (ihm großzügig von Vetter Spencer überlassen), seine bestickte Weste und seine Lederbreeches (eigentlich Williams Hose, zu diesem besonderen Anlaß jedoch in Seiner Majestät Dienst gesteckt) waren das Ergebnis hingebungsvoller Näharbeiten zu Hause, um die Kleidungsstücke passend zu machen, aber sie sahen dennoch so aus, als stammten sie von der Hand eines Schneiders; und die farbenprächtige Weste, in der sieben Monate mühseliger, liebevoller Plackerei seitens Laetitias steckte, übertraf alles, was ein Schneider je hätte anfertigen können, zumal da sie in ihrem Eifer für den geliebten Bruder das Muster nicht nur, wie bei gewöhnlichen Stickereien üblich, bis zu den Rippen, sondern bis hoch oben zu den Schulterblättern gestickt hatte. Und was das Leinen betraf, das, mit dem Flachsanbau angefangen, komplett zu Hause verarbeitet, also getrocknet, gesponnen, gewebt, geklöppelt und gebleicht worden war, so hatte auch Solomon kein feineres Leinen als das aus Ballynasaggart und auch keine zartere Spitze (falls Solomon überhaupt jemals Spitze trug, was allerdings ziemlich unwahrscheinlich war) als jene, die von Pegeen Bans Klöppelhölzern und Nadeln stammte und nun wie kunstvolle Spinnengewebe Peters Hals und Handgelenke zierte.

»Eure Mutter wäre stolz auf Euch«, sagte Liam anerkennend und band Peters Haar mit einem schwarzen Band im Nacken zusammen.

»Schöne Kleider sind nur eitler Putz«, wandte Peter ein, während er mit heimlichem Stolz sein Spiegelbild betrachtete.

»Kleider machen Leute, soviel steht fest«, erwiderte Liam und musterte Peter mit schräg gelegtem Kopf. »So könntet Ihr glatt als Sohn eines Bischofs oder zumindest eines Dekans durchgehen. Jetzt bin ich doch froh, daß ich die Schnallen drangelassen habe.«

»Ach, die Schnallen«, Peter griff sich an die Kehle, »ich hoffe, du wirst nicht recht behalten mit den Dieben beim Rennen.«

»Pah!« entgegnete Liam. »Das grüne Glasteil da nimmt euch bestimmt niemand weg. Wozu tragt Ihr das Ding überhaupt?« Abschätzig betrachtete er die Spange an der Spitzenrüsche von Peters Halsbinde, die ohne erkennbaren Nutzen offenbar nur der Verzierung diente.

»Mutter Connell hat sie mir als Glücksbringer geschenkt«, antwortete Peter trotzig.

»Diese alte Hexe!« schimpfte Liam. »Man müßte sie auf dem Scheiterhaufen verbrennen.«

»Nein, niemals!« rief Peter.

»O doch«, beharrte Liam, »diese Hexe.«

Peter antwortete nicht sogleich, sondern dachte an die sonderbare Alte mit dem gelblichen Gesicht, die in einer einsamen Hütte, noch hinter dem runden Turm, am Meer hauste. Irgendwie waren sie auf eine seltsame Weise Freunde. Manchmal brachte er ihr von dem Fisch vorbei, den er im Meer gefangen hatte, und dann erzählte sie ihm – obwohl sie sonst mit keiner Menschenseele sprach und sich sogar versteckte, wenn der Pfarrer vorbeikam – lange Geschichten aus ihrer Kindheit, der Zeit Cromwells, und von Königen aus längst vergangenen Zeiten. »Sie hat diesen Talisman von ihrer Großmutter geerbt«, erklärte er, »und sie glaubt, er stammt aus einem spanischen Schiff. Aber sieh dich vor, Liam, sie könnte nämlich hören, was du sagst.«

Die Hexe in sicherer Entfernung wissend, schnippte Liam abfällig mit den Fingern. »Ist mir völlig schnuppe, was die schwarze Hexe alles könnte«, sagte er verächtlich, »und das grüne Glasding da ist nur wertloser Jahrmarktflitter, den sie als junges Mädchen gestohlen hat – falls sie, was ich bezweifle, jemals eins war und nicht schon als alte Krähe auf die Welt gekommen ist.«

Aus der Ferne drang immer lauter werdendes Gebrüll durch das niedrige Fenster. »Da fängt gerade ein Rennen an«, rief Liam, brennend vor Ungeduld. »Soll ich unten an der Tür warten, während Ihr Euch die Schuhe anzieht?«

Mag sein, daß er an der Tür eine Weile, die ihm endlos lange vorgekommen war, gewartet hatte; auf jeden Fall war er weg, als Peter nach unten kam, obwohl er nicht länger gebraucht hatte, als nötig war, um hastig in die Schuhe zu schlüpfen, wobei er den linken Fuß noch einmal kurz herausziehen mußte, um den Schuhlöffel zu entfernen. Doch dafür war Sean noch da. Auf Zehenspitzen stand er auf der obersten Stufe und spähte über die Köpfe der Menschenmenge, zwischendurch immer wieder ungeduldige Blicke in die Eingangshalle hinter sich werfend.

»Gerade ist der Vetter vom Vizekönig persönlich vorbeigekommen«, rief er Peter aufgeregt entgegen. »In einem Sechsspänner mit berittener Eskorte und scharenweise Lakaien.«

»Wo ist er denn?« fragte Peter und starrte suchend in den vorbeiziehenden Strom von Menschen, Pferden, Eseln und Karren.

»Da!« brüllte Sean. Auf die schmetternde Fanfare eines Posthorns hin stürzte er sich ins Gedränge, und damit verlor Peter ihn aus den Augen.

Peter blieb einen Moment unschlüssig stehen, aber der Menschenstrom floß unaufhaltsam Richtung Kirche, und so schloß er sich einer Gruppe Metzger an, die in der Mitte der Straße marschierten, scheppernd ihre Markknochen und Hackmesser aneinander schlugen und von Zeit zu Zeit im Chor einen Schrei ausstießen, und ließ sich in ihrem Kielwasser mittreiben. *Die* müssen ja wissen, wo es hingeht, sagte er sich, als er über einen Soldaten stieg, der mit sich und der Welt in Frieden, sturzbetrunken in der Gosse lag. Binnen weniger Minuten hatten sie die kleine Stadt durchquert, und Peter fand sich in der dichtgedrängten Menschenmenge wieder, die rempelnd und schubsend die Rennbahn säumte. Alles starrte wie gebannt nach rechts. Er schlängelte und schob sich durch das Gedränge, bis er unter dem Arm eines hünenhaften Kuttelverkäufers hindurch das grüne Geläuf sehen konnte. Halb taub vom Gebrüll und Geschrei ringsum, hörte er über all dem Lärm auf einmal ein mächtiges Donnern, das anschwoll und lauter und lauter wurde, bis es auch die Menschen um ihn herum erfaßte, und im nächsten Moment sah er die Rennpferde im geschlossenen Pulk wie eine Woge angepruscht kommen. Und schon rasten sie donnernd und stampfend an ihm vorbei, Grasbrocken unter den Hufen emporschleudernd, und plötzlich merkte Peter, daß er aus vollen Lungen brüllte. Er konnte zwar seine Stimme nicht hören, spürte aber ihre Vibration. Und dann waren sie auch schon vorbei und bogen in die Kurve ein, und außer der aufgeworfenen, braunen Erde erinnerte nichts mehr an sie, und das Geschrei erstarb.

Langsam kam Peter wieder zu Atem. »Der Rotschimmel hat gewonnen!« jubelte er den Umstehenden zu. Doch dann blieben ihm die Worte in der Kehle stecken, der Hut wurde ihm über Augen und Ohren gestülpt, so daß er nicht mehr wußte, wo vorne und hinten war, da der Hüne mit den Kutteln plötzlich schwungvoll seinen Arm herunterbrachte, mit dem er seit zehn Minuten gewinkt hatte.

»Habt Ihr das gesehen?« rief der Kuttelverkäufer, half Peter auf und richtete ihm nebenbei den Hut wieder gerade. »Habt Ihr gesehen, wie fabelhaft Pat den Rotschimmel geritten hat?« Johlend stieß er einen Jubelschrei aus, und als er sich wieder beruhigt hatte, erklärte er Peter: »Er ist der Sohn *meiner* Schwester, stellt Euch vor! Und ich habe gerade zehn Pfund gewonnen und bin jetzt ein begüterter Mann! Aber es tut mir leid, daß ich Euer Ehren auf den schönen Hut gehauen habe. Würdet

Ihr als Entschuldigung ein Stück von den Kutteln annehmen – stammen von Foylans Jungbullen, einem der besten überhaupt – oder vielleicht einen Schweinsfuß? Bitte Euer Ehren, bedient Euch bei Blue Edward, dem begüterten Mann.«

Um nicht hochmütig zu erscheinen, geschweige denn, den guten Mann zu kränken, ließ sich Peter den Schweinefuß geben, wickelte das Ende in sein Taschentuch, um sich die geblümte Weste nicht zu beschmutzen, und schlenderte durch die sich auflösende Menge davon. Erst jetzt entdeckte er die Buden mit Jahrmarktsgeschenken und Lebkuchen, denn sie standen in unregelmäßigen Reihen außerhalb der riesigen, ehemals grünen Wiese, die jetzt zu einer Fläche von unbestimmtem Dunkelgrau niedergetrampelt war und so roch, wie alle Jahrmärkte unter freiem Himmel riechen. Von überall her ertönten die Rufe der Schausteller, die versuchten, die Jahrmarktsbesucher in ihre Raritätenkabinette zu locken, mit Attraktionen wie den staunenswerten Feuer- und Schwertschluckern aus der Grafschaft Fermanagh, zweiköpfigen Kälbern, der großen, vom Papst und dem gesamten Kardinalskollegium bewunderten Zauberin des Orients, Flohzirkussen oder garantierten Heilmitteln gegen Mondsucht und Magenkrämpfe. Daneben sah er den Hütchenspieler, vor dem Liam ihn gewarnt hatte, und einen eleganten Herrn, der zum Einsatz von Sixpence jedem eine Guinee bot, dem es gelang, ein Strumpfband auf eine ganz bestimmte Weise zu befestigen, was so kinderleicht aussah, daß Peter bereute, Liam seine Krone anvertraut zu haben. Denn eine Krone sind zehn Sixpencestücke, dachte er, und was könnte ich mit zehn Guineen hier nicht alles an Geschenken für Sophy und Rachel und Dermot und Hugh und die anderen kaufen. Außer einem kleinen, runzligen Greis schien allerdings nie jemand die Guinee zu gewinnen.

»Der alte Gauner ist doch mit Sicherheit der Vater von dem Burschen«, behauptete ein erboster Viehzüchter aus Limerick, der ganze drei Shilling verloren hatte, und in das kurze Schweigen, das nach diesen unheilvollen Worten eintrat, brüllte der Schausteller: »Nichts da, hier geht alles ganz, ganz fair zu! So fair wie die Wahl des Papstes und der Lauf der Sterne! Kommen Sie! Wer setzt Sixpence gegen die Guinee eines Edelmannes? Einfach nur durchstecken und festmachen, und schon gehört die Guinee Ihnen. Wollen Sie mal zuschauen, wie ich es mache, und dann selbst ihr Glück versuchen?« Er begegnete Peters Blick und fuhr fort: »Wie wär's, wenn der junge Herrn nur für seinen Schweinsfuß einen Versuch wagt? Ich verlange keinen Penny, sondern akzeptiere als Einsatz den leckeren Fuß, vorausgesetzt natürlich, er hat noch nicht reingebissen.«

»Ha, ha, ha«, lachten die Umstehenden, Zorn und Argwohn vergessend, und richteten die Augen erwartungsvoll auf Peter, der erschrocken zurückwich und sich unverdientermaßen ungeheuer blöd vorkam.

»Na, was denn, junger Herr, kein Grund rot zu werden. Kommen Sie, kommen Sie, nur nicht so schüchtern!« rief der Schausteller, und Peter spürte, wie er noch röter anlief.

Nieder mit dem Glücksspiel! dachte er, und während er aus der Menge heraustrat, verhüllte er hastig den Schweinsfuß und stopfte ihn in seine Tasche. Dann ging er eilig fort, vorbei an den Wahrsagern und dem prophetischen, ungarischen Zwerg aus Dublin, der die unglaublichsten Verrenkungen machte, und verlangsamte seinen Schritt erst wieder, als er zu der Stelle des Pferdemarktes kam, wo die eigentlichen Geschäfte stattfanden und Stallburschen unter den kritischen Blicken potentieller Käufer mit pferdegesichtigen Kennermienen Pferde vorführten. Darüber seinen Ärger vergessend, schlenderte er weiter zu einer blau angemalten Bude, wo ein Shanachy-Erzähler eine Geschichte erzählte und sich dazu auf einer Harfe selbst begleitete, je nach Handlung mal stürmisch, mal sentimental die Saiten zupfend.

Nachdem Peter das alles besichtigt und zwei weitere Rennen beobachtet hatte, auch das letzte des Tages, kam ihm der Gedanke, daß er Sean vielleicht dort fand, wo getanzt wurde. Aber obwohl er den Ring der Ceilidh-Tänzer, deren Schritte er bewunderte, sorgfältig absuchte, war von Sean nichts zu sehen. Auch beim großen, eingezäunten Kampfplatz der Ringer konnte er ihn nirgends entdecken. Nun, da die Hauptereignisse des Tages vorbei waren, begann das Geschäft der Schnapsbuden, und hier und da lagen bereits die ersten Betrunkenen auf dem Boden. Doch daran war Peter, wen wundert's, gewöhnt. Gelassen ging er zwei Schlägereien und einem kleinen Aufruhr aus dem Weg und schlenderte langsam zum Gasthaus zurück.

Er brauchte eine Weile, um es wiederzufinden, denn auf den Straßen drängten sich mehr Menschen, als er jemals zuvor gesehen hatte, und überall herrschte ein unglaubliches Stimmengewirr, aus dem er englische Stimmen, sämtliche irischen Akzente und sogar die geheimnisvolle Sprache ausländischer Pferdehändler heraushörte. Doch plötzlich sah er das offene Hoftor vor sich, und da standen auch schon seine beiden vermißten Begleiter direkt vor ihm.

»Hört mal, verehrter Peter«, sagte Sean sichtlich aufgeregt, »sagt – Ihr werdet doch nicht böse sein, oder?«

»Warum sollte ich denn böse sein, Sean?« fragte Peter stirnrunzelnd und blickte verwundert dem sich eilig entfernenden Liam nach.

»Mein Onkel ist doch so ein großer Pferdekenner«, erklärte Sean. »Er hat von Natur aus einen echten Kennerblick.«

»Oh«, sagte Peter, Schlimmes ahnend.

»Und da war doch dieses große gescheckte Pferd – dieser riesige Schecke«, erzählte Sean weiter, »und nachdem er sich dessen Beine gründlich angeschaut hatte, war er sicher, daß es schneller laufen könnte als die anderen Pferde. Und es lief auch wirklich schnell wie der Wind.«

»Tatsächlich, Sean?« rief Peter strahlend. »Aber war ein anderes vielleicht noch schneller?«

»Nein, nein, im Gegenteil. Onkel Liam hatte recht, und der große Schecke lief – oder besser gesagt – flog, denn seine Hufe berührten überhaupt nicht die Erde. Man hätte meinen können, die anderen Pferde wären Esel, so lahm krochen sie vorwärts.«

»Ja, und?«

»Aber – werdet Ihr auch bestimmt nicht wütend oder böse? – die Meute kroch in die richtige Richtung, während der große Schecke, so sehr der kleine Jockey auch an den Zügeln zog und zerrte, einfach durch die Menge zum Fluß hinunterlief, weil er es für unter seiner Würde hielt, mit den anderen um die Wette zu rennen. Mittlerweile sind die beiden vermutlich schon in der Grafschaft Tyrone.«

»Hat er denn viel Geld verloren, Sean?« fragte Peter.

»Nein«, antwortete Sean, aber irgend etwas an seinem Benehmen stimmte Peter mißtrauisch. Und schon fuhr Sean fort: »*Dabei* hat er nichts verloren – er konnte gar nichts verlieren, weil er nämlich –, aber werdet Ihr auch wirklich nicht schimpfen und toben? Ihr werdet doch nett zu meinem Onkel sein, jetzt, da er so verzweifelt ist, nicht wahr?«

»Sean«, Peter packte seinen Freund am Arm, »du willst mir doch nicht sagen, daß sie ihm seinen Geldbeutel gestohlen haben?« Schlagartig begriff Peter, was geschehen war, und ohne Seans Antwort abzuwarten, fuhr er fort: »Aber er hing doch um seinen Hals.«

»Er hatte ihn herausgezogen, um das Gold kurz vorzuzeigen«, gestand Sean kleinlaut.

»Tja«, begann Peter, aber statt den Satz zu vollenden, begann er im Hof auf und ab zu gehen. »Nun«, sagte er schließlich, »gibt es nur eine Möglichkeit. Am 18. dieses Monats muß ich in Cork sein. Zum Umkehren haben wir keine Zeit mehr, und abgesehen davon hat mein armer Vater – nein, uns bleibt nichts anderes übrig, als Liams Pferd zu verkaufen. Und ich glaube, wenn wir den richtigen Käufer finden und du dir beim Vorreiten Mühe gibst und das Pferd von seiner besten Seite zeigst, könnten wir möglicherweise zwei Guineen dafür bekommen. Es ist keine leichte Entscheidung – nanu, Sean, was ist denn?«

»Weg«, flüsterte Sean. »Verpfändet.«

»Und Placidus auch?«

Sean nickte. »Bei dem Wucherer von Athy«, sagte er. »Aber nicht verkauft.«

Peter öffnete den Mund, schloß ihn aber wieder und tigerte weiter im Hof auf und ab. »Und das Gepäck vermutlich auch, oder?« fragte er nach ungefähr einem Dutzend Kehrtwendungen.

Sean nickte. »Es war sein letzter Versuch, alles zurückzugewinnen.«

Peter nahm seine Wanderung wieder auf. »Na ja«, meinte er und blieb bei einer Wende stehen, »wenigstens ist Placidus nicht verkauft. Denn das hätte meinem Vater das Herz gebrochen.« Drei Kehrtwendungen später stieß er erleichtert aus: »Zum Glück! Gott sei Dank …«

»Dank sei Gott im Himmel«, bekäftigte Sean.

»… habe ich meine besten Kleider angezogen, so daß die wenigstens nicht weg sind und ich dem Kommodore gegenübertreten kann.« Und nach drei weiteren Kehrtwendungen rief er plötzlich: »Ich hab's, Sean! Ich weiß die Rettung für uns! Dieser Mr. FitzGerald, den ich heute abend treffen werde, ist bestimmt reich. Ich werde ihn bitten, mir fünf oder sechs Guineen zu leihen. Das wird reichen, um unsere Kosten zu decken und Placidus auszulösen. Ha, ha, Sean, genau so machen wir das!« rief er aus und klopfte Sean zuversichtlich auf die Schulter.

»Juhu!« Sean stieß ein erleichtertes Triumphgeheul aus. Seine Trübsal war wie weggeblasen. »Bestimmt wird er einem Kameraden gern einen Gefallen tun, wo er doch zweifellos der Sohn des reichsten Mannes im Westen ist, wenn nicht sogar verwandt mit dem stellvertretenden Grafschaftsvorsteher.«

»Du hast ihn nicht zufällig schon ins Gasthaus kommen sehen, oder?« fragte Peter nachdenklich.

»Nein, ich nicht«, antwortete Sean, »aber soll ich mal die Stallburschen fragen? Er hat doch sicher Dienstboten noch und nöcher, und vielleicht werden jetzt, in diesem Moment, seine edlen, wertvollen Pferde in die Ställe geführt.«

»Ja, tu das«, nickte Peter. »Und sobald du etwas weißt, kommst du und sagst es mir unauffällig. Ich werde in der großen Halle sitzen und warten.«

ZWEITES KAPITEL

UM SECHS UHR HATTE PETER alle Hoffnung aufgegeben. Trotzdem blieb er weiter auf seinem Eckplatz sitzen und beobachtete durch die weit geöffnete Tür das ständige Kommen und Gehen der Gäste, darunter Bauern und Viehzüchter der wohlhabenderen Sorte, Gentlemen jeder Größe, Statur und Altersklasse außer seiner eigenen, rotröckige Offiziere, Ärzte mit Perücken, schwarz gekleidete Anwälte, schnupftabakfarbige Händler, Geistliche in Soutane. Dazwischen wieselten, in den unterschiedlichsten Farben livriert, Lakaien auf Botengängen umher; junge Männer, die in Gruppen draußen vorbeizogen, brüllten durch die Fenster ihren Bekannten Grüße zu, kurz: halb Irland schien sich in der großen Halle des Pub Royal George and Harp ein Stelldichein zu geben. Nur war es leider die Hälfte, der ausgerechnet die von Peter so herbeigesehnte Person nicht angehörte. Besagte Person, ein gewisser Mr. Peregrine FitzGerald, war Peter zwar nur dem Namen nach bekannt, gleichwohl hatte Peter eine klare Vorstellung von ihm, und Stunden über Stunden harrte der Ankunft eines jungen Burschen von etwa seinem eigenen Alter und seiner Größe, eines Midshipman der Royal Navy, der sich, wie Peter annahm, dadurch zu erkennen geben würde, daß er hereinkam und nach seinem Reisegefährten Ausschau hielt.

Es wäre einfacher, hatte sich Peter am Anfang überlegt, wenn sie beide in der Landarmee gedient hätten, denn ein Rotrock würde sofort auffallen. In der Navy trugen die Offiziere jedoch, was sie wollten, und waren nur an der königlichen Kokarde zu erkennen. Aber diese Gedanken lagen nun schon eine ganze Weile zurück, und der traurige Wandel von lebhafter Erwartung zu völliger Hoffnungslosigkeit hatte sich um sechs Uhr vollzogen, als es zu regnen begann. Aber auch als die große Standuhr mit heiserem Klang acht Uhr schlug, wartete Peter noch immer mit ernstem Blick und starrte die Tür an, nippte weiterhin nur sparsam an seinem Krug mit dem inzwischen warm gewordenen Porter-Bier, damit es länger vorhielt, und beruhigte sich mit dem Gedanken, daß öffentliche Uhren sehr oft mit Absicht vorgingen.

»Mr. Palafox?« fragte plötzlich eine Stimme neben ihm, und die letzten Biertropfen spritzten auf den Boden, als Peter aufsprang. »Ihr Diener, Sir«, stellte sich die hagere Gestalt vor ihm mit einer eleganten Verbeugung vor. »Mein Name ist FitzGerald.«

»Ihr Diener!« rief auch Peter und machte mit vor Freude gerötetem Gesicht einen Kratzfuß vor dem Fremden. »Bitte nehmen Sie doch Platz. Darf ich Ihnen ein ... ein ...«, ein Glas Wein anbieten, hatte er eigentlich hinzufügen wollen, doch sofort fiel ihm siedend heiß ein, daß er noch nicht einmal einen kleinen Krug Bier bezahlen konnte, geschweige denn eine Flasche Bordeaux, und so verstummte er und deutete nur einladend mit der Hand auf einen leeren Stuhl.

»Zu freundlich, Sir«, sagte FitzGerald und setzte sich. »Aber als erstes muß ich mich entschuldigen ...« Und während er erklärte, warum er so spät kam – er hatte gar nicht gemerkt, wie schnell die Zeit verging, und über den Pferderennen, der Stadt und verschiedenen Freunden, die er getroffen hatte, alles andere vergessen –, musterte Peter ihn mit so unverhohlenem Interesse, wie es die Höflichkeit gerade noch zuließ.

FitzGerald entsprach überhaupt nicht seinen Erwartungen, denn erstens trug er einen flaschengrünen Rock, und zweitens war er wesentlich älter. Bei näherem Hinschauen stellte sich freilich heraus, daß er in Wirklichkeit noch gar nicht so alt war. Er trug keine Perücke, hatte aber sein Haar (das rot war) gepudert, und wie bei Perückenträgern läßt sich auch bei Menschen mit gepudertem Haar das Alter nur schwer bestimmen. Auf den zweiten Blick schätzte Peter sein Gegenüber als etwa gleichaltrig ein, obwohl FitzGeralds weltmännisches, vornehmes Auftreten, seine elegante Kleidung und seine Unbefangenheit ihn mindestens fünf Jahre älter wirken ließen.

FitzGerald plauderte weiter, aber trotz der ausgesprochen sympathischen Art und Weise, auf die er das tat, hinderten Peter zwei Gründe daran, sich aktiv an der Unterhaltung zu beteiligen oder auch nur viel von dem aufzunehmen, was FitzGerald erzählte. Der erste Grund war der rasende Hunger, der in seinen Eingeweiden wühlte, denn seit dem Frühstück hatte er nichts mehr gegessen; und nach der Aufregung der Rennen, dem unverhofften Schicksalsschlag, der ihn getroffen hatte, und der endlosen Warterei, fühlte er sich innerlich so leer, daß er, wenn er woanders gewesen wäre, seinen Schweinsfuß herausgeholt und voller Wonne abgenagt hätte. Der zweite Grund war, daß er nicht wußte, wie er am besten seine Bitte formulieren sollte. Vorhin noch, als er ausgerufen hatte: »Ich werde ihn um fünf oder sechs Guineen bitten«, hatte das Ganze so einfach geklungen, jetzt aber erschien es ihm unüberwindlich schwierig.

»... und dann hat Culmore mir geschworen, daß die Stute schwach auf der Vorhand ist – das soll sein Stallknecht von ihrem gehört haben, die beiden sind nämlich

Zwillinge –, also habe ich natürlich auch nicht auf *sie* gesetzt, ha, ha.«

»Ha, ha«, echote Peter, als er merkte, daß sein Gegenüber eine Reaktion von ihm erwartete, ohne daß er wußte, was der Mann gesagt hatte.

»Aber wissen Sie was«, sagte FitzGerald im Vertrauen, »Tatsache ist, daß diese Stallungen zu nichts zu gebrauchen sind. Ich weiß, daß mein Vater nicht mal einen seiner Pächter da reinsetzen würde, und ...«

Und wenn ich ihn einfach frage: Mr. FitzGerald, würden Sie mir bitte etwas Geld leihen? grübelte Peter, und er war noch immer in seine Gedanken versunken, als ein Tumult ausbrach.

Den Anfang hatte er also nicht mitbekommen. Über den Tisch gebeugt, weil eine ausgelassene Menge unter Stimmengewirr und Gelächter an ihrem Tisch vorbeidrängte, bemühte er sich, durch den Lärm zu verstehen, was FitzGerald sagte, und gleichzeitig seine Überlegungen weiterzuspinnen. Plötzlich ertönte ein durchdringender Schrei, FitzGeralds Stuhl stürzte polternd um, die Menge stob auseinander, und eine Perücke plumpste genau in Peters kleine Bierpfütze. FitzGerald stand auf der nunmehr freien Fläche und hielt einen jungen Offizier an der Nase gepackt. Der Offizier versuchte fieberhaft, seinen Degen aus der Scheide zu ziehen, aber FitzGerald hatte die Gefahr blitzschnell erkannt und mit seiner freien Hand den Degengriff gepackt.

Wie Peter dem aufgeregten Stimmengewirr entnahm, war Burke – so der Name des Offiziers – FitzGerald auf den Fuß getreten.

»Fester ziehen, Euer Ehren, fester!« brüllte Sean, außer sich vor Begeisterung, doch da wurden die beiden Streithähne bereits von rigoros dazwischendrängenden Friedensstiftern auseinandergerissen.

Für einen kurzen Augenblick waren beide noch miteinander verbunden, hielt FitzGeralds Hand an seinem bis zum äußersten ausgestreckten Arm die scheinbar immer länger werdende Nase von Burke gepackt, dann schob sich eine Wand von Männern zwischen die beiden, und mit gerötetem Gesicht und blitzendem Funkeln in den grünen Augen nahm FitzGerald wieder Platz.

»Wie gesagt«, fuhr er fort, als ob nichts geschehen wäre, »das Geläuf war viel zu weich für ein Pferd mit einer solchen Gangart, und auch ...«

»Ich glaube, das ist meine Perücke, Sir«, sagte ein Mann mit eisiger Miene und schneidender Stimme zu Peter.

»... und auch wenn kein anderes Pferd es über die ganze Meile mit ihm aufnehmen kann«, redete FitzGerald ungerührt weiter, »dürfte es kaum besonders klug sein, auf den Gaul zu setzen, wenn er auf so sumpfigem Boden laufen soll wie in Derrynacaol nach einer Woche Regen.«

»Richtig«, sagte Peter ernst. »Da bin ich ganz Ihrer Meinung.«

In diesem Moment traten zwei Rotröcke an den Tisch. »Wir kommen von Burke, wie Sie sich wohl denken können«, sagte der ältere der beiden nach dem Austausch der üblichen Höflichkeitsfloskeln.

»Mein Freund hier wird mein Sekundant sein«, sagte FitzGerald. »Erlauben Sie, daß ich Ihnen Mr. Palafox von der Royal Navy vorstelle – Kapitän Marney.«

»Wie wär's, wenn wir uns in einer Stunde treffen, um die Einzelheiten zu besprechen?« fragte der Soldat. »Ich schlage das Pub Butler Arms vor.«

»Mit Vergnügen«, erwiderte Peter erstaunlich kaltblütig.

Und damit entfernte sich Kapitän Marney, die Melodie von ›Greensleeves‹ summend, mit seinem Begleiter wieder.

»Tut mir leid, daß ich Ihnen das aufhalse«, entschuldigte sich FitzGerald. »Aber ich verspreche Ihnen, es wird nicht lange dauern. Wir treten in der Morgendämmerung an, ich werde ihm seine edlen Teile mit Stahl füttern, und fünf Minuten später sind wir schon unterwegs. Dann sind wir wenigstens bereits früh auf den Beinen, was zeigt, daß selbst so ein blöder Flegel wie Burke seinen Nutzen hat. Lassen Sie uns eine Flasche bestellen und darauf trinken, daß er sich nicht so schnell erholt.« Er rief nach dem Ober.

»Ich habe gar nicht gesehen, was er gemacht hat«, sagte Peter.

»Mir auf den Fuß getreten.«

»Und deshalb müssen Sie um halb sechs in der Früh aufstehen und ihm den Degen in den Leib rammen?«

»Jawohl. Er hat es nämlich mit Absicht getan, müssen Sie wissen. Seit ich mal seinen Bruder besiegt habe, sucht er Streit mit mir, und diese Aktion war offenbar das einzige, was dem Hohlkopf eingefallen ist. Aber lassen Sie uns nicht über ihn sprechen, es gibt viel erfreulichere Themen.« Er schwieg. »Wir sind also Reisegefährten?« fuhr er wenig später fort. »Nun, das freut mich sehr.«

»Mich auch«, nickte Peter, während er sich fragte, ob FitzGerald tatsächlich der ideale Reisegefährte war.

Schweigend saßen sie da, in gegenseitige Betrachtung versunken, und nach einer Weile wiederholte FitzGerald: »Das freut mich wirklich sehr, und zwar nicht nur, weil sie ein so angenehmer Gesprächspartner sind, sondern auch, weil wir durch einige sehr abgelegene Gegenden kommen werden, in der es von Dieben nur so wimmelt. Aber wenn ich nicht irre, haben Sie ja noch zwei Diener dabei, Sir, oder? Und zu viert dürften wir wohl vor Angriffen sicher sein.«

»Nicht direkt«, begann Peter und wollte das Mißverständnis sogleich aufklären.

Doch in diesem Moment trat ein Dienstbote an ihren Tisch. »Empfehlung von Mr. Lyon«, sagte der Mann, »und er bedauert, der Bitte von Mr. FitzGerald nicht nachkommen zu können.«

»Oh«, sagte dieser etwas verdutzt und griff in seine Tasche, was das Lächeln des Dieners verbreiterte. »Aber«, sagte er, zog die Hand wieder heraus und machte eine wegwerfende Bewegung, »das macht nichts. Vielen Dank.«

Nach dem Abgang des Dieners herrschte lange Zeit Schweigen, das FitzGerald, während er sein Glas mit einer Mischung aus Wasser und Wein füllte, schließlich brach. »Lassen Sie uns auf den Tod von Timothy Lyon trinken. Wissen Sie«, er zog seinen Stuhl näher heran, »dieser Mann hat dank meiner Familie ein Vermögen gemacht, und nun besitzt er die ungeheure Frechheit, einen Vorschuß auf einen kleinen Schuldschein zu verweigern.«

»Nun«, sagte Peter und nippte nachdenklich an seinem Wein, »das ist ohne Frage sehr unanständig.«

»Das ist eine bodenlose Undankbarkeit«, schimpfte FitzGerald und spielte nervös mit dem Stiel seines Weinglases. »Mr. Palafox«, begann er, verstummte jedoch sofort wieder. Verwundert registrierte Peter den unsicheren Klang seiner Stimme, aber er war so sehr mit seinen eigenen Problemen und den sich in seinem Kopf überstürzenden Gedanken wegen des vorangegangenen Handgemenges und dessen Folgen beschäftigt, daß er aus allen Wolken fiel, als FitzGerald fortfuhr: »Mr. Palafox, ich wäre Ihnen unendlich verbunden, wenn Sie mir – nur bis zu unserer Ankunft in England – zehn Guineen leihen könnten.« Ungläubig starrte Peter FitzGerald an, der hastig weitersprach: »Wissen Sie, ich habe gestern bei den Rennen einen dummen Fehler gemacht und sitze nun völlig auf dem Trockenen. Es wäre …«

»Aber darum wollte ich Sie gerade bitten«, unterbrach ihn Peter. »Genau dasselbe wollte ich Sie fragen.«

»Oh«, sagte FitzGerald bestürzt, und für kurze Zeit verstummten beide.

»Das tut mir wirklich sehr leid«, sagte Peter schließlich mit stockender Stimme.

»Ach, macht nichts«, grinste FitzGerald. »Aber ich muß zugeben, daß ich gehofft hatte, Sie wären reich, da Sie in Begleitung von zwei Dienern reisen.«

»Das sind nur Liam und Sean«, sagte Peter. Und als er merkte, daß das als Erklärung nicht ausreichte, fügte er hinzu: »Liam bewirtschaftet das Pfarrland meines Vaters in Ballynasaggart – er ist keineswegs das, was man als Diener bezeichnen würde, aber er kümmert sich um alles, wie den Verkauf der Schweine, und er sollte mich bis Cork begleiten und die Pferde wieder mit zurücknehmen. Und Sean kam aus eigenem Entschluß mit, um die Welt zu sehen. Er ist Liams Neffe und der Sohn meiner Amme. Liam hatte die Geldbörse, verstehen Sie, weil er immer auf der Hut und ziemlich welterfahren ist. Aber er hat alles bei den Rennen verloren und mußte unsere Pferde verpfänden.«

»Mein armer Kumpel!« FitzGerald schüttelte Peter mitfühlend die Hand. »Was für ein Pech! Und ich hatte mit einem Krösus gerechnet – ich konnte es kaum erwarten, Sie zu treffen. Aber sagen Sie mal, könnten Sie nicht jemanden mit der Bitte um Geld nach Hause schicken?«

»Völlig unmöglich«, antwortete Peter, »ich weiß genau, daß sich im ganzen Haus kein Goldstück mehr auftreiben läßt. Wir sind ziemlich arm, müssen Sie wissen«, fügte er hinzu.

»Verzeihen Sie«, sagte FitzGerald errötend, »ich wollte Ihnen nicht zu nahe treten. Auch ich kann von zu Hause kein Geld erbitten – aus demselben Grund wie Sie.« Sorgfältig verteilte er den Rest des Weines auf ihre beiden Gläser. »Eine solch freimütige Offenheit verdient auch offene Worte auf meiner Seite«, meinte er, »hören Sie daher auch meine Erklärung an.« Und so erfuhr Peter, daß er den Sohn von Edward FitzGerald von Ardnacruish vor sich hatte, eines Gentlemans, der sich dadurch, daß er drei Prozesse gleichzeitig um das Wegerecht auf seinem Grundeigentum führte, so gut wie ruiniert hatte. »Es sah gar nicht so übel aus, bis der erste Fall vors Oberhaus kam«, erklärte FitzGerald. »Doch als der abgeschmettert wurde, kam mein armer, alter Herr (der, nebenbei gesagt, von Anfang an auf verlorenem Posten gestanden hatte) mit Tränen in den Augen zu mir und sagte: ›Terence, mein Junge – ich heiße zwar Peregrine, aber, Terence, mein Junge, es tut mir in der Seele weh, ich kann dir die versprochenen Regimentsflaggen nicht kaufen. Nicht einmal für ein Marschregiment‹, sagte er unter Tänen. ›Deshalb bleibt dir wohl nichts anderes übrig, als Straßenfeger zu werden, vorausgesetzt wir finden jemanden, der dir auf Kredit einen Besen verkauft.‹ – ›Papperlapapp‹, widersprach meine Tante Tabitha. ›Warum schreibst du nicht an Vetter Wager bei der Royal Navy, wie ich dir schon seit fünf Jahren sage?‹ – ›Nein, Tab‹, entgegnete mein Vater, ›für den Jungen wäre es mit Sicherheit angenehmer, in einem Stalleimer ertränkt als auf einem Schiff eingepfercht zu werden. Es hat noch nie einen FitzGerald gegeben, der ohne ein Pferd zwischen den Beinen irgend etwas zuwege gebracht hätte. Und wenn er seine Kreuzung fegt, ist er wenigstens immer in Sichtweite der Tiere.‹ – ›Papperlapapp‹, antwortete meine Tante darauf, und so ging es immer weiter. Aber zum Schluß wurde dann doch der Brief an Vetter Wager geschrieben, der irgendein großes Tier in der Admiralität ist, und er antwortete auch, worauf mein Vater sich beim Schneider zwanzig Guineen für meine Reise lieh. Dafür mußte er zwar für fast hundert Guineen Kleider bestellen, aber die kann man ja immer brauchen. Und wenn dieser lahme Gaul heute nachmittag im Rennen schneller gelaufen wäre, hätte ich vielleicht alles auf einen Schlag bezahlen können. Aber immerhin habe ich meine Stelle, und sobald ich auf der *Centurion* bin ...«

»Auf der *Centurion?«* rief Peter überrascht.

»Ja. Sie wollen doch nicht etwa sagen, daß das auch Ihr Schiff ist?«

»Doch, das ist es«, erwiderte Peter. »Ein alter Freund meines Vaters, Mr. Walter, ist Schiffskaplan und erbat die Stelle für mich.«

»Na, das ist doch großartig«, freute sich FitzGerald und schüttelte Peter abermals die Hand. »Dann sind wir also richtige Bordgenossen. Aber sagen Sie mal«, er schwieg einen Moment nachdenklich, »dann sind Sie sicher ein sehr guter Seemann, nicht wahr?«

»Nein«, Peter schüttelte den Kopf. »Keineswegs. Ich bin zwar mit unserem Boot und den Weidenkähnen der Fischer herumgeschippert, aber ich habe noch nie einen Fuß auf ein richtiges Schiff gesetzt. Eine Brigg war das größte, auf dem ich jemals gefahren bin.«

»Ist eine Brigg kein Schiff?« grinste FitzGerald. »Trotzdem sehe ich, daß Sie Seemann genug sind, um mir eine Frage zu beantworten, die mir Kopfzerbrechen macht, seit Vetter Wager zurückschrieb und ich anfing, Berichte über Seereisen zu lesen. Was bedeutet eigentlich dieses Backbord und Steuerbord, über das da ständig geredet wird?«

»Nun«, sagte Peter, »Steuerbord ist die rechte Seite, wenn Sie auf dem Schiff nach vorn blicken, und Backbord die andere. Ja, Sean, was gibt's?« Er machte eine Pause.

»Falls Seine Ehren Mr. FitzGerald ist«, flüsterte Sean und beugte sich tief über den Tisch, »wäre es besser, er würde schleunigst von hier verschwinden. Und Ihr auch, mein Gnädigster. Wollt Ihr nicht rasch zur Hintertür hinausschlüpfen, ehe es zu spät ist?«

»Warum? Was ist denn los?« fragte Peter erstaunt.

»Gegen Euch wurde Anzeige erstattet. Irgend jemand hat unter Eid ausgesagt, daß Mr. FitzGerald vorhat, ihn zu töten, und der Wachtmeister ist schon auf dem Weg hierher, um Euch beide dem Richter Sir Phelim O'Neil vorzuführen. Die Pest über sein Haus!«

Die Nacht verbrachten sie außerhalb der Stadt auf dem Kamm der Hügelkette, die eine natürliche Grenze zwischen den Grafschaften Galway und Roscommon bildete. Dort waren sie sicher, denn wie Sean wußte: »Das Wort des Richters gilt nur bis zur Grenze der Grafschaft, Euer Ehren. Zwar könnt Ihr jetzt leider Gottes nicht mehr zurück, aber dafür vorwärts, so weit es Euch beliebt.«

So schliefen die Männer geschützt vor ihren Häschern, aber nicht vor dem Regen, und als Peter bis auf die Haut durchnäßt in der Morgendämmerung aufwachte, dankte er seinem gutmeinenden Schicksal für einen so vorausschauenden Begleiter wie Sean, der bei ihrem überstürzten Aufbruch die Geistesgegenwart besessen hatte, die Holzflasche mitgehen zu lassen, die Mrs. Palafox Peter mit dem Morgentrank mitgegeben hatte. Nun rann der Whiskey brennend seine Kehle hinunter, wärmte seinen Magen und schützte ihn vor der ungesund klammen Feuchtigkeit.

»Jetzt geht's mir schon wesentlich besser«, sagte er und wischte sich mit dem Handrücken den Mund ab. »Aber ich wünschte …« er verstummte, als Sean plötzlich über ihnen auf dem nackten Fels auftauchte.

Der Wind blies Seans langen Umhang senkrecht in die Höhe, was seine ohnehin schon stattliche Körpergröße auf gute zehn Fuß anwachsen ließ, ein beinahe furchterregender Eindruck, der noch dadurch verstärkt wurde, daß auch sein schwarzes Haar hochwehte und seine blauen Augen mit grimmig stechendem, ja feindseligem Blick zu einem weit unterhalb von ihnen wandernden Fremden starrten. Unter Seans Umhang war ein Hase verborgen gewesen, der jetzt deutlich sichtbar an seinem Gürtel baumelte. Als der friedliche Fremde jedoch gleichgültig seinen harmlosen Weg fortsetzte, stieg Sean zu ihnen herab.

»Wenn du das auf dem Land meines Vaters getan hättest«, sagte FitzGerald eine ganze Weile später, während er an einem Knochen des halb verkohlten Hasen nagte (es ist schwer, ein gutes Feuer zu entfachen, wenn Feuerstein und Metall vor Nässe triefen), »wärst du deportiert worden, noch ehe du dich hättest bekreuzigen können. Er ist doch Papist, oder?« fragte er Peter und deutete mit dem für seinesgleichen typischen Kopfnikken in Richtung Sean.

»Nein, ist er nicht«, erwiderte Peter kurz angebunden.

»Nun, für einen Protestanten ist er jedenfalls ein fabelhafter Wilderer«, meinte FitzGerald.

»Der Nebel steigt auf«, meinte Peter.

Und so war es: Sie beobachteten, wie der Nebel zerriß, sich lichtete und auflöste, bis er zuletzt nur noch in einigen wenigen dünnen Schwaden über der großen irischen Ebene hing, in der sich, von ihrer Hügelkuppe aus gut zu sehen, die helle Straße bis in weite Ferne wand.

»Und was machen wir jetzt?« fragte Peter mehr sich selbst als FitzGerald oder Sean, nachdem er die Aussicht eine Weile betrachtet hatte.

»Wir sollten zu der Straße dort hinuntergehen und immer Richtung Süden wandern«, sagte FitzGerald. »Dabei trocknen unsere Kleider vielleicht, wenn es nicht wieder zu regnen anfängt; zumindest dürfte es die Entfernung zwischen uns und Cork verringern.«

»Wissen Sie was, Palafox?« brummte er, als sie endlich die triefend nasse, aufgeweichte Heide mit ihren rostfarbenen Moorstellen hinter sich gelassen und auf der Straße wieder festen Boden unter den Füßen hatten, »es ist doch wirklich zu dumm, daß wir nun nicht nach Derry zurück können. Mir ist nämlich gerade eine glänzende Idee gekommen. Sie könnten einfach bei allen Pfarrern der Gegend anklopfen und jeden um fünf Guineen anpumpen.«

»Ach«, entgegnete Peter in mitleidigem Tonfall, »glauben Sie allen Ernstes, daß es im ganzen Westen auch nur ein Pfarrhaus gibt, das fünf Guineen besitzt?«

»In Derrynacaol gibt es zwei«, sagte FitzGerald. »Mein Vetter ist Bischof von Clonfert, und ich kenne den Wert der Pfründe dort. Es gibt ein paar wunderbar lauschige Orte in Derry, ach, wäre ich doch nur Pfarrer geworden! Was die Gegend hier betrifft, haben Sie allerdings recht«, meinte er und ließ den Blick über das karge, einsame Land schweifen. »Hier fristen die Pfarrer ihr Dasein von zwanzig bis dreißig Guineen im Jahr.«

»Vielleicht sollte ich umkehren und es versuchen.« Peter blieb auf der Straße stehen.

»Nein«, FitzGerald schüttelte den Kopf, »das hat gar keinen Zweck. Man würde Sie sofort schnappen, und dann würde es tagelang dauern, um eine Kaution zur Bewährung aufzutreiben. Sie würden Queenstown nie im Leben rechtzeitig erreichen, ganz zu schweigen davon, daß man Sie wegen Zechprellerei verhaften würde. Es tut mir so leid, denn das liegt alles nur an meinem Streit. Aber bei einem Duell hängt der Sekundant nun mal genauso mit drin wie der Duellant.«

Schweigend setzten sie ihren Weg fort. Peter dachte an Placidus und an Liam. Und wie ein Blitz traf ihn die Erkenntnis, daß die Verwirklichung seines lange gehegten, heiß ersehnten Wunsches, die ihm ganz unerwartet vergönnte Chance einer Marinelaufbahn, auf dem Spiel stand. Falls er Queenstown nicht rechtzeitig erreichte und das Transportschiff, dem er zugewiesen worden war, verpaßte, war alles aus. Er wußte zwar nicht viel über die Navy, eines aber war ihm klar: Die Berufung als Midshipman auf ein Schiff erfolgte durch den jeweiligen Kapitän, und sie galt nur für dieses Schiff und kein anderes. Er wußte, daß es sich dabei um keine allgemein gültige Ernennung, sondern um eine spezielle und widerrufliche Einstellung handelte. Falls die *Centurion* ohne ihn auslief, wäre er kein Midshipman mehr, und damit wäre auch jede Aussicht auf die ersehnte Laufbahn vorbei.

Plötzlich schreckte sie von hinten unvermutetes Fußgetrappel auf, und schon trabte ein Mann in schnellem, gleichmäßigem Laufschritt an ihnen vorbei. Er trug eine gelbrote Livree und einen langen, mit einem Silberknauf verzierten Spazierstock.

»Guten Tag, Thomas!« rief FitzGerald laut, als er auf ihrer Höhe war, und »Guten Tag, Mr. FitzGerald, Sir«, antwortete der Mann und schwenkte seinen Hut, ohne dabei seinen Schritt zu verlangsamen.

Peter war zu verzweifelt, als daß er dem Läufer besondere Beachtung geschenkt hätte. Trotzdem fragte er: »Wer war das denn?«

»Das war Culmores laufender Diener – und ich glaube, das hat was Gutes zu bedeuten.«

»Was ist denn ein laufender Diener?«

»Na, ein Diener, der läuft. Das versteht sich doch von selbst. Aber kommen Sie, lassen Sie uns nicht unnötig unsere Kräfte verschleißen. Setzen Sie sich auf den Stein dort.«

»Nein, nein, nein!« widersprach Peter heftig. »Ich denke ja nicht daran. Wie können wir uns hier hinsetzen, wenn jede Minute zählt?«

»Aber, aber, was regen Sie sich denn so auf?« fragte

FitzGerald gelassen, setzte sich und streckte genüßlich die Beine aus. »Hören Sie mir nur einen Moment zu. Culmores laufender Diener läuft vor der Kutsche seines Herrn her. Das heißt, Culmore wird bald hier vorbeikommen. Wenn ich es nicht schaffe, mir von Culmore zwanzig Guineen zu leihen, können Sie mich einen Esel nennen – schließlich weiß ich, wie erfolgreich er bei den Rennen war. Aus diesem Grund sehe ich überhaupt keinen Sinn darin, wie verrückt weiterzurennen, zumal das unsere Rettung nur hinauszögern würde.«

Peter zögerte. Er war absolut nicht gewillt, auch nur einen Moment stehen zu bleiben, aber FitzGeralds ruhige Zuversicht war ausgesprochen überzeugend. Er zauderte.

Da sagte Sean: »Da hinten, ein ganzes Stück hinter uns, sehe ich die Staubwolke von einer Kutsche«, und nun setzte sich auch Peter, denn er sah eine langsam näherkommende Staubfahne. Er zog seine abgelaufenen Schuhe aus und kühlte die Füße im Gras.

Müde und erschöpft saßen die Männer still und stumm da, als die Kutsche heranrollte. Der Kutscher auf dem Bock nahm die Zügel in eine Hand und zerrte mit der anderen eine große Sattelpistole aus dem Halfter. Dahinter hielt einer der Lakaien eine Donnerbüchse im Anschlag. Ein Gesicht mit schiefsitzender Perücke spähte aus dem Fenster der Kutsche.

»Guten Tag, Mylord«, grüßte FitzGerald und trat mit einer eleganten Verbeugung vor.

»Na, so was, meine Güte, das ist doch der junge FitzGerald«, sagte Lord Culmore überrascht. »Was machen Sie denn hier in dieser schrecklichen Gegend?«

»Ich führe meine Freunde ein wenig an der frischen Luft spazieren«, antwortete FitzGerald. »Darf ich vorstellen: Mr. Palafox, von der Navy – Lord Culmore.«

»Ihr Diener, Mylord«, sagte Peter mit einem Kratzfuß.

»Ergebenst, Sir«, erwiderte Lord Culmore und verbeugte sich vor dem geöffneten Schlag. »Wie geht es Ihrem Vater?« fragte er FitzGerald und stieg aus der Kutsche. »Ich hoffe, er ist wohlauf?«

»Leider nicht so wohlauf, wie ich wünschte. Er ist ziemlich niedergeschlagen und sprach davon, sich an dem Boyne-Apfelbaum aufzuhängen.«

»Das ist doch der alte, krumme vor dem Haus, nicht wahr?«

»Ja, genau der.«

»Der dürfte für diesen Zweck allerdings kaum der geeignete sein. Ich würde sieben zu eins setzen, daß die Äste unter seinen zwei Zentnern brechen. Zehn zu eins«, erhöhte er nach kurzem Überlegen.

»Ich kann die Wette leider nicht annehmen, Mylord«, sagte FitzGerald, »denn ich bin ganz Ihrer Meinung.«

»Wo haben Sie denn Ihre Pferde?« Culmore blickte sich suchend um. »Reiten Sie immer noch die Fuchsstute?«

»Oh, wir haben sie – sie ist irgendwo da hinten«, erklärte FitzGerald, »und die Stute habe ich irgendwann Stafford überlassen. Johnny Stafford.«

»Den kenne ich.« Culmore schmunzelte. »Erst vor einem Monat habe ich fünfundzwanzig Guineen von ihm gewonnen. Er hat geglaubt, irgendsoein junger Bursche unter seinen Pächtern könnte es im Laufen mit meinem Thomas aufnehmen. Ha, von wegen! Ich wette, daß mein Thomas gegen zwei x-beliebige Läufer gewinnen würde – zwei x-beliebig ausgesuchte Läufer im ganzen Königreich. Aber kann ich Sie vielleicht ein Stück mitnehmen? Kann ich Ihnen irgendwie behilflich sein? Verfügen Sie über mich. In der Kutsche ist viel Platz.«

»Sehr freundlich von Ihnen, Mylord«, sagte FitzGerald leise, »und ich wäre Ihnen tatsächlich zu tiefstem Dank verpflichtet, wenn Sie ...« Die beiden spazierten nun ein

Stück die Straße entlang, wobei Lord Culmores Miene einen immer beunruhigteren Ausdruck annahm.

Peter zog sich ein paar Schritte in die andere Richtung zurück und flüsterte Sean wütend an: »Glotz doch um Himmels willen nicht so hin, du dämlicher Hornochse!«

»Tja«, sagte FitzGerald, als die Kutsche wieder in einer Staubwolke verschwand, »jetzt können Sie mich, wenn Sie wollen, einen Esel nennen.«

»Oh?« seufzte Peter und schloß ahnungsvoll die Augen.

»Ja. Der schnöde, alte Geizhals wollte partout nicht mehr als zehn rausrücken.«

»Zehn Guineen? Juhu! Ehre sei Gott im Himmel!« jubelte Sean.

»Wirst du jetzt wohl mal den Mund halten?« schimpfte Peter, konnte aber nicht verhindern, daß sich ein erleichtertes Lächeln auf seinem Gesicht ausbreitete, so sehr er sich auch bemühte, ernst und abgeklärt auszusehen.

Aber Sean wollte nicht schweigen. »Wenn ich gewußt hätte, daß Seine Ehren ein Goldstück setzen würde, hätte ich auf jeden Fall darum gebeten, um denselben Einsatz gegen diesen Thomas zu laufen.«

»Na klar, das hättest du auch gekonnt«, nickte Peter gedankenvoll.

»Kann er denn schnell laufen?« fragte FitzGerald.

»Ob er schnell laufen kann?« sagte Peter und klopfte sich den Staub von den Händen. »Ob er schnell laufen kann? Ohne zu verschnaufen, könnte er diesen jämmerlichen, stocktragenden Fritzen in Grund und Boden laufen – und wieder zurück.«

»Ist das wahr?« rief FitzGerald.

»Ja«, sagte Peter mit großer Entschiedenheit. »Hab' ich nicht selbst gesehen, wie er einen Hasen mit der

Hand gefangen hat? Einen Hasen, der flink wie ein Hase den Hügel hinaufgesaust ist?«

»Nicht zu glauben, daß ich mir eine solche Chance habe entgehen lassen«, stöhnte FitzGerald und schlug sich an die Stirn. »Culmore hätte hundert gewettet – ach was, zweihundert. Und wir hätten in unserer eigenen Kutsche nach Cork fahren können. Oh – was für eine verpaßte Gelegenheit!« Nachdem er eine Weile geschwiegen hatte, fügte er hinzu: »Immerhin ist für unser nächstes Essen gesorgt. Das ist ja immerhin auch nicht wenig.« Und damit legte er die zehn Münzen in einer Reihe auf den Mühlstein.

Zusammen überlegten sie, wofür sie das Geld ausgeben sollten, und rechneten ängstlich ihre Ausgaben zusammen. Wie sich aber herausstellte, würde nach Bezahlung ihrer Rechnung im Gasthaus nicht einmal genug übrigbleiben, um beide Pferde auszulösen – seines hatte FitzGerald kurzerhand verkauft.

»Dann nehmen wir Placidus«, sagte Peter, beglückt von der Aussicht, das Tier freikaufen zu können.

»Aber hören Sie«, wandte FitzGerald ein, »haben Sie nicht gesagt, Liams Gaul sei ein kräftiges Tier, das zwei Mann tragen kann.«

»Ja.«

»Und das kann der andere nicht?«

»Er konnte es bis vor zehn Jahren auch, aber heute mag er es, ehrlich gesagt, nicht mehr so gern.«

»Vor zehn Jahren? Himmel, wie alt ist er denn?«

»Oh, er war schon nicht mehr in den besten Jahren, als ich ein kleiner Junge war«, antwortete Peter. »Ich schätze, er muß an die fünfundzwanzig sein.«

»Oh«, FitzGerald murmelte irgend etwas, aus dem nur die Worte »Abdeckerei« und »Museum« unmißverständlich zu verstehen waren.

»Für sein Alter ist er noch ein erstaunlich gutes Pferd«,

beteuerte Peter, »und wenn man weiß, wie er zu reiten ist, und wenn er einen mag, kann er noch ganz ordentlich traben. Man muß nur aufpassen, daß man seinen Widerrist nicht belastet, und ihm immer gut zureden, dann läuft er auch ganz brav.«

»Heißt das, man muß die ganze Zeit mit ihm reden?«

»Ja. Auf Lateinisch natürlich. Mein Vater rezitiert immer laut Vergil, wenn er durch den Pfarrbezirk reitet, daran ist Placidus gewöhnt. Und wenn mein Vater beim Reiten einschläft, was gelegentlich vorkommt, bleibt Placidus stehen, damit er nicht runterfällt. Deshalb muß man immer mit ihm reden, denn sonst denkt er, er müßte stehen bleiben. Oh, was ich fast vergessen hätte: Wenn Sie mit Reiten an der Reihe sind, dürfen Sie ihm ja nie drohen, sonst beißt er Sie und legt sich einfach hin. Aber abgesehen davon und von seiner Schüssel mit Brot und Milch am Morgen …«

»Brot und Milch?«

»Ja«, versicherte Peter ernst. »Und zwar schön warm, nicht heiß, verstehen Sie, sondern nur lauwarm. Hafer und Heu bekommen ihm morgens nicht. Und auch keine Bohnen.«

»Verstehe«, sagte FitzGerald. »Keine Bohnen am Morgen.«

»Genau.« Peter nickte zustimmend.

»Sie scherzen doch, oder?«

»Nein. Wie kommen Sie denn darauf?« fragte Peter erstaunt.

»Wollen Sie allen Ernstes vorschlagen, daß wir auf diese Weise ganz Irland durchqueren sollen? Daß wir abwechselnd reiten und laufen – denn wenn er keine zwei Reiter tragen kann, geht es ja nicht anders –, daß also immer einer läuft und der andere reitet? Und daß der, der auf dem Rücken dieses erstaunlichen Tieres hockt, dabei große lateinische Reden schwingen muß?«

»Man muß keine Reden schwingen, leises Rezitieren reicht völlig aus.«

»Wissen Sie, wie weit mein Latein reicht?«

»Oh, was das betrifft, habe ich herausgefunden, daß sich die Lücken wunderbar mit Deklinationen füllen lassen. Ich glaube, Placidus kann die einzelnen Worte gar nicht richtig unterscheiden.«

»Aber nun mal im Ernst«, sagte FitzGerald, »die Vorstellung, auf einem uralten Klepper durchs Land zu reiten – nein, wir wollen lieber zusehen, daß wir noch eine Guinee für seine Hufe und sein Fell bekommen, und dann ein Pferd kaufen, das nicht ganz so alt wie Methusalem ist.«

»Placidus verkaufen?« rief Peter entsetzt. »Jetzt machen *Sie* wohl Scherze.«

»Ich nehme an«, äußerte FitzGerald nach langem, nachdenklichem Schweigen, »er ist, wenn man so sagen darf, eine Art Lieblingspferd, oder?«

»So ist es«, bekräftigte Peter.

»Tja«, seufzte FitzGerald, »in diesem Fall kann man wohl nichts machen. Allerdings werde ich zu Gott beten, daß keiner meine Bekannten mich so sieht.«

»Ich wüßte ehrlich gesagt nicht, warum«, antwortete Peter freundlich. »Er stammt von Bucephalus und einer Landstute ab, und Bucephalus' Vater war Godolphin Barb.«

»Dann sieht die Sache natürlich völlig anders aus«, höhnte FitzGerald, »und ich werde mich stolz schätzen, an seiner Seite zu laufen. Mit dem Enkelsohn vom Barb persönlich als Reittier werden wir wie die Könige durchs Land ziehen, wenn auch um einiges langsamer.«

DRITTES KAPITEL

AM SPÄTEN NACHMITTAG des achtzehnten Tages des Monats humpelten zwei fußlahme, abgemagerte, von der Reise erschöpfte und verdreckte Midshipmen eilig über das Pflaster von Queenstown zum Wasser, wo Sean sie mit einem Boot erwartete.

»Woher hast du den Kahn, Sean?« fragte Peter beim Einsteigen.

»Ich habe ihn geborgt – schnell, Euer Ehren, beeilt Euch, unser Schiff läuft nämlich mit der Abendtide aus«, drängte Sean und half FitzGerald energisch nach. Dann stieß er das Boot ab, setzte das Segel, und schon preschten sie vor der steifen Brise übers Wasser, die prächtige Stadt Cork rasch hinter dem Kielwasser zurücklassend.

»Sean«, sagte Peter, der mit der Ruderpinne unterm Knie auf der Heckducht saß und dem erzürnten Geschrei von zwei Einheimischen an Land lauschte, »ich hoffe, du hast das Boot auf ehrliche Weise geborgt.«

»Den Tag, an dem ich ein Boot stehlen würde, wird die Welt nicht erleben«, beteuerte Sean. »Aber weil wir es so eilig haben, und die uns nur aufhalten wollten, um möglichst viel rauszuschlagen, habe ich ihnen gesagt, Euer Ehren würde die Miete ins Boot legen. Und der rechtmäßige Preis beträgt vierzehn Pence. Hinter der Insel liegt sie, die *Mary Rose*. Wollt Ihr nicht lieber auf den anderen Bug gehen?«

»Nein, wir segeln noch etwas auf diesem«, sagte Peter und klammerte sich fest, weil der Wind das Boot nach Lee krängen ließ und das Wasser gurgelnd an der Bordwand abfloß. »Jetzt«, gab er dann das Kommando und wich geschickt dem Ende des Baums aus, als das Segel während der Wende überkam, »schnell rüber – auf die andere Seite – hinsetzen, FitzGerald!«

»Also, bei meiner Ehre«, beschwerte sich FitzGerald und rieb sich den Kopf, wo ihn der Baum getroffen hatte, »was machen Sie denn für einen Blödsinn?«

Aber bald darauf setzte er sich wieder aufrecht hin, setzte seinen Hut auf und ließ den Blick schweifen. »Das ist also das Meer«, stellte er fest. »Ich muß schon sagen, jede Menge Wasser.«

»Nein, das ist es noch nicht. Das ist erst die Bucht von Cork«, berichtigte Peter. »Die Brigg liegt hinter der Insel dort. Und erst dahinter beginnt das richtige Meer.«

Beim nächsten Kreuzschlag sahen sie bereits die Insel, und Sean rief: »Da liegt unser Schiff. Und die Toppsegel sind schon losgeworfen.«

Noch während er sprach, verbreiterte sich der dünne, weiße Tuchstreifen auf der Brigg zu einem Rechteck, blähte sich im Wind und straffte sich, als die Schoten durchgeholt und steif gesetzt wurden.

»Wenn wir Glück haben, erwischen wir sie noch«, sagte Peter und brachte das Boot etwas höher an den Wind.

»Würde es nicht schneller gehen, wenn Sie genau darauf zu segeln, statt diesen Zickzackkurs zu fahren?« schlug FitzGerald nach der nächsten Wende vor.

»Aber der Wind kommt doch genau aus Richtung der *Mary Rose*«, erklärte Peter. »Sean, prei sie an, sobald du kannst.«

Sie segelten jetzt so hoch am Wind, wie das Boot es eben noch verkraftete, und näherten sich der Brigg von Steuerbord achteraus. »Wir schaffen es«, meinte Peter zuversichtlich.

Doch als sie in die Landabdeckung der Insel kamen, flaute der Wind stark ab und schickte nur noch unberechenbare Böen. Die Brigg nahm jetzt Fahrt auf, und der Abstand zwischen ihr und dem Boot wurde breiter.

»Oh, fahren Sie zu, fahren Sie doch zu!« drängte FitzGerald und preßte nervös sein Taschentuch zwischen den Händen.

Sean hob die Hand, und dröhnend hallte seine tiefe Stimme über die See. Aber wie als Antwort auf seinen Ruf entfalteten sich blitzschnell mehrere weiße Dreiekke, als die Brigg ihre Klüver setzte und schnell davonzog.

FitzGerald stöhnte auf. »Keine Sorge«, Peter warf einen Blick zum Himmel, »mit Gottes Hilfe werde ich ihr notfalls bis nach England folgen.«

»Sie setzt das Marssegel back!« rief Sean. »Halleluja!«

Die Vormarsrah schwang herum, das Segel killte und füllte sich dann erneut mit Wind. Die Fahrt der Brigg verlangsamte sich, und als das Boot endlich ganz aus der Windabdeckung der Insel freikam, wurde es von einer Brise erfaßt und vorwärtsgeschoben. Drei Minuten später ging es längsseits.

»Na also«, sagte Peter, als er das Boot ganz sacht gegen die Bordwand der Brigg prallen ließ, »auch wenn Eigenlob stinkt: Hat doch tadellos geklappt. Hinauf mit Ihnen«, forderte er FitzGerald auf, der mit offenem Mund zu den Rüsten der Brigg hinüber gaffte. »So«, rasch zeigte er FitzGerald, wo dieser sich festhalten sollte, und trieb ihn die Jakobsleiter empor, während Sean das Segel strich und vierzehn Pence auf die Ruderbank legte.

»Ihr Burschen von der Navy kommt immer zu spät, es ist stets dasselbe mit euch«, schimpfte der Obermaat der Brigg, als sie an Deck kamen. »Jetzt muß wohl irgendeine arme Seele eure Schaluppe in Schlepptau nehmen. Ausscheiden mit hieven, du Tölpel«, brüllte er einen Matrosen an, bevor er hinzufügte: »Der Skipper ist unten in der Kajüte.«

Der Skipper der *Mary Rose,* einem von der Admiralität gecharterten Proviantschiff, das zwischen Cork und Portsmouth verkehrte, zeigte sich auch nicht viel erfreuter über ihren Anblick als sein Obermaat und hielt den Neuankömmlingen mit schneidender Stimme vor, daß die Brigg wegen ein paar Burschen, die sich lieber an Land amüsierten, um ein Haar die Tide verpaßt hätte. Aber die beiden Männer verspürten ein wildes Triumphgefühl darüber, ihre von so vielen Hindernissen begleitete Reise erfolgreich zu Ende gebracht und die Brigg im allerletzten Moment, als schon alles verloren schien, erwischt zu haben. Also ließen sie die Strafpredigt des Skippers mit den reumütigsten Gesichtern über sich ergehen. Der Skipper wiederum vertraute anschließend dem Obermaat an, er habe die Midshipmen ordentlich zur Schnecke gemacht, womit er einen bedenklichen Mangel an Scharfsinn verriet.

»Ist das schön!« schwärmte FitzGerald, als sie an der Reling standen und den langsam zurückweichenden grünen Hügeln nachblickten. Der stetige Nordostwind sang im straff gespannten Rigg, die tiefstehende Sonne brach unter den Wolken hervor und tauchte das grasbewachsene Festland in ein strahlend leuchtendes Grün. Irgendwo hinter dem Dunstschleier, der über Cork hing, würde Placidus jetzt gelassen die Straße nach Mallow entlangtrotten und Liam zurück in den Nordwesten tragen, quer durch das grüne Land, das er selbst vielleicht nie mehr wieder sah – ein Gedanke, der Peter trotz seiner Begeisterung etwas wehmütig stimmte; und derselbe Gedanke beschlich Sean, der wie so viele seiner Landsleute vor ihm lange und ernst zur Küste zurückblickte.

Nur FitzGerald war wie viele Iren, die ihr Land verlassen hatten, in euphorischer Stimmung. »Es ist wunderbar auf See!« rief er begeistert aus. »Es war eine großartige Idee, an Vetter Wager zu schreiben. Ich bin sicher, die Royal Navy ist in jeder Hinsicht besser als die Armee. Das wird wie eine lustige Bootspartie, nur ohne die lästige Heimkehr am Abend. Ich muß schon sagen, das ist doch fabelhaft, nicht wahr, Palafox?« fragte er.

Im selben Moment wurde die *Mary Rose* von einer Welle emporgehoben. Der Wind blies leicht gegen die Tide, und draußen auf See, in nicht allzu großer Entfernung von der Küste, zeigte eine gezackte Linie den Übergang zur rauhen, vom unsichtbaren Schwell des Atlantiks bewegten See an. Als sie Crosshaven, das jetzt nur noch wie ein paar weiße Sprenkel an der schemenhaften Küste aussah, weit hinter sich gelassen hatten, erreichte die *Mary Rose* diese Zone sich kreuzender Strömungen und begann lebhaft zu stampfen. Wie von bohrender Neugier beseelt, reckte sie ihren Bugspriet erst immer höher in den Himmel und senkte ihn dann wieder hinab, um die grünen Tiefen zu erforschen, so daß ihr Bug mit dumpfem Krachen auf die Wellen schlug.

»Das ist fabelhaft«, wiederholte FitzGerald und versuchte taumelnd, sich auf den Beinen zu halten. »Einfach fabelhaft«, sagte er abermals und schluckte schwer.

»Sehen Sie das Schiff dort?« rief Peter aufgeregt. »Nein, nicht das – das ist eine Ketsch –, da, direkt voraus. Ich glaube, das ist ein Kriegsschiff.«

FitzGerald starrte am Bugspriet vorbei nach vorn, der sich nun, da das Schiff auch noch zu schlingern begann, mit einer seltsam rollenden Bewegung in die Luft schraubte. Er stöhnte und hielt sich die Hände vor die Augen.

»Palafox, es ist mir so was von egal, ob das Ding ein Kriegsschiff ist oder nicht. Finden Sie es nicht auch kalt hier?« fragte er. Und kurz darauf stöhnte er: »Palafox, mir ist so komisch unwohl zumute. Wir hätten auf keinen Fall das Schwein in Blarney essen dürfen. Ist Ihnen auch so schlecht?«

»Mir ging's noch nie besser«, erwiderte Peter, der immer noch damit beschäftigt war, das Schiff zu identifizieren.

»Dann liegt es vielleicht am Schaukeln des Schiffes«, überlegte FitzGerald, hielt sich mit beiden Händen an der Reling fest und schloß die Augen.

Peter warf ihm rasch einen Blick zu und stellte fest, daß sich das Gesicht grünlich verfärbt hatte. »Kommen Sie hier auf die Seite rüber«, sagte er und nahm FitzGerald am Arm, »dann können Sie sich nach Lee übergeben.«

»Ich will mich aber nicht übergeben«, rief FitzGerald, ohne die Augen zu öffnen. Gereizt riß er seinen Arm los, obwohl er am ganzen Leib zitterte. »Und ich bitte Sie, sagen Sie nicht solche widerwärtigen Dinge. Oh!«

»Sie werden sich danach sofort besser fühlen. Manche schlucken sogar ein fettes Stück Schweinefleisch an einem Bindfaden. Na los, versuchen Sie es wenigstens.«

»Nein.« FitzGerald brachte aber nur einen schwachen Versuch der Gegenwehr zustande.

Peter und Sean betrachteten ihn mitfühlend. *Sie* wurden nicht von eisiger Kälte geschüttelt; *ihnen* drehte sich nicht alles vor den Augen; *ihr* Mund wässerte nicht ständig; *sie* wünschten nicht sehnlichst, die Welt würde zugrunde gehen oder sie selbst auf der Stelle sterben. Nein, sie genossen die Fahrt sogar ausgesprochen – fühlten sich prächtig und waren bester Laune.

»Oh«, stöhnte FitzGerald, mehr brachte er nicht zustande. Sean zog ihn von der Reling fort, an der er sich festklammerte als dem einzigen festen Halt in einem sich auflösenden Universum, und brachte ihn, indem er ihn halb trug und halb zog, unter Deck, wo Peter ihn in eine Koje stopfte und zudeckte, was er willenlos mit sich geschehen ließ, weil er bereits zu schwach war, um sie zu verfluchen.

In der Nacht frischte der Wind auf und drehte auf West zurück; er brachte Regen mit, und den nächsten Tag verbrachten Peter und Sean in geborgtem Ölzeug auf dem glänzenden Deck, von wo aus sie am späten Nachmittag die berüchtigte tückische Küste von Cornwall sahen. Von Zeit zu Zeit gingen sie unter Deck, um FitzGerald zu trösten, der restlos entleert im Bett lag und den Tod herbeisehnte, den er herannahen sah, wenn auch viel zu langsam. Es gab jedoch nichts, was sie für ihn hätten tun können. Er wollte nichts zu sich nehmen, und sofern er sich überhaupt einmal zu einer Äußerung bewegen ließ, dann höchstens, um zu stöhnen: »Palafox, Sie haben von *fettem* Fleisch gesprochen. Sie hätten nie das Wort *fett* sagen dürfen – oh!« Manchmal jammerte er, er wolle nur überleben, um Peter umzubringen; dann wieder beteuerte er, er verzeihe ihm, oder sagte, er hoffe, seine Lieben daheim würden ihn nie vergessen.

Am Donnerstag drehte der Wind wie auf Bestellung auf Südwest und Süd, und *Mary Rose* passierte ruhig auf einer milchglatten See, die sich unschuldig und spielerisch in der Sonne kräuselte, den Kanal. Auf beiden Seiten, nah und fern, segelten viele Schiffe in dieselbe Richtung, und als sich im Westen der Abendhimmel färbte, erschien FitzGerald rechtzeitig an Deck, um fünf Kriegsschiffe in Begleitung von zwei Fregatten und einer Kriegssloop in knapp einer Kabellänge Abstand vorbeiziehen zu sehen, hoch am Wind und in so exakter Formation wie ein Garderegiment bei der Parade. Mit ihren himmelhohen, leuchtenden Segelpyramiden – das ganze Geschwader hatte Royalsegel gesetzt – und ihren langen Seiten mit dem akkurat gewürfelten Band der Stückpforten vermittelten sie einen imponierenden Eindruck von gewaltiger Macht und Erhabenheit und riefen in Peter ein so ergriffenes, erregtes Gefühl hervor, daß er am liebsten in Hochrufe ausgebrochen wäre. Sogar FitzGerald war von dem Anblick ergriffen, seine Wangen färbten sich rosig, und in seine erloschenen Augen kehrte wieder etwas Leben zurück.

»Da könnte man beinahe Lust bekommen, auf einem solchen Schiff zur See zu fahren«, bemerkte er.

»Da sind Sie ja«, rief Peter überrascht und drehte sich um. »Wie geht's Ihnen?«

»Danke, das Schlimmste ist überstanden.«

»Es hatte Sie ziemlich übel erwischt«, meinte Peter grinsend. »Sie hätten – Sie hätten mein Rezept ausprobieren sollen. Aber was meinen Sie mit: *beinahe* Lust bekommen?«

»Palafox«, sagte FitzGerald ernst, »Sie nehmen doch wohl nicht ernsthaft an, daß, wenn ich erst wieder trokkenen Boden unter den Füßen habe, mich irgend etwas dazu bringen könnte, ihn jemals wieder zu verlassen? Sonst irren Sie ich. Denn von dem Moment an, wo ich von Bord dieses Schiffes – oder Ketsch oder Brigg oder wie immer Sie dieses gräßliche Gefährt nennen wollen – gehe, wird mich nichts, aber auch gar nichts dazu bewegen können, es jemals wieder zu betreten. Und eine andere schwimmende Hölle auch nicht. Nein, ich habe erkannt, daß meine Talente woanders liegen.«

»Das tut mir wirklich leid«, sagte Peter. »Aber wissen Sie, so schlimm wie beim ersten Mal ist es nie wieder. Haben Sie schon was gegessen?«

»Nein«, antwortete FitzGerald, »und ich glaube auch nicht, daß ich jemals wieder etwas essen werde.«

»Das ist schade«, erwiderte Peter, »denn als ich gerade an der Kombüse vorbeikam, habe ich gesehen, daß der Koch eine köstliche Hühnersuppe zubereitete. Da ist ja auch schon der Steward. Wollen Sie nicht wenigstens mit unter Deck kommen und uns beim Essen zuschauen? Allein der Geruch kann Tote wieder zum Leben erwecken.«

Nach kurzem Zögern ließ sich FitzGerald überreden – also gut, er werde einen Löffel Suppe probieren, aber nur um ihnen Gesellschaft zu leisten –, begleitete sie unter Deck, entschuldigte sich beim Kapitän der *Mary Rose* für seine Unpäßlichkeit – »eine Folge übermäßigen Genusses von Schweinefleisch in Blarney« –, aß Suppe und noch mehr Suppe, fiel gierig über die Wildpastete her – »ganz hervorragende Pastete, erstaunlich, wie enorm Seeluft doch den Appetit anrege« –, vertilgte einen Hefekuchen, ließ sich den Brathering schmecken, verspeiste Zitronencreme und verschlang Käse und noch mehr Käse, alle möglichen Sorten von Käse, einer besser als der andere, und noch mehr Käse. Nach Aufforderung des Kapitäns trank er trüben Portwein auf sein zukünftiges Leutnantspatent, und danach brachte er unaufgefordert Trinksprüche auf Peters Ernennung zum Kapitänleutnant, Vollkapitän, Konteradmiral der Blauen, Roten und Weißen Flagge, Vizeadmiral und Admiral derselben Geschwader aus und auf sich selbst als Ersten Seelord. Voller Ernst versprach er allen seine Protektion und Unterstützung von dem Moment an, da er dieses hohe Amt bekleiden würde, und mußte schließlich in äußerst redseliger Stimmung zu seiner Koje gebracht werden.

Als Peter wieder an Deck kam, war die Dunkelheit hereingebrochen. Da er an schwarz gebrannten Kartoffelschnaps gewöhnt war, Schnaps, der sich knapp einen Meter vom Feuer entfernt zu einer blauen Flamme entzündete – in Ballynasaggart wurde dieser Whiskey nämlich als Allheilmittel verwendet, und tatsächlich war es fast das Einzige, was die Dorfbewohner bei dem unaufhörlichen Nieselregen am Leben hielt –, hatte ihm der Portwein des Kapitäns nichts anhaben können.

Tiefe Finsternis erfüllte die warme Nacht. Kein Mond, keine Sterne, nur ein paar Ankerlichter anderer Schiffe blinkten in der Nähe. Peter stand an die Reling gelehnt, als die Brigg mit der Tide lautlos St. Helen's passierte. Kaum eine Welle kräuselte die See, nur das schwarze Wasser, das in der Spiegelung der großen Hecklaterne schimmernd an der Bordwand abfloß, verriet die Fahrt des Schiffes. Die an der Küste verstreuten Lichter funkelten wie eine durchbrochene Halskette, und die Lichter auf See bewegten sich in gleichmäßigem Tempo auf ihre unsichtbaren Bestimmungsorte zu – geheimnisvolle Stimmen raunten in der Dunkelheit, und einmal rauschte ein geisterhafter Schemen, ein fahles, in den Himmel ragendes Weiß an ihnen vorbei. Es war ein zur Jamaika-Station bestimmtes Kriegsschiff, und Peter hörte den Befehl: »An die Brassen«, und das Getrampel von Füßen, und schon war das Schiff verschwunden.

»Joe!« brüllte der Obermaat der *Mary Rose* und zerstörte den Zauber.

»Ho!« antwortete eine dröhnende Stimme durch die Nacht.

»Wo liegt die *Centurion?*«

»Wie kommt's, daß Ihr so früh seid?« entgegnete der in der Dunkelheit verborgene Joe. »Mit dieser Tide haben wir Euch noch nicht erwartet.«

»Ist sie schon in St. Helen's?«

»Nein, und diese Woche kommt sie auch nicht mehr«, sagte Joe, nun offenbar direkt unter dem Heck der Brigg.

»Joe!« brüllte der Kapitän.

»Ho!« antwortete die Stimme, die sich inzwischen

heimlich ums Schiff gestohlen hatte, von der anderen Seite.

»Spit-ed«, rief Joe mürrisch und ward nicht mehr gehört.

»Sie liegt in Spithead«, übersetzte der Kapitän, »und deshalb, meine Herren Midshipmen, schlafen Sie heute nacht am besten an Bord und fahren morgen früh mit zwei Rudergasten rüber, nach einem guten Frühstück, versteht sich, denn davon werden Sie in Zukunft nicht mehr viel bekommen.«

»Sehr freundlich von Ihnen, Sir«, sagte Peter.

»Es ist mir ein Vergnügen«, erwiderte der Skipper der *Mary Rose* mit einer tiefen Verbeugung, »den Gentlemen von der Navy zu Diensten zu sein.«

Er entfernte sich von der Reling, und Peter hörte, wie er den Rudergänger anwies, gefälligst in der Mitte des Fahrwassers zu bleiben, wenn er seinen verfluchten Kopf auf seinen verdammten Schultern behalten wolle. Am besten bereite ich heute abend schon alles vor, überlegte Peter und begab sich unter Deck. Dort stieß er auf Sean, der dabei war, ihre Kleider auszubürsten, so gut es beim Licht der hin und her schwingenden Lampe eben ging. Ein stattlicher Haufen von getrocknetem irischem Schlamm zeigte den Grad seines Eifers.

»Hört mal, verehrter Peter«, flüsterte er mit angstvoller Stimme. »Euer Ehren wird doch meine Bitte nicht vergessen, nicht wahr? Daran werdet Ihr doch denken, oder?«

Peters Antwort ging in dem plötzlich einsetzenden ohrenbetäubenden Rumpeln unter, das die Brigg beim Ankerfallen erzittern ließ, aber er nickte, und als der Lärm verebbte, versicherte er: »Ich werde tun, was ich kann, mein lieber Sean, verlaß dich drauf. Aber ich wünschte, du hättest ein Empfehlungsschreiben mitgebracht.«

Die *Centurion.* Seiner Majestät Schiff *Centurion.* Da lag sie mit vierkant gebraßten Rahen, perfekt getrimmt, selbst unter dem grauen Morgenhimmel vor Sauberkeit strahlend. Auf den Decks herrschte emsige Betriebsamkeit; Trupps von Seeleuten in Segeltuchhosen eilten mit Eimern und Schwabbern hin und her, während eine halbe Kompanie rotröckiger Seesoldaten mit rhythmischem Stampfen und Musketenklatschen zu den Schlägen einer Trommel exerzierte.

»Donnerwetter, Palafox!« staunte FitzGerald, der als erster die Bordwand erklommen hatte, »sehen Sie sich das an!«

»He, Sie, Sir!« brüllte eine wütende Stimme hinter ihnen, »Sie da! Wer zum Teufel sind Sie?« Die Stimme gehörte dem wachhabenden Offizier, der sehr genau wußte, wer die Männer waren. Trotzdem starrte er sie mit grimmigem Blick an. »Was haben Sie hier zu suchen? Was fällt Ihnen ein, einfach über Seiner Majestät Schiff zu spazieren wie eine Gänseschar über die Allmende?« Die letzten Worte galten Peter, der unseligerweise drei Schritte in die falsche Richtung gegangen war.

»Ich suche Mr. Walter«, antwortete er mit stockender Stimme.

»Unerhört! Wie eine Horde Affen auf dem Schiff umherzustreifen!« schimpfte der Wachoffizier weiter. »Verlassen Sie auf der Stelle das Schiff, und dann kommen Sie noch einmal wieder und melden sich auf anständige Weise bei mir. Und grüßen Sie gefälligst das Achterdeck, wenn Sie an Bord kommen, ist das klar?«

Als der Offizier ihnen den Rücken zukehrte, wollte sich FitzGerald, puterrot vor Zorn, auf den Mann stürzen, doch Peter packte ihn am Arm und zog ihn fort. »Seien Sie kein Dummkopf«, zischte er ihn an und zerrte ihn zur Reling. »Die Kehle können Sie ihm später durchschneiden.«

Dann verschwanden sie über die Seite und erschienen gleich darauf wieder. Peter nahm seinen Hut vom Kopf, als er das Deck betrat, und ging auf den wachhabenden Offizier zu, der seinen Gruß erwiderte.

»Mein Name ist Palafox, Sir«, stellte er sich vor.

»Melde mich zum Dienst«, soufflierte der Offizier.

»Melde mich zum Dienst«, wiederholte Peter.

»Mr. Palafox«, sagte der Offizier und streckte die Hand aus, »ich freue mich, Sie an Bord zu begrüßen.«

Dann war FitzGerald an der Reihe, und nachdem auch er offiziell auf der *Centurion* begrüßt worden war, fragte der Offizier: »Haben Sie Ihr Gepäck dabei? Ihre Seekisten«, fügte er erklärend hinzu, als er die verständnislosen Mienen sah. »Sind das da Ihre Sachen?« fragte er schließlich und blickte an ihnen vorbei zu Sean, der abwartend im Hintergrund stand, mit FitzGeralds Schrankkoffer auf der Schulter und einem kleinen Lederbündel, das Peter gehörte. »Sind das Ihre Sachen, he? Und Ihre Seekisten haben Sie an Land gelassen? Sehr unvernünftig. Trennen Sie sich nie von Ihren Kisten! Wenn Sie nicht innerhalb von fünf Minuten auf See beordert werden, sehen Sie die nie wieder. Jennings, nehmen Sie das Gepäck, und zeigen Sie den Herren ihr Quartier. Profoß, packen Sie den Mann dort. Halten Sie ihn fest. Schnappen Sie ihn sich, bevor er uns türmt. Er hat doch kein Zertifikat, oder?« fragte er Peter, der starr vor Entsetzen mitansehen mußte, wie der arme Sean, ehe er sich's versah, von zwei kräftigen Matrosen und einem Seesoldaten gepackt und mit eisernem Griff festgehalten wurde.

»Ich bin sicher, mein Vater hätte ihm eines gegeben«, sagte Peter, »und ich versichere Ihnen, Sir, eine bessere, treuere Seele gibt es in unserem ganzen Pfarrbezirk nicht.«

»Ist er Ihr Diener? Tja, tut mir leid«, sagte Mr. Saumarez. Seine Augen funkelten vor Gier. »Aber das macht keinen Unterschied.«

»Oh, Sir!« rief Peter erschrocken. »Ich kann mich für ihn verbürgen, auf mein Wort, das kann ich. Ich wollte Sie bitten, sich bei Mr. Anson dafür einzusetzen, daß er aufs Schiff aufgenommen wird. Er ist ein erstklassiger Seemann und ganz erpicht darauf, in der Flotte zu dienen. Falls ein Empfehlungsschreiben benötigt wird, werde ich sofort nach Hause schreiben.«

Einen Augenblick lang schien Mr. Saumarez zu argwöhnen, Peter besäße die Dreistigkeit, sich über ihn lustig zu machen, und warf ihm einen unheilvollen Blick zu; aber dann beruhigte er sich und sagte: »Schön, Mr. Palafox. Ich glaube, ich kann Ihnen versichern, daß Ihre Bitte erfüllt wird. Profoß, bringen Sie den Mann nach unten. Mr. Dennis wird ihn in die Musterrolle eintragen.«

»Vielen Dank, Sir. Ich bin Ihnen unendlich verbunden.« Inbrünstig schüttelte Peter dem Offizier die Hand, und Sean, der im stillen Seiner Ehren edelmütiges Herz pries, eilte dem erstaunten Profoß voraus unter Deck, während sich die Seeleute fassungslos anglotzten und die Welt nicht mehr verstanden.

»Zum Teufel noch mal!« brüllte Mr. Saumarez, als er sich langsam von seinem Staunen erholte, »gibt es auf diesem Schiff keine Arbeit? Mr. Bowes, was stehen die Männer da herum wie ein Haufen Mondkälber? Mr. Walsh, sorgen Sie dafür, daß Ihre Abteilung wieder an die Arbeit geht. Du lieber Himmel, wir sind hier doch nicht auf dem Jahrmarkt. Hat denn noch nie jemand einen rechtschaffenen Mann gesehen, der es als ein Privileg ansieht, seinem Land in Seiner Majestät Flotte zu dienen?«

»Nein, Sir«, sagte ein unglückseliger Stückmeistergehilfe, der annahm, die Frage hätte ihm gegolten. »Höchstens die Offiziere, Sir.«

»Halten Sie gefälligst den Mund!« brüllte Mr. Saumarez, »und machen Sie endlich mit Ihrer Arbeit weiter, Herrgott noch mal, sonst ...«

»Ich frage mich, wann uns der Bursche endlich unser Quartier zeigt«, brummte FitzGerald, als er sich im Halbdunkel unter einem Deckenbalken duckte.

»Ich glaube, das hier *ist* unser Logis«, meinte Peter unsicher und tastete mit der Hand nach einer Sitzmöglichkeit.

»Unsinn«, erwiderte FitzGerald. »In diesem fürchterlichen Verschlag würde man noch nicht mal eine Katze einsperren.«

»Verzeihung, Sir«, Jennings tauchte im Dämmerlicht auf, »aber ich kann Ihre Seekisten nirgends finden.«

»Macht nichts«, sagte FitzGerald und fischte ihr letztes gemeinsames Fünf-Shilling-Stück aus der Tasche. »Hier, das ist für deine Mühe. Und wenn du jetzt vielleicht so gut wärst, uns unser Quartier zu zeigen, ja?«

»Vielen Dank, Sir.« Jennings spuckte auf die Münze und rieb sie an seinem Hemd blank. »Aber ich habe Ihnen doch Ihr Quartier gezeigt«, fuhr er fort. »Wirklich, kein Witz. Das hier ist das Fähnrichslogis.«

»Oh«, stöhnte FitzGerald.

»Weißt du, ob Mr. Walter an Bord ist?« fragte Peter. »Wenn ja, würde ich ihm gern meine Aufwartung machen.«

»Der Kaplan, Sir? O ja, Sir, er ist in seiner Kammer. Soll ich Ihnen den Weg zeigen?«

»Ja, bitte.«

»Noch nie auf See gewesen, Sir?« fragte Jennings und eilte voraus.

»Nein«, antwortete Peter.

»Das hab' ich mir schon gedacht«, sagte Jennings mit einem Grinsen, das bis zu beiden Ohren reichte, »als Sie von dem Empfehlungsschreiben für Ihren Mann sprachen.«

»Habe ich etwas Falsches gesagt?« fragte Peter erschrocken und blieb unter einer Gräting stehen, durch die das Tageslicht herein fiel.

»Na ja, Sie haben den Offizier mißverstanden, wenn ich mal so sagen darf«, erklärte Jennings. »Er meinte nämlich ein Zertifikat, eine Bescheinigung, die Ihren Mann vom Dienst in der Royal Navy *freistellt*. Und Sie meinten ein Zeugnis, damit ihn die Royal Navy *aufnimmt*. Ha, ha!« Jennings lehnte sich gegen einen Stützbalken und lachte aus vollem Herzen. »Möge Gott Ihnen Ihre Gutgläubigkeit bewahren, aber wissen Sie denn nicht, daß im Moment so scharf gepreßt wird wie seit zwanzig Jahren nicht mehr? Außer Mr. Saumarez, dem Fünften Offizier und dem Kaplan ist kein einziger Offizier mehr an Bord – alle anderen sind mit den Preßgangs unterwegs und machen die ganze Gegend bis Lyme und Seaford unsicher. Und Sie betteln regelrecht darum, daß man den Mann an Bord nimmt. Oh, ha, ha, ha, ha!«

»Oh«, sagte Peter, nicht sehr erfreut darüber, daß man ihn für so naiv hielt, »ich verstehe.«

»Alles, was wir aus den Gefängnissen und Zuchthäusern bekommen haben, ist unten im Orlop eingesperrt, damit die Kerle nicht türmen – Zigeuner und Bettler und Schwachköpfe. Aber nicht ein einziger Seemann ist zu kriegen, nicht für Geld noch für gute Worte. Dabei braucht das Schiff noch mindestens zweihundert. Aber aus Angst vor den Preßgangs laufen alle davon, verstekken sich in den Grafschaften im Landesinnern und verkriechen sich in Scheunen und Ställen. Oh, ha, ha, ha!«

»Gut, das genügt jetzt«, sagte Peter in scharfem Ton, und bis auf einen halblauten Seufzer schwieg Jennings, bis sie vor der Kammer des Kaplans standen.

»Guten Morgen, Sir«, sagte Peter in den düsteren

Raum hinein. »Ich bin Peter Palafox, und ich habe Ihnen einen Brief von meinem Vater mitgebracht.«

»Ich freue mich sehr, Sie zu sehen«, antwortete Mr. Walter, und Peter sah undeutlich, wie sich zwischen den Schatten eine hochgewachsene Gestalt erhob. Dann hörte er einen dumpfen Schlag, als sich Mr. Walter den Kopf stieß; nicht an der Decke, denn Schiffe haben keine Decken, jedenfalls keine, an denen man sich beim Aufstehen den Kopf stoßen kann, sondern an der Stelle, die ein Landlubber als solche bezeichnen würde. Außerdem hörte er etwas, was einem unterdrückten Fluch verblüffend ähnlich klang, und dann sagte Mr. Walter: »Jedes Mal stoße ich mir den Kopf hier, an dieser vermaledeiten Stelle. Aber kommen Sie, Mr. Palafox, oder Peter, wie ich Sie doch sicher nennen darf, denn ich kannte Sie schon, bevor Sie geboren wurden. Mal sehen, ob wir einen Platz finden, wo Sie sich setzen und es sich bequem machen können. Wie geht es denn meinem ganz besonders guten, alten Freund – und Ihrer Frau Mutter? Nein, das Ding da läßt sich nicht verrücken. Das ist eine Kanone. Hier, schieben Sie die Papiere von meiner Seekiste und setzen Sie sich darauf. Es ist ziemlich dunkel hier drinnen«, fügte er hinzu. »Sie kommen jetzt also aus Irland«, fuhr er fort, als sie sich gesetzt hatten.

»Ja, Sir«, antwortete Peter und reichte ihm den Brief seines Vaters.

»Vielen Dank. Sie verzeihen mir doch, wenn ich ihn sofort öffne – es passiert nicht alle Tage, daß ich so ein Vergnügen habe. Sehen Sie, man kann ganz gut lesen, wenn man das Papier in das durch die Ritze fallende Licht hält. Bei geöffneter Stückpforte können Sie natürlich die ganze Größe meines Domizils sehen, es ist erstaunlich geräumig. Man könnte fast meinen, auf einem 100-Kanonen-Schiff zu sein, auch wenn meine Vorräte natürlich eine Menge Platz wegnehmen. Aber die Männer machen gerade irgendwas mit der Stückpforte, und deshalb muß sie geschlossen bleiben. Ha, ha. Ihr Vater schreibt von unserer gemeinsamen Zeit an der Universität. Er erinnert mich an unseren Heißhunger auf Wurst – und auf Jungfrauen. Ha, ha. Verkommene Subjekte waren wir – wilde, forsche Burschen. Aber damals gehörten wir auch noch nicht dem geistlichen Stand an.«

Er las schweigend weiter, zur Seite gebeugt, um den Lichtstrahl einzufangen; und Peter, dessen Augen sich mittlerweile an die Dunkelheit gewöhnt hatten, konnte einen Tisch, zwei Stühle und eine mit Büchern vollgestopfte Schwingkoje aus Segeltuch erkennen. Allein schon mit diesen Dingen und dem Kaplan wäre die Kammer zu voll gewesen, um bequem zu sein, doch außerdem befanden sich genau in der Mitte des Raumes eine gewaltige, einem liegenden Elefanten ähnelnde Kanone und die Seekiste, auf der er saß, die so groß wie ein Sarg war und sich unter weiteren Papier- und Bücherstapeln bog. Schon jetzt bedurfte es außerordentlicher Gewandtheit, sich von einer Seite der Kammer zur anderen zu bewegen, und Peter versuchte sich vorzustellen, wie das bei starkem Seegang sein mochte. Und wie, fragte er sich, konnte irgend jemand jemals an die Kanone herankommen, um sie abzufeuern.

»Tja, ja, ja«, sagte der Kaplan, faltete den Brief zusammen und legte ihn mit wehmütigem Tätscheln beiseite. »Es scheint, als sei es erst gestern gewesen, daß wir beide auf dem Seminar waren und über Kirche und Staat diskutierten. Ach je!«

»Sir«, begann Peter nervös seine vorbereitete Rede, »ich möchte Ihnen ganz herzlich für Ihre große Güte danken, daß Sie mir …«

»Papperlappap, davon will ich nichts hören«, wiegelte der Kaplan sofort energisch ab, zog sich die Perücke wie einen Hut vom Kopf und schwenkte sie mit einer tiefen

Verbeugung, »kein Wort davon, bitte. Ihr Vater hat sich schon überschwenglich genug bedankt. Ich hoffe nur, daß Sie und die Royal Navy zusammenpassen. In der Navy ist man nicht immer auf Rosen gebettet, wie man so schön sagt. Der Raum ist beengt und die Kost zuweilen karg, und allgegenwärtig sind die Gefahren der See.

Illi robur et aes triplex
circa pectus erat, qui fragilem truci
commisit pelago ratem
primus –

Horaz ist dem Sohn Ihres Vaters doch sicherlich geläufig, nicht wahr?«

Zurückhaltend bestätigte Peter, daß er besagten Herrn gut kenne, weiter aber wollte er sich nicht auf so gefährliches Terrain begeben.

»Nun«, sagte Mr. Walter, »ich schätze, Sie haben eine ganze Menge Fragen, oder?«

»Ja, allerdings, Sir«, erwiderte Peter, »und wenn Sie gestatten, würde ich als erstes gern wissen, wie man diese Kanone abfeuern kann, und danach, was eine Seekiste ist, und warum mich dauernd alle nach meiner fragen.«

»Tja, also«, begann der Kaplan zu erklären, »im Gefecht werden diese Schotten hier«, er zeigte auf die Wände der kleinen Kammer, »alle abgeschlagen. Die Kammer verschwindet, und das ganze Deck ist ein langer, durchgehender Raum, so daß die Männer an die Kanonen kommen und sie zu den Stückpforten ausrennen können. Das nennt man gefechtsklar machen. Und was die Seekiste anbelangt, das ist die Kiste, die Ihre ganze Habe enthält, Ihre Klamotten, Ihr Ölzeug, Ihre nautischen Instrumente, Ihre Uniformen – kurz, alles, bis auf Ihre persönlichen Vorräte, die Sie dem Diener des Fähnrichslogis anvertrauen können, einem sehr rechtschaffenen, ehrlichen Mann namens Jennings.«

»Uniformen, Sir?« rief Peter bestürzt. »Aber wir

dachten, in der Navy braucht man keine Uniform. Eine Kokarde am Hut, gewiß, aber doch keine Uniform. Zu Hause hieß es immer, was für ein Glück es sei, daß ich zur Royal Navy gehe, denn mein Vater hätte mich nie und nimmer zur Armee schicken können, da die Kosten für die Regimentsuniformen einem die Haare vom Kopf fressen, so teuer sind die, Sir.«

»Nun ja, bis vor einigen Jahren war es auch so«, nickte Mr. Walter. »Aber heute tragen die meisten Offiziere dieselbe Uniform wie der Gentleman, der Sie empfangen hat – bestimmt ist er Ihnen aufgefallen in seinem blauen, goldbetreßten Rock und seinen weißen Breeches. Alle Offiziere in unserem Geschwader tragen dasselbe, und viele Kommandanten bestehen darauf, daß sich ihre Fähnriche und Kadetten ebenso kleiden. Mr. Anson ist da ungeheuer pingelig. Noch wichtiger aber sind die anderen Sachen, Ihre Navigationsinstrumente, Quadrant, Kurslineal, logarithmischer Rechenstab und alles andere, Ihre Wäsche und Ihr Bettzeug ... Mit diesen Dingen nimmt es unser Erster Offizier sehr genau. Erst kürzlich, am Dienstag, glaube ich, hat er einen armen, jungen Burschen fortgeschickt, der die Dreistigkeit besaß, ohne nautische Tafeln hier zu erscheinen, von anderem erforderlichen Zubehör ganz zu schweigen. Auch Mr. Saumarez hat völlig recht, wenn er sagt, daß auf einer langen Fahrt das Wohlergehen eines Kadetten entscheidend von seiner Ausrüstung abhängt. Er muß mit Kleidung für die Tropen wie auch für die hohen Breiten ausgestattet sein, ganz abgesehen von seinen Waffen und seinen Vorräten natürlich, und außerdem mit Geld für seine Messe und den Lehrer. Mit dem Begriff Seekiste meinen wir sowohl die gesamte Ausrüstung, die ein junger Offiziersanwärter braucht, als auch die messingbeschlagene Holztruhe, die all dies enthält.«

»Sir«, sagte Peter kleinlaut, »ich habe keine Seekiste.«

»Sie haben keine Seekiste?« rief der Kaplan ungläubig.

»Keine Seekiste, Sir, und auch nichts, was drin wäre.«

»Ach, du meine Güte«, stöhnte der Kaplan und starrte Peter im Dämmerlicht entsetzt an. »Überhaupt keine Seekiste?«

»Nichts dergleichen, Sir, auf mein Wort. Nur einen kleinen Beutel aus Leder. Von Seamus Joyces alter Kuh, die gestorben ist.«

»Und was ist da drin, wenn ich fragen darf?«

»Sechs Hemden und ein paar Strümpfe. Und dann habe ich noch einen Ersatzrock mit meinen Schnupftüchern in der einen Tasche und meiner Bibel in der anderen.«

»Vielleicht haben Sie einen Quadranten?«

»Nein, nichts dergleichen, Sir. Wir waren sicher, oder vielmehr meine Mutter war überzeugt, daß die Royal Navy all diese Dinge zur Verfügung stellen würde.«

»Mein armer Junge, mein armer Junge«, seufzte der Kaplan und schüttelte traurig den Kopf. »In was für einem entlegenen Landstrich müssen Sie leben! Sechs Hemden für eine Fahrt, die zwei oder drei Jahre dauern kann? Ach, du meine Güte! Wissen Sie eigentlich, wohin die Reise geht?«

»Ja, Sir. Wir sind in das große Südmeer bestimmt, um dort Jagd auf die ahnungslosen Spanier zu machen und ihre Schifffahrt zu stören.«

»Das wissen Sie? Gütiger Himmel! Das ist doch angeblich geheim. Woher wissen Sie das denn?«

»Oh«, antwortete Peter abwesend, denn im Geist war er viel zu sehr mit den schrecklichen Neuigkeiten beschäftigt, um sich über die Frage des Kaplans zu wundern, »oh, das haben zu Hause alle gesagt. Michael Noonan, der Steuereinnehmer, Patrick Lynch, der Schweineverschneider, alle.«

»Sogar in dieser abgelegenen Einöde«, murmelte der Kaplan vor sich hin. »So wird also in dieser verderbten Zeit mit Staatsgeheimnissen umgegangen. Das muß ich dem Kommodore mitteilen. Ich frage mich, seit wann die Spanier wohl schon von dem Plan wissen.« Nachdem er eine Weile geschwiegen hatte, fuhr er fort: »Aber zurück zu unserem Problem. Sie besitzen also keine Seekiste, Peter?«

»Nein, Sir«, bestätigte Peter erneut.

Er war so bleich geworden, daß selbst in diesem düsteren Licht seine Nöte dem Kaplan nicht verborgen bleiben konnten. Sie schwiegen eine Weile, und Peter überkam grenzenlose Verzweiflung. So nah am Ziel – und wie zur Bestätigung begann sich in diesem Moment das Schiff zu bewegen – noch fortgeschickt zu werden, war zu bitter; während Mr. Walter fieberhaft im Kopf die spärlichen Mittel seines äußerst mageren eigenen Geldbeutels und seines überzogenen Kredits überschlug.

»Sie müssen wissen, Peter«, sagte er, »daß ich leider kein reicher Mann bin und daß meine eigene Ausrüstung für diese große Reise das bißchen Vermögen, das ich besaß, völlig aufgezehrt hat. Ich weiß, ehrlich gesagt, auch nicht, was wir nun tun können. Schon eine ganz bescheidene Ausrüstung würde vermutlich um die zwanzig Pfund kosten.«

»O Sir«, seufzte Peter matt. Zwanzig Pfund – davon lebte in Ballynasaggart eine Familie das ganze Jahr.

»Zwanzig Pfund! Aber sagen Sie, hat man Ihnen nicht wenigstens etwas Geld mitgegeben, um Ihre Ausgaben zu bestreiten – einen kleinen Betrag, um für Ereignisse, die sich in Ballynasaggart nicht vorhersehen ließen, gewappnet zu sein?«

»Doch, Sir«, antwortete Peter. »Mein Vater gab mir eine Geldbörse mit Gold. Ganze sechs Zwanzig-Shilling-Stücke, Sir.«

»Na, also«, rief Mr. Walter, breitete erleichtert die Arme aus und stieß dabei einen Stapel mit Büchern zu Boden, »na dann ist doch alles in Ordnung! Mein Gott, was für eine Beruhigung! Das ist natürlich nicht genug, aber wenn man sich etwas einschränkt und geschickt anstellt, und mit dem Rat meines guten Freundes, dem Zahlmeister – einem ganz erfahrenen Seeausrüster –, müßten wir Sie eigentlich anständig genug ausstaffieren können, um die Musterung zu bestehen. Dann gab Ihnen also Ihr Vater, der Gute, eine schöne, prallgefüllte Börse mit auf den Weg.«

»Ja, Sir«, bestätigte Peter und zögerte einen Moment, ehe er hinzufügte: »Aber beim Rennen ging alles verloren.«

»Beim Rennen verloren?« Der Kaplan glaubte seinen Ohren nicht zu trauen.

»Ja, Sir. Zu meinem Kummer muß ich gestehen, daß es beim Rennen verlorenging.«

»Beim Rennen verloren!« rief der Kaplan mit vor Zorn rotem Kopf. »Sie wagen es, mir zu sagen, Sie hätten es beim Rennen verloren? Lasterhafter Bengel!« brüllte er und hieb seine Faust mit einem wuchtigen Schlag auf den Tisch.

»O Sir, gestatten Sie ...«

»Nein, Sir, sagen Sie nichts – kein Wort, ich will nichts hören!« schimpfte der Kaplan wütend. »Jugendlicher Überschwang und Unbeherrschtheit mögen viel entschuldigen, das jedoch nicht. Sie kennen den Wert eines Goldstücks für einen Pfarrer mit einem Einkommen wie dem Ihres Vaters ebensogut wie ich. Sie wissen, welcher Selbstverleugnung und Entbehrung es bedarf, um auch nur eine halbe Guinee zur Seite zu legen. Ein Vermögen auf diese Weise zu vergeuden, ist ein Beispiel von Herzlosigkeit, wie ich es selten erlebt habe. Ich bin enttäuscht von Ihnen, Sir, ich bin zutiefst enttäuscht von Ihrem

Benehmen! Guten Tag!« Mr. Walter war ein Mann mit strengen Prinzipien und lehnte Gewalt ab, und er hatte deshalb eigentlich das Gespräch mit diesen Worten beenden wollen. Aber seine prinzipienlose rechte Hand (die stark zu Unmutsbekundungen neigte) erhob sich in eigenwilligem Entschluß, schwang in ausholendem Bogen nach vorn, traf Peter am Ohr und schlug seinen Kopf so heftig gegen die Kanone, daß das Geschütz einen metallischen Ton von sich gab und der verblüffte Peter von seinem Stuhl fiel.

Er brauchte ein paar Minuten, um wieder zu sich zu kommen. In der Zwischenzeit hob der Kaplan ihn auf und setzte ihn zurück auf den Stuhl. Allmählich drangen Peter die Worte »Ach, du meine Güte, ach, du meine Güte ... das wollte ich doch nicht ... der arme Junge ... muß in Versuchung geführt worden sein, keine Frage ... o je, da haben wir die Bescherung ... ah, Gott sei Dank, er kommt zu sich, aber wie blaß er ist!« ins Bewußtsein.

»Bitte lassen Sie mich erklären, Sir«, rief Peter rasch, »es war nicht beim Wetten. O Sir, es war nicht beim Wetten, sondern ein Taschendieb hat es im Gedränge gestohlen, ein Bandit, ein unseliger Schurke von Taschendieb. Soll ich Ihnen erzählen, wie es passiert ist, Sir?«

»Tun Sie das, mein armer Junge, tun Sie das. Denn ich fürchte, ich habe Ihnen Unrecht getan«, sagte der Kaplan und säuberte Peters Gesicht mit seinem Taschentuch. Und dann erzählte Peter ihm in aller Ausführlichkeit, was er auf dem langen Weg durch Connaught und Munster und das rauhe Wasser des Englischen Kanals bis zur glücklichen Ankunft auf der *Centurion,* diesem stolzen Schiff, alles erlebt hatte, und schloß mit den treuherzigen Worten: »Aber eigentlich hat mir das Geld bis jetzt nie wirklich gefehlt, Sir.«

»O je, o je«, seufzte der Kaplan schwer. Traurig schüttelte er den Kopf. »Also wurden Sie beraubt, und dafür habe ich Sie auch noch geschlagen. Sie müssen mir verzeihen, Peter. Aber was nun? Was können wir tun? Ich bin ratlos. Was soll ich Ihnen sagen«, fuhr er nach kurzem Schweigen fort, »ich bin völlig ratlos.«

In diesem Moment ertönte lautes Rumpeln und Knarren, die Stückpforte klappte nach oben auf und ließ blendend helles Licht einfallen und einen Windstoß frischer Seeluft.

»Passen Sie auf das Tintenfaß auf!« rief der Kaplan, als er und Peter sich auf die durch die Luft wirbelnden Blätter stürzten, »und halten Sie um Himmels willen meine Predigt fest.«

»Verzeihung, Sir«, sagte ein bärtiges Gesicht, das kopfüber in der Öffnung hing. »Wir haben gerade die Stückpforte geöffnet.«

Irgendwann war alles wieder aufgesammelt, sortiert, aufgestapelt und mit dicken Büchern beschwert, und sie setzten sich keuchend hin, vom Licht geblendet, und musterten einander mit zusammengekniffenen Augen. Und alles, was Peter in Mr. Walters bekümmertem Gesicht sah, war tiefe Besorgnis.

»Ich könnte«, sagte der Kaplan schließlich, »Ihnen einen Brief an Mr. Shovell geben. Er hofft, das Kommando über einen Kutter zu bekommen, einen von der Navy gecharterten Kutter für Patrouillefahrten im Kanal ... aber ich weiß natürlich nicht ...«

Während er eine Weile laut vor sich hingrübelte, wanderte Peters Blick durch die viereckige Stückpforte hinaus auf die funkelnde See. Er sah Boote zwischen den Patrouilleschiffen und dem Geschwader verkehren, und für einen kurzen Augenblick schob sich der mächtige Schatten einer Achtundzwanziger-Fregatte in den Vordergrund, die mit beidseits oben und unten gesetzten Leesegeln vor dem Wind segelte. Die sonnenverbrannten Gesichter auf ihrem Achterdeck waren der *Centuri-*

on zugewandt, und er sah sie lachen. Dann verschwand die Fregatte, und er schenkte seine Aufmerksamkeit wieder den Ausführungen von Mr. Walter, der gerade die verschiedenen Klassen von »jungen Herren« durchging: die Offiziersanwärter, die Freiwilligen und diejenigen, die zwar nur als Kapitäns-, Offiziers- oder auch als Bootsmannsstewards in den Schiffsbüchern geführt wurden, aber trotzdem genau wie die anderen Midshipmen Zugang zum Achterdeck hatten. Bald aber stellte er fest, daß Mr. Walter irgendwie den Faden verloren hatte, und in diesem Moment merkte er auch, daß der Kaplan ihn auf äußerst merkwürdige Weise anstarrte, mit unerschütterlich auf Peters Kehle gerichtetem Blick, während er ab und an die Augen zusammenkniff oder den Kopf schräg legte. In dem gleißenden Licht, das nun die Kammer erfüllte, war dieses unverwandte Starren ebenso zweifelsfrei zu erkennen wie die Blickrichtung. Während Mr. Walter mit seinen Erklärungen fortfuhr – zuweilen, wie es schien, aufs Geratewohl –, wurde sein Blick noch starrer, und Peter wurde immer mulmiger zumute, und schließlich betastete er sein Halstuch, um zu prüfen, ob sich der Knoten gelöst oder er es womöglich in die Tinte getunkt hatte.

»Peter Palafox«, sagte der Kaplan, »würden Sie mir bitte die Spange einmal reichen.« Und als er sie in der Hand hielt, lehnte er sich zurück, bis die Sonne auf ihn fiel. Dann hielt er sie auf professionelle Weise mit Kennermiene an sein Auge. »Donnerwetter!« äußerte er nach einer langen nachdenklichen Pause, und nachdem er die Spange zahllose Male von allen möglichen Seiten und bei unterschiedlichen Lichtverhältnissen inspiziert hatte, staunend. »Da sind Sie also die ganze Zeit wie ein Ägypter mit einem Smaragd am Kragen durch Irland spaziert. Einem prächtigen Smaragd, wenn auch natürlich nicht ganz makellos und ein wenig zerkratzt, aber von einer wunderbar intensiven Farbe. Vor vielen Jahren«, fuhr er fort, ohne seinen aufmerksam prüfenden Blick von dem Stein zu wenden, »brachte ich einem holländischen Juwelenhändler Englisch bei. Ich liebte es, seine Edelsteine zu betrachten, und vielleicht lehrte er mich mehr als ich ihn. Natürlich würde ich mich niemals als Experten bezeichnen, o nein, aber ich kann erkennen, wenn ich einen echten Stein vor mir habe. Sehen Sie mal hier, das bezeichnen wir als Smaragdgarten – herrlich, nicht wahr? Hätte nicht jemand dieses dumme Loch in den Rand gebohrt – zweifellos Indianerarbeit –, könnte er zwei- bis dreihundert Guineen einbringen. Aber auch so müßte ich mich schon sehr täuschen, wenn er nicht ein Jahreseinkommen Ihres Vaters wert ist. Wie sind Sie denn an den Stein gekommen?«

Peter, dessen Herzblut plötzlich wieder zu fließen begann, spürte eine Woge des Glücks in sich aufsteigen. Er erzählte dem Kaplan, wie er in den Besitz des Steines gelangt war, und vor lauter Seligkeit stieß er zwischendurch immer wieder unwillkürlich kleine Glücksjauchzer aus.

»Ich bin sicher, Ihre alte Dame hatte recht«, sagte der Kaplan, nachdem Peter seine Geschichte zu Ende erzählt hatte. »Der Stein muß von einem Schiff der spanischen Armada stammen – soviel ich weiß, gab es damals etliche Schiffbrüche an Ihren Küsten. Was für eine Ironie des Schicksals, daß der Stein, mit dem Sie Ihre Ausrüstung für die Royal Navy bezahlen können, ausgerechnet von einer Galeone jener schändlichen Nation stammt, gegen die Sie in den Kampf ziehen. Wenn Sie wünschen, werde ich für Sie diesen Stein in eine Seekiste verwandeln – und in einen stattlichen Geldbetrag dazu, denn andernfalls könnten die Händler versucht sein, Ihre Jugend und Unerfahrenheit auszunutzen, um Sie übers Ohr zu hauen; und wir sollten andere niemals in Versuchung führen, denn wer weiß, ob sie ihr widerstehen können. Jetzt aber sollten wir, wie ich meine, zu Ihrer Begrüßung an Bord und zur Beruhigung unserer Gemüter nach all diesen bangen Sorgen erst mal ein Stück Kuchen essen und ein Glas Madeira trinken.«

Als Peter mit beruhigtem Gemüt ins Fähnrichslogis zurückkehrte, stellte er fest, daß es bis auf eine sehr große Katze und ein sehr kleines Bübchen verwaist war. FitzGerald war fort. Das Luk war jetzt geöffnet, und der Winzling saß auf einer Kiste, blickte zu der Öffnung empor und sang in auffallend hohem Sopran immer wieder die Zeilen:

»Auf zur geheimen Expedition
auf zur geheimen Expedition!«

Peter blieb regungslos stehen, und während er den rotwangigen Sänger nachdenklich betrachtete, fragte er sich erstens, wo FitzGerald wohl steckte, und zweitens, wie dieses Kind an Bord gekommen sein mochte. Schließlich kam das Lied zum Ende.

»Hör mal, mein Junge«, sagte Peter freundlich, »hast du meinen ...«

»Wer zum Teufel denkst du, daß du bist?« fuhr ihn das Kind unerschrocken an.

»Du solltest besser deine Zunge hüten«, erwiderte Peter entrüstet.

»Und du solltest dich hüten, deine Vorgesetzten auf eine so unverschämt impertinente Weise anzureden«, piepste der Zwerg. »Ich nehme an, du bist eins von den neuen Scheusalen, die uns die Admiralität in ihrer unergründlichen Weisheit aufgebürdet hat. Was zum Teufel fällt dir ein, mich als deinen Jungen anzureden? Hä? Verdammte Unverschämtheit!« Vor Zorn immer stärker errötend, fuhr das Kind fort: »Mit fünf Dienstjahren auf dem Buckel von einem dahergelaufenen Tölpel, der aus der Bilge gekrochen ist, als die Katze schlief, ›mein Junge‹ genannt zu werden! Du kannst mich mal ... Ich habe große Lust, dich kielholen zu lassen.«

»Verzeihung«, stammelte Peter bestürzt. »Das wußte ich nicht.«

»In Zukunft nennst du mich Mr. Keppel«, sagte das Kind scharf und nahm seinen Gesang wieder auf.

Um die Fassung zu bewahren, streichelte Peter die Katze, ein räudiges Tier, schwarz dort, wo noch Fell wuchs, und an den Kahlstellen von einem stumpfen Blau. Die Katze ließ sich das Streicheln einen Moment lang mit hin- und herpeitschendem Schwanz gefallen, dann schnappte sie mit leisem Knurren nach der Hand und biß zu wie ein Hund. Erschrocken sprang Peter zurück und prallte gegen einen dicken, blonden, rotwangigen Hünen, dessen von Natur aus fröhliches Gesicht sich nun vor Unmut verfinsterte.

»Hör mal, Freundchen«, wisperte er heiser, als er Peter und die Katze so eng beieinander sah, »willst du wohl aufhören, die Katze zu quälen!«

»Die Katze hört ja nicht auf, hier, sie läßt mich einfach nicht los!« rief Peter und wirbelte die Hand mit der Katze durch die Luft.

»Daß du hier nicht noch mal versuchst, Tiere zu quälen, sonst bekommst du's mit mir zu tun. Damit das ein für alle Mal klar ist!« schimpfte der neu Hinzugekommene und riß die Katze mit einem kräftigen Ruck los. »Arme Mieze«, sagte er und setzte sich mit der Katze im Arm auf eine Kiste, um sie zu trösten. »Mein braver Agamemnon.«

»Ich habe sie doch nur gestreichelt«, verteidigte sich Peter.

»Komm nicht noch mal auf die Idee, Tiere zu quälen«, war die einzige Antwort. »Miez, Miez. Armer alter Ag. Braver Ag.«

»Und, hattest du Glück, Ransome?« fragte Keppel.

»Nein«, antwortete Ransome. »Ich bin mit der Gig-Crew zu einer Hochzeit in Fareham gefahren. Wir dachten, wir schnappen uns ein paar von ihnen, wenn sie aus der Kirche kommen. Aber auf dem Friedhof sind die Frauen über uns hergefallen und haben uns ganz übel verprügelt, und in der Zwischenzeit sind die Männer alle aus der Sakristei getürmt. Wer hat denn den ganzen Mist hier auf meine Kiste gelegt?« Er starrte wütend auf FitzGeralds Schrankkoffer und stieß ihn dann mit einem Fußtritt herunter.

»Das ist mein Koffer, Sir«, sagte FitzGerald, der dummerweise genau in dem Moment auftauchte, als der Koffer zu Boden polterte, »und ich wäre Ihnen dankbar, wenn Sie ihn wieder aufheben.«

»Nun mal halblang, Kumpel«, brummte Ransome, immer noch mit dem heiseren Unterton, »reg dich ab.«

»Himmel hilf – noch so ein Teague[1]!«, stöhnte Keppel. »Die verdammte Insel scheint endlich gesunken zu sein.«

»Was bist du für ein widerwärtiger Junge«, stellte FitzGerald fest. »Aber vermutlich weißt du das nicht einmal. Falls der Bursche da dein Steward ist, sag ihm, er soll gefälligst meinen Koffer aufheben.«

»Was erlaubst du dir, du Lump!« brüllte Keppel erbost.

»Wenn du glaubst, eine Ratte, die durch die Ankerklüse an Bord kommt, würde mich beeindrucken«, schnaubte Ransome und wurde plötzlich puterrot, »muß ich dir wohl mal Manieren beibringen.«

»Ich verstehe deinen Jargon nicht«, erwiderte FitzGerald, »aber wenn du eine Tracht Prügel brauchst, kann ich dir gern zu einer verhelfen.«

[1] Spitzname für Iren (Anm. d. Ü.)

»Nur zu«, erklärte Ransome und zog seinen Rock aus.

An Mut waren sich beide ebenbürtig, aber Gewicht und Erfahrung entschieden die Sache. FitzGerald brachte rund dreiundsechzig Kilogramm auf die Waage, Ransome dagegen knapp neunzig, und er besaß viel Erfahrung im Boxen, FitzGerald keine. Nach zehn Sekunden lag FitzGerald flach auf dem Rücken, und das Blut sprudelte aus seiner Nase, doch japsend holte er tief Atem und sprang wieder auf die Füße. Diesmal hielt er sich wesentlich länger auf den Beinen und verpaßte Ransome ein oder zwei gute Schläge, bevor er wieder zu Boden ging.

Peter richtete ihn auf, lehnte ihn gegen seine Knie und wischte ihm das Gesicht ab. »Geben Sie auf«, flüsterte er, »der Kerl ist doppelt so groß wie Sie.«

»Aufgeben?« FitzGerald schüttelte den Kopf. »Lassen Sie mich los.«

Er sprang hoch und stürzte sich mit einem grimmigen Satz auf Ransome, unterlief dessen Deckung und schmetterte ihm mit der Rechten einen Haken ans Kinn, der Ransomes Kopf nach hinten schleuderte. Dann ging er abermals zu Boden, erhob sich aber schon im nächsten Augenblick wieder und drosch wild auf seinen Gegner ein. Einige Sekunden lang ging es Schlag auf Schlag – harte Boxhiebe mit nackten Fäusten, die wie Hammerschläge auf Holz klangen. Einmal landete FitzGerald einen Volltreffer, aber in einer instinktiven Reaktion schlug Ransome zurück, und obwohl er kaum ausholen konnte, traf sein Aufwärtshaken FitzGerald mit solcher Wucht, daß es ihn einen ganzen Fuß in die Luft emporhob und er wie ein Stein zu Boden fiel, wo er, seltsam zusammengestaucht, reglos liegen blieb.

»Was ist denn das für ein fürchterlicher Krach?« schnauzte eine barsche Stimme hinter Peter. »Prügeln sich wie ein Haufen rotznasiger Schulbengel? Wer ist das?«

»Mr. FitzGerald, Sir.«

»Ein neuer Midshipman? Der Ire?«

»Ja, Sir.«

»Das hätte ich mir denken können. Na ja, kippen Sie ihm einen Eimer Wasser über den Kopf.«

»Aye, aye, Sir.«

»Wir haben nur Spaß gemacht«, sagte Ransome ohne sonderlich viel Überzeugungskraft.

»Spaß? Dann haben Sie – was ist denn das für ein Höllenlärm? Ja, Settle, was hat das zu bedeuten?«

»Verzeihung, Sir, aber ein paar von den gepreßten Männern im Orlop spielen verrückt, reden in einer fremden Sprache und machen ein Riesentheater.«

»Haben Sie die Iren in unterschiedliche Verschläge gesteckt, wie ich es Ihnen gesagt habe?«

»Ja, Sir. Aber sie sind ausgebrochen«, brüllte Quartermaster Settle, um sich über den ansteigenden Lärmpegel des immer lauter und wütender durch die Gräting schallenden Tumults verständlich zu machen.

»Empfehlung von Mr. Saumarez«, meldete ein Schiffsjunge vom Achterdeck, »und er wäre froh, wenn es nicht ganz so laut zuginge.«

»Richten Sie Mr. Saumarez meine Empfehlungen aus, und es wird sofort für Ruhe gesorgt.«

»Empfehlung vom Kommodore, Sir«, meldete ein zweiter Bote, der in der Tür mit dem ersten zusammenstieß. »Die Barkasse des Hafenadmirals kommt längsseits, und er würde gern sein eigenes Wort verstehen.«

»Meinen pflichtschuldigsten Respekt an den Kommodore«, antwortete der geplagte Offizier nervös, »und ich werde mich persönlich darum kümmern.«

»Mit Verlaub, Sir«, sagte Peter, »ich glaube, es handelt sich um meinen Diener. Dürfte ich vielleicht hinuntergehen?«

»Sie hören noch von mir, Settle«, drohte Mr. Dennis

und schüttelte wutschnaubend die Faust. Und an Peter gewandt: »Kommen Sie, wenn Sie meinen, Sie können etwas ausrichten.«

Als sie das Orlop betraten, schlug ihnen der Radau im wahrsten Sinne des Wortes entgegen. Schreie und Flüche auf Irisch gellten durch die stickige Luft, und im düsteren Dämmerlicht sahen sie im hintersten Verschlag eine kleine Gruppe, umringt von einer feindlichen Übermacht.

»Connacht! Connacht!« ertönte Seans Stimme schrill über das allgemeine Getöse, als er und vier große Männer aus Connaught die Angriffe einer Bande aus Munster und Leinster abwehrten, während eine Gruppe aus Ulster wahllos über die beiden gegnerischen Seiten herfiel.

»Sean, Sean – Himmeldonnerwetter noch mal!« brüllte Peter auf Irisch. »Willst du wohl mit dem mörderischen Gebrüll aufhören! Der Kommodore fragt schon, ob wir im Schiffsbauch lauter Wilde hätten, wo doch kein Geringerer als der Admiral persönlich uns die Ehre erweist, in königlichem Prunk hier zu erscheinen.« Beim Klang von Peters Stimme und der irischen Sprache drehten sich alle zu ihm um, und er fuhr leidenschaftlich fort: »Das ist ja ein schöner Eindruck, den wir da auf die Angelsachsen machen, wir, das älteste, zivilisierteste und geschliffenste Volk. Wer sollte der Welt ein Beispiel geben, wenn nicht wir? Und da trabt dieses Mondkalb von Sean los und blamiert uns vor der ganzen Mannschaft. Zum Teufel mit ihm!«

»Hört doch erst mal«, sagte Sean, sich verlegen an der Rückseite des Oberschenkels kratzend und unter dem Blut errötend, das ihm von der Stirn lief, aber seine Erklärung ging im irischen Gebrüll unter, aus dem Schreie wie »Schande!« und »Bauerntölpel!« und »Schlägertype, die dem ganzen Land Schande macht!« herauszuhören waren.

In der darauf einsetzenden Stille nahm Peter ihn zur Seite. »Was war denn los?« fragte er.

»Es ging um die Geburt des heiligen Patrick«, sagte Sean. »Die Männer aus Munster haben behauptet – also, ehrlich gesagt, habe ich nicht gehört, was sie behauptet haben, aber es war mit Sicherheit gelogen.«

»Dann laß sie doch reden, mein Gott. Aber das eine sage ich dir, Sean, also hör gut zu, wenn du so was noch mal machst, dann laß ich dich fallen und streiche deinen Namen aus meinem Gedächtnis.« Er stieß Sean unsanft weg und sagte zu Mr. Dennis: »Sir, ich glaube, der Streit ist beigelegt. Es hat sich um eine religiöse Meinungsverschiedenheit gehandelt.«

»Gut«, sagte der Offizier und wischte sich den Schweiß von der Stirn. »Da Sie deren Sprache sprechen, bestellen Sie ihnen von mir: Der erste, der das Wort Kirche oder Religion oder überhaupt irgend etwas Religiöses in den Mund nimmt, wird gehängt und kriegt einen Monatssold gestrichen. Und jetzt«, er klopfte Peter auf die Schulter, »gehen Sie zurück ins Cockpit und setzen sich da schön still hin. Denn wenn auch nur der kleinste Laut von dort zu hören ist, solange sich der Admiral an Bord aufhält, wird jeder einzelne von Ihnen degradiert und putzt für den Rest der Fahrt den Abtritt im Bug.«

Peter machte sich auf den Rückweg und betrat das Fähnrichslogis zur selben Zeit, als der Admiral an Bord gepfiffen wurde. Inzwischen hatten sich im Cockpit noch weitere Midshipmen eingefunden, und offensichtlich sprachen sie gerade über FitzGerald, denn als Peter hereinkam, verstummten alle.

»Das ist der andere Teague«, sagte Keppel.

»Ich heiße nicht Teague«, rief Peter erbost. Er hatte einen schweren Tag hinter sich und war nicht in der Stimmung, sich hänseln zu lassen.

»Beruhig dich, Teague«, sagte ein weiterer Midshipman und begann den Lillibullero zu pfeifen.«

»Reg dich ab, Teague«, meinte ein Dritter.

Aber Peter wollte sich weder beruhigen noch abregen. Einen Moment zögerte er noch unschlüssig und versuchte, die in ihm aufsteigende Wut zu bändigen. Doch das gelang ihm nicht, und mit einem schrillen, wütenden Schrei stürzte er sich zornentbrannt auf die Unterdrükker seines Landes.

VIERTES KAPITEL

MEIN LIEBER PETER«, sagte Mr. Walter, »ich habe Sie gebeten zu kommen, weil ich es für meine Pflicht gegenüber Ihrem Vater halte, ein ernstes Wort mit Ihnen zu reden. Sie machen keinen guten Eindruck, weder Sie noch Ihr Freund.«

»Ich weiß, Sir«, antwortete Peter und ließ den Kopf hängen.

»Sie kennen die Royal Navy noch nicht, aber zumindest dürften Sie doch wohl wissen, daß die gesamte berufliche Zukunft eines Midshipman vom Bericht seines Kapitäns abhängt, oder nicht?«

»Ja, Sir.«

»Peter, sind Sie ganz sicher, daß Sie für die Navy geeignet sind? Mr. Saumarez hat mir gesagt, daß Sie und Ihr Freund nicht mehr Ahnung von der Arbeit auf einem Schiff haben als, wie er es ausdrückt, ein Paar weibliche Berberaffen; und der Master hält Sie beide – so ungern ich das sage – für ausgemachte Dummköpfe.«

»Sir, ich kapiere die Navigationsaufgaben des Masters einfach nicht. So sehr ich mich auch anstrenge, ich kann sie nicht lösen. Zu Hause habe ich Mathematik nur bis zum Dreisatz gelernt, aber nie weiter.«

»Das ist leider wahr.« Der Kaplan schüttelte bedauernd den Kopf. »Ich habe getan, was ich konnte, um Ihrem armen Vater wenigstens ein paar Lehrsätze des Euklid beizubringen, aber es war vergebliche Mühe. Obwohl er uns im Griechischen alle in die Tasche gesteckt hat.«

»Aber zu behaupten, daß ich keine Ahnung von der Arbeit auf See hätte«, rief Peter, rot vor Empörung über dieses ungerechte Urteil, »ist nicht fair, nein, wirklich nicht!«

»Ruhig, ruhig.«

»Verzeihung, aber das ist nicht fair. Wenn es gilt, ein Boot zu segeln, kann ich es mit jedem aufnehmen. Ich kann auch bei turmhohem Seegang noch ein Curragh durch die tosende Brandung von Ballynasaggart steuern. Ich kenne nur die ganzen englischen Bezeichnungen nicht, deshalb halten sie mich für einen Dummkopf und Landlubber.«

»Haben Sie sich denn bemüht, Ihre Kenntnis der englischen Seebegriffe zu verbessern?«

»Weiß Gott, allerdings ...«

»Es heißt: ›Ja, Sir.‹«

»Ja, Sir. Erst gestern noch waren FitzGerald und ich vorn, in der Galion, und haben einige der Männer gefragt ...«

»War das, als es zu dieser betrüblichen Szene mit dem Kommodore kam?« fragte der Kaplan stirnrunzelnd.

Peter nickte.

»Erzählen Sie mir mal ganz genau, was da passiert ist. Ich kenne nur die Achterdecksversion.«

»Na ja, Sir, wir haben die Männer dort nach den Namen für die verschiedenen Teile des Riggs gefragt, und ich hatte schon eine ganze Weile das Gefühl, daß sie FitzGerald auf den Arm nahmen. Und dann sagte einer: ›Und das hier ist die Besanschot. Die müßte dringend angeholt werden, sehen Sie?‹ – ›Wo?‹ fragte FitzGerald. – ›Da‹, sagte ein anderer. ›Die muß mal tüchtig angeholt werden. So was können wir der Schiffsführung aber schlecht sagen. Dem Kapitän ist es anscheinend entgangen, aber beim ersten Windstoß segeln wir uns damit den Mast ab.‹ – ›Er wäre bestimmt sehr dankbar, wenn man ihn daran erinnern würde‹, meinte darauf der erste, ›aber wir einfachen Matrosen dürfen nicht nach achtern gehen, verstehen Sie?‹ – ›Er wäre so froh‹, sagte irgendein anderer, ›schließlich könnte es die Rettung des Schiffes sein.‹ Und noch ehe ich irgendwas sagen konnte, war FitzGerald schon weg.«

»Ja«, nickte der Kaplan, »und mit einer Verbeugung sprach er den Kommodore an, was absolut ungehörig ist, und sagte: ›Mit Verlaub, Sir, die Männer am spitzen Ende des Schiffs meinen, daß die Besanschot angeholt werden muß.‹ Das war eine bodenlose Frechheit, und auch wenn der Kommodore es als Unerfahrenheit Ihres Freundes durchgehen ließ, war ich überzeugt, daß Mr. Saumarez ihn unter Arrest stellen würde. Wie ich hörte, genießt FitzGerald Protektion von höchster Stelle, aber wenn er glaubt, deshalb könne er sich Frechheiten gegenüber Kommodore Anson herausnehmen, täuscht er sich. Der Kommodore ist niemand, der sich von solchen Beziehungen auch nur im geringsten beeinflussen läßt. Ach, übrigens, wer waren denn die Männer, die ihn zu einer so ungeheuerlichen Unverschämtheit verleitet haben?«

»Das weiß ich absolut nicht mehr, Sir«, sagte Peter. Sein Blick verschleierte sich. »Ich erinnere mich nur daran, daß sie, als FitzGerald nach achtern ging, urplötzlich die Galion verließen.«

»Hm, so, so, verstehe«, brummte der Kaplan. »Aber da wir gerade von ihm reden, mein Junge, muß ich Ihnen sagen, daß mir eure Freundschaft gar nicht gefällt. Soviel ich weiß, hat er sich einen beträchtlichen Anteil von dem Geld geliehen, das ich Ihnen mitgebracht habe, oder?«

»Ja, Sir, wir haben geteilt. Aber er hat alle meine Kosten auf dem Weg hierher bestritten. Ich hätte genauso gehandelt.«

»Und dann diese abscheuliche Sache mit Ransome.«

»Ja, Sir«, sagte Peter kleinlaut.

»Anscheinend grollt Ihr Freund deshalb immer noch.« Peter antwortete nicht. »Und falls das der Fall ist, benimmt er sich nicht gerade wie ein Gentleman.«

Peter schwieg weiter. Er war sich der starken Ablehnung, die ihnen im Fähnrichslogis entgegenschlug, ganz klar bewußt – eine Ablehnung, die sich auch auf ihn erstreckte, weil er sich unmöglich gegen FitzGerald stellen konnte, auch wenn er dessen Verhalten nicht richtig fand.

»Mag sein, daß ich einen verzerrten, einseitigen Bericht gehört habe«, fuhr der Kaplan fort, »aber nach dem, was ich weiß, hat er Ransome wegen dessen Herkunft beleidigt, und deshalb hat Ransome ihn niedergeschlagen. Ich hätte übrigens dasselbe getan. Und jetzt besitzt er nicht den Anstand, sich zu entschuldigen.«

»Ganz so war es nicht, Sir«, widersprach Peter. »Tatsächlich hat er Ransome für einen Diener gehalten – ich selbst hielt ihn ja für einen Matrosen. Wir wußten beide nicht, daß Midshipmen so alt und groß sind. FitzGerald hatte nicht die Absicht, ihn zu beleidigen, und hinterher sagte er sogar zu mir, er hätte sich besser die Zunge abgeschnitten, statt so was zu sagen. Und daß er sich entschuldigen wolle – es sei nur so schwierig. ›Wie soll ich denn zu dem Burschen gehen‹, hat er mich gefragt, ›und ihm sagen, es täte mir leid, daß ich ihn irrtümlich für einen Diener oder einen einfachen Matrosen gehalten habe, wenn er doch früher wirklich einer war? Da wäre doch jede Entschuldigung noch schlimmer als die Beleidigung.‹ Doch seitdem sind die anderen so unfreundlich zu ihm, daß er sich aufs hohe Roß gesetzt hat, und alles, was ich sage, macht die Sache nur noch schlimmer.«

»So schafft man nur böses Blut. Er braucht doch nur zu Ransome zu gehen und ehrlich zuzugeben, daß er einen Fehler gemacht hat. Ransome ist ein prima Kerl, er hat sich hervorragend im Mannschaftsdeck geführt, er ist ein erstklassiger Seemann, und sein Mut ist so groß, daß ihn der gute, alte Homer bestimmt lobend erwähnt hätte. Kommodore Anson ernannte ihn zuerst zu seinem persönlichen Bootssteuerer und beförderte ihn später – als Belohnung für seine Leistung – zum Midshipman. Wenn ich wüßte, daß Ihr Freund auch nur einen Bruchteil von Ransomes Meriten hätte, wäre mir wesentlich wohler um Sie, Peter. Ransome hat weiß Gott kein leichtes Leben. Auf der *Centurion* sind viele seiner ehemaligen Bordgenossen, und Kleingeister neiden nun mal von Natur aus anderen den Erfolg. Damit will ich, wohlgemerkt, nicht sagen, daß das hier der Fall ist, aber ich glaube, er bekommt seinen gesellschaftlichen Rang nur zu deutlich zu spüren, jedenfalls wesentlich deutlicher als nötig. Natürlich gibt es keinen Gentleman an Bord und auch keinen im Geschwader, der ihm herablassende Bemerkungen über seine Herkunft ins Gesicht sagen würde, oder der, wenn es ihm aus Versehen herausgerutscht ist, sich nicht in aller öffentlichen Form dafür entschuldigt hat. Nein, nein. Das ist eine ganz dumme Geschichte, und weil Sie zu FitzGerald halten, werden Sie mit ihm in einen Topf geworfen. Glauben Sie mir, mein Junge, der Kommodore ist niemand, der mit sich spaßen läßt. Er ist rund um die Uhr damit beschäftigt, das Geschwader seeklar zu machen; er hat tausend Pflichten, von denen Sie keine Ahnung haben – obwohl Sie vielleicht von der kriminellen Entscheidung hinsichtlich der Invaliden gehört haben?«

Peter nickte. Das Geschwader war unterbemannt.

Seeleute waren ebenso Mangelware wie Seesoldaten, und wie es hieß, beabsichtigte die Regierung, die fehlende Sollstärke durch Pensionäre aus dem Royal Hospital in Chelsea aufzufüllen.

»So, Sie sind also informiert? Nun, das ist nur eines von tausend Problemen, die ihn im Moment beschäftigen. Aber trotz alledem vergißt er nicht, daß seine oberste Pflicht als Kapitän der *Centurion* dem Wohl des Schiffes und seiner Besatzung gilt, und mit Sicherheit ist er über alles, was an Bord geschieht, informiert. Welche Meinung muß er wohl von Ihnen gewinnen, Peter? Nicht nur wegen dieser unpassenden Freundschaft, sondern auch wegen der unzähligen Streitereien, in die Sie seit Ihrer Ankunft verwickelt sind. Glauben Sie bloß nicht, meine schwache Protektion könnte Ihnen Schutz bieten. Ich bin hier eine ganz unwichtige Person, auch wenn Kommodore Anson mich mit seiner Freundschaft beehrt. Sogar wenn ich ein Flaggoffizier und der Bruder vom Kommodore wäre, würde Ihnen das gar nichts nützen, wenn er Sie für untauglich hielte. Es ist mir ganz ernst damit, Peter; und ich weise Sie deshalb so ausdrücklich darauf hin, weil er gestern beim Dinner Ihren Namen erwähnt hat. Ich konnte zwar nicht verstehen, was er gesagt hat, aber er hat Ihren Namen erwähnt.«

Bedrückt schlich Peter fort. Er wollte nachdenken, aber in einem Schiff mit vierhundert Mann Besatzung, die alle auf die eine oder andere Weise beschäftigt sind, ist es nicht leicht, einen ruhigen Ort zu finden, um ungestört nachzudenken. Während er noch überlegte, ob er es wohl wagen könnte, in den Masttopp aufzuentern, oder ob er sich damit eines Vergehens schuldig machte, hörte er plötzlich jemanden seinen Namen rufen. Zwar nur von weitem und über eine lebhafte Geräuschkulisse hinweg, aber es war unverkennbar sein Name. »Mr. Palafox. Mr. Palafox zum Achterdeck.«

Dann übernahm eine andere Stimme, etwas näher, den Ruf und dann eine noch nähere. Von den unterschiedlichsten Stimmen gebrüllt, folgte ihm sein Name, als er die Niedergangsleiter emporkletterte, lauter und lauter, und er eilte nach achtern, um sich zu melden. Doch bevor er das Achterdeck erreichte, stieß er mit dem Steward des Kommodores zusammen.

»Moment mal, junger Mann«, sagte der Steward, »wohin so eilig?«

»Der Kommodore hat mich zu sich beordert«, antwortete Peter und versuchte, sich an dem Steward vorbeizuschieben. »Ich muß mich beeilen.«

»Die Mühe können Sie sich sparen, Sir«, erwiderte der Steward, »denn deshalb suche ich Sie. Empfehlung vom Kommodore an Mr. Palafox, und er würde sich über seine Gesellschaft beim Dinner heute freuen. Er bedauert, daß die Einladung so kurzfristig kommt.«

»Meine Empfehlung an – an den Kommodore«, sagte Peter bestürzt, denn bis zum Dinner war weiß Gott nicht mehr viel Zeit, »ich nehme seine Einladung gerne an.«

Er stürzte ins Fähnrichslogis, zu dem einzelnen, dunklen, als Schrank dienenden Spind gegenüber dem Gehäuse des Gangspills, wo er und FitzGerald ihre Hängematten aufriggten. Er riß sich den Rock vom Leib und durchwühlte aufgeregt seine Sachen in der messingbeschlagenen Seekiste, bis er ein sauberes Hemd und seinen besten, neuen Rock gefunden hatte. Dann kleidete er sich mit besonderer Sorgfalt an, was freilich länger dauerte, als er gedacht hatte, weil er sich in seiner Hast unbeholfen anstellte, und er kämpfte noch immer mit einer widerspenstigen Schnalle, als er die Schiffsglokke glasen hörte. Eins-zwei. Eins-zwei. Eins. Überzeugt, sich verzählt zu haben, brüllte er über die Schulter nach hinten: »Das waren doch vier Schläge, oder?«

»Wieso?« fragte eine Stimme.

»Ich muß beim Kommodore essen«, sagte Peter und vergaß in der Eile ganz die Abneigung seiner Meßkameraden. Sich den Rock zuknöpfend, tauchte er aus dem Spind auf.

»Es waren fünf Schläge. Du wirst zu spät kommen«, sagte Elliot betont kühl.

»Trotzdem kann er so nicht gehen«, bemerkte Hope. »Du hast deinen Seitendegen vergessen und deinen Rock ganz eingestaubt. Warte, bleib stehen, während ich ihn abbürste.«

Keppel brachte den Degen, den sich Peter umschnallte, während Hope ihm den Rücken abbürstete, nicht grob, sondern hilfsbereit freundlich. Und obwohl Peter kaum Zeit hatte, »danke« zu keuchen, ehe er nach achtern rannte, freute er sich riesig darüber. Sie hätten mich auch reinlegen können, dachte er, aber beim Anblick des Ersten Offiziers im Zwischendeck waren seine Überlegungen wie weggewischt.

Mr. Saunders musterte ihn rasch mit prüfendem Blick. »Ja, das geht«, nickte er. »Kommen Sie mit.«

In Peters Erziehung war versäumt worden, ihn mit den Benimmregeln bei offiziellen Besuchen oder Essenseinladungen vertraut zu machen – ein allerdings unvermeidliches, ja zwangsläufiges Versäumnis, weil nicht nur seine Eltern zu arm waren, um jemanden einzuladen, sondern auch weil es im Umkreis von fünfzehn Meilen niemanden gab, den man hätte einladen können. Lord Magher, der ein riesiges Stück Land besaß, das auch Ballynasaggart und seine sieben Nachbargemeinden einschloß, hatte noch nie einen Fuß auf seinen irischen Besitz gesetzt; sein Agent, ein schottischer Presbyterianer, hatte durch die rigide Behandlung der Pächter Hochwürden Mr. Palafox ausgesprochen befremdet; der Gutsherr von Conn-veagh war übel beleumundet, ständig betrunken und von mehr als zweifelhafter Loyalität; und von den beiden

Pfründen, die an die Pfarrei von Peters Vater grenzten, gehörte die eine einem reichen Pluralisten, der in Dublin lebte, und die andere einem Pfarrer, der noch ärmer als Mr. Palafox war und dessen Familie sogar vier Köpfe mehr zählte. Daher war es kaum verwunderlich, daß Peter von der prunkvollen Achterkajüte, dem prächtig gedeckten Tisch mit dem schimmernden Silber und den Karaffen, die in dem durch das große Heckfenster hereinfallenden Sonnenlicht funkelten, zunächst nur wenig wahrnahm. Wie im Traum sah er sich bei der Begrüßung einer gewaltigen Lederweste und einem blauen Rock mit Unmengen funkelnder Goldlitze gegenüber; verschwommen registrierte er, wie er mehreren Personen vorgestellt wurde, bevor er sich zu Tisch setzte, vor seinen Teller, und sich grausam den Mund an der heißen Suppe verbrannte. Trotzdem ließ er weder den Löffel fallen, noch stieß er den Teller vom Tisch, und mit der Zeit begann er mehr auf seine Umgebung zu achten. Am Kopfende des Tisches saß Kommodore Anson, ein gutaussehender, kräftig gebauter Mann mit den Gesichtszügen eines römischen Feldherrn. Im Moment lauschte er mit höflich interessierter Miene einer Anekdote aus Marlboroughs Kriegen, aber er sah müde und abgespannt aus, und wer ihn gut kannte, hätte sofort gemerkt, daß er mit seinen Gedanken ganz woanders war. Der Redner, der zur Rechten des Kommodores saß, war Oberst Cracherode, Befehlshaber der Landstreitkräfte; Peter hatte ihn zuvor schon einmal gesehen. Ein Stück weiter tischabwärts saß ein weiterer Rotrock – ein junger Leutnant der Seesoldaten –, der, ebenso starr vor Ehrfurcht wie Peter, um die Fassung zu bewahren, unablässig mit dem Stiel seines Weinglases spielte und so große Mengen trank, daß sein Gesicht nach dem ersten Gang genauso rot wie sein Rock leuchtete. Neben ihm saß der Kapitän der *Wager*, eines der Schiffe des Geschwaders, und gegenüber von

Peter einer der Midshipmen der *Wager*, Mr. Byron. Mr. Saunders, der Erste Offizier der *Centurion*, saß am anderen Tischende.

Da der Kommodore einen französischen Koch an Bord hatte, war das Essen – anders als die übliche Kost der Midshipmen – hervorragend, und gerade begann Peter das Dinner zu genießen, als sein Seelenfrieden unverhofft durch die Stimme seines Kapitäns erschüttert wurde.

»Mr. Palafox«, sagte der Kommodore, »auf Ihr Wohl.«

Peter verbeugte sich und trank seinem Kapitän zu, und obwohl er sich dabei weder verschluckte noch seinen Wein verschüttete, spürte er, daß seine Sicherheit nun dahin war. Jeden Moment konnte er angesprochen und zu einer Antwort aufgefordert werden, eine Befürchtung, die sich sogleich bestätigte.

Sein Tischnachbar, ein Vollkapitän, wandte sich ihm zu und sagte: »Palafox? Den Namen kenne ich. Jawohl. Es war im Jahr 21, daß Miss Dillon einen Herrn namens Palafox heiratete – da konnte ich mich anstrengen, wie ich wollte. Ich kam gerade von den Falklandinseln zurück und strotzte vor Selbstvertrauen. Trotzdem trug der Pfarrer den Sieg davon.«

»Das war meine Mutter, Sir«, rief Peter verblüfft.

»Tatsächlich? Ist das wahr?« fragte der Kapitän und blickte ihn mit lebhaftem Interesse an. »Dann erwähnen Sie doch bitte, wenn Sie sie das nächste Mal sehen, meinen Namen und bestellen Ihr – was wäre angemessen? – meine herzlichsten Grüße. Und richten Sie Ihrem Vater aus, daß ich noch immer einen unsterblichen Groll gegen ihn hege. Es geht doch beiden gut, hoffe ich?«

»Vielen Dank, Sir, sehr gut sogar.«

»Und wo leben Sie jetzt? Ich meine mich zu erinnern, daß Ihr Vater irgendwo an der Westküste eine Pfarrei hatte. Bally...«

»Ballynasaggart.«

»Ja, so hieß der Ort. Dann lebt er also noch dort. Ich wußte nur noch, wo der Ort ist, aber nicht mehr genau, wie er heißt. Mörderisch hohe Wellen und um die Landspitze herum eine zur Küste setzende Strömung. Eine üble Sache, wenn man dort bei Westwind und Flut auf Legerwall gerät.«

»Ist das bei den Blasketinseln?« fragte Kapitän Kidd von der *Wager* über den Tisch. »Da habe ich nämlich mal Schiffbruch erlitten.«

»Nein, weiter nördlich«, antwortete Peters Gesprächspartner. »Viel weiter nördlich, wo es keine Dingle Bay gibt, in die man sich flüchten kann. Eine noch viel schlimmere Küste.«

»Die Blaskets sind mir schon schlimm genug«, erwiderte Kapitän Kidd. »Die Einheimischen haben uns niedergeschlagen, als wir an Land kamen, einen nach dem anderen.«

»Was sagen Sie denn dazu, junger Mann?« wollte Peters Nachbar wissen.

»Tja, Sir«, antwortete Peter abfällig, »das sind alles nur Wilde aus Kerry. Wir nennen sie Firbolgs[1], Sir.«

»Ach, wirklich? Ich würde Ihnen gern verraten, wie wir sie nennen«, erwiderte Kapitän Kidd, »wenn es mir mein Respekt vor dem Kommodore nicht verbieten würde.«

»Sind Ihre Landsleute denn besser?« erkundigte sich Peters Nachbar augenzwinkernd.

»Jawohl, Sir, das sind sie«, antwortete Peter. »Erst letzten Herbst lief eine Brigg auf das Riff am Maan Point, und wir sind mit den Booten durch die Brandung hinaus zum Wrack gefahren, obwohl die Brecher so hoch wa-

[1] Damit sind der Legende nach die Ureinwohner Irlands gemeint. (Anm. d. Ü.)

ren, daß sie die Kühe oben von den Klippen schwemmten.«

»Wie haben Sie denn das geschafft?«

»Na ja, Sir, wir trugen die Curraghs ungefähr zwei Meilen weit bis zu einer Bucht, die etwas geschützter liegt, ließen sie dort zu Wasser und holten die ganze Besatzung lebend aus dem Schiff – allerdings sind Michael Tomelty und Seamus Colman dabei ertrunken.«

»Mit wie vielen Ruderern pro Boot?«

»Elf, Sir, wenn man den an der Pinne mitzählt«, sagte Peter, der es wissen mußte, weil er bei der Rettungsaktion damals auf diesem Platz gesessen hatte.

»Wollen Sie damit sagen, die haben ein zehnruderiges Boot über eine Meile weit getragen?«

»Ja, Sir«, antwortete Peter, und ihn beschlich das unangenehme Gefühl, daß man ihm nicht glaubte.

»Das müssen aber seltsame Boote sein, die man in Ihrer Gegend baut«, bemerkte Mr. Saunders.

»Ja, Sir«, bestätigte Peter mit gesenktem Blick. Er wußte, daß es ihm nicht zustand, sich in einer wortreichen Erklärung zu ergehen, zumal die ganze Tischrunde inzwischen interessiert zuhörte, aber es fiel ihm schwer, sich als Märchenerzähler abstempeln zu lassen – noch dazu als einen wenig überzeugenden. Er aß noch ein wenig, aber ohne besonderen Appetit, und schließlich wurde der Tisch abgedeckt. Der Portwein machte die Runde, und nachdem alle auf den König getrunken hatten, verfiel Peter wieder ins Grübeln. Er saß in aufrechter Haltung auf seinem Stuhl, ohne die Lehne zu berühren, so ordentlich, gut erzogen und stumm, wie man es von einem Midshipman in solch erlauchter Gesellschaft erwarten konnte, in Gedanken aber war er weit weg, in den warmen Regenschleiern, die über seine Heimat zogen, wo das Land senkrecht zur westlichen See abfiel.

»Aufwachen«, sagte sein Nachbar, und Peter zuckte

erschrocken zusammen, als er merkte, daß er gemeint war.

»Ich sagte gerade«, wandte sich der Kommodore mit einem Lächeln an ihn, »daß uns Mr. Palafox sicherlich diese Frage beantworten kann.« Beim Gedanken, eine Frage beantworten zu müssen, lief Peter ein kalter Schauer über den Rücken. »Oberst Cracherode behauptet, daß Ihre Boote zu Hause nicht aus Holz sind, während ich sage, sie sind es.«

»Sir«, erklärte Peter, »wir haben natürlich auch Holzboote, aber die Curraghs sind ganz aus Häuten gemacht.« Was gibt's denn da zu lachen, dachte er gekränkt, als die Tischrunde in lautes Gelächter ausbrach.

»Erklären Sie dem Kommodore lieber, wie sie gebaut werden«, empfahl Mr. Saunders.

»Zuerst wird ein Rahmen gemacht, Sir«, erklärte Peter, »aus biegsamem Holz, das wir zusammenbinden. Dann nähen wir für die besten Boote Bullenhäute zur Verkleidung der Rahmen und fetten sie mit dem Tran der von uns gefangenen Haie ein.«

»Und in diesen Dingern fahren Sie dann auf See hinaus?« fragte Kapitän Kidd ungläubig.

»Aber ja, Sir«, versicherte Peter erstaunt. Das war doch etwas ganz Alltägliches.

»Bei dem Seegang dort«, sagte der Kommodore, »muß das für die, die überleben, eine erstklassige Ausbildung sein.«

»Der Nachteil, Sir, ist nur«, gab Peter, durch die Freundlichkeit des Kommodores ermutigt, zu bedenken, »daß wir alles mit irischen Namen bezeichnen. Denn auch wer unsere Boote bei himmelhohen Wellen durch die See steuern kann, klingt auf einem Kriegsschiff doch nur wie ein ausgemachter Tölpel, wenn er den Mast ›Baum‹ nennt, wie wir das zu Hause tun.«

»Machen Sie sich nichts daraus«, tröstete ihn der

Kommodore. »Als ich das erste Mal zur See fuhr, habe ich nicht begriffen, warum das Halbdeck im Vergleich zum Achterdeck[1] so klein ist. Doch das werden Sie mit der Zeit alles lernen, wenn Sie entschlossen sind, ein richtiger Seemann zu werden. Bei Gott«, seufzte er nach kurzem Schweigen, »ich wünschte, wir hätten hier ein paar Dutzend von Ihren Dörflern, die könnten wir gut brauchen. Kidd, haben Sie gehört, was für einen schmutzigen Trick das Wachschiff dem armen Legge gespielt hat, nachdem man ihm zehn Vollmatrosen versprochen hatte?«

Die Unterhaltung schweifte auf die mannigfachen Schwierigkeiten beim Bemannen der Flotte ab, und Peter schwieg wieder. Aber er fühlte sich nun bedeutend wohler in seiner Haut als vorher, und als das Dinner vorbei war, begab er sich mit leichterem Herzen an Deck.

»Mr. Palafox«, sagte der Erste Offizier überraschend freundlich, »Sie können Mr. Keppel im Kutter begleiten. Er fährt mit einer Crew die Küste hoch, um zu sehen, ob er ein paar Männer pressen kann. Los, beeilen Sie sich, und richten Sie den anderen aus, daß sie es nicht übertreiben sollen«, fügte er mit einem ungewohnt freundlichen Lächeln hinzu.

Der Kutter lag, noch an den Rüsten angehakt, längsseits, und als ihn eine Welle emporhob, sprang Peter hinab.

»Mr. Saunders hat mich geschickt«, sagte er.

»Verstehe«, erwiderte Keppel mit schneidender Gleichgültigkeit. »Rudert an«, befahl er, und schon pullte das Boot gegen den Wind davon.

Auf halber Strecke zur Küste überholten sie das Landgängerboot. Auf der Ducht sah Peter FitzGerald in seinem Bootsumhang kauern. Er sah gespenstisch bleich

[1] Gemeint ist hier das englische »quarter-deck«. (Anm. d. Ü.)

aus und gab kein Zeichen des Erkennens von sich, als sie passierten.

»Weißt du, was der andere Teague gemacht hat?« sagte Hope vom Landgängerboot am Ufer zu Keppel.

»Nein, was denn?«

»Er hat sich mit einem Fähnrich aus der 43. angelegt und eine Kugel durchs Bein gekriegt.«

FÜNFTES KAPITEL

FÜNFUNDVIERZIG GRAD Null Minuten Nord und fünfzehn Grad einunddreißig Minuten westliche Länge«, sagte Keppel und untermalte seine Lösung mit einem Schnörkel.

»Mr. Palafox?« fragte der Lehrer.

»Ich bin noch nicht ganz fertig, Sir«, antwortete der schnaufend über seiner Schiefertafel brütende Peter.

»Mr. Hope?«

»Es scheint nicht richtig zu sein, Sir.« Hope blickte zweifelnd auf seine Berechnungen. »Ich habe 20°1′S und 143°50′E.«

»Mr. Hope beabsichtigt wohl, den berühmten südlichen Kontinent zu entdecken«, kommentierte sein Lehrer grimmig. »Nun, Sir?« er griff nach Peters Tafel, und nachdem er sie eine Weile betrachtet hatte, bemerkte er: »Und Mr. Palafox zufolge segeln wir gerade durch die nördlichen Vororte von London.« Mr. Pascoe Thomas, der Lehrer der *Centurion,* war ein geduldiger Mensch, aber auch seine Geduld hatte Grenzen, und die waren nun erreicht. »Ihr Einfaltspinsel, Faulpelze, Dummköpfe, albernen Bauerntölpel!« platzte er heraus. »Noch nie habe ich einen so erbärmlichen Haufen von Midshipmen erlebt. Es wird jedes Jahr schlimmer. Und ich dachte schon, die Midshipmen der *Pembroke* wären der letzte Abschaum der Menschheit! Aber ich habe mich geirrt! An willentlicher, boshafter Dummheit übertrifft diese Klasse sie noch bei weitem. Das reicht, um einen den Dienst in der Royal Navy an den Nagel hängen zu lassen. Der geniale Mr. Hope berechnet unsere Position anhand seines eigenen, dem Rest der Menschheit unbekannten Systems; und dieser verkommene Hohlkopf hier«, verächtlich zeigte er mit dem Daumen auf Peter, »bestimmt die seine, indem er das Datum zur Koppelrechnung addiert und hofft, daß es schon irgendwie hinkommen wird. Mr. Palafox, lassen Sie uns doch bitte mal Ihre Definition einer Loxodrome hören.«

»Eine Loxodrome, Sir, ist ...«, stammelte Peter, aber bevor er sich restlos kompromittieren konnte, schlug die Schiffsglocke achtmal, und das bedeutete das Ende der Wache. Der Lehrer klopfte Peter die Tafel auf den Kopf und eilte unter Deck, um sich in der Offiziersmesse zu stärken, denn er war zu dem Festmahl eingeladen, das der Erste Offizier zur Feier des Beginns ihrer Reise gab. Zwar waren sie bereits vor knapp zwei Wochen aus St. Helen's ausgelaufen, aber sie hatten zunächst den Kauffahrern Geleitschutz geben müssen, und erst am heutigen Tag hatte die Türkeiflotte sie verlassen, eine beeindrukkend große Armada von über hundert Schiffen, die sich im Schneckentempo auf Gibraltar zubewegte. Endlich war ihr Geschwader von der Verantwortung befreit, die lahmen, immer wieder vom Kurs abweichenden Kauffahrer zu schützen. In Hochstimmung und bei günstigem Wind hielten sie nach Südwesten – ein stolzer Anblick auf der grauen See. Die Spitze bildeten fünf Kriegsschiffe in Kiellinie hintereinander: die *Pearl* mit vierzig Kanonen, die *Gloucester* mit fünfzig, die *Severn* mit fünfzig, dann die *Wager*, ein ehemaliger Ostindienfahrer, den die Admiralität ursprünglich zum Transport von Vorräten und Landartillerie erworben hatte, zwar nur mit achtundzwanzig Kanonen bestückt, aber von der Größe eher einem Linienschiff ähnelnd, und schließlich die *Centurion* mit sechzig Kanonen, die am Mast den breiten Kommodorewimpel führte. In der Mitte der Linie, in Luv von der *Severn,* segelte die *Tryal,* eine Kriegssloop mit acht Kanonen, und in Lee die Versorgungsschiffe *Anna* und *Industry,* zwei kleine gecharterte Pinken, die, mit Vorräten beladen, das Geschwader ein Stück des Weges begleiten sollten, bis auf den Kriegsschiffen genügend Platz zur Übernahme der Vorräte wäre. Es war ein stolzer, beeindruckender Anblick, und nicht weniger eindrucksvoll war die Bewaffnung dieser stattlichen Streitmacht: Rund zweitausend Mann Besatzung und mehr als zweihundert Kanonen befanden sich auf den Schiffen, und tief unten im Schiffsbauch, in den mit großer Sorgfalt und Vorsicht beladenen Magazinen, transportierte jedes Schiff Tonnen von schwarzem, körnigem, beißend riechendem und hochexplosivem Schießpulver, von dem, laut Gefechtsanweisungen, jede Unze dazu benutzt werden sollte, die Feinde des Königs – womit in diesem Fall die Schiffe und Städte Spaniens gemeint waren – zu versenken, zu brandschatzen und zu vernichten.

Eine Menge Ärger lag hinter den Männern, noch ehe die Reise überhaupt begonnen hatte. Die Schiffsführungen hatten sich mit den schier endlosen Verzögerungen der Marinewerft und den sich ständig ändernden Plänen der Admiralität herumschlagen müssen. Dazu kamen die unüberwindlichen Schwierigkeiten beim Bemannen ihrer Schiffe, die ohnmächtige Wut beim Gedanken daran, daß jede Verzögerung ihre Reise für die gesamte Besatzung noch riskanter machte, erst die wiederholten Fehlstarts seit Anfang August, verursacht durch Gegenwinde, die sie ganze sechs Wochen lang immer wieder zurückgeworfen hatten, und schließlich das langwierige, ermüdende Vorwärtskämpfen durch den Tidenstrom des

Kanals. Doch all das hatte nun glücklicherweise ein Ende. Nach der mühsamen Werft- und Hafenarbeit fühlten sich die Seeleute endlich wieder in ihrem Element, und die Landlubber hatten genügend Zeit gehabt, sich an die See zu gewöhnen, ja sogar Gefallen an ihrem neuen Leben zu finden. Zumindest wurden sie nicht mehr bei jeder Welle seekrank. Zwar hing nach wie vor eine scheußliche Schmach über dem Geschwader, ein ungeheuerlicher, unmenschlicher Fall von administrativer Stümperei, der selbst die hartgesottensten Zwangsausgehobenen aus den Zuchthäusern mit Abscheu erfüllt hatte. Denn die schockierenden Gerüchte über die Pensionäre aus Chelsea hatten sich als wahr erwiesen. Fünfhundert dieser armen Greise waren nach Portsmouth beordert worden, und obwohl unverzüglich alle, die noch in der Lage waren, sich ohne fremde Hilfe zu bewegen, wieder nach Hause gehumpelt und gekrochen waren – nicht ohne das stillschweigende Einverständnis einiger Offiziere –, hatte man immer noch mehr als zweihundert der Alten gewaltsam an Bord gebracht. Einige von ihnen sonnten sich nun in der Kuhl und ruhten ihre alten, vor langer Zeit in König Williams Kriegen versehrten Knochen aus; und zumindest diese Männer waren, es ließ sich nicht leugnen, an diesem herrlichen Tag erstaunlich vergnügt.

Auch Peter hatte bereits eine ganze Menge erlebt. Er verlief sich nicht mehr im Schiff, konnte einen Hahnepot von einem Kranbalken unterscheiden, und sein Langspleiß trug ihm beim Bootsmann sogar Lob ein. War er anfangs seinen wie verrückt schuftenden Bordgenossen eigentlich nur zur Last gefallen, hatte er sich mittlerweile zu einem ordentlichen Besatzungsmitglied gemausert (seit sie den rauhen Englischen Kanal verlassen hatten, herrschte auf dem Achterdeck eine relativ freundliche, nachsichtige Stimmung, ganz anders als noch in Spithead und St. Helen's), und inzwischen war er einer Wache, einer Division – dem Fockmast – und einer Station zugeteilt worden, wo er sich nützlich, wenn nicht sogar unentbehrlich machen konnte.

Hätte es nicht die Navigationsstunden bei Mr. Thomas, dem Lehrer, und Mr. Blew, dem respekteinflößenden Master und Navigationsoffizier der *Centurion*, gegeben, die für Peter nach wie vor eine harte Prüfung darstellten, und hätte im Fähnrichslogis nicht eine so unerfreuliche Situation geherrscht, er wäre vollkommen glücklich gewesen. Die Unbequemlichkeit auf einem Schiff machte ihm nichts aus, denn im Vergleich zu den harten Bedingungen, unter denen er aufgewachsen war, ging es in seinem gegenwärtigen Leben nicht ganz so spartanisch zu. Das galt sogar für das Essen, denn Mrs. Palafox, obwohl eine herzensgute Frau und ausgezeichnete Stickerin, hatte vom Kochen nicht die geringste Ahnung, worin sie den vielen Zugehfrauen glich, die sich im Lauf der Zeit in der Pfarrhausküche die Klinke in die Hand gegeben hatten. Daher störte sich Peter weder am harten Schiffszwieback, in den die Maden bereits interessante, kleine Höhlen gefressen hatten, noch am Eintopf, an angebranntem Essen oder verdorbenem Fleisch. Allerdings belastete ihn das Gefühl schwer, unbeliebt zu sein, die Gewißheit, von seinen Messekameraden nicht als einer der ihren akzeptiert zu werden. Dabei war er nicht einmal in einem Fähnrichslogis gelandet, wo tyrannisiert und schikaniert wurde, jener Sorte Messe, in der einem neuen Midshipman nicht selten das Leben zur Hölle gemacht wurde. Im Gegenteil. Erstens gab es im Fähnrichslogis der *Centurion* keine ganz jungen Kadetten, und zweitens herrschte dort ein ganz besonderer Ton. Aber er und FitzGerald hatten einen schlechten Start gehabt, und die Folgen bekam Peter scharf zu spüren, während FitzGerald noch immer dienstuntauglich war. Seine Verletzung, eine reine

Fleischwunde, heilte zwar ohne Komplikationen, aber die drei Tage anhaltende Seekrankheit in Verbindung mit der Wunde und dem durch sie hervorgerufenen Fieber hatten ihn ans Bordlazarett gefesselt, bis Rame Head hinter ihnen unter den nordöstlichen Horizont gesunken war. Inzwischen war er der Backbordwache zugeteilt worden – Peter gehörte zur Steuerbordwache –, war aber bisher noch vom Wachdienst freigestellt. Als er das Bordlazarett verlassen konnte, hatte es zunächst so ausgesehen, als habe er sich völlig erholt, sei wieder ganz der Alte. Er hatte Peter anvertraut, daß er beabsichtige, Ransome beim nächsten Hafenaufenthalt herauszufordern. »Anders läßt sich die Angelegenheit nicht in Ordnung bringen«, hatte er gesagt. »Natürlich kann ich mich nicht mit ihm prügeln wie ein Knecht bei einer Kneipenschlägerei, aber mit dem Degen sieht die Sache schon ganz anders aus.«

Das stimmte, wie Peter wußte. Denn obwohl er selbst ein recht beachtlicher Degenfechter war (er und seine Brüder, die sich den lieben, langen Tag leidenschaftliche Fechtkämpfe lieferten, hatten aus der Pfarrei von Ballynasaggart den blutigsten Hort des Friedens im ganzen Westen von Irland gemacht), hatte er bei den Ausfällen, die er mit FitzGerald versucht hatte, stets wie ein ungeschickter Bauerntölpel ausgesehen. »Trotzdem«, wandte er ein, »ist das eine komische Art sich zu entschuldigen, wenn man jemandem eine Klinge in den Bauch rammt.«

»Ich habe nicht die Absicht, mich zu entschuldigen. Mag sein, daß ich es mal vorhatte, aber das war ein Irrtum. Glaubst du vielleicht, daß ich mir alles gefallen lasse?«

Darauf hatte Peter nur stumm die Achseln gezuckt. Er kannte diesen Charakterzug nur zu gut, diese sture Verbohrtheit seiner Landsleute bei einem Streit, egal, ob sie recht oder unrecht hatten. Sie war der Ursprung für die meisten Fehden in seiner Heimat, von denen manche so lange gedauert hatten, daß ihr Anlaß längst vergessen war.

Aber dann war FitzGerald zur Unterredung mit dem Kommodore gerufen worden. Das hatte mehr Wirkung auf ihn gehabt als sein Duell, und er hatte die Achterkajüte bleich und stumm verlassen. Er erzählte Peter nie, was geschehen war, aber danach blieb er tagelang unter Deck, sprach kaum ein Wort und brütete entweder auf hoffnungslos unkonzentrierte Weise über dem Handbuch der Seemannschaft oder schrieb Briefe, die er anschließend wieder zerriß.

»Vielleicht werden sich in Madeira unsere Wege trennen«, vertraute er Peter einmal an, denn während seiner Krankheit, als Peter all seine Freiwachen an FitzGeralds Seite verbracht hatte, waren sie sich sehr nahe gekommen. »Ich weiß es nicht, aber ich fürchte, es wird so sein.«

Das lag jedoch bereits einige Tage zurück, und der düstere Eindruck, der Peter bei dieser Äußerung beschlichen hatte, war mittlerweile verflogen. Er war kein Kind von Traurigkeit und nahm die Dinge, wie sie kamen. Im Moment genoß er es, der inquisitorischen Befragung des Masters entronnen zu sein, und schlenderte gut gelaunt zum Vorschiff, wo Sean ihn erwartete.

»Ich habe die Schiffsposition ermittelt, Sean«, erklärte Peter wichtigtuerisch.

»Tatsächlich, Euer Ehren? Es muß großartig sein, wenn man so gebildet ist.«

»Ja«, nickte Peter.

»Und ich habe mal ein ernstes Wörtchen mit dem Steward und dem Schlachter geredet«, sagte Sean.

»O Gott, Sean, du hast sie ja hoffentlich nicht gekränkt!« rief Peter besorgt.

»Nein, verehrter Peter, aber es könnte irgendwann

passieren. Hört zu, Euer Ehren, was ich Euch zu sagen habe. Ich bin doch in Seiner Majestät stolze Flotte eingetreten, um zu kämpfen, um Ruhm zu ernten, nicht wahr?«

»Allerdings«, bestätigte Peter, »so wahr der Himmel über uns und die See unter uns ist.«

»Ich bin nicht eingetreten, um zu arbeiten«, erklärte Sean, und sein Blick verdüsterte sich. »Warum sollte ich auch? Ich habe noch nie gern gearbeitet, mein Vater auch nicht; und sein Vater, Gott hab ihn selig, auch nicht.«

»Gott hab ihn selig«, sagte Peter.

»Und dessen Vater auch nicht, ebensowenig wie dessen Vater, der MacDermots persönlicher Harfenist war und in Coolavin lebte.«

»Scheint in der Familie zu liegen, eine angeborene Abneigung.«

»Meiner Meinung nach ist Arbeit was für Frauen«, sagte Sean. »Das hält sie auf Trab, und sie sind beschäftigt. Aber für Männer? Nein.« Er schwieg kurz. »Ich bin gekommen, um Ruhm und Ehre zu ernten«, wiederholte er, überlegte eine Weile und fuhr dann fort: »Sie haben mir Arbeit gegeben. Schön, von mir aus können sie das eine Zeitlang machen, bis wir auf den Feind stoßen. Aber ich habe keine Lust, mich um die Schweine zu kümmern. Und ich werde mich auch nicht um Schweine kümmern, weder im Himmel noch auf Erden, selbst wenn es das große Schwein vom Heiden MacDatho, dem König von Leinster, wäre, von dem dreihundert Kühe sieben Jahre lang gefressen haben.«

»Verlangt man denn von dir, daß du die Schweine versorgst, Sean?«

»Ja. ›Ach, Sean‹, sagen sie immer zu mir, ›sei ein Schatz und kümmer dich um die Schweine.‹ Und der Steward kommt, schmiert mir Honig um den Bart und erzählt, wie sehr mich die Schweine lieben und unter meiner

Pflege gedeihen werden. Und der Schlachter sagt: ›Sean, versorg die Schweine – zu Ehren deines geliebten Vaterlandes.‹ Aber ich habe ihnen geantwortet: ›Steward und Schlachter, ihr lausiges Pack, ich denke ja gar nicht dran, mich um die Schweine zu kümmern. Bin ich etwa in diese großartige, mächtige Flotte eingetreten, um Schweine zu hüten? Wenn ich das wollte, hätte ich auch zu Hause bleiben können, wo die Schweine überall frei herumlaufen. Fahrt zur Hölle, Schlachter und Steward!‹«

»Aber um *unser* Ferkel kümmerst du dich doch, nicht wahr? Unser eigenes Schwein wirst du doch nicht im Stich lassen, Sean, oder?« rief Peter, dem das Tier einfiel, das sie zusammen mit zwei vielversprechenden, jungen Schafen in Portsmouth gekauft hatten und das nun mit dem Rest des offizierseigenen Viehbestands und sämtlichen Hennen, die nicht in Hühnerställen an Deck eingepfercht waren, im Bauch der *Centurion* ein besinnliches Dasein fristete.

»Natürlich erledige ich das«, beteuerte Sean leidenschaftlich. »Ich habe zwar keine Lust, als Schweinepfleger zu arbeiten. Aber um die kleine Sau kümmere ich mich aus Liebe; allerdings nur in meiner Freiwache, wenn ich machen kann, was mir gefällt. Ich werde für sie sorgen, aus Zeitvertreib und Spaß an der Freude, aber niemals als Arbeit oder meine Hauptaufgabe – und schon gar nicht dem Steward oder dem Schlachter zuliebe.«

»Mr. Palafox. Mr. Palafox zur Achterkajüte!« schallte es zum Vorschiff. Peter konnte hören, wie sich der Ruf ringsum und unter seinen Füßen durch die Zwischendecks fortsetzte.

»Ihr werdet es dem Kommodore doch sagen, nicht wahr, Euer Ehren?« rief Sean ihm nach. »Ihr werdet ihm sagen, daß Sean kein Schweinehirt ist?«

»Ah, da sind Sie ja, Mr. Palafox« begrüßte der Kommodore Peter. »Ich wollte neulich schon mit Ihnen sprechen, zappeln Sie bitte nicht so nervös herum, aber es ergab sich einfach keine Gelegenheit. Wie mir Mr. Walter sagte, hatten Sie bereits vor Ihrer Abreise aus Irland vom Ziel unserer Reise gehört.«

»Ja, Sir.«

»Was haben Sie denn genau gehört? Versuchen Sie, sich in allen Einzelheiten an das Gesagte zu erinnern, ohne irgend etwas hinzuzufügen, was Sie vielleicht erst später erfahren haben.«

»Aye, aye, Sir.« Peter dachte kurz nach. »Die einfachen Leute auf der Straße glauben, daß eine englische Flotte das spanische Festland angreifen soll«, berichtete er, »aber die Gescheiteren, wie der Eichmeister, haben gesagt, daß alles für einen Einsatz vorbereitet wird, der um Kap Hoorn herum in die Südsee laufen und Manila angreifen soll; das sei aber alles höchst geheim.«

»Höchst geheim«, stieß der Kommodore bitter aus. »Sagen Sie, was haben die Gescheiteren denn über die Schiffe des Geschwaders erzählt?«

»Sir, sie haben sie genauso beschrieben, wie sie sind. Nur einer von der Küstenwache hat statt der *Gloucester* die *Argyle* genannt.«

»Was Sie nicht sagen!« rief der Kommodore und hieb mit der Faust auf den Tisch. »Was wissen Sie sonst noch, Mr. Palafox? Lassen Sie sich nicht jeden Wurm aus der Nase ziehen.«

»Jawohl, Sir. Als Kommodore wurde Mr. Anson genannt, und man ging davon aus, daß das Geschwader im Hochsommer Kap Hoorn umrunden würde.«

»Aha, so so. Gab es sonst noch irgend etwas, Mr. Palafox?«

»Na ja, Sir, eigentlich nur ein Gerücht«, antwortete Peter zögernd.

»Schießen Sie los. Wenn dieses Gerücht so nah ins Schwarze trifft wie die anderen Quatschereien, kann es nicht weit daneben liegen.«

»Es hieß, daß auch die Spanier ein Geschwader entsenden würden.«

»Irgendwelche genaueren Angaben?«

»Ja, Sir. Allerdings«, Peter strengte sein Gedächtnis an, »kann ich mich nicht mehr an die spanischen Namen erinnern, Sir.«

»Erinnern Sie sich denn an ihre Zahl und Stärke?«

»Einige sagten, es sind sechs Schiffe, Sir, aber andere meinten: acht. Aber alle waren sich einig, daß zwei Linienschiffe dabei sind und der Rest kleinere Schiffe sind. Auch der Name des Admirals wurde genannt: Bissado oder so.«

»Pizarro. Ja. Ein überaus kompetenter, seemännischer Offizier. Sehr gut zu wissen, sofern es zutrifft. Für wie glaubhaft halten Sie diese Informationen, Mr. Palafox? Stammen sie aus einer glaubwürdigen Quelle?«

»Sie stammen größtenteils von den Schmugglern, Sir. Irgendwo ist immer ein spanischer oder portugiesischer Lugger vor der Küste. Außerdem gibt es viele Leute, die Verwandte in Spanien haben – die entweder in der spanischen Marine dienen oder in Salamanca studieren, um Priester zu werden, wie Padeen Mc ..., wie etliche, die ich kenne. Die schicken natürlich Briefe mit Nachrichten nach Hause.«

»Zwei Linienschiffe und mindestens vier andere, also möglicherweise sechs Kriegsschiffe«, sagte der Kommodore nachdenklich. »Gibt es sonst noch etwas, was Sie mir berichten könnten?«

Peter starrte auf seine Füße und überlegte angestrengt. »Nein, Sir, ich glaube, das war alles.«

»Zu dumm, daß Sie die Namen der spanischen Schiffe nicht behalten haben. Aber vielleicht fallen Sie ihnen ja wieder ein. Wenn ja, schreiben Sie sie sofort auf und kommen damit zu mir. Das wär's fürs erste, Mr. Palafox.«

»Aye, aye, Sir« sagte Peter und trat weg.

»Habt Ihr es ihm erzählt, Euer Ehren?« fragte Sean, der auf dem Seitendeck gewartet hatte.

»Natürlich habe ich ihm alles gesagt, was ich wußte«, antwortete Peter geistesabwesend; und einen flüchtigen Moment lang fragte er sich verwundert, warum Sean wie ein geölter Blitz unter Deck schoß, noch dazu martialisch bewaffnet.

Während der ganzen Vormittagswache grübelte Peter unablässig nach und versuchte im Geist noch einmal jenen Zeitpunkt zu erleben, als Patrick Leary, der beste Schmuggler von Mallagh, ihm von den spanischen Schiffen erzählt hatte, doch das schien alles schon so lange zurückzuliegen. Er versuchte sich an die Briefe zu erinnern, die er einigen Dörflern auf ihre Bitte hin vorgelesen hatte – Briefe von Seeleuten und Soldaten, die im Dienste Spaniens standen (was zwar illegal war, genau wie der Dienst irischer Regimentssoldaten in der französischen Armee, aber zu Hause, in Irland, nichts Ungewöhnliches), und von den Seminaristen im fernen Salamanca. Aber die genauen Einzelheiten fielen ihm partout nicht ein. In seiner Freiwache dachte er immer noch angestrengt nach, ohne zu einem befriedigenderen Ergebnis zu kommen; und während der Hundewache versuchte er, die Grübeleien mit der Ausübung seiner Pflicht – die, als der Wind drehte und den Männern launisch umspringend ins Gesicht wehte, seine ganze Aufmerksamkeit erforderte – in Einklang zu bringen, was ihm eine wohlverdiente Rüge von Mr. Brett eintrug, und fünf Minuten später wurde er auf die Bramsaling geschickt, um dort oben seine frevelhafte Trägheit und Begriffsstutzigkeit abzubüßen.

An einem herrlichen Tag auf die Bramsaling verbannt zu werden, stellte für Peter freilich keine harte Strafe dar, denn verglichen mit den gewaltigen Klippen in seiner Heimat – sie fielen furchterregende fünfzehnhundert Fuß tief senkrecht ab, und er war von Kindheit an daran gewöhnt, wie eine Fliege auf ihnen herumzuspazieren – erschien ihm seine gegenwärtige Höhe geradezu läppisch, und von seinem luftigen Posten aus starrte er phlegmatisch zur ununterbrochenen Linie des Horizonts.

»Goposco? Goposco? Poposco?« murmelte er vor sich hin.

Hoch in der klaren Luft, aber dennoch unter ihm, bildete das Großbramstagsegel ein riesiges Dreieck, das sich unter dem Preß des Windes in einer herrlichen Kurve blähte, blendend weiß in der Sonne, während die Fläche, auf die der geschwungene Schatten des Vorbramsegels fiel, im Kontrast dazu fast schwarz schien. Als er zwischen Großbramstagsegel und Großbramsegel nach unten spähte, konnte er tief, tief unten einen großen Teil der mit Scheuersteinen blitzblank geschrubbten Kuhl sehen, in der sich kleine Gestalten hin und her bewegten.

»Giposco«, sagte er, aber auch das klang nicht richtig. »Die Bulin dort hat zu viel Lose«, stellte er fest und beobachtete, wie das Luvliek des Vorbramsegels zu flattern begann. Wütendes Gebrüll an Deck zeigte Peter, daß er nicht der einzige war, der die Nachlässigkeit bemerkt hatte, und noch ehe die dröhnende Stimme verklungen war, straffte sich die Bulin pflichtschuldigst, und wie eine Vielzahl von Fingern zogen die Bändsel das flatternde Segel in den Lieken stramm, so daß der Wind wieder seine volle Wirkung entfalten konnte.

Die *Centurion* segelte über Steuerbordbug hoch an dem etwas südlicher als Ost einkommenden Wind. Sie hätte zwar erheblich mehr Segel verkraftet, aber bei den dauernden Kreuzschlägen, zu denen sie gezwungen war, und mit nicht mehr als sechzig erfahrenen Seeleuten pro Wache wagte der Kommodore nicht, mehr Tuch zu setzen, obwohl jede verlorene Seemeile eine spätere und noch stürmischere Umrundung Kap Hoorns bedeutete.

Wieder nach vorn blickend, sah Peter, daß die *Gloucester*, das nächste Schiff in Kiellinie vor ihm, einen halben Strich abfiel: am Besanmast der *Centurion* mußte also das Signal zur Wende aufgestiegen sein. Er spähte nach Luv, zur *Tryal* hinüber, und sah, daß sie das Signal wiederholte. Zwar war die Entfernung zu groß, um es ohne Glas zu entziffern, aber es konnte nichts anderes bedeuten.

»Alle Mann klar zur Wende!« schallte es von unten empor, gefolgt vom schrillen Gezwitscher der Bootsmannspfeifen, als die *Centurion* abfiel, um das Quentchen zusätzliche Fahrt zu gewinnen, das sie durch die Wende bringen sollte, und er sah die Besatzung nach achtern rennen.

Mit freundlichem Interesse betrachtete er das Ameisengewühl an Deck, in unschuldiger Ahnungslosigkeit über seine Pflicht, die darin bestanden hätte, sich schnellstens auf seine Station zu begeben. Er beobachtete, wie die Männer die Lose von Leehalsen, Luvschoten und Leebulinen durchholten und in Bereitschaft zur Wende die Luvbrassen bemannten.

»Die Brasse, du hirnloser Trottel!« brüllte ein Bootsmannsgehilfe händeringend, und Peter vermutete, daß irgendein verzweifelter Landlubber an einem Taljereep oder auch einem Stag holte. Dann hörte er den Schrei: »Leeruder!«, und die *Centurion* begann höher an den Wind zu gehen. Ein Befehlsstakkato folgte – »Los die Vorsegelschoten – Vormarsbulin – Fockschot und Stagsegelschoten! Los Vorbrassen und Fockschoten!« Die Rahen ächzten in ihren Tauschlingen, als sie rundgebraßt wurden, während die hölzernen Blöcke unter dem ungleichmäßigen Zug der ungeschickten Besatzungsmitglieder quietschend auf und ab ruckten. Die Stagsegel killten, Groß- und Besansegel hingen, von den Vorsegeln bekalmt, schlaff an den Rahen, die backgestellten Fock und Vormarssegel schlugen wild gegen Mast und Wanten, und plötzlich war die ganze stattliche, eben noch so vorbildlich getrimmte Segelpyramide nur noch ein einziges Durcheinander ungebändigt flatternden Segeltuchs ähnlich dem Anblick der Wäsche auf den Leinen am Waschtag von Bridget Hanlon, nur hundertmal größer. Die *Centurion* lag jetzt genau im Wind.

Ihr Schwung schien auszureichen, um durch den Wind zu drehen, und auch ihre backgestellten Vorsegel übten einen leicht drehenden Effekt aus. Die dadurch bewirkte Rückwärtsfahrt bremste jedoch die Vorwärtsfahrt, und das Schiff drohte schmählich wieder abzufallen, zurück auf den alten Bug. Vor Aufregung hatte sich Peter auf die Zehenspitzen gestellt, während er gespannt das Geschehen verfolgte. Er versuchte das Gelingen der Wende abzuschätzen, indem er von Zeit zu Zeit einen Blick zur Windfahne und zur Linie des Decks warf. Nun waren sie nicht mehr genau parallel – der Bug war durchs Auge des Windes geschwungen. Im selben Moment hörte er den wachhabenden Offizier mit dröhnender Stimme brüllen: »Großtopp rund!«, und wieder kamen knarrend und ächzend die Groß- und Besanrahen rund, und die Rückwärtsfahrt verstärkte sich. Dann kam der Befehl: »Hol weg!«, gefolgt von einem scharfen und hörbar nervösen: »Na, wird's bald – ihr faulen Hunde!« Langsam schwangen die Spieren der Vorsegel und die Fockrah herum, während die Männer an den Brassen sangen: »He-ho, einer für Jo – he-ho, he-ho, hol an, schwarzer Mohr, hol an, schwarzer Mohr«, und beim dritten »schwarzer Mohr« füllten sich Klüver und Stagfock mit Wind, und die *Centurion* war durch die Wende gegangen. Gleich darauf füllten sich auch die Rahsegel, und die Besatzung mußte scharf anbrassen und die Bulinen durchsetzen. Die *Centurion* legte sich nach Lee über und nahm auf dem Backbordbug Fahrt auf. Peter entspannte sich – die Gefahr, daß sich die *Centurion* vor den Augen des gesamten Geschwaders blamierte, war abgewendet. Irgendwo achtern killte jedoch noch ein Segel, und wütende Stimmen trieben die Männer zu größerer Eile an. Aber trotz der vereinten Bemühungen von Achterdeck, Deckoffizieren, Maaten und erfahrenen Seglern dauerte es eine ganze Weile, bis die *Centurion* endlich unter gut getrimmtem Tuch durchs Wasser glitt, wesentlich länger, als Mr. Saunders zu gefallen schien, der sich inzwischen zu Mr. Brett auf dem Achterdeck gesellt hatte und, wie meilenweit zu hören war, keinen Hehl aus seiner Unzufriedenheit machte. Mit zwölf Segeln – nein, dreizehn, korrigierte sich Peter, als er eine Ecke des Besanbramstagsegels entdeckte, das nach seiner Strafverbannung gesetzt worden war –, war das Schiff eigentlich untertakelt. Trotzdem war die Besatzung, von der die Hälfte nach wie vor unfähig war, ein Fall von einer Schot zu unterscheiden, mit deren zügiger und exakter Bedienung völlig überfordert.

Es dauerte also eine Weile, bis Peter auf seinem luftigen Posten auf der Bramsaling wieder im alten, gleichmäßigen Schwung hin und her pendelte. Angenommen, wir rollen in einem Radius von zwanzig Grad, sagte er sich und verlagerte sein Gewicht in eine bequemere Position, und angenommen, das Schiff stampft in einem Radius von fünf Grad und ich befinde mich in einer Höhe von hundertfünfzig Fuß, dann müßte ich doch ausrechnen können, wie weit ich zur Seite und wie weit ich vor- und zurückschwinge, überlegte er weiter, denn ein paar Grundbegriffe der Trigonometrie begannen ihm zu dämmern. Aber, überlegte er nach einigem Grübeln schließlich, dafür müßte ich einen Blick auf die Tafeln werfen. Er versuchte eine grobe Schätzung, indem er zuerst nach achtern blickte und sich dann vorbeugte, um so senkrecht wie möglich zwischen seinen im leeren Raum baumelnden Füßen hindurchzuspähen. In der Mitte der Rollbewegung erschien das Großbramstengestag gerade noch zwischen seinen Schuhen, dann sah er das Großstengestag, darunter das Großstag und darunter das Deck, das sich immer weiter nach rechts neigte, die Bordwand, die Fockrüsten und jenseits davon die See – eine ganze Menge See. Dann begann die *Centurion* bedächtig zurückzurollen. Die See verschwand links aus Peters Blickfeld, die Bordwand tauchte wieder zwischen seinen Füßen auf, dann das Deck, die verschiedenen Stage in umgekehrter Reihenfolge, und schließlich erreichte der Mast seinen Scheitelpunkt, überschritt ihn und legte sich nach Lee über, wo die Segel Peter die Sicht nahmen. Vermutlich fünfzig Fuß, schätzte er, wobei man nach Lee hin natürlich noch etwas dazu addieren müßte, weil der Wind sie überlegt. Er blickte noch einige Zeit zu seinen Füßen hinunter, denn auf jemanden, der weder Seekrankheit noch Höhenangst kannte, übte die pendelähnliche Bewegung eine eigenartige Faszination aus; und er hätte vielleicht noch endlos so weiter gestarrt, hätte ihn nicht das viermalige Glasen der Schiffsglocke und das Heraufpfeifen der Freiwache aufgeschreckt. Er lehnte sich hinaus, packte ein Backstag, schlang die Beine um das Tau und ließ sich ohne anzuhalten daran hinuntergleiten, bis er mit einem Plumps und durchgescheuerten Strümpfen an Deck landete. Auf der Gangway sprach er kurz mit FitzGerald und begab sich dann unter Deck, wo er über den Schinken aus ihrem privaten Vorrat herfiel, denn er spürte plötzlich, daß ihm sein Ritt an der frischen Luft einen wahren Heißhunger beschert hatte.

Er war dabei, seine Strümpfe zu stopfen, als FitzGerald hereinkam. »Meine Güte, Palafox«, sagte er, »du hast dich ja schön mit Fett besudelt.«

»Ich habe Schinken gegessen«, erwiderte Peter.

»Man könnte meinen, du hättest dich reingelegt. Was sind denn das für komische Streifen im Fett?«

»Da habe ich die Wolle durchgezogen, damit ich sie durchs Nadelöhr bekam, weißt du.«

»Mit Spucke anfeuchten, hätte es auch getan«, brummte FitzGerald und verstaute den Schinken. »Ich komme grade vom Schiffsarzt.«

»Oh. Was hat er gesagt?«

»Er sagt, ich bin diensttauglich, was ich ihm seit Tagen erkläre. Morgen soll ich mich zur Backbordwache melden. Aber weißt du was, Palafox?« Er setzte sich neben Peter und fuhr leise fort: »Jetzt, wo diese Burschen hier so verdammt unfreundlich sind, ist mir der Gedanke zuwider, als Dummkopf vor ihnen dazustehen, das kannst du mir glauben. Mag sein, daß ich nicht mehr lange hier bin, aber trotzdem habe ich keine Lust, mich vor diesen Hornochsen zum Gespött zu machen. Ich habe hier drin gelesen«, er klopfte auf das Handbuch, das aus seiner Rocktasche ragte, »und du tätest mir einen großen Gefallen, wenn du mich abhören und, wenn nötig, korrigieren würdest.«

»Klar, mach' ich«, sagte Peter und legte sofort den Strumpf weg.

»Ich beginne mit dem vorderen Teil des Schiffes«, erklärte FitzGerald. »Nur das Wichtigste, verstehst du. Was ich künftig vermeiden möchte, sind die absurden, lächerlichen Fehler wie – wie ...«

»Wie Schoten und Halsen zu verwechseln?« schlug Peter vor.

»Ja, genau«, nickte FitzGerald. »Ah, apropos, die Schot ist doch das Seil auf der rechten Seite und der Hals das auf der linken, nicht wahr?«

»Nun ja, nein. Nicht unbedingt«, sagte Peter. »Das hängt vom Wind ab.«

»Aber hier steht es so.« FitzGerald zeigte auf die Abbildung in seinem Buch. »Hier, siehst du: da steht Schot und Hals.«

»Ja, aber auf diesem Bild segelt das Schiff mit Backbordhalsen. Der Wind kommt von dieser Seite, verstehst du? Wenn es nun aber auf den anderen Bug geht, werden die Rahen herumgebrasst, etwa so, und dann ist die Schot auf dieser Seite und der Hals hier drüben.«

»Ach so.«

»Sieh mal, die Schot läuft immer nach achtern.«

»Richtung Flagge am stumpfen Ende?«

»Richtig. Sie hält das hintere Ende des Segels straff und rund, wenn der Wind von der Seite kommt. Und der Hals hält das andere Ende des Segels nach vorn gespannt – der Hals führt immer vom Schothorn – der hinteren unteren Ecke des Segels – nach vorn, siehst du?«

»Ja. Oh, jetzt verstehe ich. Also je nachdem, von welcher Seite der Wind weht, mit *den* Halsen segelt das Schiff. Warum schreibt der Blödmann das in seinem Buch nicht? Was für ein fabelhafter Lehrer du bist, Peter, ich habe stundenlang hierüber gerätselt. Und was sind das hier für …«

FitzGerald brach ab, weil in diesem Moment Bailey, Preston und einer der Mastersgehilfen hereinkamen. »Wollen wir eine Runde an Deck drehen?« fragte er Peter.

Fünf Minuten später sagte Peter: »Von hier kannst du es nicht richtig sehen. Vom Vortopp aus wäre es viel besser – laß uns aufentern. Was ist, kommst du nicht mit?« fragte er, schon in den Webeleinen hängend.

»Es scheint mir kaum der Mühe wert«, antwortete FitzGerald.

»Das Aufentern macht dir doch nichts aus, oder?« Peter blickte fragend zu dem Freund hinab.

»Was zum Teufel willst du damit sagen?« fragte FitzGerald mit einem Ärger, der Peter überraschte. »Willst du etwa andeuten, ich hätte Angst? Wenn du dir einbildest, du könntest dir alles herausnehmen, nur weil du zufällig klettern kannst, irrst du dich. Das kann schließlich jeder Affe.«

Diese schmeichelhafte Bemerkung überhörend, sagte Peter: »Dann komm, los«, und huschte die Wanten empor zum Topp.

Nach einigen Minuten des Wartens erschien FitzGeralds Gesicht im Masttopp. Es war bleich, und er atmete schwer.

»Du bist durchs Soldatenloch gekommen«, sagte Peter verwundert.

FitzGerald erwiderte erst einmal nichts, sondern stand nur schweratmend da und blickte sich um. Das durch die Höhe verstärkte Schlingern des Schiffes brachte ihn aus dem Gleichgewicht und ließ ihn gegen eine Drehbasse taumeln. Mit beiden Händen hielt er sich daran fest. »Wie denn sonst?« fragte er mit gekünstelt forscher Stimme und betont ausdrucksloser Miene.

Peter rätselte, warum FitzGerald plötzlich so unfreundlich war. »Du solltest eigentlich über die Püttingswanten kommen. Diese hier«, erklärte er, trat an den Rand der breiten Plattform, lehnte sich darüber und zeigte auf das Tauwerk, das vom Rand aus in einer steilen Diagonale zum oberen Teil des Fockmastes führte. »Runter geht es ganz leicht: Du hältst dich mit den Händen fest, läßt die Beine baumeln, wartest auf das Rollen des Schiffs, ziehst dann die Beine hoch und suchst mit den Füßen Halt. Sieh mal«, fügte er auf die Marsstenge zeigend hinzu, »das hier sind die Püttingswanten. Sie sind die Verlängerung der normalen Wanten vom Masttopp an.«

»Wozu sollte man kopfüber hängen«, entgegnete FitzGerald, ohne aufzublicken, »wenn es einen viel sicheren Weg durch dieses eigens dafür geschaffene viereckige Loch gibt? Das ist doch reiner Wahnsinn in dieser Höhe.«

»Tja, das weiß ich zwar auch nicht«, gab Peter zu, »aber ich weiß, daß die Männer sich über einen lustig machen, wenn man das Soldatenloch benutzt. Und was die Höhe angeht, das ist doch noch gar nichts. Du hättest mal da sein sollen, wo ich meine Wache verbracht habe – da, ganz oben, auf der Fockbramsaling. Mr. Brett hat mich dorthin verbannt. Wollen wir mal hinaufsteigen? Man hat eine herrliche Aussicht von dort, mit den Vorsegeln und allem.«

»Du gibst doch nur an, Palafox!« rief FitzGerald. »Das machst du immer. Jedenfalls seit du beim Kommodore zum Dinner warst. Du mit deinen Püttingswanten und deiner Bramsaling. Du bist ein elender Wichtigtuer!«

»Bin ich nicht!« schrie Peter mit vor Entrüstung schriller Stimme. »Du hast mich doch selbst darum gebeten, dir alles zu zeigen. Du bist selbst ein Wichtigtuer, wenn du so was sagst, jawohl, das bist du!«

Wutschäumend schwang er sich über den Rand des Mastkorbs und sauste an einem Backstag zum Deck hinunter. Zugegeben, ein Körnchen Wahrheit steckte in FitzGeralds Vorwurf: An Land hatte Peter nur die zweite Geige gespielt, hier auf See aber, wo er sich so viel stärker in seinem Element fühlte als FitzGerald, hatten sich die Verhältnisse umgekehrt, und er warf mit nautischen Begriffen zu seiner Freude nur so um sich. Doch das hatte nichts, aber auch gar nichts mit der Anerkennung durch Mr. Anson zu tun, eine solche Beschuldigung war ungerecht und verletzend. Wütend ging Peter ins Fähnrichslogis, stolperte über die Katze und fiel auf die Nase.

»Was ist dieser Teague doch für ein tolpatschiger Bauerntölpel«, stellte Preston schadenfroh fest.

»Nenn mich nicht noch mal Teague!« schrie Peter erbost, während er aufstand und sich den Staub abklopfte.

»Warum denn nicht, Teague?« fragte Preston provozierend. »Paß lieber auf, daß du nicht noch mal hier reinstolperst und die Ruhe deiner dienstälteren Kollegen störst. Was fällt dir eigentlich ein, Teague?«

Als Antwort schmetterte Peter seine linke Faust in Prestons Gesicht und ließ mit der Rechten einen Haken hinterherfolgen, der das Ohr des jungen Herrn flach an den Schädel drückte.

»Au!« Stöhnend wich Preston zurück. »Das wirst du mir büßen«, drohte er.

»Eine Prügelei!« riefen Hope und Keppel wie aus einem Mund und schwangen sich, begeistert von der Aussicht auf Abwechslung in dieser Hundehöhle, in der sie ihre Freiwachen verbrachten, aus ihren Hängematten.

»Laß ihn erst noch den Rock ausziehen«, schlug Hope vor.

»Laß mich los!« brüllte Peter und versuchte verzweifelt, sich loszureißen.

»Komm, wenn du dich unbedingt prügeln mußt, dann wenigstens auf anständige Weise«, sagte Hope, der ihn nach wie vor zurückhielt. »Hier, ich bin dein Sekundant.«

Während sich die beiden Streithähne bis aufs Hemd auszogen, räumten Keppel und der grinsende Wachposten der Seesoldaten den Ring frei.

»Na dann, los, Junge«, sagte Hope, »auf in den Kampf!«

Der Ausgang des Kampfes war von Anfang an klar. Preston tat nur so, als wolle er boxen, aber Peter war es bitterernst, und nach zwei Minuten hatte der arme Preston ihm nichts mehr entgegenzusetzen. Peter streckte ihn nieder, stürzte sich mit einem gellenden Schrei auf ihn und rammte ihm mit aller Wucht die Faust in den Magen.

»He, aufhören, der Mann liegt am Boden!« brüllte Keppel, und versuchte zusammen mit Hope Peter fortzureißen.

Aber die englischen Fairplay-Regeln hatten sich noch nicht bis in den Westen Irlands herumgesprochen, und Peter war nicht bereit, von seinem Opfer abzulassen. Er drückte Preston die Kehle zu, wild entschlossen, den armen Jungen zu erdrosseln, als Clowes, ein junger Leutnant der Seesoldaten, der beim Kampflärm herbeigerannt war, Keppel und Hope zu Hilfe kam. Mit vereinten Kräften gelang es ihnen, Preston Peters Griff zu entwinden.

»Was sind Sie bloß für ein Rabauke!« rief er mißbilligend. »Sie hätten sich in Ihre Ecke zurückziehen müssen.«

»Scher dich zum Teufel!« brüllte Peter voller Verachtung. »Na kommt doch her, ihr drei. Lumpenpack. Euch werd ich's zeigen!« Und damit verpaßte er dem Rotrock einen wuchtigen Hieb auf die Nase.

»Reg dich ab, Teague«, begann Keppel, aber da war Peter schon über ihm, und in einem wilden Durcheinander von Armen und Beinen stürzten sie auf den Boden.

»Lascht ihn in eine Hängematte« befahl Keppel und betastete sein Kinn, während die anderen auf Peter saßen, der mit Zornestränen in den Augen hilflos unter ihrem Gewicht um sich drosch.

»Mein Gott, was für ein Wüterich!« stöhnte Hope, »Keppel, setz dich auf seine Beine.«

»Ist Mr. Palafox hier?« fragte in diesem Moment Mr. Walter an der Tür.

»Ja, Sir«, sagte Hope. »Verzeihung, daß wir nicht aufstehen, aber er bringt uns um, wenn wir ihn loslassen.«

»Pfui, schämen Sie sich!« rief der Kaplan und packte Hope am Kragen. »Vier gegen einen? So was Unsportliches!« Mit für einen Pfarrer verblüffender Kraft stieß er den ersten Midshipman beiseite und nahm sich den nächsten vor, als Peter, der nun wieder auf die Beine kam, ausrief: »Das war doch nur Spaß, Sir!«

»Spaß? Das nennen Sie also Spaß?« fragte Mr. Walter und zeigte auf Preston, der, noch immer benommen und bleich, auf einer Truhe saß, und auf Clowes, der sich ein blutiges Taschentuch an die Nase preßte. »Ich glaube eher, Sie haben sich geprügelt«, sagte er finster.

»O nein, Sir«, murmelte Peter.

»Kommen Sie mit«, er führte Peter zu seiner Kammer. »Peter«, sagte er dort, »geben Sie es zu: Sie haben sich geprügelt.«

»Sir«, erwiderte Peter mit durch den Kampf geschärftem Verstand schlagfertig, *»An si quis atro dente me petiverit, inultus ut flebo puer?«*

»Ha, ha!« lachte der Kaplan, »gut geantwortet, mein Junge. Aber daß mir das nicht noch einmal vorkommt. Ihre Kameraden im Fähnrichslogis sind keine Schinder, das weiß ich, und Sie sollten sich nicht als Krawallbruder in Verruf bringen – so wie ihr unseliger Freund. Vergessen Sie nicht, daß Sie aller Wahrscheinlichkeit nach ein Jahr oder länger mit diesen jungen Männern zusammengepfercht sein werden. Da müssen alle auf dem Schiff Kompromisse machen, und das gilt ganz besonders für das Cockpit.«

»Ich lasse mich aber nicht Teague nennen«, sagte Peter mißmutig.

»Was soll das denn heißen?« rief der Kaplan und runzelte drohend die Stirn. »Was fällt Ihnen ein, in diesem Ton mit mir zu reden, Sir, und zu sagen: ›Ich lasse mich nicht Teague nennen‹?«

»Verzeihung, Sir. Ich wollte nicht unhöflich sein.«

»Nur wegen eines albernen Wortes wollen Sie hier Unfrieden stiften? Wollen Sie hier böswillig Zwietracht säen oder was?«

»Ich lasse mich nicht Teague nennen«, wiederholte Peter widerspenstig.

»Pfui, schämen Sie sich«, schimpfte der Kaplan. »Diese Verstocktheit macht Ihnen keine Ehre. Gehen Sie. Raus mit Ihnen, Sir. Und ich will Sie erst wiedersehen, wenn Sie in jeder Hinsicht vernünftiger geworden sind.«

»Die Teagues haben sich verkracht«, lästerte das Fähnrichslogis, und das schien zu stimmen.

Peter und FitzGerald sprachen kaum noch miteinander, worüber Peter alles andere als glücklich war. Er kann so ein liebenswerter Mensch sein, dachte Peter im stillen, aber manchmal ist er so ein blöder Esel! Jetzt ist er schon eine Ewigkeit auf dem Schiff und über einen Monat auf See, aber er weiß nichts, scheint nicht das Geringste kapiert zu haben. Und dazu ist er auch noch stolz wie Luzifer.«

Es war eine alles in allem unerfreuliche Zeit, die nun folgte. Unberechenbare Winde zerstörten die Hoffnung der Männer auf eine schnelle Überfahrt nach Madeira und hielten beide Wachen rund um die Uhr auf Trab, und nicht selten machten sie bei der ganzen Schufterei, die all ihre Aufmerksamkeit erforderte, nicht mehr als eine Meile Richtung Süden gut. Eine unerfreuliche Zeit, die an den Nerven zehrte und zu einer zunehmend gereizten Stimmung führte. Immer häufiger wurden die Midshipmen zur Strafe auf den Mast verbannt, an manchen Tagen drängten sie sich regelrecht in den Masttoppen, und manchmal konnte Peter sehen, nachdem er mit dem Fernrohr aufgeentert war, daß es auf den Geleitschiffen nicht anders zuging, denn der Blick durch sein Glas zeigte ihm verzweifelte Männer, die sich hoch über den Segeln von *Gloucester* und *Severn* wie Verzierungen um den Mast rankten.

Schließlich aber bekamen sie doch noch günstigen Wind und preschten drei Tage und Nächte lang unter Vollzeug vorwärts, bevor in einer Totenflaute der letzte Hauch einer Brise erstarb. Hier, auf windstiller See, nutzte der Kommodore die Gelegenheit, die Besatzung mit einer seiner Lieblingsübungen zu drillen: Am Aufbau des Achterdecks ließ er die Seeleute nach Divisionen antreten und der Reihe nach auf eine von der Fockrahnock baumelnde Flasche schießen.

»Das ist alles schön und gut«, gab Oberst Cracherode zu bedenken, »aber wenn Sie mir den Einwand gestatten, bei der Armee wäre so etwas nicht möglich.«

»Warum nicht, Oberst?« fragte der Kommodore erstaunt.

»Nun ja, Sir, nichts liegt mir ferner, als die Methoden der Royal Navy zu kritisieren«, antwortete der Oberst, was nichts anderes hieß, als daß er sie in Bausch und Bogen verurteilte, »aber wir halten eine Muskete für eine zu tödliche Waffe, um sie x-beliebigen Kerlen in die Hand zu geben. Wie denen da, zum Beispiel«, rief er und duckte sich instinktiv, als die Fockmastcrew ihre Waffen aufnahm.

»Mr. Palafox«, rief der Kommodore.

»Sir?« Peter schnellte herum.

»Zielen Sie mit Ihrer Muskete nicht auf Oberst Cracherode. Richten Sie sie lieber auf einen Midshipman, Mr. Palafox. Die können wir leichter entbehren.«

»Ho, ho, ho«, gab das hinterhältige Verräterpack in Peters Division hämisch von sich.

»Sie haben über Ihre Schulter auf seinen Bauch gezielt, Sir«, flüsterte Hairy Amos, der kompetenteste Seemann in der Division.

»Deshalb wird bei uns streng nach Schema F verfahren«, sagte der Oberst, »das erhöht die Sicherheit für uns und die Wirkung konzentrierten Feuers auf den Feind.«

»Ja«, nickte der Kommodore, »ich habe oft beim Übungsschießen der Soldaten zugeschaut und ihre hervorragende Schießkunst bewundert. Aber wir verfolgen nun mal unterschiedliche Strategien. Denn während die Armee einen geschlossenen Kavallerieangriff zum Beispiel nur mit einer vernichtenden Salve aufreiben kann, brauche ich eine ganze Abteilung Scharfschützen, um im Bedarfsfall immer genügend Männer in den Marsen zu haben, von denen jeder in der Lage sein muß, sein Ziel auf dem feindlichen Deck zu treffen. Paßen Sie mal auf jetzt«, rief er, während ein pfiffiger, hochgewachsener Focktoppgast, der wie ein Zigeuner aussah, unter dem begeisterten Jubel seiner Kumpel und der Freiwächter mit einem einzigen Schuß die Flasche zertrümmerte. Die nächste Flasche stieg zur Fockrahnock empor, und wieder traf der pfiffige Bursche sie. Die dritte Flasche erschien. Der Focktoppgast hob die Muskete, zielte, ließ sie wieder sinken, um den Rauch wegzufächeln, schoß die Flasche sauber weg, und als ihm seine Kumpel anerkennend auf den Rücken klopften, blickte er sich stolz um und bedachte Oberst Cracherode mit einem hämischen Augenfunkeln.

»Der Bursche ist ein Wilderer, darauf würde ich meinen Kopf verwetten«, sagte der Oberst. »Und überhaupt, Sir, würden wir bei der Armee so abenteuerliche und irreguläre Zustände nicht dulden, Sir. Außerdem würde das für einen Soldaten noch längst nicht genügen.«

»Mag sein, daß es für einen Soldaten nicht genügt«, entgegnete der Kommodore, »aber für einen Seemann reicht es allemal, wenn er drei Feinde so abknallt wie diese drei Flaschen, auch wenn er beim Musketendrill nicht stramm steht.«

Danach kamen die großen Geschütze an die Reihe, und

nun bekam Mr. Randall, der Stückmeister, die Gelegenheit sich zu beweisen. Die Stückpforten flogen auf, die schweren Vierundzwanzigpfünder auf dem Hauptdeck wurden ausgerannt, und die Stückmannschaften spähten angestrengt durch die unteren Stückpforten nach draußen. Auf Befehl ruckte die erste Abzugsleine, die Kanone stieß ein gewaltiges Gebrüll und eine große, glühend rote Feuerzunge aus, gefolgt vom donnernden Rumpeln beim Rückstoß der Lafette. Das Batteriedeck füllte sich mit beißendem Pulverqualm, und Peter, der hinter Mr. Randall zum nächsten Geschütz eilte, sah die zweite Kanone losgehen. Ungerührt von dem ohrenbetäubenden Lärm beobachtete er gebannt, wie das ganze Geschütz genau im Moment des Abfeuerns zurücksprang, weit hinter die Stückpforte. Binnen kurzem verdüsterte die dichte Rauchwolke, die in Schwaden über der See hing, das Batteriedeck, und dichter Qualm wirbelte in den Sonnenstrahlen, die wie Speere durch die geöffneten Stückpforten stachen. Das Laden, Auswischen und Ausrennen der Stücke war Schwerstarbeit, und die Männer, die in der Hitze mit entblößten Oberkörpern schufteten, glänzten vor Schweiß.

»Mr. Palafox«, der Erste Offizier unterbrach seine Wanderung auf dem Batteriedeck, »was haben Sie hier zu suchen?«

Peter fiel keine vernünftige Antwort ein.

»Glauben Sie vielleicht, Sie sind zum Vergnügen an Bord? Oder bei einer Guckkastenschau? Oder einer Zirkusveranstaltung? Machen Sie sofort, daß Sie auf Ihre Station kommen. Wir sprechen uns heute abend noch!«

Doch als Peter in schuldbewußter Hast zu seiner Station zurückkehren wollte, glaste es achtmal, und mit erstaunlichem Eifer trat die neue Wache zur Ablösung an und verdrängte die nur widerwillig ihren Platz räumende

Backbordwache von den Geschützen und Waffengestellen. Der Kutter wurde ausgesetzt, und mit einer Kühnheit, die ihn selbst überraschte, fragte Peter Mr. Brett, ob er mitfahren dürfe.

»Hä?« sagte der ebenfalls überraschte Offizier und drehte sich um, um einen Befehl zu geben.

Das genügte Peter. Im nächsten Moment war er in den Kutter hinabgesprungen und flunkerte Mr. Stapleton, dem Fünften Offizier, vor, Mr. Brett wünsche, daß er mitfahre. Zwar zwickte ihn sein Landgewissen ein wenig dabei, aber sofort hielt sein Hochseegewissen dagegen, daß Mr. Brett ohne Frage von ihm erwartete, jede Gelegenheit zu nutzen, sich in seiner Seemanschaft fortzubilden, und dergestalt beruhigt, gab er sich dem Anblick der im Kielwasser des Kutters immer kleiner werdenden *Centurion* hin. Es war schon lange her, seit er sie im Ganzen, sprich von außen, gesehen hatte, und wieder war er tief beeindruckt von ihrer ungeheuren Schönheit. Hin und wieder flappten ihre Royalsegel bei einer schwachen Luftregung, und sie machte immer noch ein klein wenig Fahrt, aber ansonsten schien sie völlig leblos – nicht tot, aber wie in Trance – im Wasser zu liegen. Wenn er sie so aus der Ferne betrachtete, tat er das anders als beim ersten Mal, mit einem bedeutend erfahreneren Kennerblick, und das Rigg, über das er seine Augen schweifen ließ, war für ihn kein undurchschaubares Gewirr aus Tauwerk mehr, sondern ein logisches und faszinierendes Zusammenspiel von im Gleichgewicht befindlichen Gegenkräften und unterschiedlichen Luftbahnen. Mit ihren geöffneten Stückpforten sah die *Centurion* freilich anders aus, auffallend anders, und an den Offizier gewandt fragte er: »Mit Verlaub, Sir, wie will man eigentlich bei Wind die Stückpforten öffnen? Ich meine, wenn der Wind von der anderen Seite kommt und sie überlegt?«

Mr. Stapleton antwortete nicht sogleich, sondern sann

zunächst über eine angemessene Form des Tadels nach, überlegte es sich dann aber anders und antwortete nachsichtig: »Gar nicht. Sie liegt sehr tief, weil wir so schwer beladen sind, und wenn bei unserer Begegnung mit den Spaniern auch nur der geringste Seegang herrscht, können wir nur mit der oberen Batterie kämpfen. Wissen Sie eigentlich, wo der Kiel ist, Mr. Palafox?«

»O ja«, antwortete Peter schmunzelnd.

»Und wissen Sie auch, was kielholen ist?«

»Nicht genau, Sir. Aber Mr. Saunders hat versprochen, es mir heute abend zu zeigen. Was ist es denn, bitte?«

»Dazu schlingt man Ihnen eine Leine um den Hals und eine um die Füße und zieht Sie dann von den Steuerbordgroßrüsten zu den Backbordgroßrüsten unterm Schiffskiel durch. Das dauert eine ganze Zeit und ist, wenn der Schiffsrumpf viel Bewuchs hat, verdammt unangenehm. Das ist die übliche Strafe für Midshipmen, die unaufgefordert ranghöhere Offiziere ansprechen. Ausscheiden mit Palavern, da hinten!« rief er. »Ruhe im Boot! Rudert an, ihr verfluchten Hurensöhne. Ein Geschnatter ist das wie in einem schwimmenden Hühnerstall.«

Einigermaßen entsetzt über das soeben Erfahrene wandte Peter den Blick von der *Centurion* ab und starrte kleinlaut im Boot vor sich hin. Im nächsten Moment begegnete aber sein Blick wieder dem von Sean, der bereits seit einer Weile durch Nicken und verschiedene Zeichen seine Aufmerksamkeit zu erringen versuchte.

»Sean, mein Freund«, rief er überrascht aus, »was machst denn du hier?«

»Die haben doch einen richtigen Seemann gebraucht, Euer Ehren«, begann Sean, über beide Ohren strahlend. »Wollen Sie wissen, wie ...«

»Wollen Sie wohl still sein, Mr. Palafox?« brüllte Mr. Stapleton. »Und Sie, O'Mara, halten das Maul! Bootssteurer, Ziel aussetzen.«

Sobald das schwimmende Ziel über Bord gegangen und ins Wasser geklatscht war, ließ der Fünfte Offizier das Boot wenden. »Jetzt legt euch in die Riemen«, forderte er, »wenn euch euer Leben lieb ist.«

Wenige Augenblicke später erschien am Rumpf der *Centurion* ein weißes Wölkchen, fast unmittelbar gefolgt vom tiefen Krachen eines der Achtpfünder auf dem Oberdeck und einer Gischtfontäne, die die Kanonenkugel fünfzig Meter hinter dem Ziel aufwarf. Die Kugel prallte von der Oberfläche ab und sprang weiter, als würde ein riesiger Stein übers Wasser hüpfen. Peter starrte ihr immer noch nach, als das zweite Geschütz loskrachte.

»In die Zange genommen«, stellte Mr. Stapleton voller Genugtuung fest, als die Kugel kurz vor dem Ziel, aber in der korrekten Schußbahn einschlug. »Das muß Mr. Randall sein, der die Stücke ausrichtet.«

Nach einigen weiteren Schüssen, von denen einige nur knapp daneben gingen, folgte eine lange Pause.

»Rudert an«, befahl Mr. Stapleton, der wußte, was nun kam. Er ließ den Kutter ein gutes Stück vom Ziel wegpullen, was seine Kollegen auf dem Achterdeck der *Centurion* schmunzelnd registrierten. »Der hat's aber eilig«, bemerkte Mr. Norris, der Vierte Offizier.

»Ich würde noch weiter abhauen«, erklärte der Master, »wenn man den gegenwärtigen Zustand der Stückmannschaften ...« Der restliche Satz ging im gewaltigen Donner der Breitseite unter. Die Wucht der Detonation ließ die *Centurion* krängen, und das Ziel verschwand in der aufgewühlten See. Aber nicht nur das Ziel, sondern ringsum in weitem Umkreis wurde das Wasser von Einschlägen aufgepeitscht, als erwache die See zu einem stürmisch wilden Eigenleben, was Mr. Stapletons Einschätzung von der dürftigen Zielsicherheit der Stückmannschaften eindrucksvoll bestätigte. In der betäubenden Stille, die dann folgte, blickte Peter zur *Centurion* und sah nur noch ihre Bram- und Royalsegel über dem aufsteigenden Pulverrauch schaukeln.

Müßig dümpelte der Kutter mit seiner Crew neben der *Centurion* auf dem Wasser und wartete auf neue Befehle. Die Rauchwolke trieb eine halbe Meile entfernt in der leichten Brise. Zwei Pensionäre lehnten an der Reling, starrten ins Wasser und sprachen über die Kanonade, die der Schlacht von Blenheim vorausgegangen war. Geistesabwesend lauschte Peter der Unterhaltung der beiden Alten, als er in den Großwanten, direkt über dem Kutter, FitzGerald auftauchen sah und eine gebieterische Stimme befehlen hörte: »Rauf mit Ihnen. Los, rauf zur Großroyalrah. Und da dürfen Sie von nun an jeden Tag Ihres Lebens rauf, bis Sie begriffen haben, daß in der Royal Navy Befehle unverzüglich und ohne Widerrede ausgeführt werden.«

Diesmal hat er einen Schinder erwischt und muß zur Strafe auf den Mast, dachte Peter nicht ohne eine gewisse Schadenfreude.

FitzGerald warf einen gequälten Blick nach unten, aber es war offensichtlich, daß er ihn nicht erkannte, und plötzlich durchfuhr Peter der Schreck, als ihm FitzGeralds unerklärliches Verhalten im Vortopp von neulich wieder einfiel. Er ist noch nie auf den Mast verbannt worden, überlegte er. Und ich kann mich nicht erinnern, ihn schon jemals aufentern gesehen zu haben. Peter erinnerte sich an die ersten Tage im Englischen Kanal, als irgendein armer Landlubber ausgepeitscht worden war, weil er sich geweigert hatte aufzuentern, und wie manch einer der Männer vor Höhenangst schier verrückt wurde.

Langsam und mit seltsam steifen Bewegungen begann FitzGerald die Webeleinen emporzuklettern. Peter beobachtete, wie er die Püttingswanten erreichte und lange Zeit dort verharrte, bevor er sie mit beiden Händen packte, um außen herum den Masttopp zu erklimmen. Na, dann wird er's wohl schaffen, dachte er beruhigt. Bestimmt habe ich mich geirrt.

Doch als Peter den Kopf senkte, fiel sein Blick zufällig auf Sean, der nach wie vor unverwandt nach oben blickte. Sean gehörte zu FitzGeralds Wache. Zwar tat er gewöhnlich unter Deck Dienst, aber wie es um FitzGeralds Seemannschaft bestellt war, muß Sean zweifellos besser wissen als ich, schoß es Peter durch den Kopf.

FitzGerald blieb lange im Masttopp, und als er in den Stengewanten wieder in Sicht kam, bemerkte Peter, daß er seine Schuhe ausgezogen hatte, vermutlich um mit den Füßen besser Halt zu finden. Ist doch Quatsch, sagte sich Peter und versuchte, seine Angst zu zerstreuen, die See ist ruhig wie ein Teich, und die Webeleinen sind wie eine Treppe.

FitzGerald kletterte immer höher, wenn auch nun etwas langsamer, und er schaute oft nach unten. Nach jedem Blick in die Tiefe machte er eine lange Pause, bevor er seinen quälend unbeholfenen, mühsamen Aufstieg wieder aufnahm. Als er die Toppwanten erreichte, verfehlte er den Halt und hing einen Moment lang nur noch an seinen Händen. Peter sah das bleiche Gesicht, winzig in der Entfernung, zwischen den hochgezogenen Schultern nach unten blicken und sprang im Boot auf.

»Setzen Sie sich sofort wieder hin!« schnauzte Mr. Stapleton. Und: »Aye, aye, Sir«, rief er als Antwort auf einen Befehl vom Achterdeck. Dann schoß der Kutter von der *Centurion* fort.

»Mr. Palafox«, sagte der Offizier leise, aber mit unüberhörbarer Verärgerung, »Sie müssen lernen, wie man sich in einem Boot benimmt, sonst werden Sie noch richtigen Ärger bekommen.«

»Aye, aye, Sir«, antwortete Peter. »Verzeihung.« Aber

es gelang ihm, sich so weit umzudrehen, daß er die *Centurion* im Auge behielt.

FitzGerald hatte sich inzwischen bis zur Marssaling emporgehangelt und kauerte dort in einer merkwürdig zusammengekrümmten Haltung. Nun begann er die Bramoberwanten hinaufzuklettern, aber selbst vom Kutter aus wirkten seine Bewegungen so steif und hilflos wie bei einem verletzten Tier. Ein- oder zweimal verharrte er so lange, daß Peter schon dachte, er würde gar nicht mehr höherklettern. Doch dann stieg er langsam und unsicher höher und höher empor Richtung Bramsaling. Anscheinend starrte er jetzt nach oben; die Entfernung war zu groß, um sein Gesicht zu erkennen, aber es sah so aus, als hätte er den Kopf in den Nacken gelegt. Jetzt muß er noch hinauf zur Royalrah, dachte Peter, als FitzGerald endlich die Bramsaling erreichte. Ob er das schaffen wird? Gott steh ihm bei! Aber ob er das jemals schaffen wird?

»Glotzen Sie gefälligst nicht in der Gegend rum, sondern ins Boot!« brüllte Mr. Stapleton.

Peter zuckte zusammen und setzte sich aufrecht. Aber der Befehl hatte Sean gegolten, der noch auffälliger zur Großroyalrah starrte als Peter. Verstohlen blickte Peter wieder zum Schiff und stellte zu seiner Überraschung fest, daß FitzGerald zielstrebig weitergeklettert war und schon ein gutes Stück auf seinem Weg zur Royalrah geschafft hatte, die sich bei der *Centurion* wie bei den meisten Kriegsschiffen oberhalb der Bramstenge befand, nicht weit vom Flaggenknopf entfernt. Peter sah, wie er die letzten Sprossen erklomm und sich auf die Rah setzte, und mit vielsagendem Blick und unmerklichem Nicken zu Sean wandte er sich ab. Also habe ich mich doch in ihm getäuscht, dachte er. Er ist absichtlich langsam aufgeentert, um sich über den Ersten Offizier lustig zu machen. Aber er wußte selbst, daß dieser Gedanke mehr seiner Hoffnung als seiner Überzeugung entsprach.

»Riemen ein!« befahl Mr. Stapleton. »Bowes, stellen Sie den Mast.«

Peter hatte nicht bemerkt, daß ein leichter Wind aufgekommen war, aber nun sah er im Osten den dunklen Streifen, wo die Brise das Wasser riffelte. Und jenseits davon, auf einer Fläche, die sich bis zu den Wolken am Horizont erstreckte, blies der Wind noch bedeutend stärker.

Wie befohlen, hielt der Kutter auf die *Tryal* zu. Die Crew konnte sich entspannen und beobachtete befriedigt, wie das Wasser im auffrischenden Wind immer schneller vorbeirauschte. Ganz anders war hingegen die Rückfahrt: ein langer, ermüdender Pull gegen den Wind. Auf halber Strecke fiel Peter plötzlich entsetzt ein, daß seine Wache bereits vor einer Stunde zur Ablösung angetreten war und er sich faktisch unerlaubt vom Dienst entfernt hatte. Ein ungutes Vorgefühl beschlich ihn, zumal Mr. Saunders ohnehin am Abend ein Hühnchen mit ihm rupfen wollte. Diese Sorgen beschäftigten ihn so sehr, daß er für den Rest des Pulls stumm blieb. Aber noch etwas anderes beunruhigte ihn, und als der Kutter anhakte, huschte er flugs die Bordwand empor und war so schnell verschwunden, daß der verdutzte Offizier nur noch fragen konnte: »Wo ist denn dieser Midshipman?«

In der Hoffnung, der Aufmerksamkeit des wachhabenden Offiziers zu entgehen, flitzte Peter in Windeseile die Luvwanten zur Großmarssaling hinauf, an der Bramsaling vorbei und höher und höher empor bis zur Großroyalrah.

»Alles in Ordnung mit dir?« fragte er keuchend.

»Peter«, flüsterte FitzGerald, gelähmt vor Entsetzen, mit tonloser Stimme, »bind mich fest um Gottes willen. Ich kann mich nicht mehr lange halten.«

Der Anblick des totenbleichen, angstverzerrten Gesichts erschreckte Peter zutiefst. Das Schiff hatte zu rollen begonnen, und Peter mußte selbst höllisch aufpassen, daß er den Halt nicht verlor, als er die Flaggleine an zwei Stellen durchschnitt, die losen Ende festmachte und FitzGerald mit drei Törns unter den Armen festlaschte.

»Mr. Palafox!« schallte die Stimme bereits zum zweiten Mal von dem fast zweihundert Fuß tiefer gelegenen Deck zu ihm hinauf. »An Masttopp!«

Noch länger konnte er den Ruf unmöglich ignorieren. »Ich komme zurück und hol dich runter«, beteuerte er hastig. »Jetzt kann dir nichts mehr passieren – fest und sicher wie ein Fels.«

»Sag bloß keinem was«, flüsterte FitzGerald, und mit einem bestätigenden Nicken sauste Peter an einem Backstag zum Deck hinab. Unterwegs bemerkte er, daß die Wanten, über die FitzGerald aufgeentert war, rot von Blut waren.

»So, Sir«, empfing ihn ein zornentbrannter Mr. Stapleton und hielt Peter eine ordentliche Standpauke, in der er sich über das von einem Midshipman erwartete Benehmen erging. »Rangniedrige Offiziere als erste rein, als letzte raus. Haben Sie verstanden?« schloß er seinen Vortrag.

»Aye, aye, Sir«, sagte Peter und stürzte davon.

»Moment mal, Sir«, sagte Mr. Dennis, der wachhabende Offizier, »was hat das denn schon wieder zu bedeuten?«

Als dann endlich auch Mr. Dennis zum Ende gekommen war, glaubte Peter schon, alles überstanden zu haben. Doch gerade, als er sich in die Wanten schwingen wollte, kam ein Schiffsjunge angerannt. »Mr. Palafox, Sir«, rief er, »Empfehlung von Mr. Saunders, und er möchte Sie sofort sprechen.«

Auf dem Weg nach achtern traf er Ransome. »Ransome«, er hielt den Midshipman am Arm fest und raunte ihm zu: »Ich muß zum Ersten. FitzGerald sitzt oben auf der Royalrah. In einem furchtbaren Zustand. Er kommt da nicht allein runter. Und paß auf: Ich hab' die Flaggleine durchgeschnitten und ihn damit festgelascht.«

Bis auf das Erstaunen darüber, daß jemand wagte, die Flaggleine zu durchtrennen, zeigte das große, fleischige Gesicht von Ransome nicht die geringste Reaktion. Als Peter weiterlief, glotzte er noch immer so ausdruckslos drein, daß Peter weder wußte, ob er verstanden hatte, noch – falls er verstanden hatte – ob er irgend etwas unternehmen würde.

Mr. Saunders, der Erste Offizier der *Centurion,* war ein strenger Vorgesetzter und in der ganzen Navy gefürchtet wie kein zweiter Offizier von seinem Rang und Dienstalter, und konnte, wenn er wollte, sehr unangenehm werden. Und jetzt wollte er. Aber davon bekam Peter, der die ganze Zeit das Bild seines hilflosen Freundes vor Augen hatte, bis auf die Pausen, in denen ein »Yes, Sir« oder »Nein, Sir«, oder »Aye, aye, Sir«, von ihm erwartet wurde, kaum etwas mit.

Hoch über seinem Kopf hing der arme FitzGerald, von nacktem Entsetzen gepackt. Das hatte Peter gesehen, wenn auch nicht ganz verstanden. Natürlich war er jetzt hilflos dort oben festgelascht, aber auch vorher hatte er da oben eigentlich ganz sicher gesessen und hätte sich nicht mit solcher Verzweiflung anklammern müssen, daß er sich dabei die Nägel herausriß. Gleichwohl waren, bei aller Hilflosigkeit und Erschöpfung, sein Mut und sein Stolz ungebrochen. Angestrengt spitzte Peter die Ohren und versuchte vergeblich, irgendein Geräusch auszumachen, das ihm verriet, daß Ransome aufenterte. Aber er hörte nur die gestrenge Stimme, mit der sich der Erste Offizier wortreich über die Kriegsartikel ausließ, und während er stumm und unterwürfig an Deck stand, kreisten seine Gedanken oben durchs Rigg.

»Disziplin, junger Mann ...«, betonte Mr. Saunders, und hoch über ihren Köpfen sagte im selben Moment Ransome: »Also dann, Kumpel, immer schön sinnig. Schling die Arme um meinen Hals. Und nie nach unten schauen.«

»Ransome«, bat FitzGerald wenig später, »bitte lassen Sie mich das letzte Stück selbst versuchen. Ich gäbe alles drum, mich nicht zu blamieren.«

»Dann versuch's, Kumpel«, meinte Ransome skeptisch, »aber in deinem jetzigen Zustand habe ich da ziemliche Bedenken. Ist doch keine Schande, Junge, jeder kann mal den Toppgasthorror kriegen.«

»... und wenn Sie beherzigen, was ich Ihnen gesagt habe«, sagte der Erste Offizier etwas freundlicher, denn angesichts des eingeschüchterten Jungen vor ihm beschlich ihn das Gefühl, vielleicht ein wenig ungerecht gewesen zu sein, »könnte doch noch ein Seemann aus Ihnen werden. Ich glaube, das Zeug dazu haben Sie. Das war's fürs erste, Mr. Palafox.«

»Aye, aye, Sir. Danke, Sir.«

Peter war rechtzeitig wieder an Deck, um zu sehen, wie Ransome FitzGerald huckepack trug. »Es war nur, weil FitzGerald in seinem verletzten Bein einen Krampf hatte«, erklärte er dem Wachoffizier, »darum habe ich ihm auf dem letzten kleinen Stück ein bißchen geholfen.«

»Na schön. Dann helfen Sie ihm unter Deck«, antwortete Mr. Dennis. »Verdammt unangenehmer Ort, um einen Krampf zu bekommen. Hier, Mr. Palafox, Sie können sich nützlich machen. Seine Majestät bezahlt Sie nicht nur für Ihre Schönheit. Nehmen Sie Winslow und Cheetham, und überprüfen Sie die Broktaue der Achterdeckskanonen.«

Essenszeit am Sonntag. Die wichtigste Zeremonie der Woche in der Royal Navy – die Musterung und das Verlesen der Kriegsartikel – war ordnungsgemäß über die Bühne gegangen, und langsam, aber sicher begannen sich die Männer aus dem von den Preßgangs willkürlich zusammengetriebenen menschlichen Abschaum in eine echte Kriegsschiffbesatzung zu verwandeln. Selbst die Invaliden, wie die Pensionäre zu Recht genannt wurden, erweckten einen leidlich munteren und respektablen Eindruck. Mr. Walter hatte von der Pflicht gepredigt, sich mit seinem Los zufriedenzugeben, und die Männer hatten mit geziemender Aufmerksamkeit gelauscht, oder zumindest hatten sie so getan.

Im Fähnrichslogis herrschte freudig gespannte Erwartung, denn der Sonntag brachte stets etwas Abwechslung in den Speiseplan, und seit dem frühen Morgen hielt sich das Gerücht, daß es nach dem zähen Pökelfleisch leckeren Brotpudding – in der Royal Navy *drowned baby* genannt – zum Nachtisch geben würde.

»Was macht denn unser Baby, Jennings?« fragte deshalb Keppel und fiel hungrig über sein Fleisch her.

»Das ist prächtig aufgegangen, Sir«, antwortete Jennings, »oder zumindest sah es vorhin danach aus.«

»Wenn das Tuch platzt« (der Pudding wurde stundenlang in Segeltuch gegart), sagte Hope drohend, verschluckte sich dabei aber fast an einer Steckrübe, was seine Leidenschaft spürbar dämpfte, »schlepp' ich den Segelmeister eigenhändig vor den Kommodore.«

»Mich stört's nicht, auch wenn das Tuch geplatzt ist«, sagte Keppel. »Ich liebe *drowned baby*, auch alt und durchgeweicht.«

Stumm und verschlossen saß FitzGerald am Tisch und stocherte lustlos in seinem Essen herum. Ein- oder zweimal hatte es den Anschein gehabt, als sei er drauf und dran, etwas zu sagen, aber jedesmal war der Messesteward hereingekommen, und er war schweigend wieder zusammengesunken.

»Hier ist es, Sir«, verkündete Jennings triumphierend und setzte vor Ransome, dem dienstältesten Midshipman, eine verbeulte Zinnplatte ab, auf der in einer purpurroten Soße ein bleicher, zu stattlicher Größe aufgeblähter Pudding dampfte. Aus der fettig glänzenden, ungleichmäßigen Oberfläche der kompakten Masse ragten hier und da aufgequollene Rosinen heraus.

»Ich hab' schon *drowned babies* mit mehr Rosinen gesehen«, stellte Keppel mit einem Blick auf den Pudding fest, »aber er wird schon schmecken. Kannst du mit der Verteilung nicht mal ein bißchen schneller machen, Ransome?«

Eine Zeitlang schlangen alle in stummer Gier; nur das begehrliche Kratzen von Löffeln auf Tellern war zu hören, bis sich nach einigen trägen Anläufen das Gespräch wieder belebte. Es gab eine Menge Mutmaßungen über die bevorstehende Neuordnung der Wachlisten – in puncto Fachsimpeln kannte das Fähnrichslogis keine vornehme Zurückhaltung, und andere Themen wurden dort selten erörtert – und danach eine lange, unzusammenhängende und zu keinem Ergebnis führende Debatte zwischen Preston und Bailey über die Vorzüge Funchals als Anlaufhafen für die Royal Navy, eine vollkommen unsinnige Unterhaltung, da beide über keinerlei Ortskenntnisse verfügten.

»Mr. Ransome, Sir«, unterbrach FitzGerald das leere Geschwätz, schob seinen fast unberührten Teller fort und erhob sich, »Mr. Ransome, als ich am Anfang an Bord kam, kam es zu einem unangenehmen Vorfall zwischen Ihnen und mir. Ich möchte«, er schwieg einen Moment und stützte sich kreidebleich auf den Tisch, »ich möchte mich dafür in aller Öffentlichkeit und uneingeschränkt bei Ihnen entschuldigen.«

Ransome errötete, als sei er soeben beim Taschendiebstahl erwischt worden, und machte ein zutiefst klägliches Gesicht. »Sehr anständig von Ihnen«, stammelte er schließlich und stand verlegen auf. Er stieß eine Reihe von Flüchen aus, allesamt nicht druckreif, wiederholte noch einmal: »Das ist wirklich anständig von Ihnen«, und schüttelte FitzGerald mit beängstigender Kraft die Hand.

SECHSTES KAPITEL

HMS Centurion, *auf See*
32°27'N 18°30'W, vor Funchal
2. November 1740, Alte Zeitrechnung

Hoch verehrter Sir, schrieb Peter,
hiermit ergreife ich die Gelegenheit, Ihnen durch Mr. FitzGerald, einem guten Freund von mir, der hier von Bord geht und auf einem Ostindienfahrer nach Hause zurückkehrt, meine herzlichsten und ergebensten Grüße zu senden. Er ist ein ganz fabelhafter Kamerad und ein vornehmer Herr, aber für das Leben auf See nicht so recht geeignet. Er soll in die Indienarmee der Handelskompanie eintreten, wohin er sich aber, wie er schwört, auf dem Landweg begeben wird, weil ihn die Überfahrt mit dem Schiff in Lethargie versinken lassen würde.

Stolz auf die gelungene Formulierung unterstrich Peter das Wort Lethargie zweimal.

Das ist ein sehr seltsamer Ort hier, schrieb er weiter. *Es gibt einen riesigen Berg, so hoch wie der Croagh Patrick, und die Menschen hier sind schwarz, wenn sie nicht weiß sind. An Land war ich noch nicht, weil Mr. Saunders meinen Landgang wegen einer Meinungsverschiedenheit über die Flaggleine gestrichen hat. Er ist ein erstklassiger Seemann, aber ziemlich streng, wie*

Tiberius. Doch ich habe mir alles durchs Fernrohr angeschaut und gesehen, daß sich den ganzen Berg hinauf terrassenförmige Weinberge ziehen, in denen Leute arbeiten. Und die Leute in den Bumbooten bringen Trauben und allen möglichen Kram an. Sie sprechen zwar kein Englisch, aber ich habe einen Schal für meine Mutter gekauft und ein paar Bonbons für meine Schwestern und außerdem noch Madeiraspitze als Beispiel dafür, was sie sich in der Fremde unter Spitze vorstellen. Für William habe ich einen Fliegenden Fisch, der hoffentlich heil ankommt. Ich hatte ihn zuerst bei mir im Fähnrichslogis, bis sich die anderen Offiziere über den Gestank beschwerten und ich ihn Sean zur Aufbewahrung geben mußte. Er läßt ergebenst grüßen und bittet, auch Pegeen Ban, Bridie Walsh, Fiona Colman, Norah in Ardnacoire, Maire Scanlan, Maggy, den drei Töchtern vom Vorarbeiter und noch ein paar anderen, deren Namen ich vergessen habe, Grüße von ihm auszurichten. Am Donnerstag wurde er wieder ausgepeitscht, weil er eine kleine Auseinandersetzung mit dem Schlachter hatte. Was hat er gebrüllt! Aber als ich mit Öl für seinen Rücken unter Deck kam, hat er mir anvertraut, das sei gar nichts im Vergleich zu den Schlägen, die er zu Hause jeden Tag von seiner Mutter bekommen hätte.

Mr. Walter läßt ebenfalls herzlich grüßen und bittet Sie, ein Fläschchen dieses interessanten alten Madeiras anzunehmen. Er ist sehr nett zu mir. Hin und wieder verlangt er, daß ich eine Seite Horaz mit ihm lese, was gewiß gut gemeint ist, oder er erklärt mir die Windtheorie. Er ist ungeheuer gebildet und besitzt einen Haufen Bücher. Ich soll Sie an Balliol Sausage und Jno. Barton[1] *erinnern.*

Mr. Anson ist ebenfalls sehr freundlich und hat mich schon viermal angesprochen. Er ist ein erstklassiger Seemann, ein noch besserer als Mr. Saunders, und Offiziere und Besatzung haben

[1] »The Oxford Sausage«, eine Sammlung Oxforder Witze, wurde 1764 von dem DichterThomas Warton (1728–1790) herausgegeben. Balliol ist ein College in Oxford. (Anm. d. Ü.)

großen Respekt vor ihm, obwohl er sie nie beschimpft oder verflucht. Wenn er auf dem Achterdeck ist, würde sich niemand erdreisten zu murren. Neulich beim Dinner war ein Vollkapitän, der früher einmal meine Mutter heiraten wollte und herzliche Grüße an sie bestellen läßt. Sein Name ist Callis.
Wir hatten bisher eine langweilige Fahrt, und die Offiziere fluchten unglaublich. Weil es nur so wenige Toppgasten gibt, konnten wir nie Royals und Leesegel setzen, außer bei ganz schwachem, raum-achterlichem Wind. Außerdem müssen wir Wache um Wache gehen, weil wir nicht genügend Vollmatrosen für drei Wachen haben. Aber die Besatzung wird immer besser. Ich kann mich kopfüber an die Großroyalrah hängen, was sehr lustig ist, weil alles andere dann auf dem Kopf steht und ganz unwirklich aussieht. Mr. Keppel hat mir das beigebracht. Er fährt zur See, seit er zehn Jahre alt ist. Und Mr. Ransome, der schon ziemlich alt ist, fährt zur See, seit er acht ist. Er ist der beste Freund von Mr. Keppel. Ein anderer Midshipman ist Nat. Bailey. Er hat an Land drei Affen gekauft und mir einen geschenkt, was sehr anständig von ihm ist. Ich hoffe, daß ich morgen an Land darf, denn ich möchte mir unbedingt einen Papagei kaufen.
Die Spanier hatten übrigens schon Wind von unserem Vorhaben bekommen, noch ehe wir in Spithead den Anker lichteten, und liegen mit ihrem Geschwader, einem 74-er, einem 66-er, einem 54-er, einem 50-er, einem 40-er und einem uralten 20-er, vor der Insel hier. Der 74-er heißt Guiposcoa, *ein Name, der mir partout nicht mehr einfiel, als mich der Kommodore danach fragte. Wir könnten also, sehr zur Freude der gesamten Besatzung, schon bald einen Kampf bekommen.*
Wenn Sie meiner Mutter bitte ausrichten würden, daß meine Hemden wunderbar halten. Sie war ja sehr in Sorge wegen der Kragen. Und ich bitte darum, große Sorgfalt beim Öffnen des Paketes walten zu lassen, denn zwischen dem Tabak und dem Muschelkasten befindet sich ein Nest seltsamer Schlangen und ein Skorpion in einem Glas mit Alkohol, das mir ein Matrose aus meiner Abteilung brachte. Das ist beides für Dermot und Hugh

bestimmt. Sie können es unter sich aufteilen, wie sie wollen. Der kleine Segeltuchbeutel ist für Mutter Connell. Jetzt rufen sie nach mir; denn der Ostindienfahrer soll mit der Tide auslaufen. Deshalb sende ich Ihnen und meiner Mutter in aller Eile meine herzlichsten und ergebensten Grüße und lasse auch alle anderen zu Hause grüßen.
Herzlichst Ihr Sohn

Und während der Schiffsjunge wartend neben ihm stand und ein ungeduldiger Ruf vom Boot des Ostindienfahrers ertönte, kritzelte er noch rasch seinen Namen unter den Brief. Ein seltsamer, brennender Kloß saß ihm in der Kehle, so nah hatte er sich seinem Zuhause beim Schreiben gefühlt. Hätte er sich Flügel wünschen können, wäre er noch im selben Moment ins Pfarrhaus geflogen, und wie er nun so allein da saß, fühlte er sich ganz elend und unglücklich, während hinter ihm die vielen verschiedenen Tiere der Midshipmen je nach Wesensart raschelten, grunzten, scharrten oder gurrten.

In seiner Einsamkeit kam ihm das Fähnrichslogis, das sonst meist so überfüllt war, daß seine Bewohner über- und umeinander herumklettern mußten, auf einmal schrecklich groß und verlassen vor. Ich hätte nie gedacht, daß ich mich auf einem Kriegsschiff jemals so einsam fühlen würde, dachte er traurig. Nach einer Weile hob er den Kopf, den er verzagt auf seine Arme hatte sinken lassen, und drehte sich um. Direkt hinter ihm stand ein aus Weiden geflochtener Käfig mit einer einsamen Palmtaube, die er an diesem Morgen von einem längsseits liegenden Boot gekauft hatte.

»So, meine Liebe«, sagte er, öffnete die Käfigtür und nahm behutsam den warmen, zarten Vogel heraus, dessen Herz heftig in seiner hohlen Hand pochte, »wenigstens du sollst fliegen können, wohin du willst.« Und er trug den Vogel hinauf aufs Seitendeck, wo er Funchal in der Sonne leuchten sah. »Da, flieg«, sagte er und ließ die Taube los.

Doch nach einer dreiviertel Stunde sah die Welt schon wieder ganz anders aus. Peter, dem der Erste Offizier (ein gutherziger, wenn auch häufig vom Leben schwer geprüfter Mann) Landgang gewährt hatte, bestaunte mit offenem Mund die Wunder von Funchal. Sein Gesicht strahlte vor Freude und Begeisterung, und in den Händen trug er eine kleine Schildkröte, einen Korb mit Pfirsichen, ein paar kleine Korallenstücke, eine farbenfrohe Darstellung vom Martyrium des heiligen Lorenz aus vulkanischem Gestein und eine lange Wollmütze. Nach vierzig Tagen auf See fühlte sich der Boden unter seinen Füßen merkwürdig fest an. Peter hatte sich bereits den schaukelnden Gang und die baumelnden Arme eines Seemanns angewöhnt, und in seiner unverhohlenen Bewunderung für alles, was ihn umgab, sah er wie der typische Seemann an Land aus. Alles war hier so ganz anders als zu Hause, selbst die Luft, die nicht vom Meer ringsum abgekühlt wurde, und obwohl er in der drükkenden Hitze in seinem blauen Rock schwitzte wie in einem dicken Wintermantel, schnupperte er voller Wonne all die fremden, unbekannten Gerüche. Und wenn er jetzt noch irgendwo Sean gefunden hätte und FitzGerald noch bei ihm gewesen wäre, dann wäre sein Glück vollkommen gewesen.

Er hatte bereits sämtliche Schenken im Hafen nach Sean abgesucht, aber ohne Erfolg. Zwar hatte er dort jede Menge Männer von der *Gloucester,* der *Severn,* der *Pearl* und der *Wager* angetroffen – die *Tryal* irrte auf der vergeblichen Suche nach den Spaniern noch irgendwo auf See herum – sowie sämtliche Centurions, die man guten Gewissens an Land lassen konnte. Sie zu finden, war nicht schwierig, denn sie hielten sich genau da auf, wo selbst er mit seiner noch jungen Marineerfahrung sie vermutet hatte, nämlich in den heruntergekommensten Hafenspelunken. Dort vergnügten sie sich damit, die Welt durch den Boden so vieler Gläser zu sehen, wie sie sich leisten oder irgend fassen konnten. Aber Sean war nicht bei ihnen. Er traf ihn schließlich auf einem kleinen Platz, wo er auf den Stufen vor einer Kirche saß, mit einer roten Rose hinterm Ohr und einer jungen Dame an seiner Seite – einer jungen Dame, die schön war wie ein Engel, wenn auch vielleicht nicht ganz so tugendhaft.

»Da bist du ja, Sean«, begrüßte Peter ihn, »wie immer beim Schäkern, wie ich sehe.«

»O nein, ganz und gar nicht, Euer Ehren«, erwiderte Sean und löste sich aus der Umarmung der jungen Frau. »Ich habe nur diese schöne Dame hier ein wenig unterhalten.«

»Ist das etwa die Treue, die du Pegeen Ban gelobt hast, von Bridie Walsh, Fiona Colman, Norah, der Tochter von Turlough, und Helen Concannon ganz zu schweigen?«

»Ach, Papperlapapp, das ist doch alles schon eine Ewigkeit her«, wiegelte Sean ab, »und wieviel Wasser liegt dazwischen.«

»Hübscher Seemann«, flötete die junge Frau.

»Und du, mein junges Flittchen«, sagte Peter forsch – er war mit so vielen Schwestern aufgewachsen, daß er vor Frauen keine Angst hatte –, »gehst jetzt schön nach Hause und schwingst die Nadel. Sean, pfui, schäm dich! Komm mit und erweitere deinen Horizont beim Anblick der Welt draußen.«

In der einen Hand die Schildkröte, in der anderen den heiligen Lorenz, folgte Sean dem Freund, wobei er freilich immer wieder sehnsüchtige Blicke zurückwarf, und bald darauf stießen sie auf eine Gruppe Midshipmen, darunter Hope und Preston, die verzweifelt versuchten, einen Esel dazu zu bewegen, ihre Einkäufe zum Wasser hinunterzutragen.

»Wir haben ihm schon einen Eimer Wein zu saufen gegeben«, stöhnte Hope, »aber er will einfach nicht.«

»Wir haben ihn so lange verdroschen, bis wir nicht mehr konnten«, erzählte Preston, »aber er steht da wie ein Ölgötze.«

»Sagte Euer Ehren Ölgötze?« fragte Sean scheinheilig. »Wenn ich einen portugiesischen Penny hätte, um das Kraut zu kaufen, das ich vorhin gesehen habe, würdet Ihr ihn putzmunter hinter mir hertraben sehen.«

»Verstehst du was von Eseln, O'Mara?« fragte Preston.

»Aber gewiß doch, Euer Ehren. Wie sollte ich nicht, du liebes Bißchen. Gebt mir den portugiesischen Penny, dann werdet Ihr es sehen.«

»Dann beeil dich«, sagte Preston und holte eine Münze hervor.

»Gewiß, es ist nur um die Ecke«, nickte Sean.

»Ich wünschte, dein Bursche würde sich ein wenig sputen, Palafox«, meinte Preston nach einer Weile.

»Hä?« fragte Peter, immer noch damit beschäftigt, seine Einkäufe oben auf der gewaltigen Ladung zu befestigen.

»O'Mara«, wiederholte Preston. »Er wollte irgendein Kraut oder sowas besorgen. Er versteht nämlich was von Eseln.«

»Hast du ihm etwa Geld gegeben?«

»Ja. Einen Real, glaube ich. Wieso? Kann man ihm kein Geld anvertrauen?«

»Nein«, antwortete Peter, Schlimmes ahnend. »O nein, Geld kann man ihm nicht anvertrauen. Und Frauen natürlich genausowenig.«

»Und wie ist es mit Alkohol?«

»Nun, du kannst ihm schon eine Flasche überlassen,

allerdings nur wenn's dich nicht stört, daß du sie leer wiedersiehst.«

»Wobei kann man ihm denn überhaupt trauen?«

»Man kann sich drauf verlassen, daß er nie da ist, wenn man ihn braucht«, sagte Peter, »und daß er jedes Mal, wenn er den Mund aufmacht und auch nur ein Wort sagt, ein Dutzend Lügen erzählt.«

»Warum behältst du denn so einen gräßlichen Kerl überhaupt?«

»Tja, das weiß ich ehrlich gesagt auch nicht. Ich werde ihn irgendwann feuern.«

»Ich wünschte, er würde sich beeilen.«

»Den wirst du nicht mehr wiedersehen, dieses Schlitzohr, und dein Geld auch nicht.«

Und in der Tat war Sean verschwunden und blieb es auch bis zu dem Moment, als die *Centurion* klarmachte zum Ankerlichten und man ihn dabei erwischte, wie er sich, mit nicht mehr als einem zerschlissenen Umhängetuch aus Kattun bekleidet, heimlich durchs Luk der Offiziersmesse an Bord schleichen wollte. Wie es schien, war er von der Inquisition verhaftet und gefoltert worden, weil er Ruhm und Ehre der englischen Krone verteidigt hatte. Wie er berichtete, hatte man ihm auch seine Kleider, den portugiesischen Penny und einen ziemlich großen, noch fast ungekauten Tabakpfriem weggenommen, und am ersten Montag nach Neumond sollte er nach der päpstlichen Bulle verurteilt werden. Nachdem es ihm jedoch gelungen war, die Inquisition (die er als wortklauberische, puritanische Schurken bezeichnete, bei denen ein Ohr größer als das andere war und die pompöse, schwarze Biberfellhüte mit einseitig hochgeschlagener Krempe trugen) zu überlisten, hatte er, ganz allein auf sich gestellt, eine zerbrechliche, lahme Nußschale von Boot durch die Brandung gesteuert und sein Schiff noch im letzten Moment erreicht, eine Pflichttreue, für die er beim nächsten Mal, so versprach Mr. Saunders, durch die gesamte Flotte gepeitscht würde. Außerdem wurde dem protestantischen Märtyrer so lange der Sold gestrichen, bis die Klamotten abgezahlt waren, was nach Peters Berechnungen nicht vor Erreichen des 117. westlichen Breitengrades der Fall sein würde. Und bis dahin war es, nach allen Berechnungen, noch eine weite, lange Fahrt.

Südlich von Madeira bekamen sie endlich etwas günstigeren Wind, wenn auch noch nicht so günstig, wie sie gehofft hatten. Aber oft genug stand er durch, ohne umzuspringen oder auszusetzen, so daß sie tagelang unter Royals und Leesegeln immer weiter nach Süden preschten und nur selten einmal eine Brasse anfassen mußten, während das Wasser singend an der Bordwand ablief und sie pro Stunde sieben oder acht oder sogar neun Meilen machten. Noch aber lag fast die gesamte Erdumrundung vor ihnen, und bisher war erst ein Ärmel von Seans Jacke bezahlt.

Obwohl die Midshipmen der *Centurion* nicht gerade zu übermäßiger Sensibilität neigten – auf einem Kriegsschiff gedeihen keine zarten Pflanzen –, spürten sie doch, daß Peter sich ohne FitzGerald einsam fühlte, und bemühten sich kameradschaftlich, dem abzuhelfen. Ransome zeigte ihm den komplizierten doppelten Kaiserknoten, ein entsetzlich kniffliges Stück Arbeit ohne jeden praktischen Nutzen, den nur er als einziger im Fähnrichslogis wenn nicht sogar auf dem ganzen Schiff knoten konnte, weil er ihn als kleiner Junge von einem sehr alten Mann gelernt hatte, der zu der Zeit, als man diesen Knoten noch manchmal zur Verzierung band, mit Blake gesegelt war. Außerdem kam er hin und wieder und setzte sich zu Peter, ohne viel zu reden, einfach nur um ihm etwas Gesellschaft zu leisten. Bailey und Preston nahmen ihn in ihre geheime und exklusive Rattenjagdgesellschaft auf, die ihre unerlaubten Treffen in der Last abhielt; und Hope brachte ihm die edle Kunst des Schachspiels bei. Ein anderer Midshipman, der sich auffallend um ihn bemühte, war Elliot, ein ruhiger, zurückhaltender Bursche, etwas älter als Peter. Er fuhr seit Kriegsausbruch zur See, nachdem er zuvor eine Schule der Royal Navy besucht hatte, wo sich seine angeborene mathematische Begabung so entwickelt hatte, daß man ihn angeblich nachts im Schlaf die Tabellen des natürlichen Kosinus murmeln hörte. Wie Peter war er der Sohn eines Geistlichen; Hochwürden Mr. Elliot war jedoch noch ärmer als der Pfarrer von Ballynasaggart, denn er war nur Hilfspfarrer – schlimmer noch, er hatte Sallust übersetzt, ihn mit Anmerkungen versehen und drucken lassen.

Nun war Sallust zwar ein großartiger Autor, und auch Mr. Elliots Übersetzung mit den zahlreichen tiefschürfenden, wohl überlegten und wissenschaftlichen Anmerkungen war hervorragend. Aber das absolute Desinteresse der Öffentlichkeit an Sallust, ob mit oder ohne Anmerkungen, hatte den Übersetzer so tief ins Elend gestürzt, daß es zu kompliziert wäre, die Einzelheiten hier näher auszuführen. Die Folge war jedenfalls, daß ihn seine Gläubiger in die Fleet werfen ließen, das Gefängnis für Schuldner, wo er, bar jeder Möglichkeit auch nur einen einzigen Penny zu verdienen, so lange bleiben mußte, bis er seine Schulden bezahlt hatte, gerade so als unterstellte man dem armen, alten Herrn, arglistig irgendwo einen geheimen Schatz versteckt zu halten. Aber er hatte alles herausgerückt, was er besaß. Trotzdem würde er, wenn es nach den Gläubigern ging, im Schuldturm vor sich hinschmoren, bis ihn der Tod erlöste, denn sie gehörten zum ärgsten und geizigsten Gläubigerpack überhaupt.

Daher war Elliot nur notdürftig ausgestattet (und das

auch nur dank der knauserigen Almosen eines sauertöpfischen Vetters) an Bord gekommen und hatte sich außerstande gesehen, die vielen notwendigen Dinge zu kaufen, weil sein ohnehin gering bemessener Sold für den Unterhalt seines Vaters im Schuldturm draufging. Denn anders als in normalen Gefängnissen genossen die Gefangenen in der Fleet das Privileg, sich ihre Nahrungsmittel selbst zu kaufen oder, wenn sie kein Geld hatten, vornehm zu verhungern. Doch da Elliot wie so viele Seeleute ein erstaunlich einfallsreicher Mensch war, hatte er sich eigenhändig einen leidlich genauen Quadranten, ein Kurslineal und eine Logarithmenskala angefertigt.

»Achte nicht auf die unteren Linien«, erklärte er Peter. »Ich hab' sie am Anfang nicht richtig hingekriegt. Nimm die oberen Werte – hier hast du den Kotangens. Siehst du?«

»Nein«, antwortete Peter, nachdem er eine Weile auf das Lineal und das Blatt gestarrt hatte.

»Macht nichts«, meinte Elliot. »Dann fangen wir eben noch mal von vorn an. Hier hast du doch deine Mittagswerte, nicht wahr? Wenn du die Sonnenhöhe notiert hast, nimmst du deine Tabellen – hier. Jetzt kommt das Lineal – hier. So, verstehst du?«

»Nein«, antwortete Peter schließlich. »Tut mir sehr leid, Elliot, aber ich verstehe es einfach nicht.«

»Ich frage mich, wie ich es dir besser verdeutlichen kann«, sagte Elliot nachdenklich. »Vielleicht liegt das Problem tiefer. Was ist ein Sinus?«

»Das ist das Ding, das man in der Tabelle nachschaut, wenn man seinen Winkel gefunden hat«, antwortete Peter.

»Ja. Aber ich meine den Sinus an sich. Was bedeutet das Wort?«

»Keine Ahnung«, gab Peter zu. »Muß man das wissen?«

»Ja, allerdings. Ich will mal versuchen, dir die Sache von Grund auf zu erklären. Ab hier hast du es nicht mehr verstanden, und mit einer über den Daumen gepeilten Navigation bestehst du nie dein Leutnantsexamen. Ich versuch's mal mit der Methode meines Vaters. Er ging mit mir in den Garten, zeigte mir den Kirchturm – wir lebten damals in einem kleinen Haus, gleich neben der Kirche – und forderte mich auf, die Höhe zu berechnen. Jetzt stell dir einfach deinen Kirchturm zu Hause vor.«

»Wir haben keinen Kirchturm«, wandte Peter kleinlaut ein. »Nur ein winzig kleines Ding für die Glocke.«

»Na, dann stell dir einen ganz hohen Baum vor.«

»Gut.« Angestrengt nachdenkend, runzelte Peter die Stirn. »Ich sehe ihn vor mir.«

»Nun sollst du die Höhe dieses Baumes messen. Du kannst zwar nicht bis zur Spitze hinaufklettern, aber du siehst den Schatten des Baumes auf dem Rasen.«

»Auf dem Rasen. Sehr gut«, nickte Peter.

»Jetzt nimmst du irgendeinen Stock, der gerade griffbereit ist. Sagen wir mal, er ist fünf Fuß lang. Den bohrst du nun senkrecht in den Boden, einen Fuß tief.«

»Einen Fuß«, wiederholte Peter und machte unbewußt die Bewegung, als würde er einen Stock einen Fuß tief in die Erde bohren.

»Und nun mißt du seinen Schatten«, sagte Elliot. Er sah den englischen Garten vor sich, mit dem Schatten des Kirchturms, der quer über die Wiese fiel, bis ganz hinten an die rote Backsteinmauer. »Und du stellst fest, daß der Schatten genau sechs Fuß lang ist. Dann mißt du mit Schritten den Schatten deines Baumes und stellst fest, daß er einhundertzwanzig Fuß lang ist. Wie hoch ist also der Baum?«

Peter überlegte lange Zeit. »Er muß enorm hoch sein«, meinte er unsicher, »um einen so langen Schatten zu werfen. Es sei denn, es ist schon Abend.«

»Nein, paß auf«, erklärte Elliot, »der Schatten deines Stockes ist sechs Fuß lang, und die Höhe des Stockes beträgt vier Fuß. Der Schatten von deinem Baum ist hundertzwanzig Fuß lang. Dann ist der Baum wie hoch?«

»Achtzig Fuß«, antwortete Peter. Ein neunmalkluges Grinsen stahl sich in sein Gesicht. »Ich hab' doch gesagt, er ist enorm hoch.«

»Richtig«, nickte Elliot. »Aber warum ist das so?«

»Dreisatz, vielleicht?« schlug Peter vor.

»Nein. Das liegt daran, daß die Proportionen in Dreiekken immer gleich sind. Hier hast du deine Dreiecke ...«

Und so ging die Unterrichtsstunde weiter. Elliot war zwar kein besonders fröhlicher Kamerad – er hatte eine schwere Jugend gehabt bei all den Sorgen und der ihm aufgebürdeten Verantwortung –, aber er hatte den springenden Punkt begriffen und besaß anders als Mr. Thomas oder der Autor von Peters Handbuch die Gabe, sein Wissen verständlich zu machen und weiterzugeben. Darüber hinaus war er geduldig, gutmütig und ausdauernd, und als die *Centurion* den Wendekreis des Krebses überquerte, erkannte das Peter – der keineswegs dumm, sondern nur ein wenig unkonzentriert war, dank seiner eigenen Berechnungen ohne jede fremde Hilfe.

»Na also«, lobte Mr. Thomas, der ihm über die Schulter zusah, anerkennend, »ich wußte doch, Sie können das. Ihre früheren Berechnungen waren entweder das Ergebnis bewußter Faulheit, Mr. Palafox, oder reiner Bosheit. Wenn nicht sogar beides zusammen. So, meine Herren, es dürfte Ihrer Aufmerksamkeit wohl kaum entgangen sein, daß irgendwo zwischen den Wendekreisen der Äquator verläuft.«

»Genau in der Mitte«, verkündete Peter stolz.

»Mr. Palafox hat recht«, sagte der Lehrer. »Und weil das so ist, können wir damit rechnen, schon sehr bald in den Kalmengürtel zu geraten. Dort werden wir zweifellos das Vergnügen haben, abwechselnd das Schiff in Schlepptau zu nehmen oder alle Mann zum Segeltrimmen antreten zu lassen, denn die Doldrums, meine Herren, sind das Fegefeuer des Seemanns, und da wird Ihnen Ihre Faulheit und die Untergrabung von Moral und Disziplin schon ausgetrieben.«

»Wird es sehr schlimm, Sir?« fragte Peter.

»Ganz entsetzlich«, bestätigte der Lehrer voller Genugtuung, »mit Schaum auf dem Wasser und giftigen Ausdünstungen, die einem bei lebendigem Leib das Fleisch von den Knochen faulen lassen.«

»So schrecklich sind die Doldrums vielleicht gar nicht«, widersprach Keppel, denn Mr. Thomas war guter Laune. »Der Passat war doch schließlich auch nicht so schlimm wie erwartet. Oder stimmt's vielleicht nicht, Sir?«

»Die werden schon schlimm genug werden, Mr. Keppel, das kann ich Ihnen versichern. Ich glaube nicht, daß mehr als die Hälfte des Fähnrichlogis sie überleben wird, oh, was für ein trauriger Verlust für uns alle! Und nicht auszudenken, wie sehr die Arbeit auf dem Schiff darunter leiden wird.«

»Aber der Passat stand nicht durch, Sir, oder? Wieso eigentlich nicht, Sir?«

»Das können Sie, wenn Sie wollen, auf die verdammte Niedertracht des Schicksals schieben, Mr. Keppel. Das paßt alles zu dem Unglück, das dieses Schiff vom Beginn dieses Einsatzes an verfolgt. Es fing schon damit an, daß ein Haufen Midshipmen an Bord kam, einer dümmer und ahnungsloser von seinem Beruf als der andere. So was habe ich in meinen fünfunddreißig Jahren auf See noch nicht erlebt. Sehen Sie sich nur mal Mr. Baileys stümperhafte Berechnung an. Das beweist alles den Niedergang der Royal Navy. Woher sollen auch aus dieser neumodischen Marine mit ihren feinen Uniformen und all dem Firlefanz und dem von vorn bis hinten verhätschelten und verwöhnten Mannschaftsdeck noch aufgeweckte, intelligente, seemännische Midshipmen kommen? Was haben Sie denn vor, Mr. Palafox?«

»Ich ziehe nur meinen Rock an, Sir.«

»Was wollen Sie denn bei dieser Hitze mit einem Rock? Sehen Sie nicht, daß sich das Deck in der Sonne schon verzieht?«

»Doch, Sir«, antwortete Peter zitternd.

»Dann wäre es ja wohl blanker Unsinn zu behaupten, Ihnen sei kalt. Aber wie auch immer, der Äquator wird Sie schon wieder aufwärmen, ha, ha! Und Mr. Bailey wird auch aufatmen. Denn es wird ihm ein Trost und eine große Hilfe bei seiner Navigation sein, wenn er die über die See gezogene Linie sieht, auf der jeder Grad klar und deutlich rot markiert ist.«

Aber die fast senkrecht vom Himmel brennende Sonne brachte Peter keine Erwärmung, weder für den Rest der Stunde noch für den Rest des Tages. Und auch die drükkend heiße Nacht konnte das eisige Kältegefühl nicht aus seinen Gliedern vertreiben. Am nächsten Tag war es noch schlimmer, und so ging es weiter, während das Schiff nach Süden segelte. Tag für Tag lag er schlotternd in seiner Hängematte, unter Stapeln von Decken begraben. Die meiste Zeit phantasierte er im Delirium: Mal suchte er in einer blutroten See verzweifelt nach den Namen der spanischen Schiffe; dann wieder brütete er, von unendlicher Angst erfüllt, über unlösbaren Navigationsaufgaben; oder er war zu Hause, wohin ihn das Unglück von Elliots Vater verfolgte und alles von unerklärlicher Traurigkeit war; manchmal war er auf seiner Reise mit FitzGerald, aber sie kamen nie voran, obwohl die Zeit raste, während sie vergeblich gegen die dunklen Ungeheuer ihrer Träume kämpften; und manchmal stand er neben FitzGeralds Stuhl, wie er es all die Stunden im trüben Lampenlicht auf dem Ostindienfahrer vor Funchal getan hatte, während FitzGerald mit den Offizieren der Ostindischen Handelskompanie um erschreckend hohe Einsätze spielte. Aber diesmal verlor FitzGerald statt zu gewinnen, verlor die ganze Zeit und setzte schließlich verzweifelt alles, was er noch besaß, und seine Zukunft auf ein letztes, hoffnungsloses Spiel, verlor und wandte Peter sein kaltes, unbewegtes Pokergesicht in bitterem Haß zu. Doch hin und wieder war er bei Bewußtsein und erinnerte sich dunkel und bruchstückhaft an verschiedene, zeitlich voneinander getrennte Vorkommnisse, die oft weder Anfang noch Ende hatten. Darunter mischte sich die Stimme des Schiffsarztes.

»Da hat das Tropenfieber also auch Sie erwischt, mein junger Freund. Nun, eine Tasse Haferschleim wird Sie rasch wieder auf die Beine bringen. Sorgen Sie dafür, daß er dreimal täglich eine bekommt.« Und irgendwann später wieder die Stimme des Schiffsarztes: »Nein, Sir, ich fürchte der Ärmste leidet an Faulfieber – wie fast alle anderen auf meiner Krankenliste auch.«

»Ist es schlimm, Mr. Woodfall? Ist sein Zustand besorgniserregend?« Das war die Stimme des Kommodores, besorgt und seltsam widerhallend.

»Tja, Sir – das läßt sich jetzt noch nicht sagen. Wir haben bisher sechsunddreißig Mann verloren, wenn man die drei von heute mitzählt. Aber er ist ja noch jung. Trotzdem kann ich nicht versprechen, daß er sich wieder erholt.«

»Tun Sie alles, was in Ihren Kräften steht, Mr. Woodfall. Wenn ich aus meinen Privatvorräten etwas beisteuern kann, was von Nutzen ist – Wein oder ...«

Ein anderes Mal dröhnten infernalisch laute Hammerschläge durch sein Bewußtsein, und irgend jemand erzählte ihm, daß Luftluken ins Schiff geschlagen würden; und manchmal schnappte er Wortfetzen von den an Deck abgehaltenen Trauergottesdiensten auf, hörte

Mr. Walter mit ernster Stimme sagen: »... und so übergeben wir seinen Leib der Tiefe«, und das Aufklatschen im Wasser.

Etliche Geräusche drangen bis zu ihm – das Seitepfeifen der Kapitäne von den anderen Schiffen, flüsternde Stimmen, die aufgeregt von einer Prise sprachen, den oft wiederholten Kanonendonner beim Geschützdrill, die tausend Geräusche eines lebendigen Schiffes und Ransomes heisere Flüsterstimme: »Ich schwör' dir, Kumpel, wenn du abkratzt, dann reiß' ich dem verdammten Knochenbrecher eigenhändig die Lunge raus und stopf sie ihm in die Kehle.« Aber meistens war es die Stimme von Sean, der mit der weichen Melodie ihrer Heimat sprach, leise die alten Weisen sang, das Lied von den Webern und das Ruderlied, Gesänge, die er schon gehört hatte, bevor er sprechen oder stehen konnte.

Doch schließlich war die Krankheit überstanden und mit ihr die Zeit des Fieberwahns und der nächtlichen Alpträume, die ihn im Delirium verfolgt hatten, und man brachte ihn, schwach und elend, aus dem widerlichen Gestank und der Hitze des Zwischendecks hinauf zum Oberdeck, wo er in der klaren, frischen Morgenluft unter dem blauen Himmel und den weißen Segeln in seiner Hängematte hin und her schaukelte, während der warme Südostwind im Rigg sang und die *Centurion* mit fliegenden Schoten unter dem Wendekreis des Steinbocks nach Westen segelte. Überall in der Kuhl schwangen die Hängematten im Takt mit dem leichten, rollenden Stampfen des Schiffes hin und her – annähernd ein Viertel der Besatzung lag entweder dort oder noch im Bordlazarett, wie zum Beispiel die nicht transportfähigen Schwerkranken.

»Mr. Palafox, es freut mich von Herzen zu sehen, daß es Ihnen wieder bessergeht«, sagte plötzlich der Bootsmann neben ihm.

»Vielen Dank, Sir.« Hastig nahm Peter die Zitrone aus dem Mund – er und Sean hatten eine Schwäche für Zitronen und sich in Madeira einen stattlichen Vorrat angelegt.

»Ich war oft im Bordlazaratt, um Sie zu besuchen«, erzählte Mr. Blew, »Mr. Saunders auch. Aber Sie waren in einem beklagenswerten Zustand, haben phantasiert und wirres Zeug geredet wie von allen guten Geistern verlassen. Einmal haben Sie den Ersten Offizier als verrufenen, lausigen Sohn eines Landdekans bezeichnet, und ein anderes Mal haben Sie mich gefragt, ob meine Mutter wüßte, daß ich aus dem Knast entlassen bin. Das war auf dem Höhepunkt Ihres Deliriums, Mr. Palafox. Aber Hauptsache, Ihr Verstand ist jetzt wieder auf der Höhe, zumindest auf seiner alten, was? Ha, ha!«

Peter lächelte, wenn auch nur matt, denn das dröhnende Gelächter des guten Mannes brauste in seinen Ohren, und die schwielige Pranke, die ihm freundschaftlich auf die Schulter klopfte, erschütterte ihn von Kopf bis Fuß.

»Deshalb habe ich Ihnen unsere Standortbestimmung mitgebracht, so als wären Sie schon Admiral«, fügte der Bootsmann hinzu und reichte ihm einen Zettel.

»Vielen Dank, Sir, haben Sie vielen, herzlichen Dank«, sagte Peter. »24°10'S 38°52'W. Aber Sir«, rief er entsetzt, »dann habe ich ja den Äquator verpaßt. O Mr. Blew!«

»Ach je – ja, das stimmt«, gab der Bootsmann zu. »Wir haben ihn schon vor langer Zeit überquert, auf etwa 28° West. Tja, inzwischen sind wir schon seit fünf oder sechs Tagen wieder auf lotbarer Wassertiefe. Aber machen Sie sich nichts draus, mein Junge«, meinte er aufmunternd, als er Peters enttäuschtes Gesicht sah, »wenn wir die Fahrt um Kap Hoorn überleben, überqueren Sie ihn auf jeden Fall noch mal.«

Und mit diesen tröstlichen Worten verließ Mr. Blew ihn. Der wachhabende Offizier richtete im Vorbeigehen ein paar freundliche Worte an Peter, und ein paar Männer aus seiner Abteilung beugten sich mit ihren bärtigen Gesichtern grinsend über seine Hängematte und zwinkerten ihm aufmunternd zu. Aber während dieser Tageszeit hatte die Besatzung alle Hände voll zu tun, und sich selbst überlassen, war Peter schnell in einen ergötzlichen Halbschlaf gefallen, als der Ruf »Land in Sicht!« aus dem Masttopp ihn und die gesamte Besatzung wie elektrisiert hochfahren ließ. Sofort waren die Wanten schwarz von aufenternden Männern, während sich etliche Hängematten – oder vielmehr alle, in denen kranke Seeleute lagen – ohnmächtig krümmten und wanden, und abermals schallte es von oben: »Land ho, vier Strich – fünf Strich – an Steuerbord voraus!«

Sechs Wochen waren vergangen, seit Madeira unter der Kimm verschwunden war, sechs Wochen, in denen nichts die eintönige Wasseroberfläche durchbrochen hatte und alle an Bord darauf brannten, endlich Land zu sichten. Auf Deck herrschte großes Gedränge, und selbst die Offiziere der Landstreitkräfte erörterten die Angelegenheit, während sie angestrengt und so seemännisch sie konnten durch die Fernrohre spähten.

Peter, der nur die Rücken der Seesoldaten und Freiwächter sah und sonst überhaupt nichts, begann vor Wut zu schäumen.

»Das ist Brasilien«, rief Keppel ihm im Vorbeilaufen zu.

»Ich kann nichts sehen!« schrie Peter verzweifelt. Aber nur ein schwacher Laut entrang sich seiner Kehle und verhallte offenbar ungehört, denn Keppel blieb nicht stehen, was Peter noch wütender machte. Haßerfüllt starrte er auf die undurchdringliche rote Rückenwand der Soldaten. Doch zwei Minuten später schwebte rasch und lautlos ein Block herab, blieb einen Fuß über seinem Kopf in der Luft stehen, und von oben aus dem

Rigg hörte er Keppels Stimme: »Festmachen und hochhieven.«

»Festmachen, verstanden«, bestätigte Ransome und legte rasch verstohlen ein paar Törns um Peter, um ihn in seiner Hängematte festzulaschen. »Damit du nicht rausfällst, Kumpel«, raunte er Peter verschwörerisch ins Ohr. »Weißt du, warum? Da draußen schwimmt ein Dutzend Hammerhaie längsseits, raubgierig wie eine Armenschule. Und die Haie bevorzugen die Leeseite, weil da die Toten über Bord gehen«, fügte er hinzu, wohl wissend, wie beruhigend diese Auskunft in den Ohren eines armen, schwachen Kranken klingen mußte. »Hier kommt er – sinnig jetzt.«

Peter spürte, wie er langsam hochgehoben wurde, immer höher, bis sein Körper mit der Horizontalen einen Fünfundvierzig-Grad-Winkel bildete, und in dieser seltsamen Position hing er wie ein Wickelkind und betrachtete andächtig das violett schimmernde Land, das sich in der Ferne unter den tiefziehenden Wolken als feste Linie am Horizont erstreckte. Es war eine schlaue Aktion, durchgeführt, als alle Augen an Bord in die Ferne gerichtet waren, und eine ganze Weile lang blieb sie unentdeckt, lange genug, daß das Fieber durch die Aufregung wieder leicht anstieg und Peter in wundervollen Bildern, in denen er das ferne Land mit einer faszinierend großen, langsam voranschreitenden Elefantenherde bevölkerte, zu phantasieren begann. Eine so auffallende Unregelmäßigkeit in der ordentlichen Reihe von Hängematten mußte freilich früher oder später unweigerlich auf Mißbilligung stoßen.

»Was macht denn die Hängematte da oben?« fragte der Kommodore stirnrunzelnd.

»Welche, Sir?« ertönte die besorgte Stimme des Ersten Offiziers. Und dann, bedeutend lauter: »Mr. Palafox, was machen Sie da?«

»Ich bewundere die Neue Welt, Sir«, rief Peter. »Ist sie nicht einfach makellos?«

»Wer hat sich erdreistet, die Hängematte da hochzuziehen?«

»Wohlmeinende, unsichtbare Hände«, rief Peter kichernd. »Ein nautisches Manöver, Kumpel.«

»Mr. Palafox, Sie werden noch von mir hören.«

»Es lebe die Freiheit!« brüllte Peter, befreite einen Arm aus der Lasching und schwenkte ihn hin und her. »Dreimal hurra!« Und in einem Anfall von geistiger Umnachtung schleuderte er eine halb ausgelutschte Zitrone mitten aufs Achterdeck.

»Sir«, rief Mr. Walters aufgeregte Stimme in die schlagartig einsetzende Totenstille, »Sir, bitte bedenken Sie, der Junge hat den Verstand verloren. Er fiebert und phantasiert, Sir.«

»Er wird gleich phantasieren, wenn ich ihm das Fell abziehe«, erwiderte der Erste Offizier drohend.

»Mr. Saunders«, sagte der Kommodore knapp, »sorgen Sie bitte dafür, daß die Hängematte sofort wieder auf ihren Platz kommt.«

Das Geschwader lag vor Anker im Hafen von Santa Catarina oder St. Catherine's, wie die Engländer es nannten, analog zu St. Helen's und zum Beweis ihrer Unabhängigkeit – das fehlte noch, daß man sich auf diese albernen, fremdländischen Namen einließ. Weihnachten war gekommen und vergangen; ein seltsames Weihnachten bei 35 Grad feuchter Hitze und einem Festmahl aus gekochtem Papagei und dem, was angeblich einmal ein Affe gewesen war. Offiziell stand Peter noch auf der Krankenliste, aber er war bereits wieder so weit genesen, daß er voller Gier über das Essen herfiel; und obwohl der Schiffsarzt ihm Tenesmus prognostiziert hatte, überstand er mit seiner eisernen, von klein auf an die Küche im Pfarrhaus gewöhnten Verdauung gänzlich unbeschadet und klaglos den Papagei, ja, er schien nach dem Verzehr des Vogels sogar regelrecht aufzublühen, denn kurz darauf verließ er das als Bordlazarett dienende Zelt und kehrte auf die *Centurion* zurück, deren stehendes Rigg für die Fahrt um Kap Hoorn Zoll für Zoll erneuert worden war.

Am zweiten Tag nach seiner Rückkehr aufs Schiff enterte eine Gruppe unter Ransomes Leitung auf, um Preventer am Großmast aufzuriggen. »Das hier ist ein Backstag«, erklärte er Peter. »Das Backstag backt den Mast stag, damit er beim Rollen nicht über Bord gaht.« Nach einem kurzen Moment blickte Ransome übers ganze Gesicht grinsend von seiner Arbeit auf. »Das war ein Witz!« rief er erstaunt, als er sah, daß Peter keine Miene verzog. »Ich habe einen Witz gemacht. Ich habe gesagt: Das Backstag backt den Mast stag, damit er beim Rollen nicht über Bord gaht. Ein Backstag zum Stagbacken ist doch Quatsch. Nicht gemerkt?«

»Doch«, sagte Peter. »Ha, ha!«

»Oh, zu schade, daß dein Kumpel nicht mehr hier ist«, seufzte Ransome, »der andere Teague, meine ich – jetzt hab dich doch nicht so, Kumpel, das sollte keine Beleidigung sein. Er konnte so herzlich über Witze lachen. Den muß ich den anderen erzählen ...«

Er eilte davon, um ihn seiner Arbeitsmannschaft zu erzählen, die sich freilich nur ein ziemlich kurzes Lachen abringen konnte, weil sie nicht so recht glauben mochte, daß ihm der Witz wirklich so spontan eingefallen war, wie er behauptete, sondern überzeugt war, daß er ihn vermutlich aus irgendeinem Buch und von langer Hand vorbereitet hatte. Und schließlich vertrat Hairy Amos stellvertretend für alle anderen die Meinung, daß »Mr. Ransome zwar ein guter Seemann ist, aber hier wohl doch ein bißchen übertreibt«.

Es lag freilich nicht nur an Ransomes Witzen (denn

von diesem Tag an versuchte Ransome bei jeder Gelegenheit einen anzubringen), weshalb es Peter wieder an Bord zog, oder an der ungemein interessanten Arbeit, die es auf dem Schiff zuhauf gab, sondern vor allem daran, daß die Insel im Grunde ein trostloser Ort war. Die Lazarettzelte mit den Kranken und Sterbenden – allein von der *Centurion* mußten sie vierzig Mann begraben –, die drückende Hitze, die Morgennebel, die Moskitos, die abends in dichten Schwärmen über alle Männer herfielen, gefolgt von den nächtlichen Sandfliegen, die labyrinthische, klebrig schwüle Undurchdringlichkeit des Dschungels, eines krankhaft wuchernden Dschungels, der die wenigen hineingeschlagenen Pfade sofort wieder zu verschlingen drohte –, all das dämpfte den Zauber der farbenprächtig leuchtenden Aras überall auf den Bäumen, der neugierig hinabspähenden Affen, der herrlichen Früchte, die von den wenigen Ureinwohnern, denen der habgierige Gouverneur den Handel erlaubte, an die bewachte Umzäunung des Lagers gebracht wurden. All diese Dinge trübten erheblich die Faszination der Neuen Welt – von der Insel aus war das Hochland von Brasilien zu sehen – und die Wunder der niederen Breiten, wie die Leuchtkäfer und die märchenhaften Blüten, und nach einigem Überlegen kam Peter zu dem Schluß, daß er die Tropen zwar mochte, aber nicht übermäßig. Außerdem fühlte er sich nun, da es ihm schon so viel besser ging, angesichts des emsigen Treibens, das um ihn herum herrschte, einerseits ausgeschlossen und andererseits wie ein Drückeberger.

Im Geschwader herrschte tatsächlich rege Betriebsamkeit. Die *Tryal* lag trockengefallen auf Grund – die hohen Masten der Sloop hatten sich als andauerndes Ärgernis erwiesen –, und jedes Schiff hallte von den dumpfen Hammerschlägen der Kalfaterer wider; Meilen über Meilen an Tauwerk mußten angeschlagen, die großen Geschütze abgeschlagen und in der Last verstaut werden, um das Rollen zu verringern, und ganz abgesehen vom Bunkern von Holz, Wasser und Lebensmitteln waren noch endlos viele andere lebenswichtige Arbeiten zu erledigen. Die von Anfang an unterbemannten Besatzungen wurden weiter dezimiert, weil Tropenkrankheiten die Männer dahinrafften. Außerdem mußte alles in höchster Eile geschehen, nicht nur um so schnell wie möglich diesen ungesunden Ort zu verlassen und nicht nur um Kap Hoorn vor Anbruch des südlichen Winters zu erreichen, sondern auch um auf See in höchster Gefechtsbereitschaft zu sein für den Fall, daß sie dem spanischen Geschwader begegneten.

»Die Spanier sind mit dreihundertvier Kanonen bestückt, und wir haben zusammen nur zweihundertsechsunddreißig«, erklärte Elliot, »das heißt, sie haben achtundsechzig mehr als wir, ganz abgesehen vom zusätzlichen Metallgewicht ihrer Breitseiten. Die *Guiposcoa* hat allein in ihrer unteren Batterie sechsunddreißig Geschütze.«

»Aber es sind doch nur Spanier«, bemerkte Peter abschätzig.

»Kanaken«, ergänzte Preston verächtlich.

»Jetzt geht das schon wieder los«, stöhnte Ransome. »Beschimpfen – ist das alles, was euch dazu einfällt? Wie kann man nur so einfältig sein? Wißt ihr nicht, daß sie schon seit über hundert Jahren um Kap Hoorn herum in die Südsee segeln, wo wir noch niemals waren? Um das zu schaffen, muß man schon ein richtiger Seemann sein, oder etwa nicht? Mit euch ist es genau dasselbe wie mit diesen Bauerntölpeln an Land, die immer sagen: ›Ach, das sind doch bloß ein paar Spanier – mit denen werden unsere Männer doch fertig.‹ Folglich erntet man für einen Sieg auch keinen Dank, weil er sich ja von selbst versteht. Wird man aber besiegt, weil man sowohl an Kanonen als auch zahlenmäßig unterlegen war und die Stückpforten im Batteriedeck nicht öffnen konnte – und wir liegen so tief im Wasser, daß wir sie schon beim kleinsten Windhauch nicht öffnen können, während der Spanier mit seiner nach innen gewölbten Bordwand, die hoch wie bei einem Linienschiff erster Klasse ist, bedeutend mehr Kanonen ins Spiel bringen kann –, tja, dann stürzen sich alle Städter und Bauern auf dich und beschimpfen dich als jämmerlichen Versager. Nein, ihr könnt sagen, was ihr wollt«, fuhr er trotzig fort, obwohl niemand ihm widersprochen hatte, »aber die Spanier können nicht nur Schiffe bauen, sondern sie wissen auch, wie man sie segelt und im Gefecht handhabt.«

»Daß sie das können, ist ja wohl klar«, nickte Elliot. »Außerdem wird in der Offiziersmesse behauptet, der Gouverneur dieser Gegend stünde in Kontakt mit den Spaniern auf dem Festland. Also dürften sie inzwischen wohl über unsere Stärke im Bilde sein, falls sie es nicht schon längst waren, und entsprechende Maßnahmen treffen.«

»Ihr könnt sagen, was ihr wollt«, wiederholte Ransome kopfschüttelnd, »aber wenn die Spanier nicht wissen, wie man Schiffe baut, segelt und sie im Gefecht handhabt, könnt ihr mich Hanswurst nennen.«

SIEBENTES KAPITEL

»WENN DER WIND ZUR SONNE weht, trau ihm nicht, bald rück er dreht«, zitierte der Segelmeistergehilfe und blinzelte durchs Nadelöhr zum Himmel. »Nein, Mr. Palafox«, fügte er hinzu, »Sie müssen den Legel *so* halten und Ihren Handteller *so*. Wir machen es in der Royal Navy nicht nach der Greenock-Methode.«

Sie saßen im Schneidersitz auf dem Vorschiff, inmitten einer riesigen Fläche Segeltuch, und die Arbeitsmannschaft war damit beschäftigt, alles zu verstärken, was verstärkt werden konnte. Drei Tage zuvor hatte das Geschwader St. Catherine's verlassen, wo die gesunden Besatzungsmitglieder nahezu ununterbrochen geschuftet hatten; aber auch jetzt gab es noch eine Menge zu tun, und zumindest auf der *Centurion* stapelten sich massenweise Vorräte in den Zwischendecks, so daß die Besatzung noch weniger Platz als vorher hatte. Einige Vorräte (und selbst bei den knappen Marine-Rationen essen und trinken vierhundert Mann weitaus mehr als eine Tonne am Tag) lebten noch: kleine, plumpe, schwarze Rinder, deren klägliches Muhen tief unten aus dem Schiffsbauch zu hören war, zusammen mit den keifenden Stimmen von Sean und dem Schlachter, die, wenn auch jetzt nur noch verbal, über das Thema Ruhm und Ehre stritten.

»Trau ihm nicht, bald rück er dreht«, wiederholte Peter. »Das ist Poesie.«

»Allerdings. Und wahr ist es auch, wie wir noch vor Mondaufgang merken werden. Und jetzt, Sir, seien Sie bitte so gut und heben Ihr Heck vom Vorliek dieses Segels hier, dann kommen wir vielleicht etwas leichter dran.«

»Stellt euch schon mal auf schlechtes Wetter ein«, verkündete Peter, als er das Fähnrichslogis betrat.

»Blas dich nicht so auf, Teague«, entgegnete Bailey.

»Man könnte glatt meinen, er hätte das Wetter erfunden«, sagte Preston.

»Sie haben so viel davon in Irland, daß er glaubt, er wäre Teilhaber«, stellte Hope fest.

»Es regnet jeden Tag dort«, behauptete Keppel.

»Das stimmt nicht!« rief Peter aufgebracht. »Oder zumindest nicht sehr oft. Aber ihr seid sowieso eine Bande von miesen, ungebildeten Kerlen, und ich habe beschlossen, euch einfach nicht mehr zu beachten. Und wer war an meiner Seekiste? In diesem Fähnrichslogis kann man wirklich nichts liegen lassen, man muß immer alles mitnehmen.«

»Ich war's«, gab Bailey zu. »Ich muß zum Kommodore und hatte kein sauberes Hemd.«

»Dann hättest du deins ja auf links anziehen können, wie du es bei der Musterung immer machst.«

»Oh, was für eine Lüge!« brüllte Bailey, über und über errötend. »Das habe ich nie getan, außer das eine Mal.«

»Das machst du immer, das ist ganz widerlich, Bailey. Und es war absolut idiotisch, mit nur einem einzigen Hemd auf See zu gehen.«

»Ich hatte zwei!« schrie Bailey. »Und überhaupt, du hast leicht reden *mit* den ganzen Klamotten von FitzGerald und einem Dutzend Wäschestücke von allem. Ich finde es viel widerlicher, wie du, aufgebläht wie ein Südseeblasen-Dandy, hier in deinem wallenden Kammertuch herumstolzierst. Ich hab' schon lange Lust, den ganzen Krempel über Bord zu schmeißen, bis auf das, was das Fähnrichlogis für unbedingt nötig hält.«

»Du und wer sonst noch?« fragte Peter und kam drohend näher.

»Laß mich in Ruhe«, sagte Bailey und wich rasch zur Seite aus. »Ich bin bereits umgezogen und gewaschen, und ich habe keine Lust, das alles noch mal zu machen, nur weil du dich mal wieder prügeln willst. Tatsache ist, du bist viel zu reich! Das gehört sich nicht für einen Midshipman.«

»Angustam, amici, pauperiem pati
Robustus acri militia puer
Condiscat«, sagte Elliot, der in diesem Moment hereinkam, »und ich wette, du weißt nicht, was das heißt, Palafox.«

»Natürlich weiß ich das«, widersprach Peter, der den Spruch schon unzählige Male von Mr. Walter unter die Nase gerieben bekommen hatte – fast jedes Mal, wenn er sich wegen einer Guinee aus der kleinen Barschaft, die der Kaplan für ihn aufbewahrte, an den ehrenwerten Mann gewandt hatte. »Aber ich habe keine Lust, mit meinem Wissen zu prahlen.«

»Ha, ha!« lachte Keppel.

»Weißt du es denn?«

»Ich glaube schon«, antwortete Keppel. »Jedenfalls wette ich um einen Monatssold, daß ich mehr Wörter übersetzen kann als Teague. Sag den Vers noch mal, Elliot.« Keppel schwieg. »Es ist jedenfalls von Horaz, das weiß ich«, sagte er schließlich. »Wir hatten es in der Schule. *Angustam pauperiem* ist der besorgte Arme. *Militia:* der besorgte oder von Sorgen gezeichnete Arme beim Militär – kurzum, der Midshipman. *Amici acri:* griesgrämige Freunde – die anderen Mitglieder des Fähnrichslogis. *Condiscat:* – oh, tja, na, egal. Na, was sagst du dazu, Teague?«

Peter schubste den haarenden Affen zur Seite – der als einziger von den vielen Tieren aus Madeira bis jetzt überlebt hatte, den Rest hatte Agamemnon erledigt – und deklamierte: »Der engen Armut gerne gewöhnen lernt, meine Freunde, der Knabe, früh durch strenges Geschäft des Krieges gestählt.«

»Genau was ich gesagt habe«, rief Keppel, aber seine Worte wurden von der Schiffsglocke übertönt, die in diesem Moment achtmal glaste, und die gestählten Knaben, deren Wache zur Ablösung gerufen wurde, eilten an Deck.

Peter hatte die erste Wache, und in den tristen Stunden der Nacht wurde immer wahrscheinlicher, daß sich die Vorhersage bewahrheiten würde. Das Topplicht schwang schon jetzt in einem großen, sich stetig weiter vergrößernden Bogen über ihm, und die große Laterne auf dem Hüttendeck stieg und fiel vor der stockfinsteren Dunkelheit, die so nah und dicht war, daß es schien, als habe sich der pechschwarze Himmel unter der Kraft des Windes herabgesenkt, um die *Centurion* zu erdrükken. Der Wind wehte heiß und stark in stürmischen, unberechenbaren Böen aus Osten und schleuderte von Backbord achteraus flache, lange Gischtbretter über das Deck. Der wachhabende Offizier befahl, die Bramsegel zu reffen, und beim Aufentern hörte Peter zum ersten Mal im Leben die Masten singen. Er kannte alle Töne des Riggs in- und auswendig, aber das hier war etwas Neues, ein tiefes, vibrierendes Stöhnen, das sowohl zu spüren als auch schwach zu hören war, und das, wie er feststellte, vom Aneinanderreiben der Maststengen in den Salings verursacht wurde. Denn unter dem wachsendem Segeldruck bogen sich die Masten trotz der straff wie Stahlseiten gespannten Luvtakelage.

Aber auch unter gerefften Bramsegeln legte sich die *Centurion* noch immer so weit über, daß ihre Leereling schäumend durchs Wasser zog und einen weißen, in der Dunkelheit schwach phosphoreszierenden Streifen hinterließ. Um sechs Glasen wurden alle Mann an Deck gerufen, um abermals die Segel zu kürzen, und um acht Glasen stolperte Peter, mehr tot als lebendig, an Deck, vorwärtsgetrieben von einem Schwall grüner See, der das Achterdeck hüfthoch überschwemmte. Bis auf die Haut durchnäßt, aber vor Hitze fast umkommend, schwang er sich in seine Hängematte. Bis auf den Rock behielt er seine Kleidung an, denn es stand zehn zu eins, daß die Freiwache schon bald wieder an Deck gerufen würde.

Es lohnt kaum einzuschlafen, dachte er und starrte an die Lampe, die im Takt mit seiner Hängematte hin und her schlingerte.

Irgendwann drang durch einen wirren Traum von Trommeln und Kanonen der Lärm an seine Ohren, mit dem die Mittelwache unter Deck polterte, und dann die Stimme von Ransome, der ihn zur Ablösung weckte.

»Es fängt an zu stürmen«, rief er. »Paß auf an Deck, junger Teague.«

Das erste, was Peter sah, war der weiße Kamm einer Welle, die sich über der Nagelbank auftürmte, und das nächste war das verärgerte Gesicht des Ersten Offiziers.

»Mr. Palafox«, sagte er mit einer Stimme, die das Brüllen des Windes, das anhaltende Tosen der See und die Orgeltöne der Besanwanten deutlich übertönte, »was denken Sie sich dabei, zu spät zur Wache anzutreten? Gehen Sie wieder runter, Sir, und lassen Sie sich nicht noch mal mit ungekämmtem Haar hier blicken. Wir sind hier auf einem Kriegsschiff und nicht auf dem Calaiser Paketboot. Ich erwarte Sie in fünfzehn Sekunden zurück, anständig angezogen und gekämmt.«

Um vier Glasen waren Peter und Bailey wieder unter Deck beim Frühstück, das aus Dünnbier in einem Zinnbecher und einem Schiffszwieback bestand.

»Du kannst dir nicht vorstellen, was für ein Sturm da draußen ist«, erzählte Peter dem einzig wachen Fähnrich.

»Ist die Sonne schon aufgegangen?« fragte Hope verschlafen.

»Nein«, antwortete Bailey und wrang noch mehr Seewasser aus seiner Tasche. »Aber selbst wenn, könntest du sie nicht sehen. Der Nebel ist zum Durchschneiden dick.«

»Und es stürmt unheimlich«, fügte Peter hinzu.

»Kannst du nicht mal dein Maul halten?« schnauzte Keppel.

»Du immer mit deinen unheimlichen Dingsda-Stürmen«, stöhnte Ransome, der plötzlich aufwachte. »Weißt du was? Auf der *Royal Oak* hat's mir im Øresund glatt meinen Nackenzopf weggeweht – das habe ich nie verschmerzt. Hat's dir schon mal den Nackenzopf weggeweht?«

»Nein«, antwortete Peter.

»Na, also«, sagte Ransome und schlief auf der Stelle wieder ein.

Mit diesem schwachen Trost im Herzen und dem Dünnbier im Bauch kehrte Peter an Deck zurück, wo er feststellte, daß der Nebel weiß geworden war und in Schwaden durchs Rigg strich. Folglich war mittlerweile die Sonne aufgegangen. Aber auch nach einer halben Stunde war vom bretthart gespannten Fockmarssegel noch nicht mehr zu erkennen als ein gewölbter grauer Schemen, denn nach wie vor umschloß eine Nebelwand das in halsbrecherischem Tempo vorwärtspreschende Schiff. Von der trüben Wand in Luv rollten die grauen Brecher immer schneller heran, türmten sich hoch auf und rauschten mit erschreckender Geschwindigkeit an der Bordwand der *Centurion* entlang, weißmähnige Seen, deren Kämme der Wind abriß und in langen Bändern vor ihnen herwehte – kein fliegender Schaum, sondern kompaktes Wasser, das übers Deck geschleudert die Luft erfüllte und das Atmen erschwerte. Und mit der aufsteigenden Sonne nahm der Wind noch zu.

»Mr. Elliot«, sagte der Erste Offizier, »gehen Sie aufs Vorschiff, und sorgen Sie dafür, daß Nummer zwei doppelt verzurrt und gesichert ist. Mr. Palafox, Empfehlung an den Kommodore, und der Wind frischt auf.«

Peters »Aye, aye, Sir« wurde von einem zischenden Wasserschwall erstickt, der sein Gesicht genau in dem Moment traf, als er den Mund aufmachte, und er hatte das Gefühl, als hätte ihm jemand aus nächster Nähe mit viel Schwung einen vollen Eimer ins Gesicht geschüttet, und er schluckte eine Menge Wasser. Er hastete das stark geneigte Deck hinauf, kroch im Windschatten der Rudergänger nach achtern, passierte den Wachtposten an der Tür zur Achterkajüte und stürmte triefend vor Nässe zum Kommodore vor. Er traf den berühmten Mann mit Schlafmütze an, als dieser, nach vorn und achtern abgestützt, gerade dabei war, sich mit einer schimmernden Klinge zu rasieren.

»Vielen Dank, Mr. Palafox«, sagte Kommodore Anson, während er geschickt das Rasiermesser in Abstimmung mit der Rollbewegung des Schiffes über Kinn und Backen zog. »Empfehlung an Mr. Saunders, und richten Sie ihm bitte aus, daß ich in drei Minuten an Deck bin.«

Vier Minuten später, als die Kanonen auf dem Achterdeck an das unsichtbare Geschwader den Befehl bellten, mit Backbordhalsen beizudrehen, war Peter bereits den halben Weg zur Fockmarsrah emporgeklettert, die Hände direkt unter den Füßen von Matthews, dem Herscher des Vortopps, während es auf dem eben noch leergefegten Deck unter ihm auf einmal von Matrosen wimmelte, die klarmachten, um die Marssegel zu reffen, das Großsegel zu beschlagen und das Schiff in den Wind zu drehen.

Ein Rahsegel zu reffen, besteht darin, an der Rah entlang nach außen zu balancieren, mit den Füßen auf einem an der Rah befestigten und parallel zu ihr verlaufenden Tau, Fußpferd genannt. Die Rah reicht einem Mann ungefähr an den Bauch, und wenn er seinen vorgesehen Platz an der Rah erreicht hat, beugt er sich über sie nach vorn und kämpft mit dem Segel, das sich unter ihm bauscht, während die anderen unten an Deck an den Halsen und Geitauen holen, um den unteren Teil des Segels zur Rah aufzuheißen, damit man das Segel bis dicht an die Rah aufwickeln und die aufgewickelte Rolle mit Zeisingen festschnüren und beschlagen kann. Das klingt ziemlich einfach, und theoretisch ist es das auch. Aber wenn das Segel eine Fläche von dreitausend Quadratfuß mißt und wenn sich ein riesiger Teil davon mit ungeheurer Gewalt in dein Gesicht bläht, dich dabei fast von deinem Platz da oben runterdrückt und dir Falte für Falte das mühsam aufgerollte Tuch aus den Händen reißt (was in der Regel bedeutet, daß auch den Männern neben dir das hart erkämpfte Segel entrissen wird, wofür sie dich am liebsten kreuzigen würden), und wenn der Wind so stark bläst, daß jeder Zoll des Segels wild hin und her flattert, so stark daß das Fußpferd ständig gegen den Bauch des Segels stößt und man den Halt zu verlieren droht, tja, dann wird die Sache schon schwieriger, vor allem dann, wenn das Ganze bei dichtem Nebel stattfindet. Einen Trost gibt es freilich: Wenn der Wind nämlich stark genug bläst, kann man eigentlich kaum hinunterfallen, weil man durch die Kraft des Windes wie eine gebogene Haarnadel an die hin und her peitschende Rah gepreßt wird. Aber auch wenn es so gut wie unmöglich ist, daß man aufs Deck hinabstürzt, ist es sehr schwierig, auf weniger drastische Art wieder hinunterzukommen, denn sobald das Segel aufgetucht ist, hat der Wind freie Bahn, das Fußpferd wird noch heftiger in Richtung Bugspriet gedrückt, und man hängt dort oben so lange gefangen zwischen Himmel und See, bis der Wind endlich abzuflauen geruht oder man es schafft, ihm zu entwischen, indem man sich in dieser gekrümmten Haltung vorsichtig Stück für Stück an der Rah entlang nach innen schiebt.

Was Peter befreite, war weder ein Abflauen des Windes noch sein zentimeterweises klammerndes Vorrücken Richtung Mast, sondern die Bewegung des Schiffes: Mit trotz reduzierter Segelfläche nach wie vor sehr hoher Fahrt drehte die *Centurion* genau in den Wind, wo sie, nur vom gerefften Besan gehalten, heftig zu stampfen begann. Im selben Moment kam der Sturm, der Peter bis dahin von hinten an die Rah gepreßt hatte, plötzlich genau von vorn und schleuderte ihn rückwärts von ihr weg; gleichzeitig schwang das Fußpferd heckwärts, bis ans Ende seines Radius, und Peter, dessen Beine kürzer waren als die der Männer, für die die Entfernung zwischen Fußpferd und Rah berechnet worden war, verlor den Halt. Zum Glück hielt er die rechte Hand fest um den Zeising gepackt, und für einen Augenblick bot er das interessante Schauspiel eines fast waagerecht auswehenden Körpers, der sich, nur locker an der Fockmarsrah befestigt, langsam um die eigene Achse drehte. Matthews, der Mann, der außen von ihm stand und mit aller Geduld, die er aufbieten konnte, gewartet hatte, daß Peter endlich die Tauschlingen am Mast erreichte, beugte sich nach innen, packte Peter am Schopf und zog ihn vorwärts über die Rah. Gleichzeitig hakte er seine nackten Füße um das Fußpferd und schob es unter Peters suchende Zehen; und nachdem das vollbracht und der Midshipman in Sicherheit war, kletterte er einfach über ihn und eilte an Deck hinab, denn er hatte einen schönen Bückling, der im Kombüsenfeuer röstete und der nicht zu braun werden durfte. Aber vor allem wollte er nicht, daß der Bootsmann ihm mit dem Tampen eins überbrannte – die übliche Strafe für den, der als letzter an Deck war.

»Mr. Palafox«, rügte der Zweite Offizier, »Sie haben nicht im Rigg herumzuturnen. Wir haben keine Zeit für Akrobatik, merken Sie sich das. Und kratzen Sie sich gefälligst nicht am Kopf, wenn ich mit Ihnen rede. Trotz des Nebels habe ich gesehen, wie Sie gerade auf der Fockmarsrah einen Affen nachgemacht haben – es ist weiß Gott nicht nötig, daß Sie dieses Tier auch noch auf dem Achterdeck nachahmen. Der Affe, Sir, ist kein Tier, das sich ein Seeoffizier zum Vorbild nehmen sollte, auch wenn Sie aus dem Benehmen und der Erscheinung des Fähnrichlogis vielleicht das Gegenteil geschlossen haben.«

»Was muß ich da hören, junger Mann«, fügte Mr. Walter noch hinzu, als er ihn um vier Glasen in der Vormittagswache traf. »Wie es heißt, haben Sie den gegenwärtigen Nebel ausgenutzt, um im Rigg herumzualbern. Ich muß schon sagen! Ich hätte gehofft, nach Ihrer gerade erst überstandenen Krankheit wären Sie etwas vernünftiger geworden.«

»Daß mir in der nächsten Wache das Herumkaspern unterbleibt«, warnte Mr. Brett am Mittag. »Mr. Palafox, Sie können mit – nein, nicht Mr. Palafox, Mr. Bailey, Sie können mit einem Fernrohr aufentern und sehen, was Sie erkennen können, wenn sich der Nebel lichtet. Mr. Palafox, Sie können sich bei Mr. Randall im Munitionsschapp nützlich machen. Dort werden Sie nicht so schnell zu unsinnigen Kapriolen verleitet.«

»Aye, aye, Sir«, antwortete Peter, dem nicht entgangen

war, daß sowohl der Kommodore als auch zwei oder drei der Offiziere direkt hinter dem wachhabenden Offizier standen, und verschwand. Tief unten, nahe der Bilge, bekam er weder mit, daß der Himmel aufklarte, noch daß durch die aufreißenden Nebelschleier ein Teil des Geschwaders wieder auftauchte. Nur ein Teil des Geschwaders, denn die *Pearl* war nicht mehr da. Die *Pearl* blieb auch verschwunden, und auch durch noch so aufmerksames Absuchen des klaren Horizonts fand sich nirgends eine Spur von ihr. Und zuerst ging das Gerücht – das sich sofort bis in den hintersten Winkel des Schiffes verbreitete und das Munitionsschapp fünf Minuten, nachdem die Sache dem Achterdeck gemeldet worden war, erreichte –, daß auch die *Tryal* verschwunden sei. Wenig später hieß es jedoch, sie sei ein ganzes Stück entfernt in Lee gesehen worden, ohne Großmast, und daß die *Gloucester* abkommandiert sei, um sie in Schlepptau zu nehmen.

»Ich hoffe nur, sie schwimmt wenigstens noch«, sagte der Stückmeister und meinte damit die *Pearl,* »was man bei ihrem mörderisch hohen Krankenstand allerdings nicht weiß. Kapitän Kidd sah ganz blaß aus, als ich das letzte Mal bei ihm an Bord war. Wie auch immer, eigentlich müßte sie den Sturm abgeritten haben, es sei denn, sie hätte ihre Kanonen nicht festgemacht, was aber eher unwahrscheinlich ist, wenn man bedenkt, was für einen guten Stückmeister sie in Mr. Webb hat. Im Jahr 28 waren wir Bordgenossen auf der *Vanguard,* einem 90-er – genau so einer wie die spätere *Duke,* was heute nur niemand mehr weiß. Würden Sie mir bitte mal das Kerbholz da reichen, Mr. Palafox?«

Das Kerbholz lag zwischen zwei Kanonenkugeln in einem teilweise gefüllten Kugelregal, und als Peter im Dämmerschein der trüben Laterne danach tastete, schlingerte die *Centurion* so heftig in dem enormen

Schwell, daß eine der fünfundzwanzig Pfund schweren Kugeln rumpelnd gegen die andere rollte und dabei Peters Finger so schmerzhaft quetschte, daß ihm die Tränen in die Augen schossen und er brüllend herumhüpfte und die Hand schwenkte.

»Genau das meinte ich mit nicht festgemachten Kanonen«, erklärte Mr. Randall, als sich Peter wieder beruhigt hatte. »Was Sie gerade gespürt haben, war die Wucht einer Kugel, die vielleicht gerade mal einen Fuß weit gerollt ist. Nun überlegen Sie mal, welche Wucht eine losgerissene Kanone hat, und stellen Sie sich vor, was eine ganze unkontrolliert übers Deck rollende Reihe anrichten kann. Und dazu müssen Sie bedenken, daß die Rollbewegung hier unten wesentlich schwächer ist als auf dem Batteriedeck, ganz zu schweigen vom Oberdeck; denn ein Schiff rollt vom Kielschwein, verstehen Sie, anders als beim Stampfen, da ist es egal. Aber soll ich Ihnen mal was sagen, Mr. Palafox?« fügte er nach längerem Schweigen hinzu, das vom dumpfen, grollenden Rumpeln der hin und her rollenden Rund-, Ketten- und Hantelkugeln erfüllt war, während sich Tonnen über Tonnen von Eisen unter dem wechselnden Druck der bockenden See langsam hin und her schoben. »Soll ich Ihnen mal was sagen?« wiederholte er, während er eine neue Kerbe in den Holzstab ritzte. »Es gefällt mir überhaupt nicht, wenn Sie wegen einer klitzekleinen Quetschung so ein lautes Geschrei veranstalten. Denken Sie an den jungen Spartaner, Mr. Palafox.«

Der junge Spartaner, dieser vermaledeite Kerl (den Peter insgeheim für einen ausgemachten Schwachkopf hielt), der ihm schon im Pfarrhaus von Ballynasaggart das Leben schwer gemacht hatte, verfolgte ihn auch hier an Bord und hatte bereits bei acht verschiedenen Gelegenheiten Erwähnung durch Mr. Walter gefunden. Daher kannte Peter ihn und sein hirnverbranntes Benehmen zur Genüge, aber um den Stückmeister nicht zu kränken, sprang er über seinen Schatten und fragte mit geheucheltem Interesse: »Der junge Spartaner, Mr. Randall?«

»Er hatte einen Fuchs gestohlen und unter seinem Gewand versteckt, und als die Ältesten mit ihm sprachen, begann der Fuchs an ihm zu nagen.« Zur Verdeutlichung formte Mr. Randall seine rechte Hand zu einer Hummerschere und ließ sie ein paar Mal auf- und zuschnappen. »Aber hat der Junge rumgebrüllt, Mr. Palafox? Hat er vielleicht geschrien: ›Dieser verdammte Scheißfuchs!‹ Oder ihn unter seinem Gewand hervorgerissen – damals trugen sie nämlich Gewänder, Mr. Palafox –, um ihn über Bord zu schmeißen? Nein. *Er* nicht. Er saß stumm da, während die Ältesten redeten und sich der Fuchs durch seinen Bauch fraß – seine Leber, seine ganzen Eingeweide und schließlich sein Herz, kurzum, den Jungen bei lebendigem Leib auffraß. Was eindeutig beweist, daß man nicht losbrüllen soll, wenn man sich mal den Finger quetscht! So eine Lappalie! Die passiert einem Stückmeister fünfzigmal am Tag.«

Für Peter bewies die Geschichte dagegen eindeutig, daß die Ältesten in Sparta viel zu geschwätzig gewesen waren. Nach kurzem Nachdenken beschloß er jedoch, seine Meinung für sich zu behalten, um nicht respektlos zu erscheinen, und fragte statt dessen: »Wäre es nicht möglich gewesen, den Fuchs unauffällig entschlüpfen zu lassen, stumm und ohne die Ältesten zu unterbrechen?«

»Das wäre vielleicht ratsamer gewesen«, räumte der Stückmeister ein, »aber, meine Güte, wieviel unmoralischer!«

»Warum wollte er den Fuchs denn so unbedingt haben, Mr. Randall, Sir?«

»Eine sehr gute Frage, Mr. Palafox«, antwortete der Stückmeister ausweichend. »Aber das heute zu erörtern, dürfte kaum angebracht sein. Sie hatten damals eben ein paar altmodische Ansichten, wissen Sie. Sie waren schon sehr altmodisch – und ohne Frage Papisten. Als ich jung war, gab es einige alte Stückmeister, die vor dem Laden immer ein Kreuz in die Kugel ritzten, ein Brauch, der noch aus der Zeit stammte, als sie mit ihren Geschützen auf die Türken und dergleichen zielten und glaubten, daß ein Kreuz auf der Kugel jeden Türken zur Hölle schicken würde. Das ist eins wie das andere, verstehen Sie? Alles Hokuspokus, wie man auch sagen könnte.«

Den Zusammenhang verstand Peter zwar nicht, aber er erinnerte sich ganz genau, daß jede einzelne Kanonenkugel, die an den vielen Tagen des Geschützdrills durch Mr. Randalls Hände gegangen war, ein kleines Kreuz aufgewiesen hatte.

»Wenn man drei Grad als hundertachtzig Meilen rechnen kann – hundertachtzig Seemeilen, wohlgemerkt«, erklärte Elliot, »dann haben wir vor ungefähr hundertachtzig Meilen den Breitengrad des Rio Plata überquert.«

»Also sind wir jetzt tausend Meilen von St. Catherine's entfernt«, rechnete Peter die Zahlen auf seiner Schiefertafel zusammen. Tausend Meilen See und herrliches, ungetrübtes Segeln.

»Und bei dieser günstigen Südströmung«, fügte er hinzu, »brauchen wir bis Kap Hoorn ungefähr noch mal dieselbe Zeit.«

»Zuerst muß die *Tryal* repariert werden«, wandte Elliot ein.

»Ja«, nickte Peter und spähte über die Reling zu der Sloop hinüber, einem merkwürdig verstümmelten Schiff mit lächerlich winzigem Behelfsmast, das im Schlepptau hinter der *Gloucester* herkroch, die ihrerseits alle verkraftbaren Segel gesetzt hatte und sich verzweifelt bemühte, zum Geschwader aufzuschließen. »Ja, aber trotzdem ...«

Er beendete den Satz nicht, und obwohl seine Augen das Geschwader fixierten – mit der *Severn* vor der *Centurion,* dann der bauchigen *Wager* mit ihrem seltsam zusammengeflickten Fockbramsegel, der kleinen Pinke *Anna* in Lee und der *Gloucester* und ihrer Schlepplast am Schluß, aber einem leeren Platz an der Position, wo die *Pearl* gesegelt war –, sah er es nicht wirklich, so wenig wie seine Ohren das beharrlich wiederholte Klatschen des Senkbleis ins Wasser und den Ruf des Lotgasten in den Rüsten bewußt wahrnahmen, den Ruf, der seit vielen Tagen, seit sie wieder lotbare Wassertiefen erreicht hatten, in regelmäßigen Abständen Wache für Wache ertönte. Wenige Schritte von ihnen entfernt stand Mr. Walter und nahm Proben, die an dem Talg klebten, mit dem das Lot eingeschmiert war. Ganz in seine Beschäftigung vertieft, führte er dabei ein ständiges Selbstgespräch. Doch weder Elliot noch Peter bekamen auch nur ein Wort davon mit; nicht nur weil sie beide daran gewöhnt waren, sich innerlich gegen den ständigen Lärm und Trubel abzuschotten, was die einzige Möglichkeit war, sich auf einem überfüllten Schiff etwas Ruhe zu verschaffen, sondern auch weil ihre Gedanken bereits um Kap Hoorn kreisten und in noch weiterer Ferne um das Gebiet, das für Peter »die andere Seite« war – die Küsten von Chile und Peru.

Obwohl außer dem Kommodore niemand den Inhalt der Befehle für diese Reise kannte, drehten sich sämtliche Spekulationen, die im Geschwader angestellt wurden, und das waren nicht wenige, ausschließlich um die Details. Das Ziel der Expedition, so viel war allen klar, bestand darin, die spanische Schiffahrt im Großen Südmeer zu stören und auf Kaperfahrt zu gehen. Und das bedeutete, wie selbst der ausgemachteste Schwachkopf an Bord begriff: Gold. Im Batteriedeck, wo die Männer in ihren dicht an dicht aufgehängten Hängematten schaukelten, schwelgten sie in Phantasien von den Schätzen, die sie erwarteten. Auf St. Catherine's hatten nämlich einige Seeleute Geschichten über Indianerstämme gehört, die goldene Angelhaken benutzten und ihre Netze mit Gold beschwerten und deren Kinder mit goldenen Murmeln spielten. Und je öfter diese Schilderungen von den Seeleuten, die sie mit an Bord gebracht hatten, wiederholt wurden, desto begieriger verlangten die Zuhörer noch mehr zu hören. Fasziniert lauschten sie den Geschichten über Inkas in glänzenden Rüstungen aus Gold und über die Spanier, die das Gold raubten und jedes Jahr in Galeonen nach Spanien verschifften – es gab Hunderte solcher Geschichten, von denen viele ein Körnchen Wahrheit und manchmal auch mehr enthielten und die alle geglaubt wurden. Die sechs Schiffsbesatzungen waren ausnahmslos – von der Offiziersmesse bis hinunter zu den dunkelsten Löchern, in denen die Loblollyboys ihr Dasein fristeten – von heftiger Gier beseelt, einem fortgeschrittenen Stadium der Gier. Zwar waren sie sich alle bewußt, daß zwischen ihnen und der Erfüllung ihrer Wünsche eine starke spanische Streitmacht lag, aber diesen Umstand taten sie einmütig als unbedeutendes Ärgernis ab. Ihre Erregung beim Gedanken, den Schiffsbauch mit Gold zu füllen, löste einen erstaunlichen Arbeitseifer an Bord aus, und da mittlerweile selbst aus dem begriffsstutzigsten und hoffnungslosesten Landlubber annähernd so etwas wie ein Seemann geworden war, huschten die Männer wie der Wind die Wanten empor, um zusätzliche Segel zu setzen und das Tempo des Geschwaders zu erhöhen. Und umgekehrt verzogen sie mißmutig, wenn nicht sogar unverkennbar aufsässig das Gesicht, wenn unter dem Druck des zunehmenden Windes Leesegel und Royals zu reißen drohten und eingeholt werden mußten. Nie war eine Crew so versessen darauf gewesen, Vollzeug setzen und auf Mast- und Schotenbruch loszustürmen, und Mr. Walter machte sich mit seinem oft geäußerten Wunsch, mehr Zeit für die Erforschung des Meeresgrundes zu haben, ausgesprochen unbeliebt.

»Ja«, nickte Elliot, als hätte Peter etwas gesagt. »Ich hoffe, du hast recht. Eigentlich sollte es nicht allzu lange dauern, so was wie einen Großmast zu stellen. Eine unserer Ersatzmaststengen dürfte sich bestens dafür eignen. Ich frage mich, wieso sie das nicht längst selbst gemacht haben, diese jämmerlichen Bambusen.« Er warf einen wütenden Blick zu der verstümmelten *Tryal.* »Schließlich ist sie ja nur eine Sloop, du lieber Himmel, und hat gar kein Recht, sich so aufzuspielen. Sieh nur, wie die *Gloucester* giert«, sagte er, als die träge *Tryal* auf dem langen Schwell an dem Tau riß und die mit dichtgeholten Schoten segelnde *Gloucester* zwang, den Wind auszuschütten. »Ich muß schon sagen, die Warterei fällt mir schwer«, fuhr er fort. »Ich möchte endlich meine Taschen mit Moedores[1] vollstopfen, bis meine Hände nicht mehr reinpassen.« Er trommelte ungeduldig auf die Reling, und sein tief gebräuntes Gesicht errötete. »Es ist nicht für mich«, fügte er erklärend hinzu. »Ich selbst interessiere mich nicht die Spur dafür – aber es gibt, wie du weißt, gewisse andere Gründe.«

Peter nickte und wollte gerade etwas sagen, als Ransome und Keppel zu ihnen stürmten. Ransome war merkwürdig blaß unter seiner Gesichtsbräune und wirkte innerlich sehr aufgewühlt.

»Hat Agamemnon sie bekommen?« rief Peter.

Agamemnon, die wilde Katze, die normalerweise mit

[1] Dabei handelt es sich um alte portugiesische und brasilianische Goldmünzen. (Anm. d. Ü.)

gnadenloser Tyrannei über das Fähnrichslogis herrschte, die sich, wann immer Ransome im Dienst war, den wärmsten Midshipman zum Bettgenossen erkor, ihn bei der geringsten Bewegung boxte und kratzte und beim leisesten Schnarchen wie ein Hund zubiß, war seit St. Catherine's erstaunlich sanftmütig geworden – und wurde immer sanftmütiger, je deutlicher sich die Anzeichen ihrer bevorstehenden Mutterschaft abzeichneten. Ferner war allgemein bekannt, daß Ransome, der die werdende Mutter mit Brei fütterte, der Geburt und der sich daraus ergebenden Tötung der kleinen Kätzchen mit einer offenkundigen Feigheit entgegensah, die jeder jungen Dame zur Schande gereicht hätte. Er hatte sich in der Schlacht von Kap Passaro ausgezeichnet, sah ohne mit der Wimper zu zucken einer Rahnock an Rahnock abgefeuerten Breitseite entgegen und hatte das Achterdeck einer spanischen Kriegsbrigg ganz allein und mit nicht mehr als einem Belegnagel leergefegt – aber Kätzchen ertränken, das konnte er nicht. Daß sie ertränkt würden, war keine Frage. In diesem Punkt ließen der Erste, Zweite, Dritte, Vierte, Fünfte und Sechste Offizier, die alle von Agamemnon gekratzt, gebissen und ganz grundsätzlich malträtiert und schikaniert worden waren, ebensowenig mit sich reden wie der Kaplan, der Schiffsarzt und sein Gehilfe, der Zimmermann, der Stückmeister, der Bootsmann und all die anderen, in deren Kammern Agamemnon gekotzt hatte.

»Das Tier ist eine Bedrohung für das Wohl des Schiffes und müßte getötet werden«, so ihr einhelliges Urteil, »aber auf jeden Fall sind wir fest entschlossen, zu verhindern, daß es sich auch noch vermehrt.«

»Nein, darum geht es nicht«, sagte Keppel. »Los, Ransome, erzähl's ihnen.«

»Seht ihr die Sloop da?« fragte Ransom mit noch heiserer Stimme als sonst.

»Ja«, antworteten Peter und Elliot und spähten zu dem Schiff.

»Na, die ist doch eigentlich ziemlich klein.«

»Ja«, sagte Peter. »Na und?«

»Aber für die *Gloucester* ist sie ein großer Greuel. Welch ein Greuel mit der *Tryal* – oh, ha, ha, ha!« Ransome konnte sich nicht lange genug beherrschen, um den Witz ganz zu erklären, aber er tat sein Bestes, während er sich japsend vor Lachen krümmte. »Ein *großer* Greuel – ha, ha – *Tryal*[1] – kapiert ihr? Oh, mein Bauch. Ich hab' doch ein ganz ernstes Gesicht dabei gemacht, oder?« stieß er keuchend hervor und gab Keppel in seinem Überschwang mit seiner Pranke einen Schubs, der den kleinen Midshipman durch die ordentlich aufgeholten Hängematten in die Finknetze katapultierte. »Ich hab' gefragt: ›Seht ihr die Sloop da?‹, und sie haben geantwortet: ›Ja, sehen wir‹, und dann habe ich gesagt – oh, ha, ha, ha, *ha*! Das war schon mein zweiter«, sagte er noch immer japsend, während sie ihn unter Deck begleiteten. »Den ersten habe ich davor gemacht. Er war auch sehr gut, aber nicht so gut wie dieser. Oh, ich hoffe, ich überlebe die Fahrt, damit ich ihn in Wapping allen erzählen kann. Oh, mein Bauch. Oh.«

Die große Bucht von St. Julian's und die leere, sich bis an den Meeressaum erstreckende Pampa, die endlos weite Ebene und der kalte Wind, der darüber fegte, war eine Welt, fast ohne jegliches Leben und menschenleer. Fast menschenleer, denn in einer Ecke der Bucht, einem winzigen Abschnitt der schier unendlich langen Küste, wimmelte es für die Dauer einer kurzen, aber ungemein betriebsamen Woche von Besatzungsmitgliedern aller sieben Schiffe des Geschwaders, und das Rauschen des

[1] trial (engl.): Last, Plage, Heimsuchung (Anm. d. Ü.)

Meeres hallte vom Donnern der Hämmer wider, als die *Tryal* repariert wurde. Sieben Schiffe, denn die *Pearl* war wieder zum Geschwader gestoßen. Sie war am selben Tag gesichtet worden, als an Steuerbord voraus St. Julian's aufgetaucht war, und beim Anblick der herannahenden Schiffe hatte die *Pearl* sofort alles Tuch einschließlich der Royalsegel gesetzt und das Weite gesucht. Denn erst eine Woche zuvor wäre sie um ein Haar fünf spanischen Kriegsschiffen in die Arme gelaufen, von denen eines einen Wimpel am Mast führte, der dem des Kommodores täuschend ähnlich sah. Erst im allerletzten Moment hatte sie ihren Irrtum bemerkt und war nur entkommen, weil sie unter Vollzeug durch flaches, mit Untiefen gespicktes Wasser gesegelt war, ein äußerst gefährliches Risiko, das die Spanier nicht eingegangen waren. Kein Wunder also, daß der Erste Offizier der *Pearl* (ihr Kapitän hatte vierzehn Tage nach dem Auslaufen aus St. Catherine's das Zeitliche gesegnet und lag auf dem Meeresgrund) sein Kommando kein zweites Mal gefährden wollte, und er wäre sang- und klanglos unter der Kimm verschwunden, wenn die *Severn* und die *Gloucester* nicht die schnelleren Segler gewesen wären. So aber gelang es ihnen, wenn auch erst nach stundenlanger, halsbrecherischer Verfolgungsjagd, die *Pearl,* die – entschlossen ihren Verfolgern die Zähne zu zeigen – gefechtsklar gemacht hatte, auszusegeln und zu stellen.

Die Begeisterung über die Rückkehr der *Pearl* war sehr groß, und noch größer war die Begeisterung über die Gewißheit, daß die Spanier in der Nähe waren. Doch die Notwendigkeit, ohne die kleinste Pause zu schuften, um nicht an Land überrumpelt zu werden und um Kap Hoorn und dem Feind mit einem seetüchtigen und voll ausgerüsteten Schiff zu begegnen, überstieg alles; und im nachhinein erinnerte sich Peter nur an einige wenige bewußte Momente, die klar aus dem konfusen Gefühl eines ungeheuren, in kürzester Zeit zu bewältigenden Berges an Arbeit herausragten, und wenn ihn jemand gefragt hätte, wie Patagonien aussah, hätte er geantwortet, daß es eine trockene, braune, baumlose, unmenschliche Gegend war, deren einziger Reiz in den die Küste bevölkernden Pinguinen bestand – wenngleich diese Tiere entschieden zu neugierig waren, ständig eilig angewatschelt kamen, um reihenweise zwischen den Männern herumzustehen und die Arbeiten zu behindern. Es schien sich auch um ein Land zu handeln, dem die Menschen immer wieder zu entrinnen versuchten, um irgendwo anders im staubigen Gras nach Gold zu graben.

Doch sobald sie auf See waren, hatte Peter wieder Zeit für sein Tagebuch, nicht das offizielle Journal, das jeder Fähnrich führen mußte und das wie ein zweites Schiffslogbuch seine navigatorischen Einträge enthielt, sondern ein privates Tagebuch, zu dem ihn Elliot überredet hatte und das er seit dem 28. Breitengrad Süd führte.

5. März, geograph. Breite: 52°32'S. Als wir in See gingen, vertörnte die Gloucester *ihren Anker, und nachdem sieben Kanonen abgefeuert worden waren, um sie auf ihre Station zu beordern, kappte sie schließlich ihre Trosse. Ihre Besatzung war schwer sauer. Was haben wir gelacht! Davor hielten aber noch die Offiziere und alle Kapitäne einen Kriegsrat ab, denn wir sollen Baldavia angreifen. Und Kapitän Murray von der* Wager *soll das Kommando über die* Pearl *übernehmen, Mr. Cheap von der* Tryal *wird Kapitän der* Wager *und Mr. Saunders die* Tryal *befehligen, aber da er im Moment zu krank ist, um umzuziehen, vertritt Mr. Saumarez ihn, wodurch Mr. Brett vorläufig Erster Offizier der* Centurion *wird. Er wird ein wohltuend milder Erster sein. Obwohl wir schwache, widrige Winde hatten, haben wir gestern das Kap Virgin Mary gesichtet. Es wird schon ganz schön kalt. Ich bin sehr froh über FitzGeralds warme Sachen. Seine größte Peajacke habe ich Sean gegeben, der sie sich mit*

Segeltuch weiter gemacht hat. Ich habe meinen Löffel im Sand von St. Julian's liegen lassen. Laut Elliot weichen die Positionsbestimmungen der Offiziere für St. Julian's alle voneinander ab: Keine zwei Offiziere haben denselben Längengrad ermittelt – ihre Werte schwanken zwischen unter 70°W und 74°30'. Elliot hat mir erklärt, wie man die Mondbeobachtung vornimmt, und von dem chronometrischen Apparat erzählt, der hoffentlich bald erfunden wird, denn eine zuverlässige Längengradbestimmung ist unmöglich, wenn man die Zeit auf dem Meridian von Greenwich nicht weiß. Obwohl sich die Schiffsposition auch durch Messen der Sonnenhöhe ermitteln läßt …

Hierauf folgte eine längere und lobenswert gescheite Abhandlung über Sternzeit, Mondtafeln und Astronavigation. Anschließend schrieb Peter:

Nicht vergessen, Sean zu sagen, er soll noch mehr Zitronensaft in den neuen Whiskey tun, und den Segelmeister zu bitten, meine Seemannsjacke auszulassen. Ransome hat am zweiten März einen Witz gemacht und grübelt gerade über einen neuen nach. Er behauptet, er hätte Agamemnons Junge getötet, aber wir glauben eher, daß er sie achtern der Bilge versteckt hat. Prestons Affe ist gestern gestorben, als letzter von allen. Preston war sehr traurig, obwohl es ein bösartiger Affe war, der ihn sowieso nie geliebt hätte. Mr. Woodfall bat darum, das Tier sezieren zu dürfen, aber das ließ Preston nicht zu, weil, wie er sagte, der Affe der allemal bessere Christ gewesen sei. Vor Kap Virgin Mary kamen bei totaler Flaute alle Kapitäne zu uns an Bord. Hatte den Eindruck, daß Mr. Cheap (ehemals Tryal, *jetzt Vollkapitän auf der* Wager*) und Mr. Saumarez ernste, entschlossene Gesichter machten. Hope sagte, ihm täten die armen Fähnriche auf der* Tryal *leid, und er wolle nicht für zehn Pfund an ihrer Stelle sein – und nicht für zwanzig Pfund, wenn Mr. Saunders erst wieder gesund ist. Das Geschwader soll in geschlossener Formation segeln, da die begründete Hoffnung besteht, daß wir auf die Dons stoßen, und* *jeder wachhabende Offizier, dessen Schiff sich mehr als zwei Meilen von der* Centurion *entfernt, muß dem Kommodore gemeldet werden. Während die Kapitäne bei uns an Bord waren, hat sich auf der* Gloucester *jemand in die Luft gejagt, und alle Kapitäne haben erschrocken »Feuer« gekreischt und sind wie die Hasen davongeflitzt. Was haben wir gelacht! Aber wie sich herausstellte, war es nur ein kleiner Pulverbrand. Und schließlich begann es zu blasen, und wir lagen beigedreht bis zum Ende meiner Wache. Kap Virgin Mary ist die Einfahrt zur Magellanstraße, aber wir sollen durch die Le-Maire-Straße fahren, weil ...*

»Kritzel, kritzel, kritzel, Mr. Palafox«, sagte Bailey, der wie üblich auf leisen Sohlen ins Fähnrichslogis gesaust kam, »was für ein alter Schreiber und Pharisäer aus dir geworden ist. Hast du nichts von unserem Landfall gehört?«

Augenblicklich schleuderte Peter Buch und Stift beiseite und stürzte an Deck zu den anderen Gaffern. Unter der dichten Wolkendecke zeichnete sich verschwommen eine graue Landmasse ab, mehr oder weniger wie bei jedem anderen Landfall von Deck und dieser Entfernung aus gesehen. Gleichwohl starrte jeder Mann an Bord, der gerade abkömmlich war, mit gespannter Aufmerksamkeit zum Festland hinüber, denn vor ihnen lag Tierra del Fuego, an deren anderer Seite die Wogen des Großen Südmeeres, des Pazifischen Ozeans, brandeten.

Nach einer ganzen Weile ging Peter unter Deck, um sich eine warme Jacke zu holen, und enterte dann zu Ransome und Keppel zur Fockbramsaling auf. Das Geschwader hielt auf die Küste zu, und von diesem luftigen, wenn auch etwas beengten Platz aus war das Land klar zu sehen – mit jeder Minute deutlicher.

»Findet ihr nicht auch, daß es unglaublich kahl aussieht?« sagte Keppel und starrte durch den Regen zu den schroffen, schwarzen Klippen.

»Nicht gerade das, was man sich bei starkem Nordostwind als Leeküste wünscht«, meinte Ransome. »Seit wir die Küste entlangfahren, habe ich noch keine einzige Stelle gesehen, die man anlaufen könnte, noch nicht mal mit dem Beiboot.« Er folgte mit dem Fernrohr der ununterbrochenen Brandungslinie. »Gott gebe uns an einer solchen Leeküste genug Seeraum«, betete er.

»Also ich weiß nicht«, Peter schlug seinen Kragen hoch. »Ich finde, es sieht fast wie zu Hause aus.«

»Dann mußt du aber aus einer verdammt ungemütlichen Ecke kommen«, bemerkte Keppel scharfsinnig.

Aber da machte auch schon ein Ruf vom Achterdeck der Debatte ein Ende: »An Masttopp! Was sehen Sie an Backbord voraus?«

»Nichts, Sir«, brüllte der Ausguckposten. »Nur Wolken und Regen.«

»Sie halten Ausschau nach der Staateninsel«, stellte Keppel fest und sang in leisem Singsang: »Nach der Staateninsel, ho – nach der Staateninsel, hie.«

»An Deck!« rief der Mann im Ausguck. »Da ist irgendwas Weißes in den Wolken an Backbord voraus. Drei Strich an Backbord voraus. Ich glaube, es ist Schnee«, fügte er leise hinzu, »kalt genug ist es jedenfalls.«

Daß es sich tatsächlich um Schnee handelte, zeichnete sich im Laufe des Tages immer deutlicher ab, je näher sie der erschreckenden Trostlosigkeit der Staateninsel kamen – so nah, daß man von Deck aus auf der einen Seite die steil aufragenden Felsen und Berge von Feuerland sah und auf der anderen Seite, was den ersten Blick geradezu harmlos erscheinen ließ, die noch viel schrofferen Berge und Felsen der Staateninsel, die schwarz und nackt bis zu den Höhen des ewigen Schnees emporragten, ohne daß ein einziger Baum oder ein zugänglicher Strand ihre Feindseligkeit abgemildert hätte. Regenschauer zogen über Feuerland, und von der Staateninsel trieb eine Sturmbö trommelnde Hagelkörner in die Segel.

In diesem so gut wie unkartierten Gebiet, das mit Ausnahme von ein paar wenigen Piraten, die freilich zu sehr damit beschäftigt waren, sich über Wasser zu halten, um akkurate Beobachtungen vorzunehmen, nur selten von Engländern erkundet wurde, verließ der Kommodore kein einziges Mal das Achterdeck. Neben ihm arbeitete Mr. Brett fleißig an seiner Staffelei und zeichnete sorgfältig die Küstenlinie nach – ein ungewöhnliches Werkzeug auf einem Kriegsschiff und eine nicht minder merkwürdige Beschäftigung für einen kommissarischen Ersten Offizier. Die Seeleute machten große Augen und zwinkerten sich verstohlen zu, aber ihr Respekt für den Kommodore hielt sie davon ab, mit Verachtung auf diese damenhafte Beschäftigung zu reagieren. Also schüttelten sie lediglich bedauernd die Köpfe über diesen Bruch mit der Tradition.

In der Nacht lag das Geschwader bei, denn allem Anschein nach verschmolzen die beiden Inseln voraus in der Ferne zu einer, und noch war keine Straße dazwischen auszumachen. Im gesamten Geschwader herrschte erwartungsvolle Spannung, und zumindest in dem von aufgeregtem Stimmengewirr erfüllten Fähnrichslogis der *Centurion* erging man sich in den wildesten Spekulationen, brütete über Seekarten und führte hitzige Debatten, bis die Nachricht, daß die ganze Besatzung die Nacht damit zubringen würde, ein komplett neues Stell Segel anzuschlagen, dem Lärm ein Ende machte. Mr. Brett mochte zwar an seiner Staffelei stehen und herumpinseln und ein ausgesprochen sanftmütiger Mensch sein, der nur in Ausnahmefällen einmal brüllte oder fluchte, aber daneben war er ein äußerst kompetenter Offizier. Und wer glaubte, daß er in puncto Pflichterfüllung auch nur die geringste Nachsicht walten lassen würde, täuschte sich gründlich. Da Mr. Brett wollte, daß die neuen Segel in dieser Nacht angeschlagen würden, wurden die neuen Segel in dieser Nacht angeschlagen.

Zwei Minuten nach acht Glasen der Mittelwache lag Peter in todesähnlichem Schlaf in seiner Hängematte, restlos erschöpft nach einem kräftezehrenden Kampf mit einem widerspenstigen Vorstengestagsegel im schwindenden Licht des abnehmenden Mondes. Doch lange vor seinem Wachantritt sah ihn die Vormittagswache bereits wieder auf dem Deck, gespannt vor Erwartung. In der Morgendämmerung war nämlich die Einfahrt zur Le-Maire-Straße in Sicht gekommen. Klar und deutlich lag der breite, tiefe Einschnitt, der sich vorher hinter einem Doppelknick der Küste verborgen hatte, nun vor dem Geschwader, und die Besatzungen (ein Haufen zäher Burschen, wie es Seeleute, wenn sie überleben wollen, nun einmal sein müssen) fieberten der Passage mit neuerweckter Erwartungsfreude entgegen. Der Wind blies günstig, am Besanmast wehte das Signal für *Pearl* und *Tryal* aus, die Spitze zu übernehmen, und nach einer scheinbar endlosen Wartezeit sagte der Kommodore endlich: »Gut, Mr. Brett, lassen Sie bitte Segel setzen.«

Die *Centurion* drehte vor den stetigen Ostwind, der fast Sturmstärke hatte. Die Männer an den Brassen, inzwischen gut aufeinander eingespielt, arbeiteten im selben Takt, und das Schiff lief in die Le-Maire-Straße ein.

»Einen solchen Tidenstrom habe ich noch nie gesehen.« Staunend beobachtete Ransome die weißen Schaumbänder, die sich durch die Straße schlängelten. »Dagegen sind die Stromschnellen von Portland nur ein Rinnsal.«

Von Wind und Strömung vorwärtsgeschoben, preschte die *Centurion* mit zwölf Knoten durch die Straße. Zwar hatte sie, genau wie der Rest des Geschwaders, einen faulen Boden und zog von unterhalb der Wasserlinie bis tief hinunter zum Kiel eine dichte, ihre Fahrt hemmende Bewuchsschleppe hinter sich her, aber nun trieb die Strömung sie mit ungeheurer Kraft vorwärts, und die zu beiden Seiten drohend aufragenden Küsten flogen nur so vorbei. Hin und wieder ertönte aus den Reihen der Männer, die sich zitternd, aber ohne die Kälte zu spüren, auf dem Vorschiff und in der Kuhl drängten, gedämpfter Jubel, und wie gebannt starrten alle dem sich rasch nähernden Ende der Straße und der offenen See entgegen.

Peter bat um eine kurze Befreiung vom Dienst und sauste unter Deck, um Sean heraufzuholen. »Sieh dir die See an«, sagte er, als er sich, Sean mit sich zerrend, einen Weg durch die Männer an den Fallen bahnte.

»Wo?« rief Sean und spähte aufgeregt zum Himmel.

»Da, du Hornochse!« schrie Peter mit sich vor Aufregung überschlagender Stimme. »Da vorn. Da ist es, das Große Südmeer, der goldene Ozean, und wir segeln jetzt hinein, juhu!«

ACHTES KAPITEL

HÖRTE DIESER ALBTRAUM denn gar nicht mehr auf? Peter saß auf einem Schapp im Fähnrichslogis, den schmerzenden Kopf in die Armbeuge gedrückt, die Stirn gegen das tropfende Ölzeug gepreßt, während sich sein Körper instinktiv gegen die gewaltige Rollbewegung des Schiffes stemmte. Jedes Mal, wenn sich die *Centurion* nach Steuerbord überlegte, stieg ihm das eisige, über die Planken schwappende Wasser bis fast zu den Knien, und sobald sie sich wieder aufrichtete, strömte es zur anderen Seite zurück. Aber Peter, der seit drei Wochen kein trockenes Kleidungsstück mehr auf dem Leib getragen hatte, merkte das schon gar nicht mehr – so sehr war er inzwischen daran gewöhnt. Er schob seine freie Hand unter sein Hemd, um den regelmäßig wiederkehrenden Schmerz seiner gebrochenen Rippen zu lindern, und abermals fragte er sich verzweifelt, ob dieser Albtraum denn gar nicht mehr aufhören würde.

Er hatte vor schier endlos langer Zeit begonnen, kaum eine Stunde, nachdem die Centurions hoffnungsfroh und voller Freude über den Anblick des Südlichen Ozeans die Le-Maire-Straße verlassen hatten. Er erinnerte sich noch genau an den Anfang, an Ransomes warnende Stimme: »Paß auf die Böen auf«, die hastigen Befehle, den plötzlich aus dem düsteren Nordwesten hereinbrechenden Sturm und das Kentern der monströsen Tide, die die *Centurion* mit ihrer ungeheuren, vom gesamten Kontinent aufgestauten Wucht so gnadenlos zurückgedrängt hatten, daß sie sich weit draußen, über zwanzig Meilen südöstlich der Staateninsel, wiederfand.

Er erinnerte sich an diesen Anfang, aber von da an war noch eine Folge von Stürmen, Finsternis, Gischt und Schnee aus einem düsteren Himmel über das Schiff hereingebrochen, und es kamen so schwere Stürme, daß die Männer sich, an Haltetaue geklammert und kaum fähig zu atmen, mühsam kriechend durch die geschützte Kuhl vorankämpfen mußten. Dazu kam die ständige Kälte, eine so eisige Kälte, daß das Tauwerk im Rigg festfror, so klirrend kalt, daß die Gischt auf den Wanten gefror und sich die Webeleinen in kompakte Eissprossen verwandelten, so grimmig kalt, daß alle Taue und Leinen starr und brüchig und absolut unberechenbar wurden. So unberechenbar wie das starke Tau, mit dem Peter von knapp unterhalb des Vortopps hinabgestürzt war, ein Tau, das brach, weil es in seinem gefrorenen Zustand wie ein Hebel wirkte und im Block glatt abknickte. Aber er hatte Glück gehabt, sein Sturz war von der Schulter eines Mannes abgefedert worden, ehe er auf die Planken aufschlug, und nur das Großstag hatte ihn unterhalb des Herzens erwischt und ihm ein paar Rippen eingedrückt. Es war nichts im Vergleich zu dem, was einigen anderen widerfahren war, Davis zum Beispiel, einem erstklassigen Seemann. Er war in jenem schrecklichen Moment über Bord gegangen, als sie ohne Segel halsen mußten, und zwar durch Bemannen der Fockwanten, so daß die in den Wanten hängenden Männer genügend Luftwiderstand bildeten, um das Schiff vor den Wind zu legen. Bei dem wilden Rollen und dem an den Männern zerrenden Sturm hatte Davis den Halt verloren. Eine endlos lange Minute hatten alle mitansehen müssen, wie er um sein

Leben schwamm, ohne daß sie auch nur die geringste Chance gehabt hätten, ein Boot auszusetzen oder zu wenden. Die ganze Zeit über hatten sie seine Hilferufe gehört. Oder Matthews, der nachts im Dunkeln von der mit Eis überzogenen Fockmarsrah gerissen wurde, als die Geitaue brachen und der Wind das Segel in Fetzen peitschte – ein weißer Schemen, der ins Meer fiel, und ein einsamer, vom Wind verschluckter Schrei, kaum zu hören, obwohl der Körper so nah war, daß Peter ihn fast hätte berühren können. Viele Stürme folgten unmittelbar aufeinander, nur selten von einer nebligen Flaute unterbrochen, die gerade lange genug dauerte, um das Rigg zu erneuern und neue Segel anzuschlagen, damit das Schiff den nächsten Sturm irgendwie überstand. Es wurde ein unaufhörlicher Kampf, in dem die Zeit aufgehört hatte zu existieren.

»Ich werde versuchen, unsere Erlebnisse aufzuschreiben«, sagte Peter matt. Aber irgendwo in der Brühe schwamm sein Tagebuch hin und her, die Seiten waren weiß geblieben. Dabei hatte er sich die größte Mühe gegeben, es weiterzuführen, denn Elliot hatte ihn noch kurz vor seinem Tod darum gebeten. Elliot war damals bereits leicht verwirrt gewesen, und dann war es schnell mit ihm zu Ende gegangen; aber seine Sorge um Peters Tagebuch hatte etwas ungemein Bewegendes gehabt. Der Skorbut hatte ihn natürlich geschwächt und zermürbt, aber umgebracht hatte ihn Cape Noir. Das war am dreizehnten April. Ich werde es aufschreiben, nahm sich Peter noch einmal vor. Das war drei Tage, nachdem sie die *Pearl* und die *Severn* verloren hatten, nach achtunddreißig Tagen mühsamen Aufkreuzens um Kap Hoorn herum, gegen eine ungeheuer starke, aber völlig unberechenbare Strömung, die nach Osten setzte und die *Centurion* immer wieder zurücktrieb, nach achtunddreißig langen Tagen, in denen sie nur selten einmal die

Sonne oder den Mond gesehen hatten. Nachdem jedoch sämtliche Offiziere die Position übereinstimmend mit gut zehn Grad westlich von Feuerland errechnet hatten, war der Kurs auf Norden abgesetzt worden, und zwar so, daß sie mit genügend Seeraum die chilenische Küste hinaufsegelten. Mit neuer Hoffnung waren die *Centurion*, die *Gloucester*, die *Tryal*, die *Wager* und die kleine *Anna* zwar angeschlagen und rund um die Uhr pumpend, aber dennoch mit hohen Ambitionen Tag für Tag nach Norden gesegelt. Schon in der ersten Aprilwoche war Elliot schwer krank geworden; die Zähne fielen ihm aus, und er war zu schwach, um seine Hängematte zu verlassen, aber die Kameraden brachten ihm die Mittagsbreite, wann immer sie eine bekamen, die Besteckrechnung und die Mondhöhe, wenn sie das seltene Glück hatten, sie zu schießen; und mit Halleys Kompaßabweichungen, die an den Balken über seinem Kopf befestigt waren, und Freziers Karte daneben berechnete er ihre Position. Und die Gewißheit, daß sie in ausreichendem Abstand zur Küste Richtung Norden fuhren, aus der Zone der ewigen Stürme in die Wärme, hielt ihn am Leben.

Am dreizehnten April, ein Grad südlich der Mündung der Magellanstraße und der Berechnung nach mindestens zweihundert Meilen westlich davon, hielten die Schiffe mit Backbordhalsen und einer steifen Brise, die Wolkenfetzen über den rasenden Mond jagte, Kurs nach Nordnordwest, als um zwei Glasen der Mittelwache die Kanonen der *Anna* aufflammten. Direkt voraus in Lee erblickten die Männer die gewaltige Brandung, die hoch aufschäumend gegen Cape Noir donnerte.

Der Wind drehte und rettete sie im letzten Moment, als sie schon fast mitten in den Brechern waren. Sie luvten an und kreuzten sich nach Süden und Westen vom Ufer frei. Aber man konnte spüren, wie der Mut die Centurions verließ. Die Männer hatten alles Menschenmögliche getan, doch sie ahnten dunkel, daß das nicht genügte und daß ein Fluch auf dem Schiff lag. Zwar hatten sie einige Tage lang günstigen Wind, so daß die Besatzung eine Verschnaufpause und endlich wieder warmes Essen bekam und sogar ihre Quartiere trocknen konnte, aber das zählte nicht. Die Enttäuschung hielt sie in ihren Krallen, Elliot aber brachte sie um.

Alle waren längst an den Tod gewöhnt. Peter hatte Seeleute auf Deck stürzen und sterben sehen und hatte sie eigenhändig zur Seite geschleppt, damit sie die Arbeit nicht behinderten; er hatte so viele sterben sehen, daß er dem Tod gegenüber abgestumpft war. Doch als Elliot über Bord ging, stand er bitterlich weinend an Deck. Er weinte wie ein Kind, und die Tränen strömten ihm zusammen mit dem Regen über das Gesicht. Elliot hatte sich so sehr an sein Leben geklammert; er wollte nicht sterben wie einige der alten Männer oder die Schwerkranken; er hatte noch fast am Schluß gesagt, daß er unbedingt weiterleben müsse – »aus bestimmten Gründen, Peter, du weißt schon«.

Aber das war lange her. Seitdem hatten die Centurions einhundertsieben Mann versenkt, denn die Hoffnungslosigkeit verschlimmerte den Skorbut. Dagegen waren der Schiffsarzt und sein Assistent machtlos.

Und was war danach das wichtigste Ereignis gewesen? Daß sie wieder auf Nordkurs gegangen waren; dann der erschreckende Sturm, der überraschend losgebrochen war und von den noch nicht angeschlagenen Toppsegeln nur Fetzen übriggelassen hatte – nein, dieser Sturm kam erst nach dem Unwetter, bei dem die restlichen Schiffe verschwunden waren. Ich muß alles der Reihe nach aufschreiben, sagte sich Peter erneut.

Es hatte einmal eine Zeit gegeben, als es quasi unmöglich war, im Fähnrichslogis zu schreiben und er sich mit seinem Tagebuch in den Masttopp zurückziehen mußte, weil entweder zu wenig Platz war oder weil irgendein Witzbold es nicht lassen konnte, zum Scherz Sand in die Tinte zu streuen. Aber jetzt war Elliot tot. Und Hope war ebenfalls tot, irgendwann verschwunden in einem schweren Sturm, der das Eis von der See so übers Deck peitschte, daß es den Männern blutige Wunden riß – keiner wußte genau, wann oder wie Hope sie verlassen hatte. Keppel war in seine Hängematte gelascht, und niemand glaubte, daß er sie noch mal verlassen könnte. Platz gab es nun genug, und wenn jetzt ein Fähnrich unter Deck kam, verschlang er stumm und hastig, was an mageren Rationen und grünem Schleim übrig geblieben war, und verholte sich anschließend in seine Hängematte, wo er wie ein Toter schlief, bis ihn die Bootsmannspfeife weckte. Von jugendlicher Ausgelassenheit war im Fähnrichslogis nicht mehr viel zu spüren.

»Alle Mann an Deck!« schallte es durchs Schiff, ein Ruf, der mittlerweile so vertraut wie das unaufhörliche Klirren der Pumpen war, und Peter taumelte von seinem Sitz. Schlaftrunken tauchten Ransome und Bailey aus dem Schatten gegenüber auf, und schweigend begaben sich die drei Midshipmen an Deck. Das Großsegel mußte gerefft und die Rahen rundgebraßt werden – normalerweise eine Arbeit von ein paar Minuten für die jeweilige Wache, nun aber eine mühselige Plackerei für die reduzierte Schiffsbesatzung. Es gab keine Freiwächter mehr, und als Peter sich einreihte, um an der Brasse zu holen, stellte er fest, daß er hinter dem französischen Koch des Kommodores stand. Oben auf der Rah refften die Offiziere Seite an Seite mit den Seeleuten, und Mr. Walter hielt gemeinsam mit dem Lehrer das Ruderrad. Doch trotz aller Verstärkung brachten sie es in einer Wache inzwischen nur noch auf höchstens zwölf Toppgasten – eine Zahl, mit der es zu Hause selbst bei Flaute keinem Zwanzig-Kanonen-Schiff, geschweige denn einem Sechzig-Kanonen-Schiff, auch nur im Traum eingefallen wäre, in See zu gehen. Jetzt waren die einfachsten, auf das notwendigste beschränkten Arbeiten zu gefährlich langsamen Manövern geworden, die den wenigen erfahrenen Vollmatrosen alles an Kraft abverlangten.

»Hör mal, Kumpel«, sagte Ransome leise und nahm Peter zur Seite, als sie nach getaner Arbeit wieder unter Deck entlassen wurden, »hör mal, Junge.« Er machte einen verlegenen Eindruck, und Peter blickte ihn verwirrt an. »Es geht um den jungen Preston«, fuhr er fort. »Weißt du, ich will nicht sagen, daß er Angst hat oder sich in die Hosen macht. Aber er verzagt immer mehr, wenn du verstehst, was ich meine. Braucht hier und da mal ein bißchen Unterstützung. Ein Bursche wie du, mit viel Durchhaltevermögen, könnte ihm wieder Mut geben, auf dich hört er eher als auf mich.«

Peter nickte. Er wußte sehr gut, was Ransome meinte. Noch war Preston unter der Belastung nicht zerbrochen, aber er hatte Angst, richtige Angst. Doch die hatten sie alle: Männer, die die See kennen, die wissen, daß ihr Schiff langsam, aber sicher auseinanderbricht und daß Vorräte und Wasser zur Neige gehen; Männer, die bei einer ohnehin schon abenteuerlich unterbemannten Besatzung jeden Tag sechs bis sieben Tote der See übergeben; Männer, die wissen, daß sie mit ihrem Schiff dem schlimmsten Gewässer und den furchterregendsten Stürmen der Erde ausgesetzt sind, haben entweder Angst oder sind ausgemachte Hornochsen. Peter wußte um die Gefahr, in der sie sich befanden. Bei jedem Aufentern war er sich bewußt, daß sein Leben nicht nur von seinem eigenen Können und seinen schwindenden Kräften abhing, sondern auch davon, ob ein Tau brach oder ein Segel über Bord ging; und davor hatte er eine Angst, die sich nie ganz abschütteln ließ, die ihn bis in den Schlaf verfolgte, und das nun schon seit vielen Wochen. Ihm war nie eingefallen, sich vor dem Dienst zu drücken, aber er konnte durchaus verstehen, wenn jemand auf die Idee kam, sich unter Deck zu verkriechen, zumal wenn der Mut eines Mannes vom Skorbut, der inzwischen fast jeden an Bord mehr oder weniger stark befallen hatte, zersetzt wurde. Er verstand also genau, was Ransome meinte.

Nur einen Mann auf der *Centurion* schien all das ungerührt zu lassen. Peter hatte den Kommodore besorgt, sehr ernst und beunruhigt erlebt, aber nie ängstlich. Und er hatte ihn ziemlich oft gesehen, denn Mr. Anson verließ das Achterdeck fast nie. Jedes Mal, wenn Peters Wache zur Ablösung gerufen wurde, stand der Kommodore dort, meistens in triefendem Ölzeug, achterlich vom Rudergänger. Er wirkte absolut unerschütterlich, ein Mann wie aus Eisen und Eiche, außer daß er ein wenig leutseliger wurde, als sich die Lage noch verschlimmerte.

Peter empfand gewaltigen Respekt für ihn und aufrichtige Zuneigung, obwohl sie nicht oft miteinander sprachen. Ihm imponierte, wie der Kommodore das Schiff zusammenhielt und die Offiziere aus seinem Vorbild Kraft schöpften. Selbst in den allerschlimmsten Momenten gab es nicht das geringste Anzeichen für Anarchie. Der alltägliche Borddienst ging so geordnet weiter, wie es die Umstände zuließen. Was getan werden konnte, wurde getan, und zwar auf seemännische Weise, schnell und ohne Widerspruch.

Wie lange noch etwas getan werden konnte, stand allerdings auf einem anderen Blatt. Immer wieder hatte sich Peter diese Frage gestellt, während sie in der vergeblichen Hoffnung, einige Schiffe des Geschwaders wiederzufinden, vor der Insel Socorro kreuzten, dem vereinbarten Treffpunkt für den Fall einer Trennung des Konvois. Vierzehn Tage lang war die *Centurion* auf und ab gekreuzt, falls man das Vorwärtsschlingern eines fürchterlich zugerichteten Schiffes, das kaum genug Männer zum Segeltrimmen hatte, überhaupt als kreuzen bezeichnen konnte. Und die Küste, vor der sie kreuzten, war genauso schroff und abweisend wie alle anderen, so daß keine Hoffnung bestand, irgendwo an Land zu gehen und die Vorräte auffüllen zu können. Schlimmer noch: Dieser Treffpunkt, diese Station, war zu einem Zeitpunkt geplant worden, als das Geschwader noch vollständig oder zumindest ausreichend bemannt war; er war nicht für ein einzelnes Schiff mit sterbender Besatzung gedacht. Doch der Kommodore wollte sich weder Unzuverlässigkeit noch Pflichtversäumnis vorwerfen lassen, und indem er zwei Wochen lang vor Ort auf und ab kreuzte, hielt er erstens seine Verabredung ein und erfüllte zweitens seine Pflicht, indem er alles unternahm, um sein Geschwader wieder zu versammeln und seine Streitmacht zum Angriff auf die Spanier in Funktion zu halten. Also kreuzten sie, ohne sich eine Ruhepause zu gönnen, ohne Seeraum und mit einer furchterregenden Leeküste im Osten in einer Region westlicher Stürme, gequält von ständiger Angst und der dahinsiechenden Hoffnung, ihre Kameraden jemals noch zu finden.

Wie lange kann das so weitergehen, fragte sich Peter, als sie zwischen den ihr Rendezvous eingrenzenden Breitengraden von Süden nach Norden und dann wieder von Norden nach Süden hetzten, hin und her, unter Ober- und Untersegeln, einer viel zu großen Segelfläche; aber da sie bei dem geringen Seeraum nicht beiliegen (und vor Topp und Takel lenzen) konnten, mußten sie notgedrungen so viel Tuch setzen, auch auf die Gefahr hin, es sich abzusegeln. Erst wenige Tage zuvor war die *Centurion* von einem Blitz getroffen worden. Er hatte fünf gesunde, unentbehrliche Männer und Mr. Brett verletzt und Peter glatt niedergestreckt; als Sean ihn aufhob, zeigte sich über seinen Backenknochen eine seltsame lange, braune Wunde. Aber was früher Tagesgespräch gewesen wäre, wurde nun fast kommentarlos hingenommen, denn inzwischen überraschte die Männer fast nichts mehr, und sie trugen die betäubten Kameraden mit derselben Gleichgültigkeit nach unten, wie sie am nächsten Morgen acht weitere Männer vom düsteren, einstmals überfüllten, aber nun erschreckend leeren Batteriedeck nach oben schleppten – zur allmorgendlichen Trauerfeier an Deck.

Wie lange konnte das noch weitergehen? Vielleicht nicht mehr lange. Doch solange das Schiff schwamm, würde es nach Marineart schwimmen, und das bedeutete: mit regelmäßig ausgeworfenem Log, auf- und abgepfiffenen Wachen, den fälligen Standortbestimmungen und entsprechenden Logbucheinträgen, angemessenem Respekt gegenüber dem Achterdeck und in geziemender Form bestatteten Toten.

Über drei Dinge freute sich Peter. Erstens darüber, daß sie sich jetzt auf 45 Grad südlicher Breite befanden, Längengrad hin oder her, das heißt, sie hatten, selbst wenn sie an diesem Tag wieder nach Süden segelten, Kap Hoorn umrundet und damit ein an sich schon hochgestecktes Ziel erreicht. Zweitens darüber, daß sich Sean so großartig gemacht hatte. Vor langer Zeit von der Fron für den Schlachter befreit – es gab keine Tiere mehr zu versorgen, und der Schlachter war vor vielen Meilen tief im Süden gestorben –, hatte sich Sean inzwischen zu nichts geringerem als dem Vormann der Focktoppgasten gemausert. Er hatte sich enorm ausgezeichnet, als er unter höchster Lebensgefahr aufgeentert war, um ein Segel zu kappen, das die Rah abzureißen drohte, und in den nachfolgenden Stürmen hatte er sich hervorragend bewährt, sicher auf den Beinen, stark, geschickt und mutig wie eh und je.

»Wissen Sie, verehrter Admiral«, hatte er zu dem Kommodore gesagt, als dieser ihn vor der versammelten

Besatzung lobte, »ich war schon immer genauso mutig wie ein ganzes Rudel Löwen. Das ist keineswegs Tapferkeit – das liegt meinem Volk einfach im Blut.«

Und drittens war Peter glücklich, daß Keppel noch lebte. Er war allerdings schwach, sehr schwach und matt und schien auf die Größe eines Kindes geschrumpft zu sein. Aber er verzagte nicht, sondern blieb erstaunlich guter Dinge, und Peter hoffte sehnlichst, daß sie noch im Lauf der Woche Juan Fernandez erreichten. Denn so hart es auch war, Krankheit und schwindende Vorräte zwangen sie, am nächsten Morgen Kurs auf den nächsten Treffpunkt zu nehmen, was Keppels Rettung bedeuten würde. Wie jedermann wußte, gab es auf Juan Fernandez im Überfluß Löffelkraut und noch hundert andere Heilmittel gegen Skorbut. Eine Woche war eine realistische Vorgabe für die Entfernung zwischen Socorro und der angenommenen Position von Juan Fernandez, wäre da nicht das vermaledeite Problem mit der Längenbestimmung gewesen. Alle Karten wichen voneinander ab, und die Insel war nicht mehr als ein winziger Fleck in der unendlichen Weite des Pazifiks.

»Paß auf die Böen auf«, warnte Ransome und unterbrach sein Grübeln.

Peter blickte auf. »Tja, das ist wirklich der seltsamste Himmel, den ich je gesehen habe«, sagte er und betrachtete den merkwürdig violett leuchtenden Himmel im Westen. »Ich dachte, wir hätten schon alles erlebt, aber das war anscheinend ein Irrtum.« Er warf einen kurzen Blick über die Schulter Richtung Land, wo weit im Landesinneren, aber klar und deutlich die unendlich fernen, schneebedeckten Gipfel der Anden aufragten. Die tückischen schwarzen Felsen der Küste lagen tief unter dem Horizont, aber sie waren da, und zwar wesentlich näher als die Berge.

Die Besatzung war bereits auf ihren Posten, und in

dem Moment, in dem der Befehl zum Beschlagen der Segel erging, erklang aus der Ferne schwaches Donnergrollen. Als sich Peter auf der Luvseite in die Steuerbordfockwanten schwang, bemerkte er ein unheilvolles Erschauern der See, eine zitternde Bewegung auf der Wasseroberfläche, und den starken, aus Westen heranrollenden Schwell, der sich mit schier unvorstellbarer Geschwindigkeit auf die *Centurion* zu bewegte und das schwere Schiff einen Moment lang erbeben ließ, als er unter ihm durchlief.

Das Fockmarssegel war halb aufgegeit. Peter arbeitete zwischen Sean und Sergeant Borroughs von den Seesoldaten. Als er sich vorbeugte, um die Zeisinge des Soldaten nachzubinden, hörte er den Wind einen halben Ton tiefer seufzen. Er klammerte sich fest für den erwarteten Windstoß, doch der kam aus der falschen Richtung, riß ihn zurück wie einen Strohhalm, und in der nächsten Sekunde schmetterte ihn der wahre Wind mit einer Kraft, die er nicht für möglich gehalten hätte, gegen die Rah. Das Segel flog aus den Zeisingen – für einen Augenblick sah Peter nur das wallende Tuch unter sich, dann riß es lautlos auseinander, scheinbar lautlos, weil der Knall im alles durchdringenden Kreischen des Windes unterging. Aus allen Nähten platzend, drosch das Segel mit mörderischer Kraft um sich, als es sich in den Stagen verwikkelte. Sean war bereits mit seinem Messer zugange und kappte die Reffbändsel. Blitzschnell zog auch Peter sein Messer heraus und tat es ihm nach, und dann riß der Wind das Segel mit sich fort. Peter beugte sich nach innen, um dem Soldaten zu erklären, was zu tun war – aber da war kein Soldat mehr.

In einer kurzen Atempause, bevor der Wind mit doppelter Stärke wieder einsetzte, erreichten Sean und Peter das Deck, wo sich ihnen ein Bild der Verwüstung bot. Die Wrackteile der Gig lagen in der ganzen Kuhl verstreut, die Leesegelbäume hatten sich aus den Ketten gerissen und lagen kreuz und quer übereinander, und wie zum Hohn thronte ganz oben auf dem Trümmerhaufen die Topplaterne. Aber zum Maulaffenhalten war keine Sekunde Zeit. Die Männer rannten an den Haltetauen entlang zu den Großmasttoppnants, wo eine von der Gischt durchnäßte Gruppe die Rah abfierte, um das Großsegel zu retten, das einzige Segel, das noch nicht zerrissen war. Oberst Cracherode holte vor Peter am Tau, sein Mund öffnete und schloß sich stumm wie bei einem Fisch.

Plötzlich stand Mr. Stapleton neben ihm, riß ihn am Ärmel und zeigte nach vorn. Peter hörte ihn irgendwas von der Bugsprietzurring brüllen, aber bevor der Offizier seinen Befehl wiederholen konnte, schleuderte ihn eine grüne Welle quer übers Deck. Einen Moment später kroch Peter auf allen vieren an ihm vorbei zu den Betingen, wo es ihm mit letzter Kraft gelang, seinen durch Skorbut stark geschwächten, fleckigen, geschwollenen Körper festzulaschen. An der Zurring ließ sich außer einer notdürftigen Reparatur nichts machen. Peter kappte mit drei Männern zusammen ein gewundenes Stagende und schlang damit so viele Törns er konnte um Bugspriet und Galionsfigur und zurrte das Ganze mit den als Drehkreuz an die Bugreling gelaschten Spillspaken fest. Es war eine lange, mühsame Prozedur, wenngleich sie nicht gerade viel bewirkte, um der enormen Belastung des Bugspriets durch die Vorstage standzuhalten. Aber die Galion der *Centurion,* die hier und da noch einen goldenen Farbspritzer aufwies, war außerordentlich solide, so daß es für den Moment reichen mochte.

Bei der Arbeit hatte die Back den Männern etwas Windschatten geboten, und als sie nun wieder der vollen Kraft des Sturmes ausgesetzt waren, schien diese etwas nachgelassen zu haben. Im Vorbeigehen hörte Peter den Schiffsarzt rufen: »Wir leben noch!«

Das Licht schwand, und da begann der noch immer mörderische Wind abzuflauen. Aber noch immer wirbelten plötzliche Orkanböen von dem sich verfinsternden Himmel herab, jetzt aus unterschiedlichen Richtungen, und Sturmstöße, die einen zusammengekauerten Mann in die Luft hoben, ließen das schrille Kreischen des Windes oft minutenlang zu unerträglicher Tonhöhe ansteigen. Und nun holte die von dem Orkan aufgebaute See, eine enorm aufgesteilte, infolge der Böen wüst durcheinanderlaufende See mit tiefen Wellentälern dazwischen, den Wind ein, erfaßte das schlingernde, vor Topp und Takel dahinrasende Schiff und schleuderte es in wilden, ruckartigen Schüben mit der Geschwindigkeit eines Rennpferdes vor sich her, genau auf die Küste zu – eine Leeküste hinter einer weißkochenden, fünf Meilen breiten mörderischen Brandungszone. Es war nur eine Frage der Zeit, wann die *Centurion* daran zerschellen würde: in einer halben Stunde oder vielleicht in einer Stunde, aber später bestimmt nicht bei diesem unerbittlichen Wind.

Als Peter auf seinem Weg nach achtern die Nagelbank vom Großmast passierte, stutzte er plötzlich. Im ersten Moment glaubte er nicht, daß die Wand, die er von Steuerbord achteraus auf sich zurasen sah und die sich immer höher auftürmte, eine Welle sein könnte. Es war unmöglich bei dieser Höhe. Aber instinktiv wußte er es doch, und in dem unerträglichen Augenblick, der zwischen dieser Erkenntnis und dem Aufprall der Monstersee auf das Schiff lag, schlossen sich seine Hände fest um zwei Belegnägel.

Der Stoß ließ das Schiff erzittern wie der Einschlag einer Breitseite. Peter klammerte sich fest, während eine mächtige Welle über seinem Kopf zusammenbrach. Die *Centurion* legte sich so weit über, daß ihre unteren Rahnocken ins Wasser eintauchten, so daß der Mast fast schon waagerecht über ihm lag. Kann sie sich wieder aufrichten, fragte er sich, oder war dies das Ende? Er hatte Zeit genug, um festzustellen, daß er keine Angst hatte – aber was spielte das jetzt noch für eine Rolle?

Mit einem mächtigen, langen Rollen begann sich die *Centurion* wieder aufzurichten. Wasserstrahlen schossen aus ihren Speigatten. Sie kam weiter hoch, wenn auch nicht ganz, denn Ballast und Vorräte waren verrutscht, so daß sie gut zwei Plankengänge nach Backbord krängte.

»Mr. Palafox«, tönte eine Stimme in der Nähe, »machen Sie sofort Meldung bei den Fockschoten, wenn ich bitten darf.«

»Aye, aye, Sir«, sagte Peter und eilte, automatisch in Laufschritt fallend, nach vorn.

»Sechs abgerissen, Sir«, rief er Sekunden später, »eine Jungfer und zwei Taljereeps an Steuerbord gebrochen. Und drei gebrochene Wanten an Backbord.«

»Vielen Dank«, sagte der Kommodore. »Mr. Bailey?«

»Fünf Steuerbordwanten gebrochen, Sir; nur eine in Lee.«

»Mr. Ransome?«

»Alle bis auf eine, Sir, mit den Taljereeps.«

»Dann wissen Sie ja, was zu tun ist«, sagte der Kommodore schmunzelnd.

Das wußten sie allerdings. Bei diesem Seegang, bei dem das Schiff auf beiden Seiten bis zum Schandeck rollte, würden sie sich bald die Masten absegeln, wenn sie nicht schleunigst neue Wanten und Taljereeps aufriggten. Sie hatten keine Sekunde zu verlieren, und obwohl sie mit rasender Geschwindigkeit auf eine wüste, einsame Küste zutrieben, stürzten sie sich sofort in die Arbeit, jeder mit allen Mann, die entbehrlich waren.

Binnen fünf Minuten hatte Peter die Leeküste vergessen, denn die Arbeit verlangte ihm alles an Konzentration, Kraft und Können ab. Doch als sie schließlich mit der Rollbewegung des Schiffes an den Taljereeps holten und sich die Wanten stetig strafften, spürte er plötzlich den Wind nicht mehr auf dem Rücken, sondern auf seiner linken Seite, und als er einen Blick nach achtern warf, sah er, wie das Großsegel gespenstisch am Mast aufstieg und sich mit Wind füllte. Der Wind hatte auf Süd zurückgedreht, und sie standen vom Land ab.

In den nächsten Stunden spielte sich an Deck der *Centurion* ein seltsames Schauspiel ab. Der Kaplan und der Quartermaster standen am Ruder, während jeder Mann an Bord, der sich noch bewegen konnte, knotete und spleißte und Segel anschlug: Soldaten, Köche, Seeleute, der Schiffsarzt, die Stewards und der Kommodore persönlich. Im Morgengrauen war die *Centurion* bereits weit draußen auf offener See und segelte gelassen, wenn auch mit schwerer Schlagseite vor einer steifen Brise aus Südost.

»Gott sei Dank haben wir wieder etwas Seeraum«, seufzte Ransome erleichtert. »Es macht mich immer ganz nervös, wenn das Land so bedrohlich näher rückt.«

»Kurs Nordwest, ein halb Nord, verstanden«, wiederholte der Quartermaster am Ruder.

Sie hatten Kurs auf Juan Fernandez genommen und nutzten den günstigen Wind und die ruhige See zum Ausbessern, Reparieren, Pumpen und Spleißen. In seinem letzten Anlauf hatte der Orkan sie nach Norden, ihrem Ziel entgegengetrieben, und nun lebten sie in der Hoffnung, daß sich bald das grüne Paradies vor ihnen aus der See erhob. Viel anderes blieb ihnen, abgesehen von der unablässigen Plackerei, ohnehin nicht, denn durch das Verrutschen der Ladung waren sieben von den wenigen restlichen Fässern mit Schiffszwieback geborsten, und das Bilgenwasser hatte ihren Inhalt verdorben; und dasselbe Schicksal hatte den größten Teil des grünen, schleimigen, aber gerade noch trinkbaren Wassers ereilt.

»Hat er's drinbehalten?« fragte Peter.

»Bis jetzt, ja«, antwortete Ransome leise über seine Schulter. »Es wird ihm ungeheuer guttun, und heute abend bekommt er den Rest.« Er sprach extra leise, damit niemand mitbekam, daß es Frischfleisch auf dem Schiff gab, auch wenn es nur Katzenfleisch war. In der höhlenartigen Last gab es keine einzige Ratte mehr, doch die Kätzchen waren nicht etwa ersäuft, sondern von halb verhungerten Männern erlegt worden, die die Not listiger und grimmiger als die Ratten gemacht hatte. Die auffälligste Narbe in Peters Gesicht, eine Narbe auf der nicht vom Blitz verbrannten Backe, rührte daher, daß er mit voller Wucht gegen eine Flagge gerannt war, nachdem es ihm endlich gelungen war, eine Ratte in der Vorpiek in die Ecke zu treiben. Und was die Katzen betraf: die Kombüsenkatze war tot, ebenso wie die anderen Schiffskatzen aus der Last; die Katzenjungen, die Ransome tatsächlich hinter der Bilge versteckt hatte, waren schon vor langer Zeit von Leuten aus der Achterwache gefunden worden, und es hatte Ransomes außergewöhnlichen Einfallsreichtums und seiner Erfahrung mit hungrigen Besatzungen bedurft, um Agamemnon bis zum heutigen Tag zu schützen.

»Du könntest selbst auch was gebrauchen«, sagte Peter und betrachtete Ransomes geschwollene Beine.

Ransome grunzte, gab aber keine Antwort. Zu guter Letzt hatte der Skorbut auch ihn befallen – er kannte die vielen verschiedenen Symptome nur zu gut, und die geschwollenen Beine, die tauben, häßlichen Flecken auf seinen Armen und das Aufgehen der alten, von einem Entermesser stammenden Wunde auf seiner Schulter waren unverkennbar.

»Nein, Sir«, Peter hob die Stimme, »die Leine *über* das Geitau, mit Verlaub, und dann bekleeden.« Er ging zu Mr. Walter hinüber, um dessen ungeübte Hände bei der kniffligen Reparaturarbeit zu führen.

»Das ist besser für mich«, seufzte der Kaplan und griff nach seinem Gebetbuch. »Jetzt muß ich Sie leider verlassen, aber sagen Sie mir noch rasch, wie geht es Ihnen, Peter?« Besorgt musterte er Peters Gesicht. Eingefallen, abgehärmt und grau war es nicht mehr das eines Jungen.

»Sehr gut, Sir«, antwortete Peter wie aus der Pistole geschossen. »Ganz ausgezeichnet, danke.«

»Und Ihr Zahnfleisch? Damit fängt es immer an.«

»Tadellos in Ordnung. Und selbst, Sir?«

»Nun, ich danke Gott. Ich wünschte, so viel könnte ich auch über die Männer sagen, zu denen ich nun muß. Peter, ich bete, daß wir endlich diese Insel sichten, oder ...« Er brach ab und eilte unter Deck, sich an allem festhaltend, was er zu fassen bekam, obwohl die See ruhig war. Kopfschüttelnd blickte Peter ihm nach.

»Peter, Euer Ehren«, sagte Sean direkt hinter ihm. »Wißt Ihr bei Eurer Gelehrtheit vielleicht, wo diese Insel sein soll?«

»Aber gewiß doch, Sean«, antwortete Peter, »es ist auf alle Fälle nicht mehr weit. Morgen werden wir sie sichten.«

»Wir werden sie vielleicht morgen abend sichten«, sagte er Tage später schon nicht mehr ganz so zuversichtlich. »Paß auf, Sean, morgen siehst du sie wie einen grünen Juwel im Meer leuchten«, er versuchte, ein Lächeln zustande zu bringen.

»Sagt, mein verehrter Peter, Ihr würdet mich doch niemals aus Gefälligkeit anlügen, nicht wahr? Die anderen sagen nämlich alle, wir sind viel zu weit westlich. Sagt mir um Himmels willen die Wahrheit, mein Guter.«

»Nun hab doch noch ein klein wenig Geduld, Sean.«

»Unser Kommodore war von zwei bis sechs Glasen höchstpersönlich im Masttopp.«

»Ich weiß.« Peter hatte Mr. Anson abentern sehen. »Laß uns abwarten, was er sagt, er weiß es bestimmt am besten.«

Wie Peter wußte, fand in der Achterkajüte gegenwärtig eine Besprechung der Schiffsführung statt, und er wußte auch genau, was dort besprochen wurde. Nicht nur ihre eigene Längenposition war ungewiß, sondern auch die von Juan Fernandez. Die *Centurion* versuchte den Meridian zu treffen, segelte aber weiter nach Westen, obwohl sie die Insel nach den Berechnungen längst hätte erreichen müssen. Unter den Offizieren hatte sich immer stärker die Überzeugung durchgesetzt, daß sie bereits zu weit nach Westen gefahren waren, daß Juan Fernandez in Wirklichkeit hinter ihnen lag und daß sie sich mit jedem Tag Segeln weiter von ihrer einzigen Hoffnung auf Rettung entfernten. Der Kommodore war anderer Meinung. Er war sich fast sicher, weiter westlich Land gesichtet zu haben, obwohl alle Offiziere hartnäkkig behaupteten, es habe sich um eine Wolke gehandelt. Und jetzt zählte jede Stunde.

Dann war die Besprechung beendet. Mit ernsten Gesichtern traten die Offiziere aufs Achterdeck hinaus, als letzter der Kommodore.

»Ausguck!« preite der Kommodore den Masttopp an.

»Sir?«

»Was sichten Sie in Lee?«

Eine lange Pause. »Nichts, Sir«, schallte es zögernd aus dem Masttopp. »Nur Meer und keine Wolke.«

»Mr. Saumarez«, sagte der Kommodore mit ausdrucksloser Miene, »setzen Sie bitte Kurs genau nach Osten ab.«

Mr. Saumarez' Gesicht verriet eine gewisse Besorgnis, und Peter meinte ein Zögern wahrzunehmen, als der Erste Offizier den Befehl wiederholte.

»Spätestens morgen, Sean. Denn wir segeln jetzt immer auf dem Breitenkreis, und der Breitenkreis ist so sicher wie die Sonne. Sprich den Männern Mut zu! Das wirst du doch tun, nicht wahr?«

»Das werde ich, jedenfalls denen, die noch da sind. Aber sie sterben ja wie Bienen ohne Winterhonig.«

»Mr. Palafox, lösen Sie den Ausguck ab. Hier, nehmen Sie mein Glas«, sagte Mr. Norris und lehnte sich schwer gegen das Kompaßhaus. Er versuchte seine Unruhe zu verbergen, aber seine nervös trommelnden Finger verrieten ihn. »Sie kommen doch klar da oben, oder?« fragte er leise, als Peter sich das Glas abholte.

»Ja, Sir. Aye, aye, Sir«, antwortete Peter zuerst auf die Frage und dann auf den Befehl, als er am Vortopp vorbei aufenterte. Es stimmte, er fühlte sich völlig gesund, abgesehen von einer ungeheuren Müdigkeit – sie waren immer am Rande der Erschöpfung – und dem ständigen Hunger, der ihn manchmal fast wahnsinnig machte.

»Nichts?« fragte er den Ausguck und setzte sich auf die Bramsaling.

»Nein«, antwortete Preston, während er vorsichtig wie ein alter Mann sein Bein über die Saling zog und sich ängstlich mit beiden Händen festklammerte. »Ich habe einen Wal blasen sehen. Sonst nichts.«

»Hier«, Peter griff in seine Tasche, »iß das beim Runterklettern im Masttopp.«

»Du bist sehr nett, Palafox«, sagte Preston und schnappte gierig nach dem Zwieback. »Vielen Dank. Das ist ja ein ganzer«, meinte er ungläubig, schon auf einer Ecke kauend.

Peter seufzte und begann mit dem Teleskop den Horizont abzusuchen. Da es keins von den Gläsern war, mit deren Handhabung er vertraut war, dauerte es einige Minuten, bis er es mühelos bedienen und scharf einstellen konnte. Angestrengt starrte er hindurch und starrte noch einmal. Wie hatte Preston das nur übersehen können? Ein eindeutiger Landfall genau voraus, zirka sechsunddreißig Seemeilen entfernt. Seine Hände zitterten so stark, daß er das Ziel aus den Augen verlor. Er riß sich zusammen und beruhigte sich, denn er mußte hundertprozentig sicher sein, bevor er das Deck anpreite, und in banger, brennender Erwartung bestrich er sorgfältig den fernen Landfall. Das Land erstreckte sich von zwei Strich an Steuerbord voraus bis zwei Strich an Backbord. Nein, eher drei oder vier Strich – oder vielmehr erstreckte es sich in einer durchgezogenen Linie nach Norden und Süden, und das, was oben so hell leuchtete, war der Schnee der Berge. Ihm sank das Herz.

Er preite das Deck an: »Land in Sicht. Hohe Berge von sechs Strich an Steuerbord voraus bis sechs Strich an Backbord. Schnee und Berge.«

Er spürte die grenzenlose Enttäuschung, die sich auf dem schweigenden Deck ausbreitete, so bitter wie seine eigene. Der Kommodore hatte recht gehabt, und die Offiziere hatten sich geirrt: Sie hatten Juan Fernandez verpaßt, und das hier war das Festland, über zweihundert Meilen entfernt im Osten. Es handelte sich um die Anden, gewaltige Berge im ewigen Schnee, die das Sonnenlicht reflektierten; nicht die sanften Hügel von Juan Fernandez. Die Centurions hatten sich geirrt. Sie hatten die Insel um vielleicht nicht mehr als eine Segelstunde verpaßt, aber jetzt mußten sie zurück gegen einen stetigen Westwind aufkreuzen, während jeden Tag sechs bis sieben Mann aus Mangel an einer Handvoll Grünzeug starben. Wie viele würden für diesen Irrtum mit ihrem Leben bezahlen müssen? Vielleicht sogar das Schiff und seine gesamte Besatzung.

»Backbord das Ruder.« Peter hörte den Befehl an Deck, und unter seinen traurig baumelnden Füßen schwang langsam die Rah herum, als die *Centurion* in den Wind drehte.

Am 30. und 31. Mai starben jeweils sieben Mann. Am 1. Juni fünf. Am 2. nur drei. Am 3. fünf, darunter Norman, ein Bootsmannsgehilfe, der noch wenige Tage zuvor kerngesund gewesen war. Am 4. Juni starben wieder fünf. Am 6. der letzte der Greise und sechs weitere Männer. Am 7. nicht weniger als zwölf und am 8. ganze sechzehn.

»Auf wieviel Mann kommen Sie in Ihrer Wache, Mr. Brett?« fragte der Kommodore.

»Zehn, Sir. Und sechs davon können noch aufentern.«

Ein johlender Schrei ertönte im Masttopp, gefolgt von einem Schwall gellender, sich überstürzender Worte.

»Was meint er?« rief der Kommodore mit aufleuchtenden Augen.

»Verzeihung, Sir«, sagte Peter, sich an den Hut tippend. »Das ist Sean O'Hara, Sir. Er glaubt, er sieht Land. Eine grüne Insel, die in der Morgenröte schwimmt, sagt er.«

Zum ersten Mal erlebte Peter, daß Mr. Anson aus sich herausging. Der Kommodore schleuderte seinen Hut auf den Boden, drückte Peter kurz die Hände und enterte dann in Windeseile die Wanten auf.

NEUNTES KAPITEL

MR. PALAFOX, WAS ZUM TEUFEL bilden Sie sich ein, Sir? Wie können Sie es wagen, mir zu antworten: ›Ich bin so schnell gekommen, wie ich konnte‹, wenn ich mir hier sechs endlose Minuten lang die Beine in den Bauch stehe, während Sie über die Insel schlendern und sich im Schatten vergnügen? Was bilden Sie sich eigentlich ein? Es reicht schon, daß Sie immer fetter und fauler werden. Sie müssen nicht auch noch frech werden.«

»Ich bin doch gerannt, Sir.«

»Wagen Sie nicht, mir zu widersprechen, Sir!« brüllte der Offizier. »Ich habe Sie gesehen. Wollen Sie Ihr japsendes Gewatschel etwa rennen nennen? Sehen Sie sich doch an, Sie dicker, fetter Speckwanst, der nicht mehr auf den Masttopp kommt, ohne unterwegs fünfmal zu verschnaufen. Oh, was für ein widerlich fetter Anblick. Sieht eher aus wie ein Meerkalb als ein Offizier des Königs. Sie haben in den Kohlpalmen herumgealbert. Das weiß ich so gut, als hätte ich es selbst gesehen, also wagen Sie nicht, es abzustreiten, denn das kann ich nicht ausstehen. Steigen Sie sofort ins Boot. Es ist doch immer dasselbe mit diesen Midshipmen! Da läßt man sie mal fünf Minuten an Land, und schon kommen sie aufgeblasen und unverschämt zurück. Zum Kotzen ist das!«

»Mein lieber Junge«, sagte Mr. Walter ernst, »ich hoffe nicht, daß Sie sich dem Lotterleben hingeben. Ich habe Sie und Keppel und Ransome bis drei Uhr morgens johlen und singen hören, und das war beileibe nicht das erste Mal. Selbst der Kommodore hat sich schon mehr als einmal beschwert, daß kein Mensch bei diesem Höllenlärm schlafen könne. Finden Sie das nicht selbst sehr rücksichtslos von Ihnen, Peter?«

»Das tut mir sehr leid, Sir. Wir haben eine Ziege gejagt.«

»Was? Mitten in der Nacht?«

»Wir dachten, das wäre fairer, Sir. Denn es war der uralte Geißbock, den wir immer freitags jagen – er wird immer lahmer auf den Beinen.«

»Das arme Tier. Kein Wunder, daß er ganz alt und nervös und lahm wird, so wie ihr ihn hetzt. Eine Schande ist das, kann ich nur sagen, und ich kann euch nur immer wieder an das Schicksal der Kinder Israels erinnern, als sie fett und frech wurden.«

»Wo steckt denn dieser verdammte Midshipman? Ah, da sind Sie ja endlich, Mr. Palafox. Wenn Sie so weitermachen, wird Ihnen der Landgang gestrichen. Sie segeln ziemlich hart am Wind, Freundchen, lassen Sie sich das gesagt sein. Erst heute morgen hat Mr. Saumarez gesagt: ›Ich frage mich, was in diesen jungen Burschen gefahren ist. Vor ein paar Monaten war er noch ein ruhiger, vernünftiger, anständiger Midshipman, wenn man mal von seiner entsetzlichen Geschwätzigkeit absieht. Aber wenn er so weitermacht, hat er mit seinem Benehmen bald die ganze Besatzung verdorben.‹«

»Wer hat diesen Ziegenbock in mein Bett gelegt?« fragte der Bootsmann mit gefährlich ruhiger Stimme. »Welcher verkommene Hurensohn – Mr. Palafox, kommen Sie mal her. Mr. Palafox! Mr. Palafox – ja, ist der Bursche denn taub?«

Mr. Palafox lag auf dem Rücken im Boot, die edle Stirn von einem Hut aus Palmenblättern beschattet, während Sean angelte. Zwischen den Duchten häufte sich bereits ein stattlicher Berg Fische, aber beseelt vom fanatischen Eifer eines Menschen, der nicht genug bekommen kann, angelte er weiter.

»Da ist ein Seehund«, Keppel deutete träge mit dem Kopf über den Bug. Seit er sämtliche Zähne verloren hatte, konnte er nur noch lispeln.

»Seehund ho
Seehund hee
Seehund schwimmt in der Südsee«,
sang er dann.

»Hau bloß ab!« brüllte Sean und drohte seinem Rivalen wütend mit der Faust. »Dieser dreiste Dieb.«

Der Seelöwe glitt auf dem Rücken unter einer Welle durch, tauchte auf der anderen Seite wieder auf und starrte sie neugierig an.

»Zum Teufel mit dir«, brummte Sean und schwang eifersüchtig die Angelschnur über das Steuerborddollbord.

»Es gibt doch genug Fische für alle im Meer«, sagte Peter, die Augen schließend.

»Nein«, widersprach Sean. »Es gibt nie genug Fische im Meer. Diese widerlichen Biester fressen mehr als recht ist. Ich habe ihn!« rief er und ruckte an der Leine. »Oh, wenn das nicht der größte Kabeljau der Welt ist!«

»Dann wirf ihn wieder zurück. Wir wollen keinen von deinen blöden, alten Kabeljauen mehr. Fang lieber mal einen Kaminfeger, die schmecken wenigstens. Oder versuch eine Languste zu erwischen. Ich hätte, glaub' ich, mal so richtig Appetit auf Languste.«

Was Essen betraf, war Peter mittlerweile sehr verwöhnt. Er aß längst nicht mehr alles, ganz im Unterschied zu der Zeit, als sein Magen nach madigem Schiffszwieback oder dem Bein einer gebratenen Ratte gebrüllt hatte. Allerdings hatte es eine Weile gedauert, bis er so eigen geworden war. Wochenlang hatte er alles, aber auch alles gegessen, was man ihm vorsetzte, und sich anschließend noch hungrig im Wald auf die Suche nach mehr gemacht.

Er hatte sich verändert, sehr verändert, zwar Tag für Tag nur unmerklich, aber beim Durchblättern seines Tagebuchs wäre einem der Unterschied aufgefallen. Die ersten auf Juan Fernandez datierten Einträge waren kurze und bündige Angaben zu Position, Wind und Wetter, Ankerplatz und die zu erledigenden Arbeiten.

Wind aus Westsüdwest, ein halb Süd. Morgen Warpanker ausbringen. Daran denken, daß der faule Ankergrund mindestens eine Kabellänge weit reicht. The Spout *peilt mit dem Beibootkompaß in Westnordwest,* West Bay *und* Sugarloaf *peilen in einer Linie. Mißweisung 9°35'E nach meiner Berechnung, 10°1' nach der des Bootsmanns. Keppel hat drei Schalen Suppe gegessen. Nummer 3, 7, 9, 10 und 11 überprüfen.*

Das bezog sich auf die Kanonen. Die Centurions hatten an Land frische Spuren von Menschen entdeckt – zerbrochene Töpfe, von den Spaniern hinterlassenen Dreck, toten, aber noch nicht verwesten Fisch, und obwohl die Centurion nur noch dreißig Mann zur Bedienung eines 60-Kanonen-Schiffes hatte, mußten sie, so gut es ging, die nötigen Verteidigungsmaßnahmen treffen.

Einträge dieser Art wiederholten sich ständig, oftmals mit den Namen der Männer, die beerdigt worden waren, denn auch nach ihrer Anlandung starben noch drei Wochen lang die Schwächsten und Kränkesten an den Folgen von Skorbut. Schon recht bald fand sich jedoch ein erfreulicherer Eintrag, als am 12. Juni die kleine *Tryal* eintraf, die auf beinahe wundersame Weise von Kapitän Saunders, seinem Zweiten Offizier und drei Mann gesegelt wurde, den einzigen an Bord, die noch stehen konnten; sofort wurden Centurions zur Verstärkung geschickt, nachdem die *Tryal* ihr Erkennungssignal gesetzt hatte. Aber danach kam der lange, quälende Kampf der *Gloucester*, die einen ganzen Monat und zwei Tage lang vor der Insel auf und ab stand, manchmal klar in Sicht, dann wieder eine ganze Woche wegen unaufhörlicher Gegenwinde verschwunden, weil sie zu unterbemannt war, um aufzukreuzen – und das trotz der mit frischen Lebensmitteln vom Land zu ihr geschickten Männer. Aber schließlich gelang es der Crew des Beiboots, die *Gloucester* hereinzuholen, und im August stellte Peter eine düstere Berechnung an: Centurion, *von 506 Mann Besatzung: 292 tot, 214 am Leben.* Gloucester *374: 292 tot, 82 am Leben.* Tryal *81, 42 tot, 39 am Leben. 961 Mann sind mit diesen drei Schiffen von St Helen's ausgelaufen. 626 von ihnen sind tot. Gibt es noch irgendwelche Hoffnung für die* Wager, *die* Severn *und die* Pearl? *Wir hätten keine Woche länger auf See überlebt.*

Und er beschrieb, wie sie damals auf die Insel zugekrochen waren, wie sie den Anker fallen ließen, um nicht nach Lee abgetrieben zu werden, und wie sie nicht die Kraft hatten, ihn wieder einzuholen, als der Wind günstig einkam, sondern mit der rettenden Insel vor Augen festsaßen, unfähig, sich zu rühren, bis der Kommodore alles riskierte und den Anker aus seinem Bett segelte.

Doch während die schönen, erholsamen Wochen verstrichen, wurden die Einträge immer häufiger mit Bemerkungen gewürzt wie:

»Bailey und ich haben zwei Seelöwen geschossen, was jetzt insgesamt fünf macht.«

»Acht Langusten heute. Preston überredete mich, dem Kommodore die größte mit den Empfehlungen des Fähnrichslogis zu schicken, was ich durch Sean erledigen ließ.«

»Vor Monkey's Key einen Kaminfeger gefangen, 24 Kilo schwer. Ransome und ich brauchten eine halbe Stunde, um ihn an Bord zu ziehen. Es gab Drowned baby *zu Ehren von Keppel, der zum ersten Mal den Admiralty Hill bestiegen hat.«*

»Ransome machte vor dem Essen einen Witz: Preston hat gesagt, er ißt eine Schildkröte, worauf Ransome sagte, das stimme nicht, jeder sehe doch, daß er ein Affe ist. Konnte aber nichts essen, obwohl er's versuchte. Zum Schiffsarzt geschickt. Magen ausgepumpt. Mr. Woodfall ließ mich den Schlauch halten. Fühlt sich jetzt besser, wenn auch noch schwach.«

»Die Anna *ist eingetroffen. Wir hatten sie längst aufgegeben. Fürchterlich zugerichtet, aber die Besatzung in guter Verfassung. Sie hatten Schutz in einer kleinen Bucht gesucht und bekamen von den Wilden zu essen. Ihr Master macht abschätzige Witze darüber, daß die Offiziere des Königs nicht mal alleine, ohne Führung, austreten dürften. Er ist ein ungehobelter Kerl, aber ein erstklassiger Seemann.«*

»Sean von Mr. Saumarez für seinen Langspleiß am Kabel des Bugankers gelobt, aber am Abend mußte er einen scharfen Rüffel einstecken, weil er einen der Zimmermannsgehilfen, einen Mann namens O'Toole, an seinem Zopf den Sugarloaf hinauf und hinunter gezerrt hat. Die O'Tooles sind bekanntlich stiftengegangen, als König Murtagh gegen die Dänen gekämpft hat, und sind alle Gauner.«

»Die Vorräte der Anna *sind größtenteils verdorben, nur der Tabak konnte gerettet werden, worüber die Männer unglaublich froh sind. Sean gab mir einen Priem zum Probieren – inzwischen geht's mir aber schon wieder deutlich besser.«*

»Die Anna *begutachtet. Ich bin mit den Zimmerleuten durchs Schiff gegangen – ganz erschreckende Schäden: 14 kaputte Kniestücke, die Bugbänder abgerissen, das Eisen durchgerostet, und ich hoffe nur, daß ich nie wieder solche Plankengänge zu sehen bekomme. Sie kann auf keinen Fall mehr nach Hause fahren, sondern wird vom Kommodore gekauft und auseinandergenommen, weil man das Holz noch brauchen kann. Ihre Besatzung*

geht auf die Gloucester. *Mr. Gerard, ihr Master, hat geglaubt, er könnte mit dem Ersten der* Gloucester *herumstreiten, aber da ist er an den Falschen geraten. Gott, haben wir gelacht!«*

In dem kleinen Boot ging es wunderbar ruhig und beschaulich zu. Es war warm, vom Land wehte eine milde Brise den Geruch von frischem Grün herüber, und über ihnen schwebte ein Fregattvogel im Wind. Aus der Ferne war das Hämmern der Schmiede und Zimmerleute zu hören, die auf der *Gloucester* arbeiteten, wiewohl nicht verbissen und hektisch, sondern in stetigem, gleichmäßigem, normalem Arbeitsrhythmus. Die *Centurion* und die *Tryal* lagen fast seeklar mit vierkant gebraßten Rahen vor Anker, zwei stolze, schmucke, vor Sauberkeit strahlende Schiffe, deren Zwischendecks endlich gesund und erholt waren. Hier und da, auf dem leuchtend grünen Gras von Juan Fernandez verstreut oder zwischen den Bäumen auf den Lichtungen hervorscheinend, standen die roh zusammengezimmerten Hütten, die sich die Besatzungen zum Wohnen bauen durften, und von vielen stiegen dünne blaue Rauchsäulen auf, die senkrecht in die Höhe gingen, bevor der über die Berge wehende Wind sie auf See hinaus trieb.

»Was für ein wunderbarer Ort«, murmelte Peter mit geschlossenen Augen. »Ich wünschte, wir könnten für immer hier bleiben. Sean, das muß Tir na 'nOg sein.«

»Das ist es, Euer Ehren, mein Lieber«, nickte Sean. »Und davon werde ich ein großes Stück mit nach Hause nehmen für Pegeen Ban, falls die Insel nicht vor uns ankommt.«

»Wie willst du wissen, wer als erster ankommt? Wie willst du das denn wissen?«

»Was redet ihr denn da mit eurem Tir McDingsda?« fragte Keppel.

»Tja, weißt du, das ist eine Insel, die ungefähr alle paar Jahre vor der Küste unseres Landes vorbeitreibt. Wer es schafft, dorthin zu kommen, bleibt für immer jung. Allerdings schwimmt sie immer ziemlich weit draußen auf See und ist schwer zu erreichen. Wir nennen sie Tir na 'nOg in unserer Sprache, die Insel der ewigen Jugend.«

»Tir na 'nHo
ir na 'nHee«,

sang Keppel leise in einer unaufhörlichen Wiederholung der drei Noten, während er durch das klare Wasser auf das sonnengesprenkelte Seegras starrte.

»Proinsias Burke ist auf die Insel gegangen«, sagte Peter.

»Und Conn Riordan, der Linkshänder.«

»Ah, aber der war der Sohn einer Robbenfrau, deshalb zählt das nicht.«

»Proinsias auch, nur genau anders herum; denn war nicht die Robbe von den Klippen Proinsias' leiblicher Vater – der mit dem grauen Maul und nur noch einem Ohr?«

»Ja, das stimmt, Sean, und als Proinsias nach dreihundert Jahren zurückkam, fand er seine böse, alte Xanthippe von Frau ganz still daliegen, was ihn zum Lachen brachte, und seinen Wolfshund von der Königin aufgehängt, was ihn zum Weinen brachte und ihm das Herz brach, so daß er an einem Tag grau wurde.«

»Klar, den kannte ich doch auch, den alten, ganz alten, uralten Mann und hab' ihm einen Penny gegeben, wie er da so im Regen saß, ohne Hund, der ihn getröstet hätte.«

Stille senkte sich wieder, bis Sean ganz plötzlich fragte: »Und wie soll ich den König ansprechen, wenn ich ihn sehe? Soll ich sagen Mylord oder Euer Ehren? Denn ihm zu Ehren werde ich Englisch sprechen.«

»Tja, das weiß ich allerdings auch nicht«, sagte Peter. »Vielleicht sagst du Majestät. Weißt du es, Keppel?«

»Ich nenne ihn immer ›Sir‹«, antwortete Keppel und ließ

vorsichtig ein Stückchen Köder zu einem zinnoberroten Fisch hinabsinken. »Manche benutzen die dritte Person, aber die kriegen wahrscheinlich einen vorn Bug.«

»Redest du oft mit ihm?«

»Ja«, sagte Keppel gleichgültig. »Er ist mein Pate«, fügte er hinzu.

»Oh«, machte Peter und verstummte für eine Weile, bevor er fragte: »Dann bist du wohl ziemlich einflußreich – an Land, meine ich?«

»Nein, nicht die Bohne.« Keppel lachte. »Nein, es sei denn, jemand würde meinem Bruder den Schädel einschlagen. Dann käme die große Stunde von Mr. Midshipman Keppel als Maikönigin, im Hermelinumhang und in purpurroten Breeches, gefolgt von Admiral Palafox und Kapitän O'Mara – in respektvollem Abstand, versteht sich. Aber warum wollt ihr ihn überhaupt besuchen?«

»Schuldet er mir etwa nicht ein Pfund Gold für meine Finger und drei für meine Zehen?« fragte Sean, der wie die meisten Seeleute an Kap Hoorn grausame Erfrierungen erlitten hatte. »Und will er vielleicht nicht vorher sehen, wofür er bezahlt – immerhin handelt es sich dabei um eine Summe, die einen Mann bis an sein Lebensende steinreich macht. Weiß Gott, ich wünschte, ich hätte doppelt so viele Zehen – so wie die Mißgeburten auf dem Jahrmarkt. Zu dem Preis würde ich sie mir liebend gern abfrieren lassen.«

»Aber ...«, begann Keppel.

Der dumpfe Donner der Signalkanone schnitt ihm das Wort ab.

»Anker auf. Schnell. Rudert an!« rief Keppel, und noch ehe das Echo des Schusses von den Hügeln widerhallte, hielt das Boot im Eiltempo auf Cumberland Bay zu.

Am Ankerplatz herrschte nun emsige, streng geregelte Betriebsamkeit, und die Boote des Geschwaders verkehrten unermüdlich zwischen Schiff und Land, wo aus allen Richtungen Männer zum Strand strömten. Auf der *Centurion* wurden bereits Segel angeschlagen und in fieberhafter Eile das noch fehlende Tauwerk aufgeriggt, während ein Teil der Besatzung mit den Spillspaken zum Ankerspill rannte.

Der Ausguckposten auf dem höchsten Punkt der Insel hatte ein Schiff gesichtet, das, mit dem Rumpf schon über der Kimm, plötzlich abgedreht hatte. Es sei mit Sicherheit ein Spanier gewesen, und möglicherweise hatte er auch die Zelte an Land gesehen. So jedenfalls die bruchstückhafte Information, die Peter aufschnappte. Einige Männer behaupteten, es habe sich um die *Severn* oder die *Pearl* gehandelt, und wieder andere hielten das Schiff für den Vorboten eines Kriegsgeschwaders.

»Sehr schön, Mr. Saumarez«, sagte der Kommodore zufrieden, während er die Boote musterte, die die *Centurion* hinaus in den Wind schleppen sollten. Seine Stimme übertönte das Kreischen der Fiedel auf dem Gangspill und das Shanty, das die Männer beim Aufholen des Ankers aus vollen Kehlen schmetterten. »Wirklich sehr schön.«

Aber Peter, der vom Ufer aus beobachtete, wie der Bug der *Centurion* langsam herumschwang, bis sich eine weiße Wolke an den Rahen entfaltete, fand das alles gar nicht schön. Zwar hatte er gewußt, daß er beim Ersten Offizier in Ungnade gefallen und diverse Missetaten noch ungesühnt waren; ebenso hatte er gewußt, daß jemand bei der Mannschaft bleiben mußte, die den Speck kochte. Trotzdem war ihm, als stürze der Himmel ein, als ihm mitten in seinem Freudengeheul eine kalte, schneidende Stimme mitteilte, daß dieser Jemand niemand anderer als Mr. Palafox sei.

Hol ihn der Henker, diesen dreimal verfluchten Mr. Saumarez – diesen Hurensohn von einem Offizier, dachte Peter und stampfte wütend mit den Füßen auf den Sand. Oh, wie ich diese widerliche Insel hasse!

»Nun haben Sie sich doch nicht so«, versuchte Hairy Amos ihn zu trösten. »Die werden sowieso nichts finden und sich bei ihrer Hin- und Herpullerei nur die Seele aus dem Leib schwitzen.«

»Du hältst den Mund!« brüllte Peter in himmelschreiender Ungerechtigkeit. »Und scherst gefälligst die Leine wieder durch die Talje hier. Green, was glotzt du denn so? Veranstalten wir hier ein verdammtes Picknick oder was? Den nächsten, der Maulaffen feilhält statt zu arbeiten, lasse ich auspeitschen. Ein Geschnatter wie eine Horde französische Affen! Wer hat denn diesen vermurksten Knoten hier gebunden? Könnt ihr nicht mal eine einfache Doppelschlinge knoten?«

Ernst und gelassen hievten die Männer den Speck hoch. Seit jenen fernen Tagen im Englischen Kanal hatte Peters Stimme einen völlig anderen Klang bekommen; selbstbewußt konnte sie den drohenden Ton annehmen, an den die Männer gewöhnt waren – ein Tonfall, der, obwohl an sie persönlich gerichtet, im Grunde unpersönlich war. Nicht ein Junge sprach zu einem Mann, sondern ein Vorgesetzter zum einfachen Matrosen. Zwar war Peter nicht viel älter an Jahren geworden und sah eigentlich wie ein normaler Junge aus, aber manchmal bekam das Gesicht des Jungen den Ausdruck eines durch viele bittere Erfahrungen gealterten Mannes – ein beunruhigender Anblick, aber kein seltener in der Royal Navy, wo ein Midshipman mit vierzehn vielleicht schon zehn Gefechte erlebt und vielleicht schon hundertmal dem gewaltsamen Tod in unterschiedlichster Gestalt ins Auge geblickt hat. Entscheidend aber war, daß die Männer Peter mochten und schätzten, weil sie wußten, daß er sich auf seine Arbeit verstand, und niemals vergaßen, wie er sich in den Stürmen bewährt hatte; nicht umsonst hatte er schließlich so viele seiner Freiwachen im unbeschreiblichen Elend des Zwischendecks zugebracht und geholfen – zwanzig bis dreißig gesunde Männer können sich nicht um zweihundert Kranke und Sterbende kümmern und gleichzeitig das Schiff durch so mörderische Seen manövrieren –, und dafür ließen sie ihn wettern, ohne es ihm zu verübeln.

Aber bald darauf hatte er sich schon wieder beruhigt, denn in der Royal Navy war es üblich, daß sich die Offiziere an allen unangenehmen Arbeiten beteiligen – so hatte der Kommodore zusammen mit Peter Krankentragen geschleppt, als gleich nach ihrer Ankunft das stinkende Bordlazarett geräumt wurde –, und als die Bramsegel der *Centurion* unter der Kimm verschwunden waren, sah man den von Kopf bis Fuß mit Fett beschmierten Peter schon wieder lächeln.

»Ich bin mal mit einem Burschen gesegelt, Sir«, sagte Hairy Amos und warf eine Handvoll des ausgekochten Specks ins Feuer unter dem Kessel, »der auf so einer Insel sieben Monate lang gelebt hat.«

»Tatsächlich?« fragte Peter und beobachtete aufmerksam, wie die ausgelassenen Speckstreifen Feuer fingen.

»Ja, Sir, wirklich, ungelogen, oder ich will verdammt noch mal tot umfallen!«

»Du sollst nicht fluchen, Amos«, tadelte Peter.

»Nein, Sir. Verzeihung, Sir. Er war nämlich einer von diesen Walfängern aus Hull und wurde aus Versehen mit drei oder vier Bordgenossen in Grönland zurückgelassen, als sie gerade Jagd auf ein Rentier machten – so eine Art plattfüßige, wilde Kuh, Sir. Sie hatten Walspeck ausgekocht, so wie wir hier Seelöwenspeck auskochen, und als sie ihre Rentiere aufgegessen hatten und ihnen klar war, daß der Master sie über Winter dort ihrem Schicksal überlassen würde, und da in der Gegend ist der Winter ganz schön lang ...«

»Nein, ist er nicht«, widersprach Burrows.

»Und ob er das ist«, beharrte Amos.

»Nein, ist er nicht«, wiederholte Burrows. »Nicht beim Hoorn, da nicht.«

»Wer bist du denn überhaupt?« fragte Green, der gar nichts mit der Diskussion zu tun hatte und genau wußte, wer Burrows war, weil er den ganzen Einsatz hindurch keine achtzehn Zoll entfernt von ihm geschlafen hatte.

»Ruhe!« brüllte Peter. »Verdammt noch mal, erzähl weiter, Hairy Amos.«

»Weil der Winter dort in der Gegend sehr, sehr lang ist«, sagte Hairy Amos betont langsam, ohne Burrows aus den Augen zu lassen, »haben sie sich also gesagt: ›Verdammt, da werden wir wohl oder übel die Fritten vom Speckauskochen der letzten vier Monate essen müssen.‹ Und das taten sie, und so überlebten sie alle bis zum Sommer, in dem sie gerettet wurden«, beendete Amos seine Geschichte.

»Und was ist dann passiert?« fragte Smith.

»Nichts.«

»Na, da ist doch alles erstunken und erlogen«, erklärte Burrows, und die Kochmannschaft schien seine Meinung zu teilen.

Erbost darüber, wie seine Geschichte aufgenommen wurde, brüllte Amos: »Wo ich ja wohl die Ehre hatte, mit Mr. Palafox zu reden und nicht mit einem Haufen begriffsstutziger Bambusen. Ich wollte sagen, daß mein alter Bordgenosse gesagt hat, daß die Fritten, die Walfritten, meine ich, nicht die Fritten hier, die wir gerade auskochen …«

»Woher wußte denn dein Bordgenossen von unseren Fritten?« fragte Burrows argwöhnisch. »Wie kam er überhaupt dazu, sich über unsere Fritten auszulassen? Das sind erstklassige Fritten.«

»Nicht diese Fritten!« brüllte Amos, völlig verwirrt

und in den Augen der Gruppe nun eindeutig des Verrats gegenüber ihrem Schiff überführt, dessen Fritten bedeutend besser als die der *Gloucester* und der *Tryal* waren, ganz zu schweigen von irgendwelchen Fritten eines unbekannten Walfängers aus Hull.

»Was hat er denn über die grönländischen Fritten gesagt?« erkundigte sich Peter.

»Er hat gesagt, Sir«, antwortete Hairy Amos mit großem Nachdruck, »und zwar in genau diesen Worten, Sir: ›Walfritten sind das widerlichste Fleisch, das es gibt.‹«

Die Antwort stieß auf eisiges Schweigen. Die Männer zeigten sich weder von Amos' Freund noch von der unglaubwürdigen Geschichte auch nur im geringsten beeindruckt. Erst nach einer ganzen Weile meinte Burrows verächtlich: »Du und deine Fritten.«

»Ich habe nur zitiert, was er gesagt hat«, murmelte Amos.

»Du und deine Zitate«, höhnte Burrows. »So eine blöde Geschichte hab' ich ja noch nie gehört.«

»Wenn du eine bessere kennst, Burrows«, sagte Peter und schürte das Feuer, »dann erzähl sie uns.«

»Ho, ho!« lachte Hairy Amos, »richtig, Sir. Das ist nur recht und billig, ho, ho!«

Sie warteten darauf, daß der Seelöwenspeck auskochte – das Öl benötigten sie, um den Wasserpaß der *Centurion* zu streichen –, und nachdem die Fässer alle ordentlich aufgereiht und die nächste Ladung Seelöwen für den Kessel bereits gehäutet war, gab es nichts anderes zu tun, als zu warten.

Burrows kratzte sich nachdenklich am Kopf. »Na ja, Sir«, sagte er schließlich, »ich will mich nicht als literarisches Genie ausgeben«, er warf Amos einen vielsagenden Blick zu, »aber zumindest kann ich eine *wahre* Geschichte über das erzählen, was mir passiert ist, und nicht irgendeinem Landlubber Gott weiß wo, mit angeblichen Fritten oder wilden Kühen mit aufgeriggten Leesegelspieren vorn und achtern. Es war im Jahr 21 – oder war es 22? Nein, es war 21, ohne Lüge, denn es war im selben Jahr, als ich Sue geheiratet habe, heute wie damals Wäscherin, Gott schütze sie. Die zweite Tür hinter dem Pub Lion in der Thursday Stree in Deptford – man kann es gar nicht verfehlen, und wenn doch, schickt der Lion einen Bierjungen mit, der einem den Weg zeigt – *Sue Burrows: Schnellreinigung für Hemden, Nähen und Ausbessern vom einfachen Segeltuch bis zur Offizierswäsche;* und sie kann Ihnen ihre Wäsche vorzeigen, im Unterschied zu den Weibsbildern mancher Leute«, wieder ein Blick zu Amos, der errötete und beschämt seinen häßlichen, alten, struppigen Kopf sinken ließ. »Im Jahr 21 also heuerte ich auf der *Rose* an, einem Zweihundertvierzig-Tonnen-Schiff unter Kapitän P. Rogers, das mit gemischter Fracht von London zur Guineaküste bestimmt war. Wir waren vier Tage südwestlich von St. Vincent, als wir von einem Korsaren aus Salé aufgebracht wurden. Tja, wir haben gekämpft und uns gewehrt, solange wir konnten, aber sie haben mit Enterhaken an unserem Schiff festgemacht und uns dann unter mörderischem Gejohle geentert – eine Horde widerlicher schwarzer Kerle mit Säbeln, mindestens zweihundert Mann, wenn nicht mehr. Dann mußten wir uns in Reihen aufstellen und die Hände vorzeigen und wurden aussortiert: die mit schwieligen Händen auf die eine Seite, den Rest – ein paar vornehme Passagiere und die Händler – warfen sie über Bord, denn ein feiner Herr brachte ihnen ja keinen Nutzen, Verzeihung, Sir.«

»Keine Ursache«, sagte Peter und lachte so laut wie der Rest der Gruppe, während er seine Hände betrachtete, mit denen ihn die Korsaren ohne Frage behalten hätten.

»Ich meine natürlich, keinen Nutzen auf dem Sklavenmarkt von Salé«, beeilte sich Burrows zu versichern, »denn gewiß sind sie sehr nützlich zum … zum …«

»Navigieren«, schlug Green vor.

»Nein«, Burrows schüttelte den Kopf. »Das kann schließlich jeder alte Salzbuckel. Aber als ...«

»Pfarrer?« fragte Smith.

»Nein«, sagte Burrows. »Die Apostel kamen alle vom Mannschaftsdeck. Als Pfarrer nicht.«

»Lehrer?« fragte Amos.

»Lehrer, ja, vielleicht«, sagte Burrows zweifelnd. »Na ja, für irgendwas werden sie schon nützlich sein, da bin ich sicher. Aber nicht auf dem Sklavenmarkt von Salé, wohin sie uns brachten. Ich wurde an einen Juden namens Isaak verkauft, der mich sehr gut behandelte und mir die Freiheit schenkte, als die Flotte vor Tanger lag, wo er damals nach seinem Umzug lebte. So was wäre schon für einen Christen oder einen Abtrünnigen sehr anständig gewesen, und dabei war er nur ein Jude, der Arme. Aber er hat gesagt, nach seiner Religion wäre es so, daß man nach sieben Jahren Arbeit ...«

»Mr. Palafox, Sir?« Eine fremde Stimme, die einem Mann von der *Tryal* gehörte, erklang. Stumm und ausdruckslos starrten die Centurions ihn an, mit Daumen oder Kopf Richtung Peter deutend. »Mr. Palafox, Sir? Empfehlung von den Midshipmen der *Tryal,* und sie würden sich geehrt fühlen, wenn Mr. Palafox zum Dinner käme.«

»Meine besten Empfehlungen an die Midshipmen der *Tryal«,* erwiderte Peter freundlich und tauchte mitten aus dem Öl und Speck auf, »und ich werde mich überglücklich schätzen.«

»Aye, aye, Sir«, sagte der Seemann und trottete davon, unablässig vor sich hin murmelnd: »... wird sich glücklich schätzen, wird sich glücklich schätzen – mit den besten Empfehlungen und wird sich glücklich ...«

In Wirklichkeit war es nicht so einfach, sich sehr glücklich zu schätzen, solange die *Centurion* auf See war. Ganz abgesehen von der bitteren Enttäuschung, die Peter am Anfang empfunden hatte, fühlte er sich ohne das Schiff, mit dem er sich seit so langer Zeit identifizierte, regelrecht verloren. So richtig elend fühlte er sich freilich auch nicht, denn außer einem von Natur aus heiteren Gemüt hatte er jede Menge Arbeit (widerliche, aber wichtige), und er war stolz auf die stattliche Reihe Fässer, die zur Zufriedenheit der *Centurion* bereitstanden – eine volle Reihe, demonstrativ neben denen von *Gloucester* und *Tryal* aufgestellt und beide übertrumpfend. Die überlebenden Midshipmen der *Tryal* – Balthaser, Todd und Bentley – waren fröhliche, gastfreundliche Burschen und luden ihn öfter ein. Die Midshipmen der *Gloucester* waren ihm nicht annähernd so sympathisch, obwohl sie ihre Gäste mit einer ausgesuchten Höflichkeit behandelten, die über reine Pflichterfüllung hinausging. Aber er kannte sie einfach zu wenig. Kapitän Saunders lud ihn ebenfalls gelegentlich zum Essen ein, aber weil Kapitän Saunders bis vor kurzem sein Erster Offizier gewesen war und damit zu allen Formen der Gerichtsbarkeit befugt, befiel Peter in seiner Gegenwart stets ein Schuldgefühl, das sich nicht abschütteln ließ. Dabei war Saunders als Gastgeber die Liebenswürdigkeit in Person – ein völlig anderer Mensch als der Erste Offizier, der als Vorgesetzter so oft und so beharrlich auf Peters Fehler und Pflichtversäumnisse hingewiesen hatte.

Als Peter dieses Gefühl Bentley gegenüber erwähnte, lachte der nur und sagte: »So ist das immer. Hast du gehört, wie es Mr. Anson in Portsmouth ergangen ist? Er kam mit einer Admiralitätsorder für dreihundert Mann zu Sir Charles, einer klaren Order, ohne Quatsch. Aber damals war er ein einfacher Midshipman – klingt witzig, nicht wahr, der Kommodore ein Midshipman, ha, ha – unter Sir Charles, und der Admiral (der die Order kannte und jeden Mann für die Flotte wollte) brüllte los: ›Mr.

Anson, nehmen Sie augenblicklich die Hände aus Ihren Taschen!‹ Womit die Sache gelaufen war, ohne daß ein weiteres Wort fiel.«

»Das ist die *Centurion*«, sagte Peter überzeugt.

»Das bezweifle ich«, sagte Todd.

»Ich sag' dir, sie ist es!« rief Peter. »Schau dir das Spriettoppsegel an! Siehst du diesen scheußlichen Flikken am Steuerbordliek? Den hab' ich eigenhändig dort eingesetzt. Da, wie sie aufkommt! Und das andere ist eine Prise, die sie erobert hat.«

»Das glaub' ich nicht«, widersprach Todd.

»Bah«, schnaubte Peter verächtlich, schob sein Fernrohr zusammen und sauste den Hügel hinunter. »Bitte, Sir, kann ich mitkommen?« keuchte er mit vom Laufen geröteten Gesicht, als Mr. Saunders seinen Kutter bestieg. Am Besanmast der *Centurion* flatterte trotz der Entfernung gut sichtbar das Signal für den Kapitän der Sloop aus.

»Dann beeilen Sie sich«, sagte der Kapitän, und Peter sprang ins Boot, das mit der Welle abstieß.

Der Kutter pullte in einem Höllentempo, denn die Rudergasten waren genauso, wie Kapitän Saunders und Peter, erpicht darauf, die Prise zu sehen und die Neuigkeiten zu hören. Trotzdem schien eine Ewigkeit zu vergehen, bevor Schiff und Boot zusammentrafen.

Das feixende Fähnrichslogis begrüßte Peter mit einer Fülle wunderbarer Details: »Pizarros Geschwader hat am Hoorn kehrtgemacht«, erklärte Preston. »Haben zwei Schiffe verloren.« – »Und der Rest wurde unglaublich übel zugerichtet, alle kondemniert, ha, ha«, lachte Bailey. – »Und die Spanier waren bis ein oder zwei Tage vor unserer Ankunft auf der Insel. Zwar nur eine kleine Landtruppe aus bewaffneten Kaufleuten, aber die hätten uns fertig gemacht. Und da haben wir noch geflucht wie verrückt, weil wir die Insel nicht früher gefunden haben.« – »War das eine Verfolgungsjagd!« – »Wir hatten sie schon verloren, dann aber wiedergefunden. Mr. Saumarez ist die ganze Nacht auf der Großroyalsaling rumgeturnt.« – »Haben uns da oben gegenseitig auf die Füße getreten.« – Am Abend haben wir sie eingeholt.« – »Haben vier Schuß abgefeuert.« – »Worauf sie vor Angst ihre Schoten und Fallen losgeworfen hat.« – »Ja, wirklich. So was hast du noch nicht gesehen, ein einziges Geflatter, Royals, Leesegel und alles, Waschtag ist nichts dagegen.« – »Beladen mit lauter Silber.« – »Und mit Zukker und allem möglichen und Stoff.« – »Dreiundzwanzig Kisten mit Talern, jede zwei Zentner schwer.« – »Und massenweise Teller.« – »Und dreiundfünfzig Mann Besatzung, Gott, was für ein Segen!«

»Die Carmelo ho
Die Carmelo hi
War voll mit Silber
Dideldum Dideldi«,

sang Keppel, als er das Fähnrichslogis betrat. »Mr. Palafox, Sir«, sagte er mit einer eleganten Verbeugung, »gestatten Sie mir das Vergnügen, Ihnen dazu zu gratulieren, daß Sie wesentlich besser situiert sind als noch vor einer Woche.«

»Was? Bekomme ich denn auch was davon?« fragte Peter und machte ein erfreutes Gesicht.

»O ja. Du bekommst etwas, obwohl du dich nur unter Palmen rumgelümmelt hast, während wir auf See schrecklichen Gefahren getrotzt haben. Vier echte Sechspfünder wurden abgefeuert, bang, bang, bang, Bailey hat einen Mordsschreck gekriegt.«

»Wo ist Ransome?«

»Auf der Prise. Das nenne ich einen Mann! Bewacht die Dons wie ein Habicht! Komm, wir winken ihm mal.«

Die Prise, *Nuestra Señora del Monte Carmelo*, segelte in Lee der *Centurion* – ein schmuckes, hochgebautes spanisches Schiff mit einer stattlichen Poop, auf der Mr. Saumarez stand, und neben ihm Ransome. Ransome sah die Anstrengungen der Centurions, wagte aber nicht, offen Zeichen zu geben. Statt dessen wartete er, bis der Erste Offizier zur Luvreling gegangen war, und dann klopfte er sich auf die Taschen, stemmte ein paar Mal übermütig die Ellbogen rechts und links in die Luft, hob eine imaginäre Flasche an die Lippen, bog die Arme, als würde er tanzen – was bedeuten sollte, daß nun das Seemannsparadies für sie ausbrach und alles wunderbar war. Doch dann ging sein Temperament mit ihm durch, und die Centurions hörten das heisere, erstickte Bellen einer Stimme übers Wasser, sahen, wie Mr. Saumarez herumschnellte und Ransome den Kopf aufmerksam über das Signalbuch beugte, während auf dem Hüttendeck der *Carmelo* harte Worte fielen, Worte, die Ransome offenbar zutiefst schmerzten. Denn kaum hatte der Erste Offizier seine Station wieder eingenommen, sah man, wie Ransome ein ungeheuer fleckiges Taschentuch an seine Augen drückte, das er von Zeit zu Zeit auswringen mußte.

Sean stand bewaffnet am Aufbau des Vorschiffs und starrte abwechselnd in den vorderen Niedergang und in die Kuhl der Prise, wo traurig ein paar niedergeschlagene spanische Passagiere herumstanden. Er war besessen von der Vorstellung, daß irgend jemand irgendwo noch unentdecktes Silber versteckte, und die Tatsache, daß er nicht alle Gefangenen gleichzeitig sehen konnte, zermürbte ihn so sehr, daß er nur noch ein verhärmter Schatten seiner selbst war. Aus den Augenwinkeln sah er Peter an, klopfte sich zum Gruß an die Stirnlocke, ohne auch nur einen Moment lang den stechenden Blick von einem kränklich aussehenden Spanier zu wenden, den er verdächtigte, Moedores in den Absätzen seiner Schuhe versteckt zu haben. Er legte seinen Zeigefinger auf eine sehr vielsagende und ahnungsvolle Weise seitlich an den Nasenflügel.

Als die *Centurion* zu ihrem Ankerplatz glitt und sich die Trosse hinter ihr straffte, in einer geraden Linie aus der See hob, Wasser sprühte und Zug aufnahm, verließ die *Tryal* die Bucht und hielt auf See hinaus.

»Sie fährt nach Valparaíso«, erklärte Keppel. »Dorthin waren noch einige andere Kauffahrer zusammen mit der *Carmelo* bestimmt. Bis vor kurzem hatten sie dort ein Embargo für alle Schiffe verhängt, aber dann kamen sie zu der Überzeugung, wir seien alle versenkt, ha, ha, und hoben es wieder auf. Die hatten eben keine Ahnung, daß ich an Bord war und dem Kommodore jederzeit Tag und Nacht mit meinem Rat zur Verfügung stand.«

Während der nächsten Tage, als das Geschwader seeklar machte, war Juan Fernandez Schauplatz beispielloser Betriebsamkeit. Immer wieder mußten die Offiziere ihre Männer ermahnen, es nicht zu übertreiben, sich nicht über Gebühr zu verausgaben – fürwahr ungewohnte Töne –, als Wasserfässer, getrockneter Stockfisch und zahllose andere Vorräte in fliegender Eile in der gierig aufgesperrten Last der *Centurion* verschwanden und die Kanonen der *Anna* blitzschnell auf die *Carmelo* verfrachtet wurden. Bei Einbruch der Dämmerung kam eine Gruppe zu Peter und beschwor ihn mit Tränen in den Augen, sich beim Ersten Offizier dafür einzusetzen, daß sie bei Laternenlicht weiterarbeiten durften. Sean saß auf den Silberkisten, tiefe dunkle Ringe unter den Augen als Folge von Schlafmangel, und vertrieb wutschäumend jeden, der sich näherte. Um Mitternacht entdeckte man den Bootsmann und eine große Gruppe Freiwilliger, die oben durchs Rigg kletterten und hier und da noch Arbeiten nachbesserten, die das gestrenge Auge des Ersten

Offiziers bereits passiert hatten. Hairy Amos verfing sich mit dem Bart in einer Talje, wehrte sich aber mit Händen und Füßen dagegen, das Hieven zu unterbrechen. Lieber verlor er einen Haufen Barthaar, der zum Ausstopfen eines großen Kissens ausgereicht hätte, als die Abfahrt auch nur um eine Minute zu verzögern.

»Gütiger Gott«, Peter stieß einen erleichterten Seufzer aus, während die *Centurion* Fahrt aufnahm, »bin ich froh, wieder ein Deck unter meinen Füßen zu haben. Obwohl ich sowieso auf See war, als ihr mich auf der Insel im Stich gelassen habt.«

»Nein, warst du nicht«, widersprach Ransome stirnrunzelnd. »Du warst an Land.«

»Das war ein Witz vom Teague«, erklärte Keppel. »Das ist nun mal deren Art von Witzen.«

»Wo soll der Witz gewesen sein?« fragte Ransome zweifelnd.

»Daß er gesagt hat, er war auf See, obwohl er an Land war. So was finden die komisch. Ich für meinen Teil glaube freilich eher, daß es in diesem Fall unfreiwillige Komik war.«

»Er hat gesagt, er war auf See, obwohl er an Land war. Oh – ach so, ho, ho«, bemerkte Ransome langsam. »Aber so lustig war der nun auch wieder nicht. Nicht so gut wie meiner über die *Tryal.*« Die Krankheit hatte an ihm gezehrt, und seine Reaktion verriet den nagenden Konkurrenzneid des angestammten Witzbolds gegenüber einem aufstrebenden Rivalen. Doch schließlich gewann sein angeborener Humor wieder die Oberhand, und er sagte: »Eigentlich war er doch ganz witzig. Auf See, auf hoher See, wohlgemerkt, obwohl er an Land war. Ho, ho!«

»Es war wirklich eine wunderbare Insel«, seufzte Peter und blickte wehmütig zum Strand zurück, wo die

Gloucesters, unfähig, zeitgleich mit der *Centurion* und der neu bewaffneten Prise seeklar zu machen, hektisch hin und her rannten und aus der Entfernung wie Ameisen ausschauten. »Und ich bin glücklich, daß ich ein Stück davon habe, um es mit nach Irland zu nehmen.« Damit bezog er sich auf den riesigen Felsbrocken, der in der Form von Juan Fernandez behauen, zusammen mit einer vermeintlich schlafenden, in Wirklichkeit aber verwesenden Schildkröte (die für William bestimmt war), einem Netz voller Muscheln und einem Palmwedel von mäßig üppigem Wuchs das Fähnrichslogis verstellte. »Es war eine wunderbare Insel«, fuhr er fort, »aber ich bin überglücklich, daß wir sie endlich verlassen. Selbst dieses abstoßende Quartier mit seinen unzivilisierten Bewohnern, selbst die derbe, primitive Fröhlichkeit meiner ungebildeten Bordgenossen entzückt mich, und das schnöde Gebrüll des Ersten Offiziers klingt wie Musik in meinen Ohren.«

Im selben Moment spürte Peter, wie sich ein eiskaltes, graues Augenpaar in seinen Nacken bohrte. Ransome versetzte ihm einen heftigen Stoß als Warnung, und Keppel bekam vor Schreck einen Hustenanfall.

»Meine Herren«, sagte Mr. Dennis. »Wir befinden uns auf See.«

»Jawohl, Sir«, nickten alle pflichtschuldigst.

»Wir befinden uns auf See«, wiederholte der Offizier und blickte sich mit einem Ausdruck tiefster Befriedigung um. »Und nicht bei einem vergnüglichen Damenkränzchen im Freien.«

»O nein, Sir«, beteuerten sie.

»Und auf See«, sagte der Offizier unerwartet scharf, »gibt es Arbeit, die getan werden muß. Und es herrscht Disziplin. Vielleicht haben Sie schon mal irgendwo davon gehört. Und es gibt Masttoppen, Mr. Palafox.«

Strahlend blickte Peter auf, unfähig, seine Freude zu

unterdrücken. »Sind sie nicht herrlich anzusehen, Sir?« fragte er treuherzig. »Auf der Fahrt um Kap Hoorn hatte ich fast vergessen, wie ein Bramsegel aussieht.«

»Dann dürfen Sie es sich jetzt aus der Nähe betrachten«, sagte Mr. Dennis. »Seien Sie so freundlich, und entern Sie auf, so schnell Sie wollen.«

»Aye, aye, Sir«, sagte Peter laut. Und leise murmelnd fügte er hinzu: »In Ordnung, Altes Jersey-Hemd«, denn Mr. Dennis stammte genau wie Mr. Saumarez von den Kanalinseln, und wie alle Bewohner Jerseys pflegte er bei kaltem Wetter ein grobes Wollhemd zu tragen, »da wollte ich sowieso hin. Also stopf dir die Pfeife damit, und rauch es; wohl bekomm's, ha, ha!«

Eine wunderbare Insel, dachte Peter. Und die gesamte Besatzung dachte dasselbe. Doch als sie nicht nur an diesem und am nächsten, sondern auch am übernächsten noch unerschütterlich und klar in Sicht blieb, fanden sich nicht wenige, die so abgrundtief undankbar waren, daß sie ihr mit den Fäusten drohten, während sie aus vollen Lungen nach einem Wind pfiffen, der sie endlich fortbringen würde.

Der Trommelwirbel und der Krach beim Abschlagen der Kajütschotts, wenn ein Schiff klar zum Gefecht macht, bilden die vielleicht erregendste Geräuschkulisse überhaupt. Die Trommeln dröhnten durch die *Centurion,* die Kammern der Offiziere verschwanden, die zwischen die Kanonen gelaschten Fässer flogen über Bord und klatschten ins Wasser, wo sie weiße Kreise hinterließen, die nach achtern trieben und sich mit dem Kielwasser mischten, als die *Centurion* durch die See auf ein Schiff zupreschte, das sich auf Gegenkurs näherte.

»Ein Vierundsiebziger«, behauptete Preston, der, geduckt unter der riesigen Fläche des Steuerbordleesegels, nach vorn spähte.

»Ich kann nichts sehen«, klagte Bailey und hüpfte ein paarmal vergeblich.

Auf seiner Station bei der Backbordkanone im Vorschiff sagte Peter: »Ich kann nicht erkennen, was für ein Schiff das ist.«

»Ein Dickschiff«, erklärte der Stückmeister neben ihm. »Noch fünf Minuten.«

»Es kann nur ein Kriegsschiff sein, so, wie es angeschossen kommt«, flüsterte Preston. »Die meinen es ernst.«

»Sofern es nicht ein Kauffahrer ist, der uns für seinesgleichen hält.«

»Mach dich nicht lächerlich. Natürlich ist es ein Kriegsschiff – ein Zweidecker. Ein Sechzig-Kanonen-Schiff oder ein Vierundsiebziger.«

»Ich kann nichts erkennen, wenn sie so frontal auf uns zukommen.«

»Noch vier Minuten. Drei und sie sind in Schußweite«, murmelte der Stückmeister vor sich hin, die Augen wegen des grellen Sonnenlichts zusammenkneifend.

Während der endlosen Minuten, ehe die Schiffe konvergierten, herrschte auf der *Centurion* eine feierliche Stille, durch die nur das Singen des Windes im Rigg und das Rauschen des an der Bordwand vorbeiströmenden Wassers drang. Auf dem Oberdeck kauerten die Stückmannschaften in Bereitschaft neben ihren Geschützen, vom Batteriedeck wehte der Geruch der in ihren Zubern glimmenden Lunten herauf. Jede Sekunde konnte eine Breitseite die Stille erschüttern. Keppel und Ransome standen mit ihren Pfeifen bereit und warteten darauf, daß Mr. Brett ihnen das Zeichen gab.

»Mr. Blew«, befahl die Stimme des Kommodores, »wenn Sie sie bitte auf Spanisch anpreien würden.«

Der Bootsmann rannte nach vorne zum Steuerbordkranbalken. *»Qué nave?«* rief er. *»Que entregue en seguida – somos Ingleses.«*

»*Tryals* Prise«, kam die Antwort, und als die Schiffe aneinander vorbeirauschten, sah Peter Mr. Hughes, den Ersten Offizier der *Tryal,* auf dem Vordeck stehen und mit einer gewissen Besorgnis in die drohend geöffneten Stückpforten der *Centurion* spähen, die eine nach der anderen vorbeiglitten. Als beide Schiffe genau auf einer Höhe waren, sah er die rotgoldene Fahne Spaniens unter der englischen Flagge flattern. Aber sämtliche Kanonen blieben stumm, und die *Centurion* luvte an, während der große Spanier ihr Heck kreuzte, um in ihrem Lee beizudrehen.

»Na ja, da ist ja noch der andere«, meinte Peter hoffnungsvoll und blickte zu dem kleineren Schiff am Horizont.

»Pah«, stieß der Stückmeister verächtlich aus. »Das ist nur die *Tryal,* die sich ihre halben Masten abgesegelt hat. Bekloppte.« Verärgert stapfte er davon. Allgemeine Unzufriedenheit verbreitete sich auf der *Centurion.*

»Die müssen wie ein Haufen Irrer auf Teufel komm raus losgestürmt sein«, sagte Mr. Blew entrüstet, »wenn sie sich direkt nach der Überholung so die Masten absegeln.«

»Was für häßliche Linien sie hat«, höhnte Peter über das spanische Schiff. »Wie Spillanes Wagen, der sich überschlagen hat und im Sumpf gelandet ist.«

»Hast du gesehen, wie sie heißt?« fragte Bailey. »*Arranzazu.* Was für ein bescheuerter Name!«

Als sich wenig später das Gerücht verbreitete, daß die Prise lediglich Silber im Wert von fünftausend Pfund an Bord hatte, kannte die Empörung der Centurions keine Grenzen mehr. Sechsunddreißig Stunden lang hatte die unglückselige *Tryal* ihre Beute durch Wind und Wetter gejagt (daß sich die *Centurion* im selben Sturm ihr Großmarssegel zerrissen hatte, fiel freilich unter den Tisch), hatte sie eine ganze Nacht hindurch verfolgt, mit dem durch die Ritze einer schlampigen Abdeckung fallenden Lichtschein als einzigem Anhaltspunkt; gleichwohl waren es die Centurions, die sich betrogen fühlten und gereizt und streitsüchtig reagierten, und sie betrachteten die Besatzung der *Tryal* mit selbstgerechter Verachtung, die auf unterschiedlichen und widersprüchlichen Gründen beruhte: erstens hätte die Prise gar keine Prise, sondern nur ein kämpfender Spanier sein dürfen; zweitens, wenn sie schon eine Prise war, dann hätte sie zumindest die Prise der *Centurion* sein müssen; drittens, wenn die *Tryal* unbedingt eine Prise kapern mußte, hätte sie sich wenigstens eine reiche Prise aussuchen sollen.

»Und für so was habe ich beim Klarmachen der Decks einen wertvollen Korb verloren, der beim Niedergang verstaut war«, klagte Peter.

»Sie hatten zehn Tage Vorsprung auf See vor uns«, sagte Preston. »Das nenne ich einen kapitalen Bock schießen! Ich meine, auf der Jagd nach lumpigen fünftausend Pfund in einem Tempo übers Wasser zu brettern, noch dazu unter Vollzeug, daß sie sich die Großmarsstenge absegeln und die anderen alle Sprünge kriegen.«

»Fünftausend Pfund sind eine lächerliche Summe«, bemerkte Bailey. »Sie hätten mehr Rücksicht auf die Royal Navy nehmen und weniger an das Prisengeld denken müssen.«

»Und wißt ihr was?« Keppel kam wütend ins Fähnrichslogis geschossen. »Der Kommodore hat vor, sie als Fregatte in den Dienst der Royal Navy zu stellen, und Sawney soll zum Vollkapitän auf ihr ernannt werden. Sie sind gerade dabei, die Kanonen der *Tryal* auf sie rüberzuschaffen, die Sloop soll nämlich versenkt werden. Und als Belohnung dafür, daß sie Seiner Majestät Schiff zum Wrack gefahren haben, kriegen sie eine schöne, neue Fregatte – sie war mit Unterbrechung ein Kriegsschiff der spanischen Marine – und dürfen es sich an Bord gemütlich zu machen – sie ist am Wind ein hervorragender Segler –, und obendrein werden sie noch befördert und gehätschelt. Famos, nicht wahr? Also bekommen wir jetzt noch nicht mal unseren Anteil an der Hulk. Großartig, nicht wahr?« Mit einem Aufschrei der Enttäuschung verschwand er hinauf an Deck.

»Ach, na ja«, meinte Peter gelassen, »es gibt immer noch eine Unmenge Meer ringsum, und ich habe nicht den geringsten Zweifel, daß es darin von Prisen nur so wimmelt. Ich wette, bis wir Paita erreichen, haben wir ein rundes Dutzend erobert.«

ZEHNTES KAPITEL

WENN JEMAND PETERS Wette angenommen hätte – was natürlich niemand tat, denn es hätte dem Schiff Unglück bringen können –, hätte Peter sein Geld verloren. Das Geschwader durchkämmte die See vor Valparaíso; es suchte die Gewässer vor der chilenischen Küste und die Küsten und Landspitzen von Peru ab; es fuhr mit fliegenden Schoten und stürmischem Wind aus Süd wieder zurück über den Wendekreis des Steinbocks, immer in einer weit auseinandergezogenen Linie: erst die *Centurion,* dann, in Backbord von ihr, die von Mr. Saumarez kommandierte *Carmelo,* und jenseits davon, außer Sicht der *Centurion,* aber in Signaldistanz zur *Carmelo,* die *Tryal-Prise* mit einer bunt gemischten Crew aus aller Herren Länder, von den Männern der *Tryal* in tadelloser Ordnung und peinlicher Sauberkeit gehalten. Die drei Schiffe deckten ein riesiges Seegebiet ab, einen vielleicht fünfzig Meilen breiten Streifen, den nichts und niemand ungesehen passieren konnte; und während sie in den Handelsrouten kreuzten, bestrichen die Ausguckposten in unermüdlicher Wachsamkeit mit Fernrohren den Horizont. Aber nirgendwo entdeckten sie ein Schiff.

»1. November. 14°2'S 76°39'W. Die Insel Gallan peilt in Nordnordost, Entfernung 21 Seemeilen, Morro Viejo in Süd ein halb Ost, Entfernung 5 Meilen. Wind aus Südsüdost, rückdre-

hend auf Süd«, schrieb Peter. *»Keine besonderen Vorkommnisse. Wir haben ein paar Männer von der* Carmelo *übernommen, falls spanische Kriegsschiffe aus Callao auslaufen. Viele Fliegende Fische. Sean hat vom Backbordheckausleger einen Bonito gefangen.*

4. November. Mein Geburtstag. Wir sind nun seit 412 Tagen auf See, und mein Dienstalter beträgt schon mehr als ein Jahr. Ich wollte es im Fähnrichslogis nicht erwähnen, aber der gute Mr. Walter brachte mir einen Kuchen, den er extra von denen für mich aufgehoben hatte, die Mr. Saunders ihm neulich aus den Beständen der Tryal-Prise *vermacht hat. Das war ausgesprochen nett von ihm, zumal man ihm, wie er selber zugibt, eigentlich keine Süßigkeiten anvertrauen darf, nicht mal einen Zuckerhut. Er wurde nämlich schon dabei beobachtet, wie er einen solchen in der Offiziersmesse unter seiner Soutane versteckt hat, und Jennings schwört, daß dem Steward des Kommodores nichts anderes übrigbleibt, als die persönlichen Vorräte des Kommodores einzuschließen und den Schlüssel um den Hals zu tragen. Beim Anblick des Kuchens witterten die anderen Midshipmen natürlich den Grund, und Ransome stellte den Kuchen in ein Kugelregal und eine Kerze drauf – auf den Kuchen paßte nur eine, weil eine Ratte ihn angenagt hatte. Es war eine prima Idee, aber leider schmolz der Talg ziemlich schnell in der Sonne, so daß man ihn gar nicht gemütlich genießen konnte, ganz abgesehen von den Maden. Und dann tranken wir noch einen fabelhaften Rumpunsch, den alle mir spendiert hatten, und brüllten und lachten wie verrückt, bis Mr. Brett nachfragen ließ, ob wir mit unserem Lärm den Teufel aufwecken wollten. Falls ja, müsse ihm dessen Auftauchen sofort gemeldet werden, um ihn auf der Stelle in die Musterrolle einzutragen, so unterbemannt wie das Schiff sei. Sean hat mir einen zwei Faden langen Wollschal geschenkt, den er aus schwarzer und roter Wolle gestrickt hat, die auch aus der* Tryal-Prise *stammt. Ich frage mich nur, wie er da dran gekommen ist. Ich werde ihn gut brauchen können, wenn wir die Tropen verlassen. Ausgesprochen nett und großzügig von Sean.*

5. November. 10°36'S 77°41'W. Kap Barranca peilt in Westnordwest ein halb West. Mißweisung am Mittag 7°1'S. Leichter, veränderlicher Wind aus Süd und Südwest. Keine besonderen Vorkommnisse. Mittlerweile sind über 50 Tage seit unserer Abfahrt von Juan Fernandez vergangen, und Mr. Blew sagt, ein Eilbote braucht 30 Tage von Valparaíso nach Lima, so daß sie inzwischen vielleicht schon an der ganzen Küste wissen, daß wir hier sind, und sowohl in Peru als auch in Chile ein Embargo für Schiffe verhängt haben könnten. Trotzdem sind die Männer noch guter Stimmung und segeln das Schiff so flink, daß es eine Freude ist, ihnen zuzusehen.

Ich darf nicht vergessen, den Segelmacher zu bitten, meine Segeltuchhose ein Stück länger und weiter zu machen – sie geht mir nur noch bis ans Schienbein und ist entsetzlich eng. Nicht vergessen, Rogers etwas Schönes zu schenken, dafür daß er mir die Centurion *in einer Flasche gemacht hat.«*

Es war Peters Freiwache unter Deck, die Nachmittagswache eines sehr warmen Tages, nicht zu heiß, aber das Wetter machte schläfrig. Er gähnte, klappte sein Tagebuch zu und schlug den Horaz auf. Die Ode über Maevius mußte für Mr. Walter vorbereitet werden, und Keppel und er hatten eine Version geschrieben, mit der sie recht zufrieden waren.

»Mala soluta navis exit alite
Ferens olentem Maevium

– Mit böser Vorschau abgelöst enteilt das Schiff, und trägt den Stänker Mr. Saumarez –

Ut horridis utrumque verberes latus,
Auster momento fluctibus

– Daß das Schiff schreckenvoll nach Steuerbord und Backbord, du, Südwind, schlägst, vergiß es nicht.

Niger rudentis Eurus inverso mari
Fractosque remos differat

– Schwarz werf' der Ostwind es im Meergewühl mit abgebrochnen Masten hin.«

Er übersprang ein paar Zeilen, bis er zu der Stelle kam, die dem Fähnrichslogis besonders gefallen hatte.

»*O quantus instat navitis sudor tuis*
Tibique pallor luteus

– Ha, welch ein Schweiß steht deinen Schiffern bald bevor, und ha, welch fahle Totenfarb' dir selbst –

Et illa non virilis ejulatio
Preces et aversum ad Iovem

– Und jene nicht mannhafte Wehklag' und das Flehen zum weggewandten Jupiter –

So du, als fette Siegesbeut', am krummen Strand gestreckt die Tauchervögel labst, die solches lieben; dann wird ein liebestoller Geißbock dargebracht den Stürmen und ein junges Schaf.

Das ist aber gar nicht nett gegenüber dem Geißbock«, sagte Peter und schlug das Buch zu. Es war auch nicht nett dem Ersten Offizier gegenüber, der beim nicht ganz erfolglosen Versuch, die Midshipmen Mores zu lehren – eine außerordentlich undankbare Aufgabe –, graue Haare bekommen hatte. Peter gähnte wieder, rollte sich auf dem Spind zusammen, und innerhalb von zwei Minuten war er fest eingeschlafen und schnarchte leise pfeifend im Takt mit dem langen Rollen des Schiffes. Die Fähigkeit des Seemanns, zu jeder Tages- und Nachtzeit schlafen zu können, war ihm mittlerweile genauso in Fleisch und Blut übergegangen wie die Gewohnheit, beim kleinsten ungewohnten Geräusch sofort hellwach zu sein. Der Lärm, mit dem Baileys Riesenfüße unter Deck gepoltert kamen, hätte ihn ebensowenig aufgeweckt wie der krachende Abendschuß, aber ein falscher Ton im Rigg oder das Geräusch, wenn das Schiff an Fahrt verlor, durchdrang allen anderen Lärm und weckte ihn auf der Stelle auf.

Das Geräusch, das ihn aufspringen ließ, hätte freilich jeden bereits so gut wie toten Seemann aufgeweckt, der auf der Jagd nach Spaniern den Pazifik befuhr.

»Segel in Sicht!« schallte es vom Masttopp an Deck hinab, und als Peter das Achterdeck erreichte, hatte Keppel bereits dem Signalgast die Flaggen zugeworfen, die nun blitzschnell am Mast aufstiegen mit dem Befehl an das Geschwader, die Verfolgung aufzunehmen.

Es erübrigte sich, nach der Peilung zu fragen. Alle Teleskope in den Masttoppen konvergierten in einem weißen Fleck in Lee, der von Deck aus nicht zu sehen war, und die wenigen entbehrlichen Augen an Bord starrten alle angestrengt in diese Richtung. Wenige entbehrliche Augen, denn die *Centurion* zog nun ganz nach dem Geschmack der Besatzung Vollzeug auf, und auch der geschickteste Seemann kann nicht ein Reff ausschütteln und dabei endlos lange einer Prise nachglotzen.

»Wir holen auf«, rief Preston. »Sie ist schon mit dem Rumpf über der Kimm. Sieh dir die *Tryal*-Prise an: meilenweit zurück.«

»Sie hat sich ihre Steuerbordleesegelspiere an der Großmarsrah abgesegelt«, stellte Peter fest und schwenkte das Glas wieder auf den fliehenden Spanier. »Wenn uns das auch passiert«, fügte er hinzu und schielte an der Rah entlang nach außen, wo sich die lange, zugespitzte Spiere bedenklich unter dem Druck des Leesegels bog, »dann geht der Mast hier über Bord, und wir holen sie nicht mehr ein. Er ist nämlich nur mit einer Wuhling gefischt.«

»Ich weiß«, bestätigte Preston. »Aber das braucht uns nicht zu kümmern, ich meine, ob wir sie dann noch einholen oder nicht, denn wenn der Mast über Bord geht, gehen wir auf jeden Fall mit, ha, ha!«

»Satan, sind wir schnell!« rief Peter. »Wir machen acht Knoten!«

»Neun«, korrigierte Preston.

»Acht«, beharrte Peter. »Und der Spanier macht höchstens sieben.«

»Es kann doch unmöglich schon drei Glasen sein?« rief Preston entsetzt aus.

»Doch.« Peter drehte sich kurz zur Sonne um. »In einer Stunde wird es dunkel, und es gibt keinen Mond.«

Drei Glasen in der letzten Hundewache! Vier Glasen, als Peter vom Masttopp wieder an Deck hinunterkletterte. Die Sonne, mit ihrer unerträglichen Angewohnheit, in den Tropen um Punkt sechs Uhr zu versinken, berührte schon fast die See. Inzwischen war der Rumpf des Spaniers von Deck aus zu sehen, aber sofern er sich nicht einen Mast absegelte, würde er bei Einbruch der Nacht immer noch meilenweit voraus sein und mit Sicherheit im Schutz der Dunkelheit seinen Kurs ändern.

Die Sonne versank abrupt, und die Nacht spannte sich, von Osten aufsteigend, in einem unermeßlich weiten Bogen bis zum Zenit. An Steuerbord querab herrschte bereits dunkle Nacht, hoch über der *Centurion* war der Himmel vorübergehend in violettes Zwielicht getaucht, und an Backbord verglühte der Tag in feuerroten Farben. Man konnte verfolgen, wie der Bogen über die Masten wanderte und die Himmelskuppel bis an den Rand des westlichen Horizonts überzog, und dann war es dunkel. Schon begannen die Sterne groß und hell zu funkeln. Hinter dem Heck der *Centurion* spreizte sich das Kreuz des Südens am schwarzen Himmel, und die schmutzigen, geflickten, von Wind und Wetter verschlissenen Segel schimmerten in fahlem Weiß, jedenfalls die Untersegel und ein Teil der Marssegel; die anderen Segel waren nur noch als geisterhafte Schatten vor dem Sternenhimmel zu erahnen.

Die Freiwache unter Deck war nur dem Wortlaut nach unter Deck, denn kein Mann rührte sich freiwillig von Deck. Ungestört spazierten die Ratten über den Gemeinschaftstisch und durch die abgesonderten Backschaften des Batteriedecks und ließen sich den am wenigsten verdorbenen Schiffszwieback schmecken; in der Fähnrichsmesse wurde der dampfende Eintopf lauwarm – kalt konnte er nicht werden, denn hier unten herrschte eine Temperatur von 37 Grad.

»Lassen Sie bitte die Royals wegnehmen, Mr. Brett, und die Leesegel auch«, befahl der Kommodore.

Die Toppgasten huschten die Wanten empor, schemenhafte Gestalten, die in die samtschwarze Nacht entschwanden, einander kopfschüttelnd zumurmelnd: »Eh?« – »Warum?«

»Segel in Sicht!« brüllte der Ausguckposten im Masttopp. »Segel ho...«

»Segel hee«, flüsterte Keppel.

»... genau voraus.« Die Stimme des Ausgucks klang unsicher. Dies war die dritte Meldung eines angeblichen Schiffes seit Sonnenuntergang.

»Mr. Stapleton!« rief der Kommodore nach oben. »Was sehen Sie?«

»Nichts, Sir«, ertönte nach langer Zeit die Antwort. »Ich sehe nichts.«

»Quartermaster«, bellte der Kommodore.

Die *Centurion* hatte gegiert, ein fast unmerkliches Ausscheren, als der Rudergänger versuchte, mit einem Auge den Kompaß im Blick zu behalten und mit dem anderen suchend über den Bugspriet zu spähen.

»Mr. Anson, Sir«, sagte Oberst Cracherode zu Peters unendlicher Erleichterung, »würden Sie einem Landlubber seine Neugier nachsehen und mir die Frage gestatten, was ... mich zu erkundigen, ob ...«

»Ob das andere Schiff den Kurs geändert hat? Das ist sogar sehr wahrscheinlich. Wie ich annehme, hat der Spanier unmittelbar nach Sonnenuntergang angeluvt und dürfte vermutlich jetzt gerade wieder wenden und unter Vollzeug auf Land zuhalten. Deshalb bleiben wir auf unserem Kurs in der Hoffnung, ihn beim zweiten

Kreuzschlag abzufangen. Natürlich kann ich mich irren, aber wenn ich der spanische Kapitän wäre, würde ich es so machen. Mr. Brett, ich glaube, wir sollten bei den Toppsegeln ein Reff einbinden. Und vielleicht wäre es das beste, Sie würden selbst mit dem Nachtglas aufentern.«

Kaum hatte Mr. Brett den Masttopp erreicht, da schallte höchst aufgeregt und erstaunlich laut seine Stimme nach unten: »Segel vier Strich an Backbord voraus!«

»An die Brassen!« brüllte der Kommodore. »Backbord das Ruder. Die Schot da durchsetzen. Am Großhals, Mr. Ransome, na, wird's bald!«

In einer schwungvollen Kurve drehte die *Centurion* in den Wind. Hoch oben warteten Peter und seine Gruppe auf den Befehl, und in dem Moment, als er kam, ließen sie das Fockbramsegel fallen und huschten blitzschnell wieder von der Rah. Sofort wurden die Schoten durchgeholt, und unter dem zusätzlichen Preß tauchte die *Centurion* ihren Bug tief in die Bugwelle. Aber dieses beeindruckende Schauspiel entging Peter, denn er hatte nur Augen für den blassen Schemen vor ihnen, einen verschwommenen weißen Fleck im Sternenlicht.

Zwanzig Minuten später war es kein verschwommener weißer Schemen mehr, sondern ein Schiff und klar und deutlich in Schußweite.

»Die Eins«, sagte Mr. Randall; und zum ersten Mal im Leben erlebte Peter, daß eine Kanone in tödlichem Ernst abgefeuert wurde.

Eine grell orangerote Feuerzunge, in der für den Bruchteil eines Augenblicks wirbelnde Wergfetzen zu sehen waren, schoß in Richtung des verfolgten Schiffes. In der unmittelbar nachfolgenden Dunkelheit brannte die gelbrote Stichflamme noch auf Peters Netzhaut nach, um schon im nächsten Moment, als der Stückmeister befahl: »Drei. Und fünf«, von zwei noch grelleren

Feuerstößen überblendet zu werden. Wieder gierte die *Centurion*, und sobald die vorderen Steuerbordkanonen ihr Ziel aufgefaßt hatten, feuerten sie los.

»Sie glauben, sie können uns entwischen«, bemerkte der Kommodore. »Drei Kartätschen über ihre Toppen, Mr. Randall. Das dürfte ihre Toppgasten einschüchtern. Hoch zielen, Mr. Randall. Schießen Sie auf keinen Fall in den Rumpf.«

Jetzt brüllten die Geschütze aus der Kuhl los, eins, zwei und dann drei gleichzeitig.

»Sie haben die Flagge gestrichen, Sir«, meldete der Dritte Offizier an Mr. Brett und tippte sich an den Hut.

»Sir«, wandte sich Mr. Brett an den Kommodore, »sie haben die Flagge gestrichen.«

»Sehr schön, Mr. Brett. Veranlassen Sie, daß Mr. Dennis das Schiff schnellstens in Besitz nimmt und uns die Gefangenen an Bord schickt.« Mit diesen Worten drehte sich der Kommodore um und begab sich in die Achterkajüte.

»Aye, aye, Sir. Kuttercrew antreten. Mr. Palafox, Kutter aussetzen. Mr. Bowles, geben Sie Pistolen und Entermesser aus. Beeilung, meine Herren.«

Da Peter noch nie im Leben ein Wort Spanisch gehört hatte, verstand er kaum etwas von der Kapitulation des spanischen Kapitäns oder von Mr. Dennis' Befehlen an die spanische Besatzung in der Kuhl des Schiffes. Aber er wußte, was seine Aufgabe war, und sobald sich die Gefangenen in Bewegung setzten, trieb er sie in den Kutter, lieferte sie auf der *Centurion* ab und kehrte wieder zurück, um die nächsten zu holen. Als er mit seiner zweiten Fuhre zurückkam, hatte er immerhin so viel erfahren, daß er Bailey in den Rüsten zuflüsterte: »Nur ein verdammter Kauffahrer mit Kokosnüssen und Leder, nichts was den Namen Prise verdient.«

Als er zum dritten Mal bei dem Spanier längsseits ging, hörte er ein gräßliches Heulen und Kreischen an Bord, ein Fluch ertönte, dann stürzte polternd jemand zu Boden.

»Rogers, bleiben Sie im Boot. Die anderen kommen mit mir«, brüllte Peter und sprang, die gespannte Pistole unter den Arm geklemmt, in der rechten Hand ein Entermesser, das Fallreep empor, was bei der steilen Bordwand eines Schiffes alles andere als ein Kinderspiel ist. Der Lärm kam aus der Achterkajüte, und als sich Peter über die Reling schwang, sah er Mr. Dennis mit vor Schreck geweiteten Augen rückwärts aus der Kabine wanken. Drei blutige Striemen liefen ihm die Backe hinunter.

»Was ist los, Sir?« rief Peter.

»Da drinnen steckt ein fürchterliches Weibspack«, sagte der Offizier. »Die weigern sich rauszukommen. Hatten sich unter den Betten und weiß der Teufel wo versteckt und sich plötzlich alle auf mich gestürzt. Eine hat mich gebissen«, fügte er konsterniert hinzu und begann an seinem Finger zu saugen. »Na los, Williams«, befahl er, »scheuch sie in den Kutter.«

»Verzeihung, Sir«, zögernd trat Williams vor ins Licht, »ich hab's schon einmal versucht.«

»Ein schöner Haufen sind Sie!« schrie der Offizier und ließ verächtlich den Blick über den Halbkreis aus ängstlichen Gesichtern vor ihm schweifen.

»Nach Ihnen, Sir«, sagte eine im Schatten des Großmastes verborgene Person.

»Der Kommodore hat gesagt ›schnellstens‹«, flüsterte der Offizier verzweifelt und warf einen sehnsüchtigen Blick zur Tür.

»Darf ich's mal versuchen, Sir?« fragte Peter.

»Ja, los, versuchen Sie's.«

Mit gebieterischem Schwung stieß Peter die Tür auf.

Drei Sekunden später kam er wieder herausgeschossen – und sein bisheriges Frauenbild hatte sich gewaltig verändert.

»Tja, Sir«, begann er, mit den Fingern durch seine zerzausten Locken kämmend, aber ein Ruf von der *Centurion* unterbrach ihn.

Der Kommodore erkundigte sich nach dem Grund für die Verzögerung.

»Sofort, Sir!« rief der Offizier gequält.

»Tatsache ist, Sir«, raunte Peter dem Offizier zu, »daß eine der Frauen in – ähem – in anderen Umständen ist, Sir. Aus diesem Grund hielt ich die Anwendung von Zwang für barbarisch. Vielleicht sollte der Kommodore entscheiden, Sir, oder? Soll ich ihn informieren?«

»Tun Sie das, Mr. Palafox.« Tiefe Erleichterung sprach aus Mr. Dennis' Stimme. »Meine Empfehlung, und der Gesundheitszustand der Frauen läßt eine Verlegung nicht zu. Bitte um weitere Anweisungen und erlaube mir den Vorschlag, den Ladies unter den gegenwärtigen Umständen die Weiterbenutzung ihres Quartiers zu gestatten.«

Riemen klatschten ins Wasser, und nach einiger Zeit kehrte Peter zurück und schleppte sich, gefolgt von zwei Seesoldaten und dem spanischen Lotsen, abermals die Bordwand hinauf. »Halten zu Gnaden, Sir, Vorschlag gebilligt«, meldete er. »Der Lotse darf hierbleiben, um die Frauen bei Laune zu halten – er ist mit einer von ihnen verheiratet. Die Wachtposten sollen gemeinsam Wache halten. Und ich soll noch ausrichten, Sir, daß der Kommodore ausdrücklich anordnet, daß die Frauen in keiner Weise gestört oder belästigt werden dürfen.«

»Belästigt, Mr. Palafox?«

»Jawohl, Sir. Keinerlei Belästigung.«

»Ha, ha, Mr. Palafox?«

»Ha, ha, Sir.«

»Vielen Dank, Mr. Palafox. Und wissen Sie was«,

fügte der Offizier vertraulich hinzu und klopfte Peter freundschaftlich auf die Schulter, »das werde ich Ihnen nie vergessen.«

»Oh, mit Verlaub, Sir!« schrie Peter mit schmerzverzerrtem Gesicht.

»Was ist los?«

»Genau an der Stelle hat mich eine von den Furien mit dem Feuerhaken getroffen. O Sir«, stieß er hervor, »finden Sie es eigentlich sinnvoll, auf zehn Grad Süd einen Feuerhaken an Bord zu haben?«

»Wo bleibt denn der vermaledeite Kutter?« fragte die *Centurion*.

»Da hilft am besten Packpapier, Essig und italienische Melasse, Mr. Palafox«, rief der Offizier von der Reling zum Kutter hinunter. »Zweimal stündlich auftragen.«

Morgendämmerung, Sonnenuntergang, Morgendämmerung und eine neue Prise, eine sehr bescheidene. Die Begeisterung darüber legte sich sehr bald, und kurz darauf schallte der Ruf nach Peter durchs Schiff.

»Ah, da sind Sie ja, Mr. Palafox«, stellte der Kommodore fest, als Peter in die sonnenbeschienene Achterkajüte eilte. »Du lieber Himmel, was haben Sie denn mit Ihrem Gesicht gemacht?«

»Ich bin gestürzt, Sir«, antwortete Peter.

»Hm. Na, schön, wie dem auch sei«, fuhr der Kommodore fort, »ich habe Sie rufen lassen, weil Sie uns möglicherweise bei einem Gefangenen der neuen Prise helfen können. Mr. Blew wird aus seinem Spanisch nicht klug, glaubt aber, er könnte Ire sein. Sie verstehen doch Irisch, oder?«

»Ja, Sir.«

»Dann reden Sie ihn doch bitte in dieser Sprache an. Nehmen Sie Platz, hier, neben mir. Sergeant, führen Sie den Mann herein.«

»Er kommt aus der Grafschaft Kerry, Sir«, sagte Peter nach einem kurzen, schnellen Wortwechsel. »Will weder seinen Namen noch seine Pfarrei nennen. Er fürchtet, daß man ihn als Rebellen betrachtet und seinen Leuten zu Hause Ärger macht.«

»Fragen Sie ihn, was er hier macht.«

»Er sagt, ein großer, widerlicher ... ein Seesoldat habe ihn hergebracht, Sir, der zu stark war, als daß er sich hätte wehren können.«

»Unsinn, seien Sie doch nicht albern, Mr. Palafox. Aus welchem Grund hält er sich in diesen Gewässern auf? Wie kommt es, daß er in dieser Gegend ist? Wenn er gegen seinen Willen von den Spaniern gefangengenommen wurde und wenn er uns etwas über ihre Pläne verraten kann, wird er natürlich nicht wie ein Rebell behandelt, sondern belohnt und zurück in sein Land gebracht. Würden Sie ihm das bitte begreiflich machen.«

»Aye, aye, Sir.«

»Das dauert aber lange, Mr. Palafox«, wunderte sich der Kommodore schließlich.

»Verzeihung, Sir. Ich mußte ihn erst noch vom Recht König Georges auf die irische Krone überzeugen. Aber ich denke, es hat sich gelohnt, Sir.«

»Ist er jetzt davon überzeugt?«

»Jawohl, Sir.«

»Um so besser. So, und was kann er uns nun berichten?«

»Sir, er sagt, es lägen vier Kauffahrer im Hafen von Paita und zwei Galeeren, die dem König von Spanien gehören. Er kennt die Stadt wie seine Westentasche, denn er treibt dort seit vielen Jahren Handel. Er sagt, das seien die größten Gauner dort, und sie lebten in Glanz und Gloria und mit Goldschätzen wie Nebukadnezar.«

»Das interessiert jetzt nicht, Mr. Palafox. Stellen Sie die Stärke der Verteidigung und die Aufstellung der Geschütze fest und versuchen Sie, eine verständliche Beschreibung der Stadt von ihm zu bekommen. Zeichnen Sie einen Plan, während er sie beschreibt.«

»Fünf Straßen längs und fünf Straßen quer, und das ist das Fort, und hier ist der Anlegeplatz. Und das ist die Kirche, richtig?«

»Ja, genauso sieht es aus, Euer Ehren«, sagte der Ire. »Was für ein schönes Bild das ist, fürwahr! Könnte gar nicht genauer sein. Und wann werden Euer Ehren mir die englischen Guineen geben, mein Lebenselixir?«

»Es gibt acht Kanonen im Fort?«

»Acht sind es, Euer Ehren; außer denen, die umgekippt sich und auf der Seite liegen.«

»Und wo sind die Schätze?« fragte Peter plötzlich aus eigenem Antrieb.

»Na, wo sollen die schon sein, wenn nicht im Zollamt hier am Kai?« erwiderte der Mann. »Das weiß doch jeder. Ich spreche von den Schätzen der Kaufleute, versteht sich, denn der Schatz des Königs ist natürlich im Fort, wo Don Diego sitzt und den ganzen heißen Tag lang die Goldmünzen zählt, die er sich zum eigenen Vorteil abzweigt, der Gauner. Dabei ist er der Gouverneur der Stadt.«

»Hier im Fort? Der Schatz des Königs?«

»In ebendiesem mächtigen Fort.«

»Dann werden wir ihn schon finden.«

»Nein, das werdet Ihr nicht«, widersprach der Ire, »denn erklär' ich Euer Ehren vielleicht nicht gerade, daß die Spanier von Eurem Kommen an ebendiesem Mittwoch wußten? Und haben sie, als ich Paita verlassen hab', etwa nicht schnell den Schatz rund vierzig Meilen weit ins Landesinnere gebracht?«

»Oh«, sagte Peter. »Auch den Schatz der Kaufleute? Haben sie den auch mitgenommen?«

»Nein«, antwortete der Händler. »Würden die Kaufleute etwa Don Diego auch nur eine einzige Münze anvertrauen? Nein, niemals. Sie sind zwar Ganoven, aber keine Dummköpfe.«

»Dann ist der Schatz also noch dort? Liegt er noch in dem großen Gebäude am Kai?«

»Vielleicht ja, Euer Ehren, vielleicht aber auch nicht. Auf jeden Fall ist er wie ein Vogel, der sich jeden Augenblick in die Luft schwingt, denn die Kaufleute haben einen schnellen Segler bereitgestellt, um ihn zu verschiffen. Am Samstag laden sie ihn in den Schiffsbauch, und im Moment tragen sie Talg- und Fettschmiere auf, damit das Schiff noch schneller schwimmt. Denn haben sie etwa nicht gerade damit begonnen, als ich Paita verlassen hab', was noch keine zwanzig Stunden her ist? Und es ist nicht nur das größte Schiff der See, wenn so viel reinpaßt – denn es ist ein riesiger Schatz, Euer Ehren, ein ganz anderer als der vom König, der so klein ist, daß man ihn nicht mal in ein Taschentuch wickeln könnte, ohne ihn zu verlieren, nachdem sich der Gouverneur daraus bedient hat. Es ist auch das schnellste Schiff, denn es segelt sogar den Wind aus, jawohl. Euer Ehren wird's einem armen Händler wie mir doch nicht verübeln, wenn er sagt, daß Euer glorreiches Schiff niemals in vierundzwanzig Stunden – wenn der Schatz Flügel bekommt – die Stadt erreicht.«

»Verstehe«, sagte der Kommodore, nachdem Peter alles weitergegeben hatte. »Rufen Sie Mr. Brett zu mir. Was du heute kannst besorgen, das verschiebe nicht auf morgen, Mr. Palafox«, fügte er hinzu und erhob sich. »Bringen Sie den Mann hier zum Vorschiff. Nehmen Sie meine Notizen mit. Gehen Sie noch mal alles zweimal mit ihm durch. Sollten Ihnen dabei irgendwelche wesentlichen Widersprüche auffallen, geben Sie mir sofort Bescheid. Vierundzwanzig Stunden hat er gesagt?«

Nur wenige Minuten später preschte die *Centurion* unter Vollzeug durchs Wasser. Die kleinen Krebse, die in der langen tropischen Bewuchsschleppe des Unterwasserschiffs lebten, schwammen nicht mehr, sondern klammerten sich an den Entenmuscheln und in den Löchern fest, die der Schiffsbohrwurm ins Eichenherz des Schiffes und den Kupferbeschlag gebohrt hatte.

Es folgten vierundzwanzig Stunden, in denen die Besatzung den Himmel um die übliche spanische Verspätung anflehte und mit verbissener Sorgfalt die Segel trimmte. Die wildesten Gerüchte kursierten auf dem Schiff, denn der irische Händler, der sich nach einem ausgesprochen strengen Verhör frei an Bord bewegen durfte, sorgte durch Sean und die anderen Iren dafür, daß sich die Blüten seiner schöpferischen Phantasie in Windeseile an Bord verbreiteten. Peter gegenüber hatte er sich – eingeschüchtert, wie er war – auf die Wahrheit beschränkt, aber nun, da der Druck des Verhörs nicht mehr auf ihm lastete, hatte diese widernatürliche Zurückhaltung ein Ende.

Es waren vierundzwanzig Stunden, in denen die kleinste Veränderung des Windes mit besorgter Aufmerksamkeit registriert wurde, denn niemand an Bord war so naiv zu glauben, ein Schiff mit über einem Jahr altem Unterwasserbewuchs könnte eines mit blitzsauberem, frisch eingeschmiertem Boden einholen, auch wenn sich die Seeleute noch so ins Zeug legten. Trotz der Haie meldeten sich viele Freiwillige, um sich, mit Gewichten an den Füßen und Äxten in den Händen, zum Kappen des Bewuchses aussetzen zu lassen. Obwohl die Arbeit am Unterwasserschiff fast so etwas wie Kielholen bedeutete – und Kielholen war gleich nach der Todesstrafe oder der Aussicht, durch die Flotte gepeitscht zu werden (was im Grunde auf dasselbe hinauskam), die am meisten gefürchtete Bestrafung –, drängten sich die Männer nun darum, und während einer enervierend langen, einstündigen Totenflaute gelang es ihnen tatsächlich, eine beträchtliche Menge des schlimmsten und längsten Bewuchses wegzuhacken. Doch als Dog-faced Joe und Boscawen bewußtlos und mit Blut in den Ohren an Bord gezogen wurden, schritt der Kommodore ein und machte der Sache ein Ende. Sehr zum Verdruß und gegen den Willen der Besatzung, die Dog-faced Joe gern geopfert hätte, und auch dem schwachen Protest des wieder zum Leben erwachenden Joe zum Trotz.

Es war eine Zeit von so anhaltender Spannung, daß die Prise vom Vortag, die bei Totenflaute von bewaffneten Booten unter Mr. Bretts Kommando eingenommene *Nuestra Señora del Carmen,* darüber völlig in Vergessenheit geriet und die Ausguckposten einige Mühe hatten, sich auf ihre eigentliche Aufgabe zu konzentrieren, die darin bestand, den Horizont nach den Toppsegeln der *Gloucester* abzusuchen, als sie sich dem vereinbarten Treffpunkt näherten.

»Sie nehmen sechzig Mann, einschließlich der spanischen Führer, Mr. Brett«, befahl der Kommodore. »Es müssen zuverlässige Männer sein, die sich weder betrinken noch sonst außer Kontrolle geraten – falls es in der Besatzung überhaupt so viele von dieser Sorte gibt«, fügte er nicht sehr hoffnungsvoll hinzu. »Und hier gehen Sie an Land«, er zeigte auf die Karte.

»Aye, aye, Sir.«

»Gut, dann besprechen wir jetzt, welche Männer in Frage kommen. Da haben wir Williams, der zu Hause Diakon bei den Nonkonformisten ist, und ...«

»Du kannst doch nicht in so einem Aufzug gehen«, flüsterte Peter Keppel zu. Er flüsterte in der Dunkelheit, auf dem ganzen Schiff wurde nur noch geflüstert, obwohl es fünfzehn Meilen vor der Küste lag.

»Doch, kann ich«, erwiderte Keppel und zog sich die scheußliche, kleine Jockeykappe noch tiefer über den Schädel, den kahlen Schädel, denn auf Juan Fernandez waren ihm sämtliche Haare ausgefallen, »ich hab's meiner Mutter versprochen. Die Kappe ist innen mit Stahl verstärkt, und den Samtknoten hat sie selbst gemacht.«

»Ruhe da vorn! Mr. Ransome, haben Sie Ihre Männer gemustert?«

»Ja, Sir. Alle vollzählig und ordentlich angetreten.«

»Boote aussetzen. Sinnig jetzt.« Ein Hagel zischender, halb geflüsterter Flüche ging auf einen unglückseligen Matrosen nieder, der scheppernd über eine Gräting gestolpert war.

»Abstoßen. Rudert an.«

Peter saß auf der Heckducht. Er zitterte vor Aufregung und Spannung. Ich muß versuchen, mich auf dem langen Pull zur Küste zu entspannen, sagte er sich. Er lehnte sich zurück und zwang sich, ruhig durchzuatmen, zitterte aber schon im nächsten Moment wieder so stark, daß seine Backbordpistole mit leisem Klappern gegen den Griff seines Dolches schlug.

Hinter ihnen war die *Centurion* bereits in der Dunkelheit verschwunden. Kein Licht war an Bord zu sehen. Zwischen Peters Barkasse und dem Schiff pullten fast lautlos die beiden Pinassen, eine stammte von der *Tryal*-Prise.

»Immer mit der Ruhe. Im Gleichtakt, lang und ruhig pullen«, befahl Mr. Brett. »Wir haben viel Zeit. Das hier ist kein Rennen.«

Es war ein langer Weg in der Dunkelheit. Irgendwann stellte Peter fest, daß er sogar eingenickt war, eingelullt vom rhythmischen Knarren der Riemen, die im perfekten Gleichklang eintauchten und sich wieder aus dem Wasser hoben.

»O Sir«, sagte er, aus dem Schlaf hochschreckend.

»Ruhe. Ich habe sie gesehen«, antwortete Mr. Brett nicht unfreundlich.

Vor ihnen, noch tief auf dem Wasser, funkelte eine Kette aus Lichtern, den Lichtern von Paita.

»Aufpassen jetzt, scharf aufpassen«, flüsterte der Offizier. »Riemen auf. Mr. Andrews«, rief er leise.

»Sir?« kam die Antwort von der Pinasse der *Tryal.*

»Mr. Ransome?«

»Hier, Sir.« Aus der Dunkelheit klang Ransomes heiseres Flüstern übers Wasser, eine Bootslänge entfernt.

»Haben Sie beide Ihre Peilungen? Das Fort ist jetzt einen Strich an Backbord voraus und die Kirche fünf. Sie bleiben auf jeden Fall immer in meinem Kielwasser.«

»Aye, aye, Sir«, raunte es leise und eindringlich von den Pinassen.

»Rudert an.«

Die Lichter lagen weit gestreut auseinander; je näher die Männer kamen, desto klarer waren sie auszumachen und hörten auf zu funkeln. Immer näher glitten die Boote heran. An Backbord tauchte die schemenhafte Form eines großen Schiffes auf. War es das Schiff, das den Schatz fortbringen sollte? Die Auskunft des Händlers, »eine riesige, schwimmende Burg mit einer Unzahl von Bäumen«, war nicht sehr aufschlußreich. Aber abgesehen, daß sie nicht weiterhalf, kamen die Engländer sieben Stunden zu spät. Dann sahen sie ein weiteres Schiff, ein beleuchtetes.

Ein Ruf zerriß die Stille der Nacht. Peter stockte der Atem. Der Ruf wurde wiederholt, noch lauter. Stimmen erklangen an Bord. An Deck des Spaniers flammten Lichter auf, Schreie ertönten, dann hörte man das Klatschen von Riemen, ein vom Kapitän aus vollem Hals gebrüllte: »*Los Ingleses, los Ingleses, los perros Ingleses!*« gefolgt vom Geräusch hastig zum Strand pullender Boote.

»Pullt, los, pullt, ihr Hurensöhne!« brüllte der Offizier, halb aufrecht auf der Heckducht stehend. »Pullt. Ein. Aus. Ein. Aus. Pullt!«

Hinter ihnen erschallten die wilden, begeisterten Anfeuerungsrufe von Andrews und Ransome. An Steuerbord schoß der lange, seltsame Rumpf einer vermurten Galeere vorbei. Im Fort leuchteten Lichter auf. Andere Lichter rannten am Festungswall entlang.

»Pullt!« schrie Mr. Brett.

Ein Blitz, ein Knall und ein langgezogenes, tiefes Pfeifen, das die Luft über ihren Köpfen erzittern ließ, durchbrachen die Nacht. Ein weiterer Doppelblitz erleuchtete die Festung. Soldaten waren zu sehen, nur einen Augenblick lang und wie in ihrer Bewegung erstarrt. Dann warf das plötzliche, knirschende Abbremsen der Barkasse auf dem Kiesstrand Peter vornüber auf die Ruderbank. Mehrere Männer stiegen über ihn, aber mit einem Satz war er auf den Beinen und sprang auf den Strand. Die Männer formierten sich bereits, und er sauste auf seinen Platz. Irgend etwas schlug gegen den Steinpoller neben ihm und verschwand mit einem heulenden Pfeifton in der Dunkelheit, und wieder erhellte ein blutrotes Aufflackern den Himmel, als die Festungskanonen feuerten.

»Immer der Laterne nach!« brüllte Mr. Brett. »Zweierreihen bilden.«

Sie stapften über den fünfzig Meter breiten Strand. Eine vom Fort abgefeuerte Salve durchsiebte den Sand an der Stelle, wo sie Sekunden zuvor noch gestanden hatten. Dann waren sie in einer Straße, durch die Häuser vom Kreuzfeuer geschützt, und Mr. Brett stellte seine Truppen auf.

»Mr. Andrews, Sie machen entsprechend dem Plan

weiter. Mr. Ransome, richten Sie Ihre Reihe gefälligst genauso aus wie wir«, zischte er und schubste Hairy Amos und Sean zurück ins Glied. »Jeder, der ausschert, wird ausgepeitscht. Brüllen Sie, so laut Sie wollen, aber bleiben Sie auf Ihren Stationen. Fackeln anzünden, wird's bald! Williams und Tyson, schlagen Sie die Trommeln! Weiter machen! Ein dreifaches Hoch auf den König!«

Die markerschütternden Hochrufe und das ohrenbetäubende Rattern der Trommeln, die lodernden Fackeln und das ununterbrochene Gebrüll der Seeleute erweckten den Eindruck vom Anrücken einer gewaltigen feindlichen Heerschar, die direkt der Hölle entstiegen zu sein schien und sich anschickte, die Stadt zu überrennen. Eine stotternde Salve empfing die Männer, als sie auf den Platz marschierten, aber das furchterregende Geschrei der Centurions, die prompte und zielsichere Art und Weise, mit der sie das Feuer erwiderten, räumten im Nu die Frontseite der Gouverneursresidenz, während die kreischenden Tryals sie von der Rückseite stürmten.

»Mr. Ransome, bleiben Sie hier«, befahl Mr. Brett auf dem Platz, auf dem nun Stille herrschte, abgesehen von dem aus der Ferne ertönenden Lärm der fliehenden Einwohner. »Behalten Sie den Spanier hier. Verhaften Sie den Gouverneur, falls Sie ihn finden – unser Führer wird ihn erkennen. Mr. Andrews, wir rücken weiter zur Festung vor.«

Ein einzelner Schuß kam vom Dach der Gouverneursresidenz, ein lautes, hell nachschwingendes Peng, und Peter sah Keppel auf dem Boden sitzen und sich den Kopf halten.

»Sofort das Dach räumen!« dröhnte Ransomes Stimme über das grimmige Gebrüll der Centurions, und als Peter mit seiner Reihe abmarschierte, sah er, daß Keppel taumelnd wieder auf die Beine kam.

»Das ist das Haupttor, Sir«, stammelte der vor Angst

schlotternde, unfreiwillige Führer, der mit einer um den Bauch geschlungenen Leine an den Bootssteurer gefesselt war. Sie kauerten im Schutz einer baufälligen Mauer. Gut sichtbar über ihnen wehten Rauchschwaden aus den Schießscharten. Sobald die Angreifer die Deckung der Mauer verließen, gäben sie ein leichtes Ziel für Schüsse aus kürzester Distanz ab.

»Mr. Andrews, ich werde jetzt die Backbordstückspforten in Angriff nehmen. Wenn Sie auf eine sichere Stellung vorstürmen können, sehr schön. Wenn nicht, feuern Sie weiter auf alle Schlitze und Scharten, bis Sie mein Pfeifen hören. Rogers, kommen Sie her. Sehen Sie das Loch dort? Da rennen Sie hin, sobald ich das Kommando gebe, und – wer ist der Zweitstärkste? – Walton, binden Sie Ihren Spanier ab. Machen Sie ihn an dem Ring hier fest, und hören Sie zu, was ich sage. Rogers gibt Ihnen Deckung, während Sie zu dem Loch da drüben rennen, zu der Schießscharte. Da stellen Sie sich drunter und bilden eine Leiter, so daß wir über Ihre Schultern klettern können. Verstanden? Mr. Palafox, Sie machen mit Ihrer Gruppe dasselbe beim nächsten Loch dahinter. Und jetzt alle aufpassen: Die Centurions sind still, die Tryals brüllen wie der Teufel. Centurions nach Backbord, Tryals nach Steuerbord. Wartet auf mein Zeichen. Eins, zwei, drei, vorwärts!«

Während hinter ihm wildes Gebrüll und Geschrei ausbrach, rannte Peter unter den knatternden Feuerstößen der Musketen über das deckungslose Gelände. Sean verlangsamte sein Tempo und ließ ihn aufholen. Peter dachte: Wenn sie jetzt nicht schießen, können sie überhaupt nicht mehr schießen. Dann kletterte er auf Thomsons Rücken, während über ihm Seans Kriegsschrei von der Brustwehr gellte. Aber er kam nicht hoch genug, um die Mauerkante zu erreichen, vergeblich kratzten seine Nägel über den Stein. Da packte Sean seine Hand und zog ihn zu sich herauf. Im nächsten Moment eilte Sean bereits über den nur von einer einzigen trüben Laterne beleuchteten Geschützdamm und prallte mit erhobenem Entermesser und gefolgt vom Rest von Peters Gruppe gegen einen vorrückenden Trupp. Mit einem fürchterlichen Schrei sprang er sein Opfer an, verfehlte dessen Kopf, packte ihn an der Kehle, schmetterte ihm den Griff seines Entermessers ins Gesicht, drückte ihn zu Boden und zischte ihm ins Ohr: »Ergib dich, oder ich schneid' dir die Kehle durch.«

Der Mann, dunkelrot im Gesicht und unfähig zu sprechen, trat Sean in den Bauch, worauf Sean sein Entermesser kürzer faßte, um ihm den Rest zu geben.

»Hör sofort damit auf«, herrschte Peter Sean erzürnt an und zerrte ihn am Arm fort. »Laß den Mann in Ruhe, verstanden?«

Aber erst ein weiterer Tritt von dem aufgebrachten Bootsmannsgehilfen vertrieb Sean. Allerdings sollte es bei diesem einen wütenden Schlagabtausch bleiben, denn das Fort war verlassen, und seine Verteidiger suchten eilig das Weite.

Mr. Blew blies auf seiner Pfeife. »Streichen Sie die Flagge«, befahl er und reichte dem Bootssteurer den Union Jack zum Hissen.

»Das nimmst du mir doch nicht übel, oder?« fragte Sean, während er dem Bootsmannsgehilfen mitleidig den Staub vom Kragen klopfte.

»Nicht im geringsten, Kumpel«, antwortete der Bootsmannsgehilfe, der Blut spuckte.

»Mr. Palafox«, sagte der Offizier, »wissen Sie, wo Sie sind?«

»Ja, Sir«, antwortete Peter und nahm eine Peilung vom Haupttor der Festung vor.

»Dann begeben Sie sich unverzüglich zum Zollhaus. Töten Sie jeden, der Ihnen dort auch nur den geringsten

Widerstand entgegensetzt. Wenn sich der Schatz noch dort befindet, feuern Sie diese Rakete ab. Und wenn nicht, dann diese. Bootssteurer, gib Mr. Palafox die Raketen. Nehmen Sie vier Männer mit. Ich folge Ihnen, sobald das Fort gesichert ist. Verstanden?«

»Aye, aye, Sir. Sean, Davis, Brown, Thomson, zu mir.«

Peter rannte aus dem Fort, quer über den Platz, die lange, menschenleere Straße hinunter und wandte sich nach rechts, in Richtung ihrer Landungsstelle. Als er um die Ecke bog, sah er ein paar Männer unter der Last einer großen Kiste an der Mauer des großen Gebäudes entlangtaumeln, das, wie er wußte, das Zollhaus war.

»Ahoo!« brüllte er und ballerte drohend mit seiner Pistole in die Luft.

»Ahoo!« rief Sean mit dröhnender Stimme, und »Ahoo!« brüllten die restlichen drei Mann von Peters Kommando.

Die Flüchtenden ließen ihre Last fallen und rannten in Panik davon.

»Das ist es!« schrie Peter. »Tretet die Tür ein.«

Mit vereinter Kraft warfen sich die Männer gegen die Tür, die jedoch lediglich angelehnt war, so daß sie ungebremst ins Zollamt stolperten. Der einsame schwarzhäutige Mann, der sich im Innern aufhielt, erbleichte vor Schreck, ließ seine Laterne fallen und sprang aus dem Fenster.

Staunend blickte sich Peter im flackernden Kerzenlicht um. Reihe über Reihe stapelten sich Kisten an den Wänden bis unter die Decke.

»Hier«, sagte er, griff nach Seans Entermesser und stemmte damit einen Deckel auf. »Alles in Ordnung!« rief er dann, als das Schimmern der Stahlklinge von den Silber- und Goldmünzen reflektiert wurde. »Und jetzt, kommt mit«, sagte er, »laßt uns die andere Kiste von der

Straße holen. Brown, laß das sofort fallen«, schnauzte er. »Los, los! Und jetzt, hievt! Hievt und ho!« brüllte er und zog mit aller Kraft am Griff der Kiste auf der Straße. »Mein Gott, ist die schwer!«

»Die ist allerdings schwer, mein liebster Peter«, frohlockte Sean und hob die Kiste an, »und ich freß' einen Besen, wenn ich dafür nicht das Feld von Tim Colman und einen Bullen dazu kaufen kann. Ihr habt doch gewiß nicht die Rakete vergessen, Sir, mein Bester, nicht wahr?«

»Natürlich nicht«, antwortete Peter. »Wo sind der Flintstein und der Stahl? Oh, zum Teufel damit«, fluchte er, als der Feuerstein wieder einmal den Dienst versagte. »Dann eben anders«, brummte er und füllte seine ungeladene Pistole mit Pulver. Ein kurzer Blitz, ein Aufglühen, und im nächsten Moment stieg die Rakete auf und explodierte in einem roten Stern, der die fünf erwartungsvoll nach oben gerichteten Gesichter beleuchtete und die Eroberung des Schatzes von Paita meldete.

ELFTES KAPITEL

PAITA LAG SIEBENHUNDERT Meilen weit entfernt, tief unter dem Äquator und weit südlich der großen Bucht von Panama – siebenhundert Meilen weit entfernt und drei Segelwochen zurück im Süden. Die Einwohner dieser trockenen, schiefergrauen Stadt bauten ihre rußgeschwärzten Mauern wieder auf, fischten erfolglos mit Netzen nach den gesunkenen Schiffen und Galeeren der Kaufleute und verwarfen mit schlecht verhohlener Verachtung die Erklärung des Gouverneurs über die schwerwiegenden Gründe, die ihn angeblich veranlaßt hatten, sich mit einer großen Kavallerie außerhalb der Stadt aufzuhalten, während die mit ihren erbeuteten Perücken, betreßten Röcken und Mantillas gar seltsam ausstaffierten englischen Seeleute sich Tag für Tag fröhlich damit abplagten, die schweren Kisten mit Silber zu den Booten zu schleppen, die unaufhörlich zwischen ihrem Schiff und dem Ufer verkehrten.

Die englischen Teerjacken, inzwischen nicht mehr als ein den Einwohnern lebhaft in Erinnerung gebliebener Schreck (wobei sich der Schreck freilich in Grenzen hielt, denn es waren keinerlei Ausschreitungen oder Brutalitäten seitens der Besatzungsmitglieder vorgekommen; und die freigelassenen Gefangenen von den Prisen sorgten dafür, daß sich ihr Bericht über die

Menschlichkeit des Kommodores überall verbreitete – ein Geistlicher, ein Jesuit, der seine Mahlzeiten zusammen mit Mr. Walter eingenommen hatte, verstieg sich sogar zu der These, daß die Erlösung von Ketzern nicht völlig undenkbar sei) – besagte Teerjacken also waren nun an verschiedenen über die Insel Quibo verteilten Posten aufgestellt. Die Reise war beschwerlich gewesen, mit Gegenwinden, erstickender Hitze und sintflutartigen äquatorialen Wolkenbrüchen, die in solchen Sturzbächen durch die von der Sonne ausgetrockneten Decks der *Centurion* gerauscht waren, daß ausnahmslos alles im Schiff naß und innerhalb von etwa zwölf Stunden restlos verschimmelt war. Sogar als sie Quibo endlich gefunden hatten, und zwar ganz woanders als auf den Karten verzeichnet, hatte ein ungünstiger Wind sie zu endlos langem Auf- und Abstehen gezwungen und die *Gloucester*, die schon immer ein glückloses Schiff war, leewärts bis unter den Horizont getrieben. Gleichwohl war die euhorische Stimmung der Männer nie abgeflaut, denn es gab wohl niemanden an Bord, der nicht auf den Zentner genau wußte, welcher Schatz hinter den neuen Schotts tief unter der Wasserlinie schlummerte. Jeder war inzwischen zum leidenschaftlichen Rechner und begeisterten Mathematiker geworden, und selbst der einfachste Matrose wußte sich mindestens fünfzig Pfund wert – eine schlechthin berauschende Summe für einen Seemann.

Das Auffüllen der Wasserfässer – eine besonders vordringliche Aufgabe, da sich in Paita, einer Stadt ohne eine einzige Quelle, kaum ein Oxhoftfaß hatte auftreiben lassen – war an einem sprudelnden Bach ganz in der Nähe einfach zu erledigen und inzwischen fast abgeschlossen. Anschließend hatten die Seeleute eine Weile Landgang, und vom Ende der Insel erschallte das ausgelassene Treiben der ihre Freizeit genießenden Männer. Ohne Rücksicht auf die Gefahr, zum Oberhirten der Schildkröten erkoren zu werden, jagte Sean mit wahrem Feuereifer im gleißenden Sonnenlicht auf und ab und drehte die Tiere auf den Rücken, sowie sie sich aus dem Wasser an den Strand schleppten. In einem anderen Teil der Insel standen die versammelten Zimmermannsgehilfen auf Zehenspitzen um einen riesigen Alligator herum, während Mr. de Courcy Bourke, ein Farbiger aus Paita, der durch einen sehr bemerkenswerten Zufall Mr. Saumarez auf der Jamaika-Station kennengelernt hatte und während des Angriffs mit mehreren anderen Sklaven vor den Spaniern geflohen war, vor dem Maul des Alligators hin und her hüpfte. Mit einer überraschenden, ungeheuren Schnelligkeit griff der Alligator wohl zum zwanzigsten Mal an und schnappte mit einer Kraft zu, die eine Marsrah glatt durchtrennt hätte, aber Mr. de Courcy Bourke sprang stets mit einem Satz über den Oberkiefer des Alligators und stand balancierend auf dem schuppigen Rücken des Tieres. Brüllend vor Lachen stoben die Zimmermannsgehilfen auseinander. Doch plötzlich stürzte einer der Männer, vom wild hin und her peitschenden Schwanz des Reptils getroffen, zu Boden, und er hätte seine Tage auf Quibo beschlossen, wenn Mr. de Courcy Bourke, der sich mit Alligatoren auskannte, nicht nach vorne gerutscht wäre und seine glänzenden schwarzen Arme wie einen Schraubstock um die Kiefer des Alligators geschlossen hätte.

Im seichten Uferwasser war ein Stück entfernt eine große Gruppe von Seeleuten unablässig damit beschäftigt, zwischen den Austernbänken nach den Perlen zu tasten, die sie jedoch nicht fanden, vielleicht weil sie die falschen Muscheln öffneten. Einsam und allein, auf einem schwarzen Felsen im düsteren Schatten, saß Hairy Amos und zog langsam die Stacheln eines Seeigels aus seinem schwieligen Fuß. Als einziger von den

Freigängern sang Amos nicht, nicht einmal ein zufriedenes Lächeln spielte unter dem Bart um seinen Mund. Hairy Amos war traurig. Er war der einzige von den Centurions, der sich beim Angriff auf Paita an Land betrunken hatte, bis er so sternhagelvoll war, daß ihn nur die Hitze der brennenden Stadt aufgeweckt hatte. Der Kommodore persönlich hatte diesen Vorfall öffentlich und mit großer Mißbilligung während einer Ansprache an die Besatzung erwähnt, die nicht nur dem Zweck diente, die gute Führung des Landungstrupps zu loben, sondern gleichzeitig den Streit beilegte, der zwischen den an Land beorderten Männern und jenen Pechvögeln ausgebrochen war, die an Bord bleiben mußten und damit jeder Chance auf eine fette Beute beraubt waren. Der Kommodore hatte den gefährlichen Tumult dadurch geschlichtet, daß er eine gerechte Verteilung für alle angeordnet und zum Beweis seinen eigenen Anteil auf den Haufen an Deck geworfen hatte. Aber gleichzeitig hatte er Hairy Amos öffentlich getadelt, und das wog schwer auf Amos' Seele. Selbst Dog-faced Joe, dieser wandelnde Schwamm, hatte sich des Suffs enthalten, nur Amos nicht, und jetzt war er die haarige Schande des Geschwaders.

Ein Manta von der Größe eines Billardtisches hob sich aus dem Meer und fiel mit einem Klatschen wie ein backgestelltes Großsegel aufs Wasser zurück. »Dämlicher Riesenplattfisch«, brummte Amos mißmutig, »hoffentlich hast du dir den Magen verstaucht.« Ein prächtiger Schwarm bunt schillernder Aras flog über seinen Kopf und ließ sich zwischen den Papageien und Sittichen im Rigg der *Carmel* nieder.

»Widerliche Drecksvögel«, schimpfte Amos. »Immer den armen Seeleuten das ganze Deck verdrecken. Kreischen und schreien wie – Bootsmänner.«

»Na gut, wenn Sie unbedingt darauf bestehen«, seufzte Mr. Walter schicksalsergeben und nahm sich noch ein Törtchen, »eins schaffe ich vielleicht noch.«

Peter hatte für Mr. Walter in Paita einen Konditorladen geplündert, und der süße Berg war inzwischen auf ein verschwindend kleines Häufchen zusammengeschrumpft.

»Diese hier mag ich am liebsten«, Mr. Walter hielt eine Marzipankugel von der Größe eines Eies hoch, die außen mit neun Nußkernen gespickt war und im Innern ein Stück kandierte Melone barg. »Sie enthält eine Spur mehr Balsam als die viereckige Sorte, glaube ich. Aber um auf unser Gespräch zurückzukommen, die Acapulco-Galeone darf man, wie gesagt, nicht als Kauffahrer betrachten. Sie gehört dem spanischen König und führt die königliche Flagge am Großmast, ihre Schiffsführung besteht ausschließlich aus Offizieren des Königs, den Händlern wird lediglich gestattet, ihre Ballen zu verschiffen. Das ist ein Privileg, das die Händler außerordentlich zu schätzen wissen, denn es ist die einzige Möglichkeit für sie, mit dem Orient Handel zu treiben. Außer dieser einmal jährlich verkehrenden Galeone, deren Kurs streng geheimgehalten wird, um keine Störenfriede anzulocken, sind keine anderen Schiffe zugelassen.«

»Soll das heißen, daß sie mit diesem einen Schiff ihren gesamten Handel abwickeln, Sir?« fragte Peter nachdenklich.

»Richtig. Auf der Hinfahrt bringt es Gold und Silber aus Mexiko in den Orient, und auf der Rückfahrt von Manila in den spanischen Philippinen, dem Sammelpunkt der orientalischen Händler, bringt es all die von dem Silber und Gold gekauften Gewürze und Seiden nach Acapulco mit. Und wie ich aus glaubwürdiger Quelle gehört habe«, Mr. Walter senkte die Stimme, »befördert das Acapulco-Schiff eine Million Piaster.«

»Eine Million, Sir?« rief Peter ungläubig aus.

»Eine Million«, wiederholte Mr. Walter.

»Eine Million, Sean«, sagte Peter.

»Was ist eine Million, Euer Ehren, mein teurer Freund?«

»Tausend mal tausend. Und du kannst rechnen, daß ein Piaster vier Shilling und neun Pence sind – oder du kannst auch eine Krone nehmen, dann ist es einfacher zu rechnen.«

»Eine Krone ist natürlich etwas Feines.« Gedankenverloren begann Sean vor sich hin zu pfeifen.

»Komm schon, Sean, stell dich doch nicht so dumm an. Stell dir tausend Kronen vor und davon dann tausend Haufen.«

»Tja, Euer Ehren, das übersteigt meine Vorstellungskraft. Ebensogut könnte ich versuchen, die Wellen zwischen hier und zu Hause zu zählen.«

»Dummerjan«, rief Peter angerührt von Seans unwissender Gleichgültigkeit. »Aber laß nur, ich werd's deinem dumpfen Hirn begreiflich machen. Es sind insgesamt zweihundertfünfzigtausend Pfund. Und dein Anteil daran wären ganze fünfhundert Goldguineen.«

»Fünfhundert Pfund für mich?« flüsterte Sean und erbleichte. »Sagtet Ihr fünfhundert Pfund für mich, Euer Ehren, teurer Freund? Aber ganze fünfhundert Pfund hat es in Ballynasaggart noch nie gegeben, in seiner ganzen Geschichte noch nicht. Dafür kriegt man den ganzen Pfarrbezirk, juhu! Und dieses hinterhältige Gaunerpack von Spaniern hat meine fünfhundert Pfund in seinem ollen Schiff?«

»Leise. Schrei nicht so, Sean.«

»Wo ist dieses Schiff? Peter, sagt es mir!« rief Sean und umklammerte Peters Arm.

»Irgendwo zwischen hier und dem Osten«, antwortete

Peter, und freute sich über die Aufmerksamkeit seines Zuhörers.

»Dann müssen wir also auf dem schnellsten Weg diese mordsmäßig bergige Neue Welt überqueren.« Sean spähte nach Osten, wo Panama lag. »Das wird allerdings eine schöne Plackerei werden mit dem ganzen Silber auf dem Buckel, weiß Gott, aber was ist schon ein Berg, und was ist schon das bißchen Schlepperei!«

»Aber Sean, mein Lieber, doch nicht da entlang«, schmunzelte Peter. »Der Osten ist von hier aus im Westen, weil die Erde eine Kugel ist und wir auf der anderen Seite sind.«

»Ihr solltet Euch schämen, Euer Ehren«, sagte Sean vorwurfsvoll und starrte noch immer über die See nach Osten. »Sich über einen armen, unwissenden Burschen lustig zu machen, auch wenn ich vielleicht bald so reich bin wie Squire David, wenn ich erst mal meine fünfzig glänzenden Goldmünzen habe. So was gehört sich nicht für Eures Vaters Sohn.«

»Aber die Erde *ist* rund«, beteuerte Peter.

»Ist sie nicht«, widersprach Sean. »Wie könnt Ihr nur so was Gottloses sagen? Pfui, schämt Euch!«

»Und sie ist doch rund!« rief Peter. »Und wenn wir immer weiterfahren, werden wir irgendwann wieder zu unserem Ausgangspunkt zurückkommen.«

»Natürlich werden wir das«, erwiderte Sean, »aber das liegt daran, daß sie wie ein Käse geformt ist. Man kann *rund*gehen, wie Loegaire es tat, aber nicht ewig hinauf oder hinunter, sonst fällt man an den Enden runter, so wie Maire Nic Phiarais und wir selbst beinahe, als wir am Hoorn zu weit nach Süden gefahren sind. Das weiß doch jedes Kind. Aber laßt uns um Himmels willen nicht schwatzend hier rumsitzen wie ein paar alte Katzen in der Sonne! Wo ist es denn nun, dieses wunderbare Schiff?«

»Inzwischen«, überlegte Peter, »dürfte es irgendwo zwischen dem 140. und 150. westlichen Längengrad sein.«

»Ja, Menschenskind, warum sitzt Ihr denn dann noch so seelenruhig hier herum?« rief Sean entgeistert. »Warum vergeuden wir wertvolle Zeit? Warum«, er sprang auf, »lassen wir zu, daß sich diese falschen, feigen Hunde über meine fünfhundert Pfund hämisch die Hände reiben? Und über den Anteil von Euer Ehren, der, wie es die Gerechtigkeit verlangt, wesentlich größer ist, wo Ihr doch so bewandert mit dem großen Ozean seid? Warum sitzen wir noch hier herum und begaffen die Schildkröten? Kommt, wir sagen dem Kommodore Bescheid, daß wir sofort lossegeln müssen.«

»Es ist noch reichlich Zeit – du kannst ganz unbesorgt sein. Wenn er«, Peter nickte Richtung Achterdeck, wo der Kommodore tief in Gedanken versunken stand, »es nicht weiß, wer soll es denn dann wissen, kannst du mir das vielleicht sagen? Gewiß beschäftigt er sich schon seit Juan Fernandez damit.«

»Haben wir denn wirklich noch so viel Zeit, Euer Ehren?« fragte Sean besorgt. »Werden sie uns auch nicht entwischen, diese Gauner, in irgendeinem komischen Loch in der See?«

»Zeit genug, Sean. Hör zu, ich erklär's dir. Sie haben doch dieses Schiff, nicht wahr? Das eine Schiff, das jedes Jahr von Acapulco nach Manila fährt und von dort mit den Schätzen des Ostens beladen wieder zurück.«

»Des Ostens im Westen.«

»Willst du wohl den Mund halten?«

»Nein, mein lieber Peter, denn ich platze schier vor Freude.«

»Und von Manila segeln sie im Monat Juli los, um vielleicht, wenn alles gut geht – denn der Weg ist weit, Sean, neun- oder zehntausend Meilen weit, und die Spanier liegen nachts bei – im Januar oder Februar in Acapulco anzukommen. Und dann fahren sie im März wieder zurück nach Manila, und auf dieser Fahrt haben sie günstigeren Wind.«

»Im Januar oder Februar kommen sie?«

»Ja. Verstehst du jetzt, warum wir genügend Zeit haben und ganz gemütlich nach Norden fahren können? Wir haben jetzt erst Dezember, noch dazu erst den 10. Dezember, und von hier bis zum Hafen von Acapulco, wo sie auf jeden Fall vorbeikommen, ist es gar nicht mehr weit, höchstens zwei Wochen. Denn spätestens in ein paar Tagen erwischen wir den Passat, der uns problemlos dorthin bringt. Wir haben mehr als genug Zeit, Zeit im Überfluß.«

»Wollt Ihr nicht lieber auf Holz klopfen, wenn Ihr so was sagt, mein lieber Peter? Nein, das ist kein Holz, das ist das Zahnbein von einem Seelöwen. Klopft auf Holz, ja? Fünfhundert Pfund sind nun wahrlich kein Pappenstiel, sondern eine sehr ernste Sache.«

»Was machst du denn mit einem Seelöwenzahn? Und warum ist er braun?«

»Ich mache eine Zahnreihe für Mr. Keppel, und ich habe alles braun gefärbt, damit ich sehe, wie ich die Reihe bearbeiten muß. Aber ich wünschte wirklich, Ihr hättet beim ersten Mal auf Holz geklopft.«

»Ich klopf' ja schon auf Holz, siehst du. Dabei wäre das gar nicht nötig, denn sie können gar nicht wissen, daß wir hier sind. Was natürlich ganz gut so ist, denn eine Galeone von der Größe eines erstklassigen Linienschiffs mit unglaublich vielen Kanonen bestückt hat auch eine tausend Mann starke Besatzung zur Bedienung der Geschütze, während wir es, zusammen mit der *Gloucester* und der *Tryal*-Prise, gerade mal auf dreihundertdreißig Mann bringen.«

»Pah, ich spucke auf die Besatzung!« rief Sean. »Ich

spucke auf die lächerlichen tausend Mann; und ich spukke in den goldenen Ozean, damit er uns Glück bringt.«

»Wer hat da aufs Deck gespuckt?« brüllte eine wütende Stimme unter ihnen, denn sie waren im Großtopp. »Wo ist der Kerl, der es gewagt hat, aufs Deck zu spukken? Wo ist der Schiffsprofoß? Ermitteln Sie den Namen von diesem ehrlosen Tölpel.«

Zeit im Überfluß. Eine Million Piaster. Mehr als genug Zeit. Die Kunde verbreitete sich im ganzen Schiff, und wo immer eine Gruppe Seeleute plaudernd zusammenstand, machte wie eine Beschwörungsformel das Wort Acapulco die Runde. Es gab nicht einen Mann an Bord, der nicht die komplette Musterrolle im Kopf hatte – die Liste mit Namen und Dienstgrad jedes einzelnen Besatzungsmitglieds. Daran aber entzündeten sich endlose Streitigkeiten, hitzige Wortwechsel bis hin zu wüsten Beschimpfungen und Verwünschungen, denn vom Dienstgrad eines Mannes hing sein Anteil an der Prise ab, und infolge der erschreckend hohen Sterberate gab es im Geschwader kaum einen Mann, der nicht noch eines anderen Stelle ausfüllte. Das betraf alle Ränge, von ganz oben bis nach ganz unten: Der ehemals Erste Offizier war inzwischen Kapitän der *Tryal*-Prise; Mr. Saumarez befehligte die *Carmelo.* Und am anderen Ende der Rangliste half einer der ehemaligen Schlachter, ein Mann von einiger Bildung und dazu furchtlos im Umgang mit dem Messer, jetzt als unbezahlter Schiffsarztassistent aus, während der als einfacher Trompeter angeheuerte Prout seit zwölf Monaten den Dienst des Vormanns vom Pulvermagazin versah, weshalb er nun, jedenfalls seiner Meinung nach, zur wesentlich kleineren Klasse jener gehörte, die, wie die Midshipmen, ein Achtel vom Ganzen unter sich aufteilten, statt zur großen Masse der Besatzung, bestehend aus einfachen und Vollmatrosen,

Stückführern, Zimmermannscrew, Stewards, Schwabbergasten und allen anderen, der in ihrer Gesamtheit nur zwei Achtel zustanden.

Sie zankten und stritten Tag und Nacht, und der Schreiber des Kommodores, ein ängstlicher, gehetzter, gewissenhafter Sekretär, empfing Abordnungen aus allen Divisionen der Besatzung, die wortreich und umständlich ihr Anliegen vortrugen, bis ihm irgendwann der Papierberg über den Kopf wuchs und er sich in dem elenden Loch, das ihm als Behausung diente, nicht mal mehr umdrehen konnte. Worauf er seine Tür mit einem doppelten Schloß verriegelte und sich stummer Verzweiflung überließ.

Die Männer stritten bei der Arbeit, und sie stritten in ihrer Freizeit. Doch als der Dezember mit seinem sengend heißen, feuchten Wetter und den ständigen unberechenbaren Böen allmählich verstrich, verebbten die Streitereien in den Freiwachen langsam, weil die Männer zu erschöpft waren, um sich in ihren Hängematten noch lange wachzuhalten. Das Geschwader bekam schlechtes Wetter, Stürme aus dem Norden wechselten sich ab mit drückend heißen Totenflauten, in denen das Schiff, von den Booten mühsam vorwärtsgeschleppt, über die spiegelglatte See kroch, nur um sich die hart errungenen Meilen wieder entreißen zu lassen, wenn der nächste Wind sie wieder zurücktrieb. Ständige Gegenwinde, unerträgliche und demoralisierende Gegenwinde ließen die Männer fast verrückt werden. Sie hatten wirklich mehr als genug Zeit. Nur widerwillig zog der zehnte Breitenkreis an Weihnachten unter ihrem Kiel vorbei, und Kap Corrientes, diese so entscheidende Landspitze, lag noch siebenhundert Meilen entfernt im Norden.

Erster Weihnachtstag, schrieb Peter, *10°1'N 103°W. Wir sind alle in großer Aufregung. Bekanntlich soll sie um den 10. Januar eintreffen. Wieder den ganzen Tag in den Booten – bin völlig geschafft. Kann kaum noch den Stift halten.*

Mit »sie« war natürlich die Acapulco-Galeone gemeint – dieses einzigartige Schiff brauchte keinen Namen.

»Mit Verlaub, Sir«, fragte Bailey, während Preston hinter ihm in der geöffneten Tür von Mr. Walters Kammer stand, »dürften wir wohl eintreten, wenn Sie etwas Zeit hätten? Wir würden uns gerne die Windtheorie erklären lassen.«

»Ich stehe ganz zu Ihrer Verfügung«, antwortete der Kaplan und klappte sein Buch zu. »Setzen Sie sich doch bitte, Mr. Bailey. Mr. Preston dürfte dort auf der Kiste noch ein Plätzchen finden. Nun, was die Winde betrifft – und ich nehme an, Sie interessieren sich genau wie wir alle vor allem für die Passatwinde – lesen wir beim gelehrten Hiob Ludolphus, Band drei, Kapitel eins ...«

»Empfehlung vom Kommodore an Mr. Ransome, Mr. Keppel und Mr. Palafox, und er würde sich geehrt fühlen, wenn sie ihm beim Dinner Gesellschaft leisten«, meldete der Kommodoresteward.

»Hä?« fragte Keppel, der noch immer taub von dem Schuß in Paita war.

»Kommodore – Dinner«, brüllte Ransome, den Keppel immer verstehen konnte.

»Oh! Ach so. Empfehlungen, ergebenste Empfehlungen an den Kommodore, Wright, wir nehmen mit Vergnügen an. Sagen Sie mal, Wright, was für Pudding wird's denn geben?«

»Wie kann man nur so verfressen sein, Keppel«, tadelte Peter.

»Hab' ich doch gar nicht getan!« rief Keppel erbost. »Ich hab' nur gefragt, was es für Pudding gibt.«

»Sag' ich doch«, brüllte Peter.

»Nein. Heute ist doch nicht Mittwoch«, widersprach Keppel. »Kommen Sie, Wright, was gibt's für Pudding?«

»Sir, so was wie französischen Teekuchen in Rum.«

»Französischen Teekuchen«, übersetzte Ransome in einer Lautstärke, die für Keppel bestimmt war.

»Hä?«

»Teekuchen. Französischen Teekuchen. In Rum.«

»Oh. Gut. Hören Sie mal, Wright, Sie müssen Froggy sagen, daß heute ganz wichtige Gäste zum Essen kommen, echte Connaisseure, verstehen Sie, und daß er sich alle Mühe geben soll. Sagen Sie ihm das, Wright, und daß er auf keinen Fall am Pudding sparen soll.«

»Was ist los, Ransome?« fragte Peter, nachdem der Steward gegangen war.

»Lieber setze ich mich jeden Tag in der Woche einer Breitseite aus«, gestand Ransome mit heiserer Stimme als sonst, »oder enter einen Brander. Wenn du einen Brander enterst, kannst du wenigstens deine Gabel nicht fallen lassen. Der Kommodore meint es bestimmt nur gut, trotzdem wünschte ich, er hätte uns nicht eingeladen.«

»Keine Sorge, Ransome«, wiegelte Peter ab, »außer uns wird vermutlich niemand da sein, und falls doch, helfen wir dir. Du wirst es genießen, wenn du erst mal da bist.«

»Beim letzten Mal habe ich einen Stuhl umgeworfen«, gestand Ransome nervös, »auf dem einer der Landoffiziere festgelascht war und eine Mokkatasse aus chinesischem Porzellan in der Hand hielt.«

»Ich muß schon sagen, mein Herren«, Kommodore Anson nippte an seinem Portwein, »ich bewundere Ihre gute Erziehung. Während des gesamten Dinners war mir das Vergnügen Ihrer Gesellschaft vergönnt, ohne daß ich auch nur ein einziges Mal den Namen Acapulco gehört hätte.«

Bei Festivitäten dieser Art (die trotz der Bemühungen des Kommodores, sie etwas aufzulockern, für die Offiziersanwärter ausgesprochen ernste Vergnügungen und für den armen Ransome die reinste Qual bedeuteten) war es Brauch, daß weder über den jeweiligen Einsatz noch über Schiffsangelegenheiten gesprochen wurde. Theoretisch saß hier eine Gruppe Menschen beieinander, die sich aus freien Stücken – sozusagen an Land oder als Passagiere – aus geselligem Anlaß trafen, und auch wenn die praktizierte Gleichstellung für die Midshipmen Auge in Auge mit ihrem jupitergleichen Kommodore rein theoretisch blieb, sprachen sie nie von der Arbeit, sondern blieben entweder stumm oder zermarterten sich das Hirn über mögliche neutrale Bemerkungen. Daher jagte die unverblümte Äußerung des Kommodores eine Art galvanischen Stromstoß durch seine Gäste – selbst Keppel hörte plötzlich klar und deutlich.

Alle guten Manieren vergessend, starrten sie den Kommodore an, und der blickte schmunzelnd in die drei erwartungsvoll gespannten Gesichter der Midshipmen, die braungebrannt, dünn und von Narben gezeichnet, trotz der zivilisierten Atmosphäre der Achterkajüte und ihres gesitteten Benehmens etwas Wildes, fast piratenhaft Verwegenes hatten, das auch von ihren Uniformen nicht kompensiert wurde. Peter etwa, obwohl in seinem besten, für Festtage reservierten Rock aus feinem, roten Tuch gekleidet, war mittlerweile so gewachsen, daß seine kräftigen, schwieligen Hände gute fünf Zoll zu weit aus den Manschetten herausragten und seine eingezwängten Arme und Schultern die im fernen Gosport geschneiderten Nähte zum Zerreißen spannten. An dem einzigen guten Hemd, das er noch besaß, war sofort, nachdem der Steward die Platte mit der Schildkröte oder vielmehr dem, was von ihr übriggeblieben war, serviert hatte, ein Knopf abgesprungen, was aber immerhin zur Folge hatte, daß der Junge endlich wieder atmen konnte. Unter dem Tisch verhinderten allerdings seine viel zu eng sitzenden Breeches jedes Anwinkeln der Beine, und er bezweifelte stark, daß er jemals wieder würde aufstehen können. Was das betraf, war der bereits ausgewachsene Ransome zwar besser dran, aber auch sein Rock war mitsamt dem restlichen Inhalt der Seekiste in den Stürmen vor Kap Hoorn völlig durchnäßt, dann unter der sengenden Sonne Chiles getrocknet und am Äquator abermals klatschnaß und stockfleckig geworden und ließ seitdem nur noch eine schwache Ähnlichkeit mit der vormals so prachtvollen Uniform erkennen. Und Keppel, der von allen noch am besten ausgestattet war, bot einen Anblick, bei dem seine Mutter graue Haare bekommen hätte, wäre sie nicht ohnehin kahl gewesen und infolgedessen gezwungen, eine kastanienbraune Perücke zu tragen, unter der es, wie sie klagte, im Sommer unerträglich warm war. Durch den Skorbut war Keppel geschrumpft, und sein kleines, verhutzeltes Gesicht sah greisenhaft alt aus. Wie seine Mutter hatte auch er überhaupt keine Haare mehr, da sie ihm während seiner Genesung ausgefallen waren, aber er trug keine Perücke. Liebenswürdigerweise hatte Sean ihm jedoch seine Zähne ersetzt, die er nun zu einem gräßlich starren Grinsen bleckte, das sein Gesicht völlig entstellte. Zur Feier des Tages hatte er sie heute zum ersten Mal eingesetzt – ein Anblick, der den Kommodore erbleichen ließ. Natürlich enthielt sich Mr. Anson jeden Kommentars, aber es blieb nicht unbemerkt, daß er beim ersten Gang seinen Teller unberührt abräumen ließ, und jedes Mal, wenn er sich danach an Keppel wandte – »Mr. Keppel, darf ich Ihnen ein wenig *calipash*[1] auflegen? Oder hätten Sie lieber etwas *calipee*[2]? – Mr. Keppel, ich wäre Ihnen dankbar, wenn Sie sich des Puddings erbarmen würden, es wäre wirklich eine Schande, ihn zurückgehen zu lassen«, schaute er den unansehnlichen Midshipman nicht an, sondern richtete den Blick knapp an ihm vorbei ins Nichts.

»Acapulco«, wiederholte der Kommodore dann. »Ich möchte einen Toast auf Acapulco ausbringen. Denn, meine Herren, ich will nicht verhehlen, daß dies das eigentliche Ziel unserer Expedition ist. Mit diesem Schlag können wir die Spanier am härtesten treffen. Deshalb lassen Sie uns auf Acapulco trinken und auf ein erfolgreiches Gefecht.«

Trinken konnten sie, aber auch noch so eifriges Trinken konnte nicht über den Wind gebieten, noch konnte es der uralte Brauch des Pfeifens oder das ängstliche Vermeiden jeglicher Unglück bringender Taten oder Worte. An Bord waren einige Indianer und Farbige, und aus den seltsamsten Schlupfwinkeln des Schiffes stiegen dünne, beißende Rauchfäden von magischen aztekischen und mayanischen Feuern auf und mischten sich mit den unheimlichen Schlägen einer Voodoo-Trommel, die gedämpft irgendwo in den Tiefen der Vorpiek erklangen. Sean wurde dabei erwischt, wie er vor einer Heiligenfigur, die einem der katholischen Iren gehörte, eine Kerze abbrannte. Empört stauchte Peter den Abtrünnigen so gründlich zusammen, daß der wie ein begossener Pudel abzog, während Peter seinerseits dem Heiligen eine Kerze opferte. Und am letzten Sonntag im Dezember predigte Mr. Walter mit ungewohnter Leidenschaft vor einer erstaunlich aufmerksamen Gemeinde über den Text:

[1] calipash – Gallerte von der oberen Platte der Schildkröte (Anm. d. Ü.)
[2] calipee – Gallerte vom Bauchschild der Schildkröte (Anm. d. Ü.)

»Gepriesen sei der Herr, der meinen Händen den Weg zum Schatz weist.«

Aber die kostbaren Stunden flogen dahin. Der Dezember war vorbei. Zwölf Tage und Nächte lang dümpelten die *Centurion* und ihre Geleitschiffe im Wellental eines östlichen Schwells, ohne daß ein Windhauch die müde flappenden Segel gebläht hätte, und alle trieben langsam mit der Strömung zurück nach Süden.

Aber auch widrige Winde und Flauten haben irgendwann ein Ende, und am 10. Januar konnte Peter in sein Tagebuch schreiben: *Endlich haben wir den Passat erwischt. Seit der Mittelwache weht er nun schon stetig. Der Nordostwind schob uns schließlich doch noch weit genug hinauf, wie Mr. Blew gesagt hatte.* Und gut eine Woche später: *12°50'N 32'W. Der wunderbare Wind steht durch. Wir haben schon den vierten Tag in Folge den ganzen Tag kaum ein Segel trimmen müssen.* Und noch eine Woche später: *26. Januar. 18°4'N 118°W. Stetiger Wind aus Westsüdwest. Wir sind jetzt nördlich von Acapulco und ihr auf den Fersen. Unmittelbar bevor ich unter Deck ging, gab es eine Kursänderung auf Südost ein halb Ost, worauf die Männer, bis sie zur Ordnung gerufen wurden, in Jubel ausbrachen, weil sie begriffen, daß wir jetzt auf Acapulco zuhalten. Wir könnten doch noch rechtzeitig ankommen, vorausgesetzt, daß wir einen guten Landfall machen und auf die spanischen Lotsen Verlaß ist. Angeblich kann man ihnen nicht trauen, aber sie dürften es wohl kaum wagen, den Kommodore zu täuschen. Wir haben noch Zeit genug. Trotzdem wünschte ich, das hätte ich nie laut gesagt. Mr. W. beschwert sich beim Kommodore über Hexenmeister und Papisten.*

»Wir haben auf jeden Fall noch genügend Zeit«, sagte Mr. Brett zu Mr. Dennis.

»Natürlich«, erwiderte Mr. Dennis.

»Ich habe gehört«, erzählte der Bootsmann seinen Gehilfen, »daß unsere Galeone oft erst Mitte Februar in den Hafen einläuft.«

»Bei einer so langen Fahrt«, bemerkte der Schiffsarzt, »kommt es unvermeidlich zu Verzögerungen. Und wenn man bedenkt, daß das Schiff von Spaniern befehligt wird – nun, dann kann ich nur sagen, daß es mich sehr überraschen würde, wenn es vor März da wäre.«

»Von Mr. Blew, der gerade von einer Unterhaltung mit dem älteren spanischen Kapitän kam, weiß ich, daß die Spanier seit Monaten fast nie ihre Bramsegel gesetzt haben«, berichtete Mr. Stapleton. »Anscheinend dürfen sie das laut ihren Vorschriften nur bei ganz leichtem Wind.«

»Was meinst du mit ›ich wünschte, es wäre erst Weihnachten‹«, fragte der vorübergehend unbezahlt amtierende Aushilfsschmied ungehalten und ging drohend auf den Vollmatrosen Wills zu. »Was meinst du damit? Was spielt das für eine Rolle, ob Weihnachten vorbei ist oder nicht? Saublöder Vollidiot, du! Es sind solche Jonasse wie du, die einem Schiff Unglück bringen. Wir haben noch *sehr viel* Zeit. Merk dir das.«

»Genau«, stimmten ihm seine Gehilfen zu. »Gib's ihm, Nobby, mach den elenden Miesepeter fertig.«

»Wir haben noch Zeit, genug Zeit, mehr als genug Zeit«, versicherte sich die Besatzung immer wieder gegenseitig im Brustton der Überzeugung, als der Januar zu Ende ging und der Februar fortschritt. Sie verloren den Mut auch nicht, als die spanischen und indianischen Gefangenen jeden Berg, jedes Kap und jede Insel dieser vermaledeiten Küste zum untrüglichen Erkennungszeichen von Acapulco ausriefen und unaufhörlich Hoffnungen weckten und ebensooft enttäuschten. Nein, den Mut verloren sie nicht, aber nach der dritten Enttäuschung mußten die Gefangenen unter doppelte Bewachung gestellt werden, sonst hätten die Männer sie gelyncht. Es ließ sich nämlich nicht sagen, ob die gefangenen Lotsen ein abgefeimtes Spiel trieben oder schlicht und einfach zu dumm waren, aber in beiden Fällen wollten die Männer ihr Blut sehen.

In einem weit auseinandergezogenen Netz suchte das Geschwader die See ab, und jedes Signal, das die Schiffe austauschten, weckte bei allen Besatzungen die wildesten Hoffnungen. Tag und Nacht, jede Minute, bestrichen die schärfsten Augen der Welt das riesige Rund der See bis zum Horizont, aber trotzdem verging ein Tag nach dem anderen, ohne daß sich die Hoffnungen erfüllt hätten – weit und breit war nichts als blaues Meer.

12. Februar. 12°30'N 112°14'W. Leichter Wind aus West auf Nord drehend. Die Barkasse mit Mr. Dennis und Ransome wurde mit dem Befehl losgeschickt, die Küste abzufahren, um den Hafen zu finden, und ist nicht mehr zu sehen. Wenn man dem spanischen Kapitän Glauben schenken darf, müßten sie morgen oder übermorgen zurück sein, denn wir haben eine Landspitze gesichtet, die gut dreißig Meilen entfernt in Ostsüdost peilt, von der der Spanier schwört, daß sie der richtige Landfall ist. Auf Befehl von Mr. Brett mußte ich ihn mit hinauf in den Masttopp nehmen, und ich hatte große Lust, ihn von dort runterzuwerfen. Sollten wir feststellen, daß die Galeone längst im Hafen ist, hole ich das nach, und Keppel schneidet ihm die Kehle durch. Es fällt uns schwer, noch bis morgen zu warten.

So schwer es Peter auch fiel, einen Tag zu warten, noch schwerer fiel es ihm, genau wie dem restlichen Geschwader, zwei, drei und vier Tage zu warten. Doch auch am fünften Tag kehrte die Barkasse nicht zurück. Es sollte eine ganze Woche dauern, ehe die quälende Angst und die Ungewißheit ein Ende fanden.

Um vier Glasen in der Vormittagswache meldete der Ausguck ein Segel.

»Luggersegel, Sir«, antwortete er auf die Frage vom Deck. »Es könnte die Barkasse sein.«

»Mr. Palafox, entern Sie bitte mit Ihrem Glas auf«, befahl der Kommodore, und nur wenige Augenblicke später rief Peter: »An Deck, Sir. Es ist die Barkasse. Sie hat das Geheimsignal gesetzt. Und jetzt signalisiert sie wieder.«

»Was sehen Sie, Mr. Palafox?« zerriß die Stimme des Kommodores die gespannte Stille.

Eine lange Pause trat ein, während sich Peter wieder und wieder vergewisserte. »Die blaue Nationale, Sir, umgekehrt gesetzt.«

Er beeilte sich nicht mit dem Abstieg. Überbringer von schlechten Nachrichten sind nicht sonderlich beliebt. Die umgekehrt gesetzte blaue Nationale bedeutete, daß die Galeone bereits eingelaufen war, daß sie unter dem Schutz der hundert Kanonen der Burg im Hafen von Acapulco lag und daß die Centurions ihre Chance auf die Schätze des Orients verpaßt hatten. Zwar traf es sie nicht völlig unvorbereitet, die enttäuschenden, sich zu Tagen, Wochen und Monaten einer unaufholbaren Verspätung dehnenden Stunden hatten ihre Zuversicht ohnehin zermürbt. Gleichwohl war die endgültige Bestätigung der schlimmsten Befürchtungen ein Schlag, dessen niederschmetternde Wirkung proportional zur Großartigkeit ihrer kühnsten Hoffnungen stand. Es war ein schwerer Schlag für alle – ein sehr schwerer Schlag.

»Was seid ihr doch für ein hoffnungslos trübseliger Haufen von Dumpfbacken«, stöhnte Ransome, der nach einer Woche im offenen Boot das Schildkrötenhaschee mit einer Freude in sich hineinschaufelte, die ihn bei seinen Kameraden kaum sonderlich beliebt machte.

»Oh, halt die Schnauze, du Großmaul«, zischte Peter.

»Hört auf damit«, sagte Bailey.

»Was hat er gesagt?« fragte Keppel und wölbte die Hand über sein erfrorenes Ohr.

»Er sagt, wir wären ein trübseliger Haufen«, brüllte Preston.

»Zum Teufel mit diesem Scheißkerl und seiner verdammten verkehrtrum gesetzten blauen Nationale«, schimpfte Keppel.

»Also ich muß schon sagen«, rief Ransome, »das ist mir eine schöne Begrüßung für einen Burschen, der dreihundert Meilen weit gefahren ist. Die meiste Zeit mußten wir pullen, und wir haben von nichts als Schiffszwieback und verdammt wenig Wasser gelebt, nur um euch gute Nachrichten zu bringen.«

»Was für gute Nachrichten?« fragte Peter mit plötzlich wiedererwachtem Interesse.

»Verdammt will ich sein, wenn ich euch das jetzt verrate«, erwiderte Ransome schmollend. »Gib mir mal die Suppe. Und nimm gefälligst deinen großen Daumen da raus.«

»Pah, der hat doch gar nichts mitgebracht«, meinte Preston verächtlich.

»Ach, hab' ich nicht?« brüllte Ransome und sprang auf. »Habt ihr etwa die Mohren nicht gesehen, die wir geschnappt haben?«

»Doch«, antwortete das Fähnrichslogis mäßig gespannt.

»Tja, die haben wir uns nachts im Hafen von Acapulco geschnappt.«

»Na, wenn schon?«

»Na, wenn schon? Ach – na, wenn schon?« sagte Ransome. »Bitte sehr – dann eben: na, wenn schon.«

Nach diesem rätselhaften Ausspruch war nichts mehr zu machen. Die Männer begriffen, daß er sich weder durch Drohungen noch durch gute Worte erweichen lassen würde. Also nötigten sie ihn zum Essen und warteten.

»Am dritten Tag bekommen wir also endlich den richtigen Hafen in Sicht«, erzählte er, nun wieder lächelnd und satt. »Und in der Nacht paddeln wir still und heimlich nach Acapulco, was eine langgezogene Stadt in einer Bucht ist – ein guter Hafen, wie wir fanden. Da sehen wir im Schatten einer Insel plötzlich dieses Kanu mit den angelnden Mohren. Also halten wir auf ihr Licht zu und nehmen sie gefangen. Und als Mr. Dennis sie fragt, was sie wissen, erzählen sie ihm erstens, daß die Galeone im Hafen ist. Zweitens, daß auf der Insel bis vor drei Tagen eine Garnison stationiert war, die den Hafen bewachte und uns bestimmt geschnappt hätte, wenn sie immer noch dort gewesen wäre. Drittens, daß der Gouverneur die Rotröcke abgezogen hat. Und zwar warum? Weil er annahm, daß unser Geschwader nicht mehr hier in der Gegend ist. Viertens, daß der Gouverneur per Proklamation bekanntgegeben hat, daß die Galeone wie immer am 14. März in See geht und sich die Kaufleute bereit halten sollen. Und soll ich euch noch was sagen?« Lebhafte Genugtuung leuchtete in Ransomes gutmütigem, wettergegerbtem Gesicht auf, als er den Blick über die im Halbkreis um ihn sitzende, fasziniert lauschende Zuhörerschar schweifen ließ. »Wir haben sie vor dem Einlaufen in den Hafen verpaßt, und das ist ein bitterharter Schlag. Aber auf der Fahrt von Manila nach Acapulco befördert sie Waren, und die hätten wir nach Hause transportieren müssen, und zwar auf die Gefahr hin, daß sie unterwegs verderben und unsere Landsleute in England nur die Nase gerümpft hätten. Denn die Spanier lösen nie Frachtgut aus, nie, selbst wenn's … selbst wenn's Dings regnet …«

»Bronzekatzen?« schlug Bailey vor.

»Bronzekatzen und -hunde«, nickte Ransome, »wie wir aus eigener bitterer Erfahrung nur zu gut wissen. Außerdem hat die Galeone die Größe eines Schiffes erster Klasse, und wir hätten nicht mal die Hälfte von ihrem Zeug bei uns und in der *Gloucester* unterbringen können, weil die Lasten schon mit unseren eigenen Vorräten gefüllt sind. Aber jetzt paßt auf«, er schlug die Faust in die Handfläche, »wenn sie *nach* Manila fährt, hat sie nur Gold und Silber an Bord. Das verdirbt nicht. Das läßt sich gut stauen. Das nimmt keinen Platz weg. Wir werfen unseren Ballast über Bord und stauen statt dessen das Gold. Mann o Mann, es geht doch nichts über Gold als Ballast!«

Als der Kommodore die Stationen der Schiffe auf der Karte absteckte, erinnerte der Plan stark an einen Fächer, einen geöffneten Fächer mit Speichen. Der Griff, die Verbindung der Speichen, war Acapulco, wo die Galeone lag, und von diesem Punkt gingen strahlenförmig fünf Linien aus, jede fünfundvierzig Meilen lang. Die erste endete bei der *Carmelo;* die zweite neun Meilen an Steuerbord querab von der *Carmelo* bei der *Centurion;* dann folgten jeweils im selben Abstand die *Tryal*-Prise, die *Gloucester* und die *Carmen* – ein Halbkreis aus Schiffen, der den Fächerrand bildete. Zwischen sich deckten die Schiffe jeweils eine Wasserfläche von siebzig Meilen ab, die sie in unermüdlicher Wachsamkeit Tag für Tag mit ihren Teleskopen bestrichen, während die Kutter von *Centurion* und *Gloucester* in Küstennähe lagen, tagsüber zwölf Meilen vom Land entfernt, nachts dicht am Ufer, um ihren Schiffen die erste Bewegung der Galeone zu melden.

Die Galeone selbst war für Peter mittlerweile ein vertrauter Anblick, denn zusammen mit Mr. Dennis und der Kutterbesatzung spähte er die ganze Nacht mit verbissener Konzentration zu ihr hinüber. Spanier gehörten im allgemeinen nicht zu den Frühaufstehern, schienen andererseits aber auch nicht gewillt, irgendwann einmal zu Bett zu gehen. Und nicht selten konnte die Kuttercrew die Galeone bis in die frühen Morgenstunden klar und deutlich im Schein der Lichter von Acapulco beobachten. Zu anderen Zeiten half das Funkeln der Sterne ihren an die Dunkelheit gewöhnten Augen, die warme, samtene Schwärze der Nacht zu durchdringen (nachts war es unter der Küste immer windstill) und das zwischen zwei riesigen Bäumen vermurte Schiff in dem von einem Befestigungsring umgebenen Hafen auszumachen. Dabei war es gar nicht so einfach, die Galeone unbemerkt zu beobachten, weil die kleine Insel und die Landspitze Punto del Griso die Hafeneinfahrt verdeckten; und nur wenn sie sich entlang des nordöstlichen Ufers der Bucht von Acapulco, in bequemer Schußweite der Festungsbatterie, anschlichen, gelang es ihnen, mehr als nur einen flüchtigen Blick von ihrem Heck zu erhaschen. Dennoch sahen sie sie Nacht für Nacht, und Nacht für Nacht fuhr Peter mit einem starken Nachtglas die Linien des massiv gebauten Schiffes nach, bis er sie fast in- und auswendig kannte.

Der 14. März war der Tag, an dem sie auslaufen sollte. Der Gouverneur hatte den Termin durch einen Trommler in der ganzen Stadt verkünden lassen, und es gab nicht einen Mann an Bord, der an der Pünktlichkeit des Gouverneurs zweifelte – und erst recht niemanden, der so schwer von Begriff war, daß er nicht die Differenz zwischen der neuen und der alten Zeitrechnung, dem Julianischen und dem Gregorianischen Kalender, ausrechnen konnte, wonach der spanische 14. März auf den englischen 3. fiel. Selbst wenn die Expedition sonst nichts bewirkt hätte, zumindest hatte sie eine Mannschaft aus leidenschaftlichen Kopfrechnern hervorgebracht: Männer, die vorher kaum bis zehn zählen oder die Zeit auf einer Uhr ablesen konnten, rechneten nun ohne langes Überlegen siebenhundertdreiundneunzig Piaster in Guineen um und anschließend den hundertdreiundsiebzigsten Anteil davon aus.

Folglich herrschte am 3. März, nach der alten Zeitrechnung, an Bord sämtlicher Schiffe und Boote des Geschwaders eine in der langen Geschichte der Schiffswachen vermutlich beispiellose, erwartungsvoll gespannte Stimmung, eine so gespannte Stimmung, daß Peter, der in dem kleinen, überfüllten Boot unter der gnadenlosen Sonne keuchte, seine eigene Erwartung zu dämpfen versuchte; nicht nur weil er befürchtete, daß eine von solch unerschütterlicher Zuversicht geprägte Hoffnung Unglück bringen würde, sondern auch, weil er argwöhnte, daß diese geballte Hoffnung die Spanier warnen müßte – daß sie die unerträgliche Spannung und den konzentrierten, stechenden Blick so vieler, unaufhörlich auf sie gerichteter Augenpaare einfach spüren müßten.

Er selbst versuchte, die eigene Zuversicht durch Zweifel zu erschüttern. Da waren einmal die drei vermißten Männer, deren Verschwinden in Acapulco womöglich bereits Verdacht erregt hatte. Dann bestand die Möglichkeit, daß die Toppsegel des Geschwaders längst von den hinter der Stadt aufragenden Bergen aus gesichtet worden waren. Aber trotz all seiner Vorsicht und Zurückhaltung klopfte am festgesetzten Tag, als der klare Morgen über Mexiko heraufdämmerte, sein Herz so stark, daß er kaum atmen konnte. Auch mittags, als die gnadenlose Sonne senkrecht auf die unbekümmerte Kuttercrew herabbrannte, schlug es noch schnell und aufgeregt. Doch als am Abend schließlich die träge Sonne nach einem blutroten Auflodern in der westlichen See versank, war es von erstickender Bitterkeit erfüllt.

Er hatte sich gegen Enttäuschung gewappnet, aber nicht stark genug. Wie fast all seine Bordgenossen glaubte er zu diesem Zeitpunkt immer noch leidenschaftlich daran, daß die Galeone auslaufen würde – daß Verspätungen nun einmal vorkamen – daß sich die Informanten geirrt haben müßten – tausend logische Gründe fielen ihm ein; und andere, die jeder Logik entbehrten: er glaubte, die Galeone *müsse* einfach auslaufen, weil sie alle so hart gearbeitet hatten – sie hatten sämtliche Schiffsrümpfe gereinigt, sie hatten das Geschwader mit hingebungsvoller Plackerei in einen mustergültigen Zustand und höchste Alarmbereitschaft versetzt, sie hatten einige ihrer Prisen geopfert, um ihre Kräfte zu konzentrieren, sie hatten wie Galeerensklaven geschuftet, und sie hatten die Galeone verdient. Sie mußte kommen – sie mußte.

Er glaubte felsenfest daran, auch noch nachdem das Geschwader, mittlerweile erschreckend knapp an Wasser, weitere zwanzig Tage lang strikt auf seiner Position auf und ab gestanden hatte – zwanzig Tage, während deren die Karwoche gekommen und vergangen (was sofort neue Hoffnungen aufkeimen ließ, denn kein spanisches Schiff würde sich in der Karwoche von der Stelle rühren) – und die See noch immer leer war. Er glaubte es sogar noch bis zum letzten Moment, als sich die stürmische Jahreszeit ankündigte und klar war, daß das Geschwader nicht länger ohne Trinkwasser auf See bleiben konnte. Sein Verstand sagte ihm, daß die Galeone gewarnt worden war und nicht auslaufen würde, aber als er den endgültigen Befehl hörte: »Lassen Sie bitte Segel setzen, Mr. Brett, Kurs Nordost«, drehte er sich um und verließ mit einem sterbenselenden Gefühl im Herzen das Achterdeck.

ZWÖLFTES KAPITEL

»WO IST MEIN TAGEBUCH«, fragte Peter.

Aber er bekam einfach keine Antwort, es war zum aus der Haut fahren. Er gab jedoch nicht auf, sondern fragte wütend immer wieder, bis Wilson schließlich betont lässig über die Schulter sagte: »Du meinst doch nicht das Buch mit dem grünen Umschlag, oder?«

»Doch, genau das.«

»Oh, tja, ich schätze, ausgerechnet das haben wir weggeschmissen. Du hast doch irgendsoein komisches Buch weggeschmissen, das in der Ecke von dem jungen Burschen hier lag, oder stimmt's nicht, Hill?«

»Wo ist es?« schrie Peter erbost.

»Über Bord, wo sonst?« sagte Wilson. »Und da landest du auch gleich, wenn du nicht mit deinem Lärm aufhörst. Hill, du mußt gehen.«

Einen Moment lang starrte Peter unschlüssig auf Wilsons breiten Rücken. Dann drehte er sich um und rannte an Deck. Er enterte in den Vortopp auf. Eigentlich hatte er vorgehabt, noch höher aufzuentern, aber als er im Topp eine Verschnaufpause einlegte und sich erschöpft an den Lafettenbalken der Drehbasse lehnte, beschloß er, dort zu bleiben. »Diese Idioten«, stieß er erbost hervor, »diese hundsgemeinen Idioten!« Zornig ballte er die Faust. Nach einer Weile öffnete er sie wieder. Noch vor kurzem hätte er sich das nicht bieten lassen, jetzt aber fühlte er sich so ganz anders als früher: beklommen, furchtsam, als hätte ihn all sein Mut verlassen. Trotzdem! Er wollte es mit ihnen aufnehmen, wenn er wieder unten war, schwor er sich. Über die Schulter warf er einen besorgten Blick zum Großstagsegel. Wenn das weiter so zieht, dachte er, wird der Mast wieder bersten. Ich bin sicher, der Sprung ist größer geworden. Er betrachtete den erschreckenden Riß im Fockmast der *Centurion*, der nur wenige Tage, nachdem Acapulco endgültig hinter dem Horizont verschwunden war, entdeckt und von der Zimmermannscrew mit einer starken Fischung versehen worden war. Denn gleich zu Beginn ihrer Reise nach Westen, nach China, über die gesamte Weite des größten Ozeans der Erde, waren sie in einen Sturm geraten, der die *Gloucester* aktionsunfähig gemacht hatte.

Er wollte den Kerlen auf alle Fälle unmißverständlich die Meinung sagen und eine Erklärung fordern, wenn auch vielleicht nicht unbedingt heute. Heute fühlte er sich zu schwach. Wie ein Mann ohne Rückgrat.

Was für eine bodenlose Gemeinheit, sein Tagebuch über Bord zu werfen! Aus reiner Bosheit, wie konnte man nur so roh und grausam sein! So viel hatte in dem Tagebuch gestanden, alles was sie erlebt hatten, angefangen mit ihrer Ankunft in Chequetan, wo sie ihre Wasservorräte für die weite Fahrt nach Westen aufgefüllt hatten. In Chequetan hatte er den ersten Band einer lebhaften Schilderung von Mr. Walter und dem elektrischen Fisch, dem Zitterrochen oder Torpedo, abgeschlossen, und die Eintragungen gingen bis zu ihrer Position auf 12°17′ nördlicher Breite und 151°30′ östlicher Länge, wo die *Gloucester* in Flammen aufgegangen war.

Diese beiden, Wilson und Hill, waren genau wie Pollock Midshipmen von der *Gloucester*, und durch sie und die anderen Offiziere dieses Schiffs hatte Peter einen flüchtigen Eindruck – inzwischen war es freilich mehr als nur ein flüchtiger Eindruck – von einem ganz anders gearteten Marineleben bekommen. Aus dem Wenigen, was er bisher an Bord der Schiffe des Geschwaders gesehen hatte, die nicht von Mr. Ansons Offizieren kommandiert wurden, und aus den Erzählungen anderer Midshipmen, die wie Ransome bereits unter vielen Kapitänen gedient hatten, hatte er den Schluß gezogen, daß die *Centurion* ein glückliches Schiff war und er ausgesprochenes Glück hatte, daß er seine Laufbahn in der Royal Navy auf ihr beginnen durfte. Aber was für ein außergewöhnlich glückliches Schiff sie war, war ihm erst klargeworden, nachdem sich diese Neulinge im Fähnrichslogis einquartiert hatten. Sie waren alle dienstälter als Peter, der auch vorher schon der jüngste Bewohner gewesen war, und als Wilson und Hill zu der Ansicht gelangt waren, daß Peters Quartier ihrem Geschmack eher entsprach als ihr eigenes, hatten sie sich kurz entschlossen dort breit gemacht. Doch das war im Grunde eine Frage des Dienstalters, und über die geltenden Rechte in der Royal Navy ließ sich nicht streiten; nein, es war nicht nur dieses Verhalten, sondern auch die Tatsache, daß sie eine brutale Art von Spaß im Fähnrichslogis einführten. Sie ließen keine Gelegenheit aus, Pollock, ihren Bordgenossen von der *Gloucester,* zu hänseln, und legten es ganz offensichtlich darauf an, auch Peter, Bailey und Preston das Leben zur Hölle zu machen. Sie schikanierten die Matrosen nach Strich und Faden, und das Vergnügen, das sie dabei empfanden, öffnete Peter gewissermaßen die Augen. Denn ihr Verhalten war nichts als das exakte Spiegelbild vom allgemeinen Benehmen der *Gloucester*-Besatzung, einem unangenehmen, verrohten Haufen, der sich – an häufiges Auspeitschen gewöhnt und von jeglichem humanen Kontakt zur Schiffsführung isoliert – nur widerwillig der Arbeit an Bord unterwarf.

Entsprechend zeigten die Midshipmen der *Gloucester* gewisse Eigenschaften ihres Kapitäns und seiner Offiziere, wie wiederum das Fähnrichslogis der *Centurion* vom Einfluß Mr. Ansons zeugte. Zwar waren Wilson und Hill keine ausgemachten Lumpen, aber sie waren in einer Tradition aufgewachsen, die geprägt war von rauher, großmäuliger Derbheit, unnachsichtiger Strenge gegenüber der Besatzung und flegelhaften Streichen, deren Grausamkeit ihnen oft gar nicht bewußt war, und dem aufreibenden, aber offenbar nie nachlassenden Streben nach Dominanz, dem ewigen Wetteifern darum, wer der Größte war.

Sie waren gute, mutige Seeleute (mit Eigenschaften, die ohne Frage mit der Neigung zum Tyrannisieren einhergehen, auch wenn Geschichten über männliche Tugenden das Gegenteil behaupten), aber die Eigenschaften, deren sie sich besonders rühmten, waren ausgerechnet die, die sie bei ihren Kameraden und ganz allgemein überaus unbeliebt machten. Das Fähnrichslogis der *Centurion* war zwar nie ein Hort der Heiligen gewesen, es gab immer Zänkereien und Beschimpfungen unter den Midshipmen, auch gegenüber den Matrosen, aber ihr Stil und auch ihre Inhalte unterschieden sich grundlegend von der unflätigen Sprache der *Gloucester*. Vor allem aber war das Fähnrichslogis bisher ein im wesentlichen freundlicher Ort gewesen, wo zwar reichlich Schabernack getrieben, aber niemand bewußt tyrannisiert worden war.

Wilson und Hill waren tatsächlich keine ausgemachten Lumpen. So hatten sie zum Beispiel nie beabsichtigt, Peters Tagebuch über Bord zu werfen – es war durch ein Mißgeschick, die reine Unaufmerksamkeit durch die geöffnete Stückpforte geflogen –, und es hatte den beiden leid getan, aber sie waren zu schlecht erzogen, um sich dafür zu entschuldigen. Andererseits waren sie eben auch üble Gesellen, denen man besser aus dem Weg ging, noch wesentlich übler, als sie selber wußten. Doch wenn sie so weitermachten, war es sehr gut möglich, daß sie sich zu typischen Vertretern des eisenfressenden Kapitäns entwickelten, zu jenen furchterregenden, mitunter halb verrückten Leuteschindern, die schon viel zu lange Zeit den Ruf der Royal Navy befleckt und etliche Schiffe in eine schwimmende Hölle verwandelt hatten. *Falls* sie lange genug überlebten, was keineswegs selbstverständlich war. Denn abgesehen von den ständigen Gefahren der See konnte es durchaus vorkommen, daß Offiziere dieses Schlages eines Nachts von Bord verschwanden. Menschen lassen sich viel gefallen, aber eben immer nur bis zu einem bestimmten Punkt; und bekanntlich neigt gerade die Sorte Männer, die dieser Art Disziplin unterliegt, gelegentlich dazu, im Schutz der Dunkelheit nach ihrem eigenen wilden Verständnis von Gerechtigkeit zu verfahren.

Den dienstälteren Midshipmen Ransome und Keppel waren Wilson und Hill bisher aus dem Weg gegangen, doch was der kleine Pollock zu berichten wußte, ließ Bailey, Preston und den jungen Balthasar von der *Tryal* für die Zukunft nichts Gutes ahnen. Bei ihrem ersten Angriff hätte Peter sofort hart zurückschlagen müssen, aber das hatte er versäumt. Statt dessen hatte er unschlüssig gezaudert, ähnlich einem Huhn beim Überqueren der Straße, und damit die erste und beste Gelegenheit verpatzt.

»Ich weiß nicht, was mit dir los ist, Teague«, sagte Ransome hinterher zu ihm. »Von uns hättest du dir nicht mal halb so viel gefallen lassen.«

»Na ja, du hast doch selbst gesagt, wir sollen höflich sein, damit sie sich erst mal eingewöhnen können. Hast gemeint, daß sie unsere Gäste sind und so.«

»Das stimmt.« Verlegen kratzte sich Ransome am

Kopf. »Das habe ich gesagt.« Alles andere als streitsüchtig, schätzte er Frieden im Fähnrichslogis über alles, und da er von klein auf an Humor der derbsten Art gewöhnt war, hatte er sich durch das Affentheater der Neuankömmlinge weniger gekränkt gefühlt als seine Mitbewohner. Außerdem verachtete er die Sorte von dienstälteren Midshipmen, die, indem sie sich auf ihren höheren Rang beriefen, immerzu auf ihr Vorrecht pochten. Er lebte nach der Devise, jeder kehre vor seiner eigenen Tür. Andererseits aber beschlich ihn das dunkle Gefühl, daß sich diese Burschen entschieden zu sehr aufspielten.

»Soll ich mich mal um die Sache kümmern?« fragte er nach langem Schweigen unsicher.

»Nein, danke«, erwiderte Peter knapp. »Ich kann mich um mich selbst kümmern, wenn sie Ärger wollen. Trotzdem danke, Ransome.«

Das war ja alles gut und schön, dachte Peter nun, als er sich im Masttopp niederließ, aber wie er die Situation bewältigen sollte, war eine ganz andere Frage. Diese feisten, überfütterten, primitiven Blödmänner! Hätte er ihnen direkt am Anfang klar und deutlich die Meinung gesagt, wäre die Sache mit seinem Tagebuch nicht passiert! Es wäre gar nicht erst dazu gekommen.

Es hatte so viel in diesem privaten Logbuch gestanden, und er hatte sich schon darauf gefreut, es seinen Leuten zu Hause vorzulesen. Aber vielleicht konnte er es ja irgendwie wieder zusammenstoppeln, das Geschehen zurückverfolgen und in die richtige Reihenfolge bringen. Es hatte an der brandungsumtosten mexikanischen Küste begonnen, vor fünftausend Seemeilen, wo sie die *Tryal*-Prise und die *Carmelo* in Brand gesteckt und Wasser gebunkert hatten. Danach waren sie abermals vor Acapulco gekreuzt, wo sie in banger Sorge auf den Kutter warteten, den sie für den unwahrscheinlichen

Fall, daß die Galeone doch noch den Anker lichtete, als Späher dort zurückgelassen hatten. Den Kutter mit Mr. Hughes von der *Tryal,* Sean und vier der besten Seeleute der *Centurion.* Das Warten zermürbte sie, während die Tage, einer nach dem anderen, verstrichen und langsam, aber sicher alle Hoffnung schwand, denn die stürmische Jahreszeit stand unmittelbar bevor, und noch immer war kein Kutter in Sicht. Spanische Gefangene, zum Gouverneur nach Acapulco geschickt, versprachen die Freilassung aller restlichen Spanier, wenn die (womöglich verhaftete) Kutterbesatzung freigelassen würde. Dann war der Kutter schließlich doch noch aufgetaucht. Er wr zwar nicht von den Spaniern aufgebracht, aber infolge widriger Strömungen und Winde von seinen Stationen getrieben worden, und trotzdem hatten es die Männer geschafft nach dreiundvierzig Tagen auf der feindlichen See, die Hälfte der Zeit ohne Wasser, wieder zurückzufinden – eine erstaunliche Meisterleistung in Seemannschaft, die um ein Haar die Crew das Leben gekostet hätte. Der arme Sean! Als die Kameraden ihn die Bordwand hinaufreichten, war er so dünn, daß Peter ihn allein mühelos tragen konnte.

Als nächstes käme der Bericht von dem Sturm und anschließend der von der merkwürdigen Flaute und dem mörderischen Schwell, bei dem sich die *Gloucester* die Bramstengen von Groß- und Fockmast abgesegelt hatte, nur wenige Stunden nachdem zwanzig Centurions zu ihr an Bord gekommen waren, um beim Stellen der Maststengen zu helfen. Nein, so stimmte es nicht ganz. Zuerst, im Juni, hatte die *Gloucester* ihren Großmast verloren, und zwar zur selben Zeit, als der Fockmast der *Centurion* gesprungen war. Das war während der sieben langen Wochen passiert, als sie verzweifelt dem Nordostpassat nachjagten. Und nachdem sie ihn endlich erwischt hatten, war aus Westen dieser Orkan losgebrochen, der

der *Gloucester*, die ohnehin nur noch einen behelfsmäßigen Großmast hatte, den Rest gegeben hatte. Das alles hatte sie aufgehalten, während abermals Skorbut ausgebrochen war. Damals hatte dann noch die Totenflaute eingesetzt, zusammen mit diesem unglaublichen Schwell. Und das Schiff hatte zu lecken begonnen. Auch immer noch konnte er in seiner Vorstellung die Pumpen hören, ein Geräusch, das rund um die Uhr anhielt. Sie hatten gesucht und gesucht, aber es gelang ihnen einfach nicht, die Quelle des Wassereinbruchs ausfindig zu machen. Also strömte irgendwo tief unten am Bug immer mehr Wasser herein. Die Stelle war nur im Trockendock zu finden, doch auf den nächsten fünftausend Meilen gab es kein Trockendock. Selbst jetzt, vor einem stürmischen Wind, machte der Rumpf beängstigend viel Wasser; nicht auszudenken, was passierte, wenn sie gegen eine gewaltige, hohle See aufkreuzen mußten …

Die *Gloucester* war nur noch ein Wrack gewesen, das steuerlos auf der See trieb, während ihre Besatzung – die gesamte Besatzung – vierundzwanzig Stunden lang ohne die geringste Pause pumpte. Kapitän Mitchel war auf die *Centurion* gekommen und hatte sieben Fuß Wasser in der Bilge, stündlich ansteigend, zertrümmerte Decksaufbauten und schwerste Schäden unter Deck gemeldet, wobei nicht einmal die Hälfte die Besatzung arbeitsfähig war. Peter erinnerte sich noch an das graue, von Sorgen bis fast zur Unkenntlichkeit zerfurchte Gesicht des Kapitäns.

Nachdem die Kranken auf die *Centurion* gebracht worden waren, hatten sie es gerade noch geschafft, die Gold- und Silberbarren herauszuholen, aber kaum ein Faß mit Vorräten.

Danach hatten sie die *Gloucester* in Brand gesteckt und ihre Kanonen abgefeuert, eine nach der anderen. Als das Feuer das Pulvermagazin erreichte, explodierte sie in einem feuerroten Blitz und einem Hagel schwarzer Planken, der zischend aufs Wasser niederprasselte. Und dann war von der *Gloucester* nichts mehr zu sehen außer einer dunklen Rauchwolke, die der *Centurion* folgte, wie sie ihre Bahn durch den Pazifik furchte. Das einzige Schiff, das von dem ganzen stolzen Geschwader übriggeblieben war, unterbemannt, angeschlagen und leckend, vor dem die Überquerung eines unkartierten Ozeans lag.

Und wie viele andere Dinge waren in diesen vier vergangenen Monaten passiert – sie hatten Bonitos, Schildkröten und Delphine, die Seevögel mit ihrer gewaltigen Flügelspannweite und die seltsamen Meerespflanzen gesehen, die neuen Gesichter an Bord, die Offiziere der *Tryal,* Mr. Saunders war wieder zurückgekehrt – jetzt Kapitän Saunders –, der gestrenge, grämliche Kommandant der *Gloucester,* die neuen Matrosen, von denen einige faszinierende Geschichten aus dem Osten zu erzählen wußten, Paulus, der Holländer aus Java, Widjoo, der Malaie, die allzeit fröhlichen Schwarzen mit ihren Liedern. All das und noch viel mehr würde er vergessen.

Plötzlich erinnerte er sich mit erstaunlicher Klarheit an das Geschehen eines bestimmten Tages, und im nachhinein betrachtet, schien ihm dieser Tag einen Wendepunkt zu markieren, denn von dem Tag an war für ihn alles schiefgelaufen.

Sie hatten den Passat erwischt und liefen nur unter Toppsegeln, weil sie Rücksicht auf die lahme *Gloucester* nehmen mußten. Aber immerhin machten sie seit etlichen Tagen stetige vier Knoten, und Peter war ungewöhnlich fröhlich gestimmt. An diesem bestimmten Tag nun trat er um drei Glasen in der Nachmittagswache hinaus an Deck, und Mr. Saumarez, der ihn zufällig erblickte, weil er gerade eine Kehrtwende bei seinem gewohnten Abschreiten des Achterdecks machte, fragte ihn beiläufig, was er denn da bei sich trage – eine ganz normale, keineswegs in disziplinarischer Absicht, sondern aus reiner Neugier gestellte Frage.

»Mit Verlaub, Sir, das ist ein Serpent«, erklärte Peter, »und ich wollte gerade den Schmied bitten, dieses Loch hier zu reparieren.«

»Ein Serpent?« Der Offizier nahm die spiralförmige Röhre und betrachtete sie interessiert von allen Seiten. »Ist das so eine Art von Musikinstrument?«

»Nein, Sir«, antwortete Peter völlig arglos. »Nein, Sir. Wir machen damit unseren Whiskey.«

»Was ist denn Whiskey?« fragte Mr. Saumarez. In England kannte man das Getränk kaum, und auf den Kanalinseln, wo er zu Hause war, überhaupt nicht.

»Das ist so etwas wie ein irisches Stärkungsmittel, Sir«, sagte Peter.

»Ich verstehe. Schön, Mr. Palafox«, sagte Mr. Saumarez, »dann machen Sie weiter.«

»Vielen Dank, Sir.« Peter nahm den Serpent wieder an sich. Und dann fügte er in einem Moment geistiger Umnachtung hinzu: »Wir nennen es zu Hause *uisbge beatha* – das Wasser des Lebens.«

»Hä?« rief Mr. Saumarez, als Peter bereits einige Schritte entfernt war. »Sie meinen doch wohl nicht *Aqua vitae?* Lebenswasser? Sie meinen doch um Himmels willen nicht Branntwein?«

»Ich glaube nicht, daß es ganz dasselbe ist«, antwortete Peter zweifelnd. »Aber es ist ziemlich stark, wenn es ganz frisch ist.«

»Bringen Sie das Zeug in meine Kammer, Mr. Palafox«, befahl Mr. Saumarez in offiziellem Ton.

»Pah«, keuchte er kurz darauf. »Das ist ja reiner Alkohol. Soll das ein schlechter Witz sein, Mr. Palafox?«

»Nein, Sir«, stammelte Peter, bestürzt über die wütende Miene des Offiziers. »Das ist nur unser Morgentrunk.«

»Wollen Sie damit etwa sagen, Sie hätten gewagt, dieses Gift hier im Schiff zu brennen? Hier auf der *Centurion?*«

»Ja, Sir.«

»Und jeden Tag getrunken?«

»Ja, Sir, mit Verlaub.«

Einen Moment lang starrte Mr. Saumarez Peter mit ungläubigem Entsetzen an, dann begann er Peter dem strengsten Verhör zu unterziehen, das dieser jemals erlebt hatte.

Seit St. Helen's hatten Peter und Sean regelmäßig ihren Whiskey gebraut. Angesichts des von Qualität und Preis her gleichermaßen miesen Gesöffs in Portsmouth hatten sie sich damals einen Vorrat an Gerste angelegt, die sie je nach Bedarf malzten. Das Ergebnis war nicht besonders gut, obwohl Sean eine Flasche Ballynasaggart-Wasser aus Bridgets Quelle mitgebracht hatte, aus dem der beste Whiskey Irlands gemacht wurde, und obwohl sie immer einen Rest des Gesöffs übrig behielten und mit dem neuen mischten, damit stets echtes irisches Wasser im Faß war. Zur Verbesserung hatten sie auf Madeira noch frische Zitronen hinzugefügt. Nein, antwortete Peter, sie hätten nie ein Geheimnis aus ihrem Vorgehen gemacht. Er habe Whiskey immer für Medizin gehalten. Nein, er habe den Männern nie etwas davon gegeben, außer Shaughnessy, Hanlon, Lyons, Burke und Donohue, den einzigen noch übriggebliebenen Iren. Alle anderen mochten keinen Whiskey – rührten ihn nicht an, obwohl er gut für sie gewesen wäre.

Was er zu seiner Rechtfertigung zu sagen habe? Es tue ihm leid, wenn er ein Unrecht begangen habe, das sei nie seine Absicht gewesen; er sei überzeugt, es habe Keppel in den letzten Stadien von Skorbut vor Juan Fernandez geheilt, als er es ihm löffelweise verabreicht hatte. Keppel sei aber kein Vorwurf zu machen, denn er, Peter, habe ihn dazu genötigt. Nein, er habe nicht alle Verordnungen der Admiralität gelesen, er kenne die Strafe für ein solches Vergehen nicht, vernehme sie mit Erstaunen und Bestürzung. Sonst habe er nichts zu seiner Entschuldigung zu sagen, sie hätten es zu Hause auch immer so gemacht, stets morgens zum Aufstehen einen Becher voll gegen die Luftfeuchtigkeit getrunken, es sei ihm nicht bewußt gewesen, daß er damit in sträflicher Weise die Besatzung verderbe, die Disziplin untergrabe, ein schreckliches Beispiel gebe. Er wisse, daß Trunkenheit eine Sünde sei – Verzeihung, aber er sei nie betrunken gewesen – nein, er halte sich nicht für einen verkommenen Säufer.

»Die Ungeheuerlichkeit Ihres Vergehens scheint Ihnen noch immer nicht klar zu sein«, sagte Mr. Saumarez. »Wissen Sie nicht, Mr. Palafox, daß dies eine Angelegenheit fürs Kriegsgericht ist und daß ich verpflichtet bin, die Sache dem Kommodore zu melden?« Mr. Saumarez scherzte durchaus nicht. Und ihm stand auch nicht der Sinn nach dem einschüchternden Geschrei, mit dem ein wütender Vorgesetzter üblicherweise einen sündigen Midshipman zur Schnecke macht – viel Lärm und wenig dahinter –, dazu war die Sache viel zu ernst, und das Verhör machte Mr. Saumarez nicht den geringsten Spaß.

Peter beteuerte, das habe er nicht gewußt, er hätte auch nie absichtlich gegen diese Verordnung verstoßen, würde auch nie wieder dagegen verstoßen, und er hoffe, daß Mr. Saumarez dieses Mal darüber hinwegsehen würde.

»Nein. Tut mir leid, aber das ist unmöglich. Gehen Sie in Ihr Quartier und bleiben Sie dort, bis Sie gerufen werden.«

Dann folgte das niederschmetternde Gespräch mit dem Kommodore, an dem außerdem Mr. Saumarez, Mr. Woodfall und der Kaplan teilnahmen.

Der Kommodore war genauso streng wie Mr. Saumarez: »Sind Sie sich bewußt, Mr. Palafox, daß ich mich frage, ob es nicht meine Pflicht wäre, Sie zu degradieren? Ihnen die Privilegien eines Offiziers zu entziehen, die Sie in so grober Weise mißbraucht haben, und Sie vor dem Mast schmoren zu lassen, wo man eine unverantwortliche und gefährliche Person wie Sie strenger beaufsichtigen kann?«

Mr. Walter versuchte einen besorgten, gutgemeinten Vermittlungsversuch: Peter sei im Grunde doch kein schlechter Junge, führe auch kein zügelloses Leben, könne sich doch noch bessern, die Schuld sei eher seinem trunksüchtigen Volk anzulasten als ihm selbst!

Ein unterstützendes Wort vom Schiffsarzt kam hinzu: In den richtigen Händen könne Alkohol durchaus heilsame Wirkung entfalten, hätte freilich Keppel niemals verabreicht werden dürfen; es sei Unsinn zu behaupten, Keppel sei damit kuriert worden, im Gegenteil, vermutlich sei es dadurch zu dem Haarausfall gekommen, bei ordnungsgemäßer Verordnung und Dosierung sei allerdings durchaus eine antiskorbutische Wirkung vorstellbar.

Dann folgte Mr. Saumarez' gerechte, aber wenig schmeichelhafte Bewertung von Peters Seemannschaft: Er erfülle ordentlich seine Pflicht, neige aber zu Geschwätzigkeit und Prahlerei, gebe seinen Vorgesetzten gern gute Ratschläge, treibe sich zu oft auf dem Vorschiff herum, mache oft zu viel Aufhebens um sich, neige zu Rechthaberei. Sei gelegentlich unter Deck beim Schlafen erwischt worden, statt an Deck zu sein; sei nie erkennbar betrunken gewesen, hätte sich bei der einen oder anderen (zum Teil sehr kritischen) Situation lobenswert verhalten, bei der einen oder anderen (meist läppischen) Situation aber auch schändlich. Habe einige seemännische Qualitäten. Abgesehen von dieser unglaublichen Geschichte hätte er freilich nur läßliche Sünden begangen. Hätte der Zeuge nichts vom Schnapsbrennen geahnt, hätte er gewiß gesagt, daß Mr. Palafox durchaus dem Wohl der Royal Navy diene.

In seinem Resümee äußerte der Kommodore dann seine Abscheu vor Trunksucht – hochprozentige Getränke seien auf einem Schiff gefährlicher als nackte Gewalt; seine Enttäuschung über Peter – er habe jedes Verantwortungsgefühl, jede Urteilskraft, allen gesunden Menschenverstand vermissen lassen. Wenn sich jeder so verhielte, sei mit den schlimmsten Konsequenzen zu rechnen – das Schiff würde zum schwimmenden Tollhaus. Er verwies auf die weitreichenden Befugnisse eines Kapitäns an Bord: degradierte Offiziersanwärter würden üblicherweise ins Mannschaftsdeck gesteckt, ausgepeitscht, im nächsten Hafen ausgeschifft und ihrem Schicksal überlassen. Schließlich, nach einer unerträglich langen Pause, fällte er seine Entscheidung: Das Brennen von Schnaps müsse ein für alle Mal aufhören, die Utensilien würden konfisziert, der illegale Alkohol für den medizinischen Gebrauch beschlagnahmt. Die außergewöhnliche Milde erkläre sich allein durch Mr. Saumarez' wohlwollenden Bericht und das vom Kommodore beobachtete tadellose Verhalten in bestimmten kritischen Situationen. Mit weiterer Nachsicht sei jedoch nicht zu rechnen. Der kleinste Rückfall werde die sofortige Vollstreckung der vorgeschriebenen Strafen und das Ende der Laufbahn in der Royal Navy zur Folge haben. Dann folgte eine ellenlange Standpauke über verantwortungsvolles Verhalten, das von einem Offizier des Königs erwartete Benehmen und den Gebrauch des gesunden Menschenverstands, nach der sich Peter elender fühlte als nach dem schlimmsten Wüten der Elemente vor Kap Hoorn. Er rang mit schmachvolleren Tränen, als Angst und Schrecken und Not ihm je hatten abtrotzen können, und als er schließlich wegtreten durfte, lastete die Mißbilligung so schwer auf ihm, daß er nach diesem Tag seine alte Fröhlichkeit nie mehr wiedererlangt zu haben schien.

Von diesem schrecklichen Nachmittag an hatte das Tagebuch viele deprimierte und verzagte Einträge enthalten – nicht nur die Schilderung der zusätzlichen und lästigen Aufgaben, die ihm als Strafe aufgebürdet wurden, oder Beweise dafür, daß er in Ungnade gefallen war; nicht nur die ganzen Scherereien, die er dem armen Sean eingebrockt hatte, sondern auch Berichte über Gegenwind, unaufhörliches Pumpen, ständig wachsende Schwierigkeiten mit dem überbelasteten, verschlissenen Rigg und, schlimmer noch, dem Skorbut. Alles schien seinen Ursprung zu jenem Zeitpunkt genommen zu haben, als wäre es ein Auslöser für das Unglück gewesen.

Zum Beispiel der Skorbut. Er war erstaunlich kurz nach ihrem Auslaufen von Mexiko ausgebrochen, lange bevor normalerweise damit zu rechnen gewesen wäre. War die tiefe Enttäuschung der Männer vielleicht mit ein Grund dafür? Die Krankheit befiel immer mehr Besatzungsmitglieder, trotz des frischen, über die Reling geangelten Fisches, der lebenden Schildkröten aus Quibo, dem häufig eingefangenen frischen Regenwasser und dem noch aus Paita stammenden Viehbestand – es widersprach allen Erfahrungen und verlief sogar noch demoralisierender als vor Kap Hoorn.

Immer mehr Besatzungsmitglieder wurden befallen, und obwohl sie die Strecke nach Westen mit stetigen fünf Knoten abliefen, hatte einer der letzten Einträge in Peters Berechnung darin bestanden, wie hoch die Wahrscheinlichkeit war, Asien vor dem Einsetzen des Monsuns zu erreichen, falls sie weiterhin in diesem Tempo

Leute verloren – eine Berechnung, die ein alles andere als ermutigendes Ergebnis erbrachte.

Skorbut! Peter hatte die Krankheit mit all ihren unterschiedlichen Gesichtern erlebt, sie war ihm schrecklich vertraut. Daher war es erstaunlich, daß er sie bei sich selbst nicht erkannte, daß er den Grund für seine dauernde Müdigkeit, die Lethargie, die ihn in diesem Moment im Vortopp überkam, die ständige unterschwellige Angst, die jedes noch so läppische Risiko plötzlich zu einem entsetzlich bedrohlichen Unheil anwachsen ließ, dieselbe morbide Furchtsamkeit, die er schon bei so vielen Männern erlebt hatte – bei Preston, zum Beispiel, und noch vielen andern – den Symptomen nicht zuordnen konnte. Peter war krank, sehr krank sogar, aber das wußte er nicht. Wie auch immer, sagte er sich deshalb, ich muß dieses Problem anpacken. Das mache ich ganz bestimmt. Vielleicht morgen, beim Dinner.

Das Dinner im Fähnrichslogis fand in trübsinniger, schweigsamer Stimmung statt, doch sobald es beendet war, begann Hill aus reiner Langeweile zu stänkern. Er stieß Wilson an und sagte: »Ach, übrigens, Klein-Palafox, wie heißt eigentlich deine Schwester?«

Peter lehnte sich auf seinem Stuhl zurück und betrachtete ihn einen Moment lang schweigend. »Hör zu, Hill«, sagte er dann ruhig, »ich hab's dir bisher noch nicht gesagt, weil du neu in unserem Quartier bist, aber du mußt dich schon um einen anderen Ton bemühen, wenn du mit mir redest. Du verstehst doch, was ich meine, oder? Nein, nein«, fügte er hinzu, als Hill aufsprang, »nein, spar dir dein Affentheater, das wollen wir hier nicht.« Seine Stimme hatte unwillkürlich den verbindlichen, schnarrenden Achterdeckston angenommen, unbewußt, aber überzeugend.

Entgeistert starrte Hill ihn an und setzte sich wieder.

»Und mit dir, Wilson, hab' ich auch noch ein Wörtchen zu reden«, sprach Peter mit unterdrückter Wut weiter. »Du hast O'Mara schikaniert. Wenn du das in Zukunft nicht unterläßt, wirst du dir schweren Ärger einhandeln. Du weißt genau, was ich meine. Ganz zu schweigen davon, daß uns dein pöbelhaftes Benehmen hier im Fähnrichslogis auf die Nerven geht.«

Wilsons häßliches Gesicht war wutverzerrt. »Du mieser, kleiner Stutzer«, platzte er heraus.

»Halt's Maul!« zischte Ransome zurück. »Halt's Maul, hab' ich gesagt. Ich bin hier der Dienstälteste, Freundchen, und ich will dir mal was sagen. Du und dein Kumpel, ihr treibt es hier nämlich ein bißchen zu weit, kapierst du? Du hältst jetzt schön mal die Luft an, wie Palafox gesagt hat. Das hier ist ein gutes Fähnrichslogis«, er ließ zärtlich den Blick durch die scheußliche, wie ein Stück Käse geformte, ungemütliche Behausung schweifen, an deren niedrigen Deckenbalken es kaum eine Stelle gab, gegen die er in den letzten zwei Jahren nicht mit dem Schädel geknallt war. »Das hier ist ein gutes Fähnrichslogis«, wiederholte er, »und wir haben hier immer eine Menge Spaß gehabt. Aber ihr habt's übertrieben, und damit ist jetzt Schluß. Warum? Weil ich es nicht mehr dulde! Darum! Palafox hat das sehr gut gesagt.«

»Ich stimme Palafox völlig zu«, sagte Keppel und bedachte nacheinander Wilson und Hill mit einem Blick eisiger Ablehnung. »Ihr habt euch im Ton vergriffen. Und falls ihr bis zum Ende des Einsatzes hier bleiben wollt, kann ich euch nur raten, ihn zu änden.«

»Allerdings«, nickte Bailey, und vom Rest des Fähnrichslogis erhob sich einmütig zustimmendes Gemurmel.

Aber das hörte Peter nicht mehr. Er ging langsam hinaus an Deck. Ihm war so sonderbar zumute, daß er kaum noch wußte, wo er war, und als er das Seitendeck erreichte, wurde ihm schwarz vor Augen, und er stürzte mit solcher Wucht zu Boden, daß er sofort das Bewußtsein verlor.

Insel Tinian, 3. September, schrieb Peter in das neue Tagebuch, das auf seinen Knien lag. *Es ist herrlich hier, ganz ähnlich wie auf Juan Fernandez, nur noch schöner. Ich bin heute morgen aufgestanden – die Kabel mußten verstärkt werden, wir haben sieben Faden Trosse mit Schamfilschutz umwickelt, nur wegen der Korallen. Aber ich bekam Ausschlag, jede Menge komische Flecken, und mußte von Ransome und Sean zurückgetragen werden. Ich bin viel herumgetragen worden (wie ein heidnisches Götzenbild), damit ich an die frische Luft komme, aber so grandios wie bei unserer Ankunft hier, als der Kommodore das eine Ende meiner Hängematte packte und Kapitän Saunders das andere, bin ich noch nie an Land gekommen. P. Palafox, Erster Seelord der Admiralität! Ich habe es Ransome erzählt – Gott, was haben wir gelacht!*

Wir trafen vor einer Woche hier ein. Angeblich stand unsere Ankunft hier auf der Insel auf Messers Schneide. Ich war damals allerdings noch so benommen, daß ich die meiste Zeit gar nicht mitbekam, was los war. Es ist wunderbar hier, und es gibt Melonen, Orangen, Limonen und Zitronen, Kokosnüsse, eine seltsame, große Frucht, die wir als Brot essen, und eine platt zusammengequetschte und viele andere; außerdem erstaunlich viel wildes Viehzeug, das die Spanier gerade zu Dörrfleisch verarbeiteten, als wir sie überrascht haben. Sie hatten schon eine Menge getrocknet oder geräuchert und Hütten gebaut, was für uns natürlich sehr erfreulich ist. Die Ärmsten, sie hielten uns für die Galeone, denn der Kommodore war äußerst schlau und hat den Feind mit den Signalen der Manila-Galeone irregeführt, worauf die Spanier uns zur Begrüßung entgegengepullt kamen. Sie kamen mit einer schmucken, kleinen Bark von Guam, und als sie die Falle erkannten, war es zu spät, um die anderen zu warnen. Ich bin seit heute mittag am Essen, und nun ist es ungefähr vier.

Aber trotzdem wünschte ich, Sean würde sich etwas beeilen und mir noch ein paar von den flachen, gelben Früchten bringen.

»Hier, Euer Ehren, mein Lieber«, sagte Sean und bückte sich mit seiner Last unter dem Türsturz. »Außerdem habe ich eine neue Stelle mit Melonen entdeckt, wo sich eine wütende, alte Sau aufführt wie der Lord Lieutenant höchstpersönlich.«

»Vielen Dank, Sean«, sagte Peter. »Oh, diese Frucht hier«, er hielt eine Guave hoch, »kenne ich ja noch gar nicht.«

»Schmeckt das Ding?« erkundigte sich Sean und reichte Peter fürsorglich die Hälfte einer frisch gespaltenen, bis zum Rand mit Milch gefüllten Kokosnuß.

Peter nickte stumm mit vollem Mund und griff mit seiner freien Hand nach mehr. Genau wie die anderen Kranken hatte er einen schier unersättlichen Appetit auf Obst. Die gesunden Männer, rund siebzig aus der vereinten Besatzung, hatten denselben Heißhunger auf Fleisch; und da diese schöne Insel beides im Überfluß bot, waren alle gleichermaßen zufrieden.

»Ich hatte einen seltsamen Traum, einen ganz seltsamen Traum«, erzählte Sean, während er mit sichtlicher Genugtuung beobachtete, wie Peter über eine weitere Guave herfiel. Peter nickte, zum Zeichen, daß er zuhörte, und Sean fuhr fort: »Ein ganz seltsamer Traum war das, und ein Wachtraum noch dazu. Denn es war noch vor Sonnenaufgang, als ich allein am Strand entlangspazierte und mich fragte, ob ich hier wohl irgendwo eine Schildkröte für Euch zum Futtern auftreiben könnte. Und während ich überlegte und die Frage hin und her wälzte, wanderte ich immer am Strand entlang. Und als ich da so herumwanderte, träumte mir, ich hörte einen Brachvogel schreien, und da war ich auf einmal zu Hause, am See der Zwei Nebel, und die Vögel flogen umher, es war herzzerreißend. Wirklich, Peter, ich dachte, mein Todestag wäre gekommen.«

»Sean!« Entsetzt fuhr Peter hoch. »Das ist doch wohl nicht dein Ernst? Und ich liege hier, und der Schrei des Brachvogels dringt vor Tagesanbruch an mein Ohr?«

»Möge Gott das Schlimmste verhüten«, sagte Sean.

»Möge Er uns vor dem Grauen bewahren«, bekräftigte Peter.

Dann schwiegen sie. Die Strahlen der tiefstehenden Sonne, die durch die geöffnete Tür in die Hütte fielen, begannen auf einmal unheilvoll wie glühendes Mondlicht zu schimmern. Peter ließ die angebissene Guave sinken und blickte hinaus in die beginnende Dämmerung.

»Hallo, Bleichgesicht Palafox.« Keppel steckte seinen kahlen Kopf durchs Fenster. »Kannst du schon ein kräftiges Essen vertragen? Meine Güte, was ist denn hier los? Man könnte meinen, du hättest einen Geist gesehen. Geht's dir wieder schlechter?«

»Himmel, nein«, antwortete Peter, der sich rasch von seinem Schrecken erholte. »Mir geht's sehr gut – ich war nur überrascht, weil ich dich gar nicht kommen gehört habe. Und dann plötzlich dein Gesicht, weißt du, Keppel, es sieht so schrecklich bleich aus.«

»Das mußt du gerade sagen, mein Lieber. Hallo, O'Mara. Geht's ihm wirklich gut, was meinst du?«

»Ich will's hoffen, Euer Ehren, weiß Gott«, erwiderte Sean einsilbig.

»Was ist mit Fleisch?«

»Kein Rind- oder Hammelfleisch, hat Mr. Woodfall angeordnet«, antwortete Peter mit dem feierlichen Ernst eines Kranken.

»Gut, das hier ist kein Rind.« Keppel wühlte in seiner Tasche. »Und Hammel ist es auch nicht«, sagte er und reichte einen Brachvogel durchs Fenster. »Mein Gott!« rief er dann aus. »Was ist denn mit euch beiden los?

Eßt ihr etwa keinen Brachvogel in Irland? Das ist ein fabelhaftes Gericht, gehäutet, *nicht* gerupft, und gebraten. Es sollten eigentlich zwei Krickenten werden, aber ich hab' sie verfehlt und statt dessen den Brachvogel getroffen.«

»Leben denn hier Brachvögel?« fragte Peter matt.

»Natürlich, du Dummkopf«, erwiderte Keppel ungehalten. »Was bist du nur für ein sonderbarer Bursche, Palafox. Du kannst kaum an diesem Weiher entlanggehen, ohne auf Unmengen von Brachvögeln zu treten, Millionen von Brachvögeln, es wimmelt nur so davon. Und Enten. Guten Abend, Sir.«

»Guten Abend.« Mr. Brett kam hereingestürzt. »Geht's besser, Palafox? Was gegessen, wie ich sehe«, sagte er mit einem Blick auf den riesigen Haufen aus Kernen und Schalen. »Ausgezeichnet. Aber jetzt um Himmels willen schnell weg mit dem Zeug. Der Kommodore kommt. Mr. Keppel, helfen Sie bitte mal mit. Den Kissenbezug! Haarbürste! O'Mara, reichen Sie mir das Handtuch – Mr. Stapleton hat Ihnen doch sicherlich erlaubt, hier zu sein, nicht wahr?«

»O Sir!« rief Sean mit Tränen in den Augen. »Würde ich mich jemals ohne Erlaubnis des Offiziers aus dem Dienst entfernen?«

»Hm«, meinte Mr. Brett zweifelnd. »Na schön, dann schnapp dir den Wassereimer da, und schrubb Peter ab. Ich möchte, daß er in fünfundvierzig Sekunden picobello sauber ist. Mr. Keppel, halten Sie mal den Kissenbezug auf.«

Eine Minute später betrat der Kommodore in Begleitung des Schiffsarztes die Hütte. Beifällig ließ er den Blick über die tadellose Ordnung wandern – auf Peters mit geometrischer Genauigkeit gefaltetes Laken und auf den Patienten selbst, der einen blitzsauberen, wenn auch etwas atemlosen und abgehetzten Eindruck machte.

»Ich hoffe, Sie fühlen sich besser, Mr. Palafox«, sagte er freundlich.

»Vielen Dank, Sir«, antwortete Peter und setzte sich kerzengerade auf. »Es geht mir ausgezeichnet.«

»Das freut mich zu hören«, sagte der Kommodore lächelnd. »Aber wie ich hörte, waren Sie heute morgen ohne Erlaubnis auf Deck. Das geht aber nicht – das könnte sich nachteilig auf Ihr Befinden auswirken, oder was meinen Sie, Mr. Woodfall?«

»Allerdings, Sir«, bestätigte der Schiffsarzt. »Strecken Sie mal die Zunge raus.« Die Aufforderung galt Peter und war in ziemlich scharfem Ton formuliert, denn Peter war nicht gerade Mr. Woodfalls Lieblingspatient. Erst wenige Wochen zuvor hatte Sean den Schiffsarzt überredet – eine Überredung, der mit kaum verhüllten Morddrohungen Nachdruck verliehen worden war –, Peter als Heilmittel Whiskey mit Zitronensaft zu verabreichen, worauf der Patient tatsächlich zu genesen begonnen hatte. »Aber«, sagte er zögernd, nachdem er in Peters Rachen gespäht hatte (wenn er nicht gerade in seiner Berufsehre gekränkt wurde, war er schließlich kein Unmensch, im Gegenteil), »ich kann keinen Rückfall feststellen. Trotzdem noch kein Rind- oder Hammelfleisch! Aber ich denke, wir können jetzt zu ein wenig Schweinefleisch übergehen, eine kleine Portion, leicht geschmort; und ab übermorgen wieder leichte Arbeiten verrichten.«

»Sehr schön«, sagte der Kommodore. »Wir können jeden unserer wirklich fähigen Offiziere sehr gut gebrauchen«, fügte er zu Peters unsäglicher Genugtuung hinzu. »Und hier, Mr. Palafox, haben Sie ein kleines Büchlein, damit Ihnen die Zeit zwischen den Mahlzeiten nicht zu lang wird. Es war bei den Sachen von unserem armen Zahlmeister. Sie können es behalten, wenn es Ihnen gefällt.«

»Zu gütig von Ihnen, Sir«, rief Peter, vor Freude errötend, »und ich bin Ihnen zutiefst dankbar für Ihre Aufmerksamkeit.«

»Hör dir das an, Sean«, sagte er fünf Minuten später. »›Was sagt der Mann zum Kerzenmacher, dem gerade all seine Kerzen gestohlen wurden? Nimm's nicht so schwer, mein Freund – die kommen mit Sicherheit wieder ans Licht.‹«

»Ha, ha«, lachte Sean. »Was ist das denn für ein Buch?«

»Es heißt«, Peter schlug die Titelseite auf, *»Neuer Leitfaden zur Unterhaltung, oder, Verstand und Witz, vermischt mit ernsteren Dingen, bestehend aus heiteren, philosophischen, physikalischen, historischen, moralischen und politischen Fragen und Antworten – mit Sprichwörtern, Epitaphen, Epigrammen, Rätseln, Gedichten, Benimmregeln etc. und einer Auswahl an Wundern und anderen Mannigfaltigkeiten, im besonderen: ein prägnantes Historienbild der Könige von England. Zusammen mit leicht verständlichen Anleitungen zu echtem Wissen in unterschiedlichen Themenbereichen wie Astronomie, kirchlichen Festtagen und sparsamem Haushalten.*

Von W. W., Gent.«

»Das ist aber eine ganze Menge für so ein kleines Buch«, staunte Sean. »Was muß dieser Mister W. W., Gent, für ein gelehrter Mann gewesen sein, Euer Ehren. Und wie man sich benehmen soll, steht auch drin, ja?«

»Ja. Hier, paß auf: *Beim Essen nicht auf die Teller der anderen schielen oder begehrliche Blicke auf das Fleisch auf dem Tisch werfen. Niemals wie ein ungehobelter Bauer das Fleisch mit dem Messer in der Hand zum Mund führen. Niemals die Zähne mit dem Tischtuch oder der Serviette oder den Fingern reinigen; wenn überhaupt, dann mit dem Zahnstocher. Nicht an den Nägeln kauen*«, er brach ab und blickte durch die Tür hinaus. »Ransome, ahoi!« grüßte er laut.

»Ahoi«, antwortete Ransome und blieb an der Türschwelle stehen. »Hab' leider keine Zeit, Kumpel«, sagte er heiser. »Ich muß dafür sorgen, daß die Fässer raufgebracht werden. Wie geht's dir, Junge?«

»Fabelhaft«, sagte Peter. »Aber dreh mal ganz kurz bei und lies das hier.«

Mit angestrengt gerunzelter Stirn beugte sich Ransome über das Buch und begann stockend vorzulesen: *Nachdem ein Mann immer wieder von einem Müller betrogen worden war, sagte er eines Tages zu ihm, es gebe doch nichts Heldenhafteres als das Hemd eines Müllers. Nach dem Grund dafür gefragt, antwortete er: Weil es jeden Morgen einen Dieb am Kragen packt.*«

Tiefe Stille folgte. Dann begann Ransome plötzlich ein Licht aufzugehen; die Runzeln auf seiner Stirn glätteten sich, und langsam breitete sich ein Grinsen auf seinem Gesicht aus, bis er über beide Ohren strahlte. »Oh, ho, ho, ho!« stieß er japsend hervor.»Der Dieb, ho, ho, ist der *Müller*, der Kerl, zu dem er das sagt. Verstehst du? Ich hab's zuerst gar nicht kapiert. Der Kragen, verstehst du, legt sich ja dem Müller um den Hals, ho, ho. Ganz schön tiefsinnig, was? Hast du den Witz verstanden, O'Mara?«

»Nein, Euer Ehren«, gab Sean bereitwillig zu. »Der war zu tiefsinnig für mich.«

»O ja, der ist auch wirklich verflixt tiefsinnig«,sagte Ransome, »aber paß auf, ich werde ihn dir erklären. Also, da ist dieser Bursche, verstehst du, der ständig von dem Müller betrogen wird. Und eines Tages, als er ihn wieder trifft, sagt er: ›Wie heißt es immer so schön: Es gibt doch nichts Mutigeres als ein Müllerhemd.‹ ›Warum?‹ fragt der Müller mißtrauisch. ›Weil‹, sagt der erste, also der, den der Müller immer betrügt, ›weil‹, sagt er, ›weil es jeden Morgen einen Dieb (mit dem Dieb ist der Müller gemeint, verstehst du – er meint, der Müller ist ein Dieb, weil der bei ihrem Geschäft immer Mehl stiehlt. Was übrigens stimmt.), weil es jeden Morgen einen Dieb am Kragen packt. Kapierst du's jetzt? Er meint, wenn der Müller sein Hemd anzieht, packt der Kragen den Dieb (das heißt, den Müller) am Kragen. Oder stell es dir so vor ...«

»Was ist eigentlich mit den Fässern, Ransome?« fragte Peter sieben ähnlich komplizierte Witze später.

»Ach, die verdammten Dinger!« fluchte Ransome, und seine leuchtend blauen Augen traten hervor, als er weiterblätterte. »Wartet, den hier müßt ihr noch hören: *Ein Mann läuft durch die Dunkelheit, beide Arme nach vorne ausgestreckt, um nicht mit dem Gesicht irgendwo anzustoßen. Er kommt zur Tür,* – o Gott, ich kann nicht weiterlesen, ho, ho, ho – *er kommt zur Tür und rennt mit der Nase gegen die Türkante, woraufhin er ausruft: ›Ja, wo gibt's denn so was? Gerade war meine Nase doch noch ganz kurz, und jetzt ist sie in der kurzen Zeit länger als meine Arme geworden.‹*«

»Mr. Ransome, Sir.« Ein Schiffsjunge kam hereingeschossen. »Empfehlung vom Ersten Offizier, und er will Sie *auf der Stelle* sprechen.«

»Oh.« Sofort erlosch Ransomes breites Grinsen. »Oh. Vielen Dank. Tja, aber das war die Sache wert.«

»Ransome, he, Ransome!« schrie Peter dem davoneilenden Rücken nach. »Das Buch. Du hast das Buch mitgenommen – du hast das ... Das wirst du mir büßen, du falscher Hund! Hast du so was schon mal erlebt, Sean? Einen ans Bett gefesselten Kameraden zu beklauen, Sean? Kannst du dir etwas Schändlicheres vorstellen?«

»Obwohl dem Anschein nach schwerfällig, besitzt Mr. Ransome eine verblüffende Geistesgegenwart, Euer Ehren«, stellte Sean mit unüberhörbarer Bewunderung fest.

Die leichte Arbeit begann am Mittwochmorgen. In aller Herrgottsfrühe sprang Peter, ordentlich gestärkt durch eine kleine Portion Schweinefleisch (die aus dem größten Teil eines Spanferkels bestanden hatte – klein war lediglich das Schwein), bereits putzmunter an Deck herum. Wie fast alle Kranken auf Tinian hatte er sich erstaunlich schnell erholt.

Die leichte Arbeit bestand darin, sämtliche Kanonen vom Vorschiff nach achtern zu schaffen, um die *Centurion* hecklastiger zu machen, damit die Zimmermannscrew an das Leck herankam. Peter war sehr eifrig gewesen, zu eifrig, wie der harsche Rüffel vermuten ließ, den es bald setzte: »Nein, keine Doppelschlinge!« brüllte Mr. Stapleton. »Habe ich nicht gesagt: direkt durch die Klampe? Warum meinen Sie eigentlich, Sie müßten immer Ihre Befehle verbessern, Mr. Palafox?«

»Aber, Sir, denken Sie nicht auch …«

»Nein, das denke ich nicht. Und Sie tun gefälligst, was Ihnen gesagt wird, und überlassen das Denken mir. Erst raten Sie mir, eine Talje am Ankerspill anzubringen, und jetzt – zum Teufel mit Ihrer Unverschämtheit! Es gibt Midshipmen, die werden nie den Anstand besitzen, etwas widerspruchslos hinzunehmen, ganz egal, worum es geht. Weil sie nämlich dazu bestimmt sind, am Galgen zu enden«, fügte der Offizier düster hinzu. »Und stehen Sie nicht so grinsend rum. Machen Sie die Trosse klar, wie ich es gesagt habe, und zwar ein bißchen dalli!«

Eins nach dem anderen rumpelten die schweren Geschütze nach achtern, unter den besorgten Blicken derjenigen Seeleute, die hinterher zusehen konnten, wie sie die von den Rädern in den Decksplanken hinterlassenen Rillen mit ihren Scheuersteinen wieder beseitigten. Langsam hob sich der Centurio, die Galionsfigur, empor und wandte sein zwar verunstaltetes, aber unverändert einfältig grinsendes Antlitz dem tiefhängenden Himmel zu, und die Zimmermannscrew schwärmte aus, um sich tief unten an Vorsteven und Vorfuß der *Centurion* an die Arbeit zu machen.

Wir haben sie hecklastiger gemacht, schrieb Peter, *und die Zimmerleute schufteten bis drei Glasen. Dann haben wir die Kanonen zurückgerollt – eine schwierige Arbeit bei der auflaufenden Flut und einem nach Osten setzenden Schwell. Die abgedichtete Stelle leckte sofort wieder. Die Kanonen wurden aufs neue nach achtern geschoben. Zimmerleute noch härter geschuftet. Kanonen wieder nach vorn – Leck noch schlimmer. Besatzung sauer auf Zimmerleute. Morgen versuchen wir das Ganze noch mal. Ransome versteckt sich in seiner dienstfreien Zeit, nur sein brüllendes Gelächter schallt aus dem Wald.*

14. September. Dem Kommodore geht es nicht gut, und er kommt jetzt doch zum Schlafen an Land. Die Männer sind sehr beunruhigt, aber wie mir Mr. Walter versichert, ist es nichts Ernstes – Mr. Anson wollte an Bord bleiben, um die Arbeiten zu beaufsichtigen, und solange der Schaden am Bug nicht behoben war, konnte sein Steward ihn nicht dazu bringen, etwas anderes zu essen als ein Stück Zwieback aus der Hand. Aber das Land und die frischen Vorräte werden ihn schon wieder kurieren, sagen alle, und Mr. Walter hat erklärt, das Land wirke der auf See einsetzenden Verdickung der Körpersäfte entgegen. Ransome hält sich immer noch versteckt, offenbar von ständigen Lachkrämpfen geschüttelt. Die Zimmerleute haben das Leck innenbords verpfuscht und werden dafür von allen verantwortlich gemacht und gehaßt. Wir bekommen einen ganzen Tag frei.

Keppel, Bailey, Preston, Balthasar von der *Tryal* und Peter blieben stehen und betrachteten die kleine spanische Bark. Die Hunde, eine Meute undefinierbarer, entfernt an Jagdhunde erinnernder Köter, die sich an ihre Fersen geheftet hatten, warteten hechelnd. Ursprünglich hatten die Gefangenen die Hunde von der spanischen Garnison auf Guam mitgebracht, um mit ihnen Jagd auf das verwilderte Vieh von Tinian zu machen. Nach der Gefangennahme der Spanier waren sie der Besatzung der *Centurion* zugefallen, die wie Kriegsschiffsmatrosen aller Breiten den lebhaften und unwiderstehlichen Drang verspürten, vom Alligator bis zum Affen alles zu domestizieren. Die anfänglich ängstlichen und verschreckten Hunde hatten sich rasch an ihre neuen Besitzer gewöhnt und sprachen inzwischen mit grenzenloser, fast schon peinlicher Zuneigung auf die Centurions an.

»Ein schmuckes, kleines Schiff«, lobte Keppel. »Um die fünfzehn Tonnen.«

»Schnelle Linien«, stellte Preston fest.

»Pah«, stieß Peter abfällig aus. »Seht ihr nicht die Burke von ihrem Plätscherstrak bis zur Poddel? Wie soll sie denn, bitte sehr, mit so einer Krolburke jemals hoch an den Wind gehen? So, wie die aussieht, schafft sie's nicht mal, sechs Strich aufzukommen. Sticht einem doch direkt ins Auge, diese fürchterliche Krolburke.«

»Von hier, wo ich stehe, ist das nicht so ohne weiteres zu erkennen«, sagte Keppel nach kurzem Schweigen, »aber ich verstehe, was du meinst.«

»Schätze, das ist die spanische Bauweise«, warf Bailey sachkundig ein.

»Ziemlich ungewohnter Anblick«, meinte Preston kopfschüttelnd.

Balthasar sagte nichts, doch als die anderen, umringt von der ungeduldig winselnden Hundemeute, weitergingen, blieb er ein Stück zurück und spähte verstohlen zur Bark. Als er Peter nach einer Weile einholte, bat er ihn, einen Moment stehenzubleiben, und fragte: »Du hältst mich jetzt sicher für sehr dumm, Palafox, aber würdest du mir erklären, was du gemeint hast? Ich dachte, ich kenne die meisten Teile eines Schiffes, aber ...«, mit einem schnellen Blick vergewisserte er sich, daß sonst niemand zuhörte, »irgendwie ist mir entfallen, was eine Krolburke ist und welche Auswirkungen sie auf die Segeleigenschaften am Wind hat. Und wenn sie mich das beim Leutnantsexamen fragen, mein Gott, dann wär' ich schön aufgeschmissen.«

»Das werden sie nicht fragen«, sagte Peter grinsend, »denn die gibt es gar nicht. Die hab' ich mir nur ausgedacht. Und die anderen haben es nicht gemerkt, ha, ha! Krolburke und Poddel, o Gott, was für ein Quatsch!«

»Mensch, Palafox, du bist mir einer.« Balthasar starrte ihn durchdringend an.

»*Tace* ist Lateinisch und heißt schweig«, erwiderte Peter und machte ein verschmitztes Gesicht. »Nicht weitersagen, verstehst du? Wir erfinden einfach noch welche.«

»Aber warum?« Balthasar begriff noch immer nicht.

»Warum?« fragte Peter. »Weißt du, was diese Blödmänner am Anfang, als ich aufs Schiff kam, mit mir gemacht haben? Ich hatte von nichts eine Ahnung, und als sie mich zum Stückmeister geschickt haben, um zwei schöne Stückpforten zu holen, bin ich lammfromm zu ihm getrottet. Und als sie mich aufgefordert haben, das den Seesoldaten zu erzählen, bin ich zum nächstbesten Rotrock und hab' ihm das erzählt. Und so ging das die ganze Zeit. Hast du auf deiner ersten Fahrt nicht auch so was erlebt?«

»Doch«, nickte Balthasar und errötete. »Sie ließen mich – ach, egal. Auf jeden Fall müssen wir noch mehr erfinden, und ich werde dich dabei unterstützen.«

»Den Doppelspantenläufer«, sagte Peter.

»Die Praffelgardunen«, rief Balthasar übermütig.

»Aber übertreib's nicht«, mahnte Peter, dem bereits erste Zweifel an Balthasars Diskretion kamen.

»Nun macht schon, ihr lahmen Enten!« brüllte Keppel aus großer Entfernung. »Wir haben einen Eber hier im Gebüsch. Los, faß!« schrie er die zögernden Hunde an. »Faß, faß, los, schnappt ihn euch und macht ihn fertig! Vorwärts, mein Held!« rief er Peter entgegen, der schnaufend den Hügel erklomm. »In dem Gebüsch hier steckt ein Eber. Komm, und hol ihn für uns raus.«

»Da drin?« fragte Peter ungläubig.

»Ja, und trampelt alles kurz und klein – nein, nicht da reingehen, du Vollidiot! Der schlitzt dich doch sofort auf. Haltet ihn! O Gott steh uns bei, er ist reingegangen. Oh!« Ein Schreckensschrei entfuhr Keppel, und im nächsten Moment lag er auf dem Rücken, umgeworfen vom wuchtigen Stoß einer riesigen Wildsau, die plötzlich aus dem Gebüsch brach und Peter, der ihren Schwanz umklammerte, hinter sich herzog.

»Was ... soll ... ich ... mit ... ihm ... machen?« brüllte Peter abgehackt, während ihn das Schwein in wilden Sätzen mit sich fortriß.

»Halt fest!« schrie Bailey und flitzte über die Wiese hinterher. »Denk an den Schinken.«

»Auf keinen Fall loslassen!« brüllte Preston, bemüht, Schritt zu halten.

»Luv an!« rief Keppel und setzte sich mit einem phantastischen Spurt an die Spitze der Hundemeute. »Sobald ich einen Zwischenraum zwischen euch sehe, schieße ich.«

»Nein!« schrie Peter, »das darfst du nicht ... sie ist ... ganz ... trächtig.«

»Dann laß sie los«, sagte Keppel.

Doch sowie Peter den Schwanz durch seine Finger gleiten ließ, schnellte die Sau mit einer verblüffenden Wendigkeit herum und stürzte sich wutschnaubend auf ihre Verfolger. Sofort machte die ganze Horde kehrt und raste nun, daß die Füße nur so flogen, angeführt von Keppel, über die Wiese. Direkt hinter ihm rannte Bailey, dessen angestrengtes Keuchen Keppel davon überzeugte, daß die Sau ihm im Nacken saß. Ihnen auf den Fersen folgte in wildem Durcheinander eine aufgescheuchte Schar von Midshipmen, mit letzter Ausdauer vorwärtsstürmend, dann die vor Schreck verstummten Hunde und dahinter die trächtige Sau, die mit blutunterlaufenen, wütend funkelnden Augen über die blühende Wiese schoß – die Verkörperung rasender Wut.

Peter saß vor seinem aufgeschlagenen Tagebuch und stärkte seinen scharfen Verstand mit Rindfleisch. Dann wischte er sich die Finger ab, tauchte seinen Stift (eine Albatrosfeder) ein und schrieb: *22. September. Schon den ganzen Tag wechselnde Winde aus West und Westsüdwest. Mr. Blew hat sich ganz schön getäuscht, als er sagte, daß der Mondwechsel eine Veränderung mit sich bringen würde. Am 18. war Neumond, und seitdem hatten wir lediglich einmal eine leichte Brise aus Ostsüdost ein halb Ost. Was allerdings ganz gut so ist, denn fauleren Grund als hier kann man sich nicht vorstellen – rasiermesserscharfe Korallenriffe sogar noch in fünfzig Faden Tiefe. Obwohl wir jetzt weiß Gott gut geschützt sind, nachdem wir die Kabel zum Schutz mit den Dreggankerketten umwickelt haben – eine beispiellose Vorsichtsmaßnahme. Mr. Blew ist fast völlig genesen und wird erstaunlich streitsüchtig, worüber wir alle sehr froh sind, denn seine frühere Sanftmut war nicht normal. Außerdem habe ich Crooke (vom Vortopp) und Carlow ein wenig Gesellschaft geleistet, die auf dem Weg der Besserung sind. Die Böttcher sind allerdings noch schwer krank, was das Wasserbunkern entsetzlich aufhält. Ich hatte Hume gebeten, mir zu zeigen, wie man ein Faß macht, aber er behauptet, es dauert sieben Jahre, bis man die Geheimnisse des Böttcherhandwerks kennt. Ich habe mir trotzdem sein Werkzeug ausgeborgt und habe vor, morgen mal ein Faß in Angriff zu nehmen. Nicht vergessen, Balthasar zu ermahnen, es nicht zu weit zu treiben:* drulende Plankenprittel *scheint mir denn doch reichlich übertrieben, und* Pusseltessel *klingt völlig unglaubwürdig. Doch bis jetzt funk-*

tioniert es verblüffend gut, und es macht einen Mordsspaß zu beobachten, wie fleißig plötzlich alle ihre Handbücher studieren. Ich habe mir überlegt ... Dieser unschätzbare Beitrag löste sich leider in einem Tintensee auf, denn eine plötzliche Windbö hatte das Tintenfaß umgeworfen, dessen Inhalt sich nun unkontrolliert über die Seiten ergoß.

»Bah!« rief Peter, streute rasch eine Handvoll Sand über die Bescherung und stürzte hinaus an Deck, um einen Blick zum Himmel zu werfen. Dieser sah unverändert aus, ein leuchtendes Tiefblau, über das vereinzelte weiße Wattewölkchen in der immer währenden Luftströmung des Passatwindes segelten. Doch weit im Nordosten stand eine niedrige, dunkle Wolkenbank und verhieß den allabendlichen erfrischenden Regenschauer. Und auch die Brandung donnerte wie immer in langem, gleichmäßigem Rhythmus auf den Strand mit seinem weißen, zartrosa schimmernden Korallensand. Die Kokospalmen bogen sich anmutig, als die Bö über sie strich, und ihre Wedel raschelten leise über der tosenden Brandung. In der geschützten Bucht wiegte sich die *Centurion* an ihrem Buganker sanft auf der einkommenden Flut. Alles sah ganz normal aus – ein Südseeparadies. Aber Peter war nicht der einzige, der zum Himmel starrte. Am Ufer standen etliche Seeleute, die ebenfalls emporblickten, und aus den Hütten und dem Lagerhaus reckten sich Köpfe.

»Also, ich weiß wirklich nicht, was ich davon halten soll«, meinte der Master nach eingehender Prüfung. »Bekommen wir Sturm?« fragte er einen der eingeborenen Gefangenen, der trübsinnig einen Krebs in einer Schale zerstampfte.

Der braune Mann warf einen Blick zum Himmel, zog die Schultern hoch und spreizte die Hand in einer Geste, die er den Spaniern abgeschaut hatte.

»Verdammter Heide«, murmelte Mr. Blew und zog

sich, mißmutig seinen Stock in den Boden rammend, in seine Schutzhütte zurück.

»Sinnig mit dem Faß da!« brüllte Peter, als er sah, wie ein paar Matrosen aus schierem Übermut immer wieder ein kleines Faß auf einem Erdhügel aufprallen ließen. »Da – ihr Hornochsen, jetzt habt ihr's geschafft, daß die Daube gesprungen ist. Quartermaster«, wandte er sich in scharfem Ton an einen Mann, der zwischen den Palmen hervorhastete, »Sie sollen doch die Aufsicht führen. Was sagen Sie zu dem zerschlagenen Faß hier?«

»Das war schon ein sehr altes, Sir«, antwortete der Angeklagte.

»Das sind lauter sehr alte Fässer«, sagte Peter, »und das ist ja wohl kein Grund, sie so unsanft zu behandeln. Machen Sie in vernünftiger Weise mit Ihrer Arbeit weiter, und der Nächste, den ich mit Sand in den Haaren erwische, findet seinen Namen auf der Strafliste wieder.«

Denn um ihre Plackerei ein wenig abwechslungsreicher zu gestalten, hatten etliche der Männer zwischendurch immer wieder Kopfstand geübt.

»Mr. Keppel«, sagte der Zweite Offizier, »Sie kennen sich doch mit Hunden aus, nicht wahr?«

»Jawohl, Sir«, log Keppel, ohne rot zu werden.

»Dann gehen Sie mit einer Gruppe in den höhergelegenen Teil der Insel hinter dem Aussichtspunkt, und beschaffen Sie so viel Rindfleisch wie möglich. Dabei ist äußerste Sparsamkeit beim Pulver geboten, verstanden, Mr. Keppel.«

»Aye, aye, Sir.«

»Der Waffenschmied wird vier Musketen – Steinschloß, drei Piken – Enterpiken und sechs Messer – Schlachtermesser – ausgeben, für die sie die Verantwortung tragen. Nehmen Sie die Hunde mit, und führen Sie die Sache auf dem schnellsten Weg durch. Sie können auch sieben Männer mitnehmen. Und beschaffen Sie ruhig auch eine ordentliche Menge Schweine für die Offiziersmesse. Aber nur die besten Schweine für die Offiziersmesse, Mr. Keppel, da müssen Sie allergrößte Sorgfalt walten lassen.«

»Aye, aye, Sir. Gestatten Sie, daß ich einen Vorschlag mache?«

»Wenn er zur Sache gehört, Mr. Keppel.«

»Mit Verlaub, Sir, Palafox kennt sich hervorragend mit Schweinen aus.«

»Schön. Dann machen Sie es so, Mr. Keppel. Haben Sie noch Fragen zur Ausrüstung?«

»Ja, Sir. Ich brauche noch ein Horn, ein Jagdhorn, um der Meute zu signalisieren.«

»Die Royal Navy trifft keine Vorsorge für Hörner, für Jagdhörner, Mr. Keppel. Mit ein wenig seemännischem Einfallsreichtum werden Sie das Problem schon bewältigen können.«

Ein paar Stunden später jagte alles herrenlose Vieh von Tinian in wilder Flucht über die Insel. Angefeuert vom schauerlichen Schrillen einer Bootsmannspfeife trieb die bunt gemischte Meute die Tiere in kleinen Rudeln an einem Hinterhalt vorbei, aus dem die besten Schützen der *Centurion* (und davon gab es weiß Gott nicht wenige, nachdem die Besatzung immer wieder im Gebrauch von Feuerwaffen geschult worden war) die stattlichsten Tiere abschossen.

»Dagegen kannst du die Hirsche von unserm Lord zu Hause vergessen«, sagte Burrell.

Der Halbzigeuner und Wilderer Soames, vor diesem Einsatz noch Gefängnisinsasse in Winchester, antwortete zunächst nur mit dem ihm eigenen finsteren, schiefen Grinsen, denn er war ein schweigsamer Mensch. Doch nach einer Minute sagte er: »Ich vermisse die Aufseher. So ist es eigentlich gar nicht echt.«

»Dieser junge Bursche weiß mit Hunden umzugehen«, urteilte Dray.

»Aber er bricht immer wieder mit ihnen durch die Reihe«, wandte Burrell ein und lauschte auf die Hussa-Rufe, mit denen Keppel die Hunde anfeuerte, und das aufgeregte Jaulen, das aus einiger Entfernung zu ihnen heraufschallte.

»Kapierst du nicht, daß er das macht, um den Wind auszunutzen?« fragte Dray. »Merkst du nicht, wie er zurückdreht? Glaubst du etwa, diese Biester kämen jemals näher, wenn sie Wind von uns bekämen?«

Der Wilderer nickte. »Ein ganz gerissener Bursche ist das«, sagte er voller Anerkennung. »Ich hätte nichts dagegen, mal mit ihm im Neuen Wald auf Jagd zu gehen. Du, Henry Burrell, hast nämlich von nichts 'ne Ahnung«, fügte er hinzu. »Merkst du nicht, daß der Wind schon zwei Strich gedreht hat?«

»Wir werden heute nacht einen ordentlichen Sturm kriegen«, versuchte Burrell von dem kränkenden Thema abzulenken.

»Ob es stürmt oder nicht, braucht dich überhaupt nicht zu kümmern, Henry Burrell«, erwiderten seine Bordgenossen. »Kümmer du dich lieber um deine Arbeit und hör auf zu stänkern.«

Aber der unglückselige Burrell sollte recht behalten. Der Wind krimpte, drehte dann noch einmal um die ganze Kompaßrose, und kurz vor Sonnenuntergang drohte eine heulende, mit einem kräftigen Platzregen befrachtete Bö die Dächer der ordentlich zurechtgezimmerten Unterstände wegzureißen, die der Jagdtrupp in einer sanften Mulde errichtet hatte.

»Was?« schrie Peter und sicherte den Firstbalken mit einer Doppellasching aus biegsamen Schlingpflanzen.

»Ich sagte, es fängt an zu stürmen«, brüllte Keppel, als der Wind für einen Moment aussetzte.

»Stimmt«, bestätigte Peter, aber seine Worte gingen in einem gewaltigen Donnerkrachen unter.

»Was?« schrie Keppel, so laut er konnte.

»Stimmt«, wiederholte Peter.

»Was ist?«

»Schon gut«, winkte Peter ab.

Bei dem Lärm war einfach keine Unterhaltung möglich. Sie saßen auf der Türschwelle und beobachteten fasziniert das beinahe ununterbrochene Flackern der Blitze und die ungeheure Gewalt des tropischen Regens. Die beim Aufprall auf die durchweichte Erde zurückgeworfenen Wassertropfen sprangen wie ein niedriger brauner Vorhang aus Schlamm vor den Augen der Jungen zwei Fuß hoch, und die Luft zwischen den prasselnden Sturzbächen war von zerstäubtem Wasser erfüllt, das beim Atmen schwer und naß in die Lungen drang. Das gewaltige, allgegenwärtige Baßtrommeln des Regens und das hohe, sich ständig verändernde Kreischen des Windes verbanden sich zu tosendem Lärm ringsum.

Peter schmeckte Salz auf seinen Lippen. »Da unten muß jetzt eine Mordsbrandung sein«, sagte er. »Wie gut, daß wir die Kabel verstärkt haben.«

Keppel brüllte irgend etwas, vermutlich war er zu demselben Schluß gekommen, aber alles, was Peter verstand, war das Wort »ablandig«, und bevor Keppel es wiederholen konnte, wurde ihre Aufmerksamkeit von einer Kokosnuß abgelenkt, die mit der Wucht einer Kanonenkugel durch das Hüttendach gesaust kam und die Flanke eines Schweines zertrümmerte.

Während Peter eilig den gebrochenen Ast verlaschte, was die hereinströmenden Regenfluten wenigstens etwas eindämmte, zerrte Keppel das verunstaltete Schwein zur Seite, wischte sorgfältig die Inschrift »Fähnrichslogis« weg und schrieb im blauen Licht der Blitze mit der Kreide des Lagerverwalters: »Offiziersmessen-Schwein«.

Dann kroch er durch den Matsch zu den beiden Mannschaftshütten, wo die Luft zum Schneiden dick war, nachdem die Männer sie gegen jegliche Frischluftzufuhr abgedichtet und ein kleines Feuer entzündet hatten, dessen Rauch sich mit dem Mief von Tabakqualm, nassen Seeleuten und nassen Hunden und dem Gestank nach irgendeinem scheußlichen Gebräu vermischte, das auf dem Feuer kochte. Er wies sie an, eins der gutgenährten Tiere aufzubocken und sich mit den Köpfen unter dieses behelfsmäßige Schutzdach zu legen – umziehen war sinnlos, da sie mindestens zweihundert Meter von den nächsten Palmen entfernt waren –, und kroch zu Peter in die Offiziershütte zurück, wo sie dasselbe taten.

Das Wasser stieg kontinuierlich an, und kurz nach Mitternacht fuhr der Sturm unter ihr Dach, hob es an wie eine Spielkarte und riß es im Ganzen mit sich fort. Aber da es nicht kalt war und die Männer alle an Feuchtigkeit gewöhnt waren, schliefen sie immer wieder ein, zumal die geschlachtete Beute eine wunderbar weiche Unterlage bot und beide von ihrem üppigen Fleischmahl zum Platzen satt waren. Auf jeden Fall schliefen sie tief genug, um sich frisch und munter zu fühlen, als der Morgen heraufdämmerte. Der Wind war abgeflaut, und die ungewohnte Stille – an Land weitaus stärker zu spüren als auf See – ließ alles ganz seltsam, geradezu unwirklich erscheinen. Aber abgesehen davon war das Bild, das sich bot, schon seltsam genug. Überall ringsum war alles in eine einzige grüne Trümmerlandschaft verwandelt. Was der Sturm verwüsten konnte, hatte er verwüstet, selbst den kleinsten Grashalm hatte er umgemäht. Abgerissene Äste lagen kreuz und quer in wildem Durcheinander herum, die dickeren Bäume standen nackt und entblättert auf dem platt gewalzten Unterholz. Drei Hunde und ein weißer Vogel trieben tot, vom Sturm erschlagen, in dem Bach, der nun an den Hütten vorbeiströmte. Wenige Meter davon entfernt ließ eine schwarze Furche erkennen, wo der Blitz die Erde aufgerissen hatte. Als die Sonne aufging, stiegen ringsum über der verwüsteten Vegetation Dunstschleier auf, und von überallher erklang das ungewohnte Glucksen von Bächen.

»Eine schöne Bescherung!« stellte Keppel fest. »Wir werden uns wohl oder übel einen Weg zur Bucht hinunterschlagen müssen.«

»Soweit ist es schon gekommen, daß wir, wenn wir Schweine für die Offiziersmesse jagen, auch noch einen Weg schlagen müssen, um die Biester zurückzubringen«, seufzte Peter. »Ich schlage vor, daß wir runtergehen und mit einer größeren Gruppe wieder herkommen. Nach dem Frühstück.«

Auch Keppel konnte es kaum erwarten, das Schiff zu sehen. Er zögerte kurz, aber dann besann er sich darauf, daß er die Verantwortung trug. »Nein«, sagte er. »Dray, bind eine Leine an den Ast hier. Wir müssen einen Schlitten bauen. Mr. Palafox, Sie nehmen bitte den Kompaß und markieren zusammen mit Burrell und Hobbs den kürzesten Weg. Beeilung, Dray! Bring ein Querstück achtern vom Läufer an! Hier, gib her!«

Es war eine langwierige, schweißtreibende Arbeit, die toten Tiere den Berg hinunterzuziehen. Immer wieder mußten die Männer davon abgehalten werden, auf einen der nicht umgestürzten Bäume zu klettern, um einen Blick auf die Bucht zu erhaschen, denn auch sie waren in Sorge um das Schiff. Verbissen schufteten sie unter Keppels Druck, aber auf den letzten paar hundert Metern, bevor der Wald dem Sand wich, brauchten sie nicht mehr angetrieben zu werden. Mit letzter Kraft stürmten sie vorwärts, so schnell sie mit dem Schlitten im Schlepptau konnten. Atemlos brachen sie zwischen den Bäumen hervor.

Vor ihnen lag der Strand. Die weite Bucht war noch

immer aufgewühlt von der donnernden Brandung, aber weit und breit war kein Schiff zu sehen. Auch draußen auf See nicht. Bis zum von Wellen zerklüfteten Horizont war nirgendwo eine Spur von der *Centurion* zu sehen – nirgends. Nur die fassungslose Besatzung, die in Gruppen stumm und verzweifelt am Wasser stand.

DREIZEHNTES KAPITEL

NEIN, MR. PALAFOX, wie oft muß ich es Ihnen denn noch sagen: Sie sollen die Säge nicht schieben. Ziehen Sie, und lassen Sie mich ziehen.«

»Aye, aye, Sir«, sagte Peter und spürte, wie ihn das scharfe Auge mit stechendem Blick fixierte. Das Auge war fast alles, was von dem mit Sägemehl bedeckten Kommodore zu sehen war. Er hatte sich die am wenigsten beneidenswerte Arbeit ausgesucht – die des Bodensägers in der Staub erfüllten Sägegrube –, und selbst er begann allmählich unter der Hitze zu leiden.

»So, und jetzt ziehen Sie«, sagte er etwas freundlicher. »Sinnig, mit Gefühl.«

»Ziehen«, wiederholte Peter. »Ziehen. Nicht schieben.« Viermal innerhalb der letzten Stunde hatte sein Eifer ihn dazu verleitet, dem langen Zug des Kommodores durch einen Stoß nachzuhelfen, und jedes Mal hatte sich die zehn Fuß lange, hin- und herschnellende Doppelgriffsäge gebogen und im Schnitt verklemmt. »Ziehen, ziehen, ziehen«, sagte er noch einmal laut zu sich und paßte seinen Rhythmus dem des unsichtbaren Kommodores an. Es stimmte schon: Wenn er die Säge mit Gefühl statt mit roher Gewalt handhabte, ging es viel leichter. Der Schnitt wurde zusehends tiefer, der Staub sank in gleichmäßigen Wolken hinab, und die lange Planke trennte sich glatt und sauber vom Palmenstamm. Noch mal hundert davon müßten reichen, dachte Peter, und zog gleichmäßig an der Säge. Das macht dann insgesamt siebenunddreißig Fuß für heute nachmittag.

Noch zwei Tage, dann war das nötige Holz geschnitten, und die Männer konnten mit dem Bau des Rumpfes beginnen. Die kleine spanische Bark lag bereits säuberlich auseinandergelegt im Trockendock, um zu einem Schiff umgebaut zu werden, das einhundertdreizehn Mann über die verbleibenden zweitausend Meilen des Pazifiks bringen konnte. Denn um aus einem Fünfzehn-Tonnen-Schiff ein Neununddreißig-Tonnen-Schiff zu machen, mußte es erheblich verlängert werden – so weit, wie die Breite der Bark gerade noch verkraftete –, und die Arbeit machte bereits gute Fortschritte.

Beim neunzigsten Schnitt erschienen Keppel und ein einäugiger Matrose, warteten auf die nächste Planke, und eilten fleißig wie die Ameisen damit fort.

»Ausscheiden mit Sägen«, befahl der Kommodore. »Ich muß mir einen besseren Halt verschaffen.« Er schaufelte den Hügel aus Sägemehl zur Seite, schüttelte eine Wolke davon aus Haar und Kragen, schneuzte sich die Nase, spuckte in die Hände, und schon ging die Arbeit weiter.

Durch das gleichmäßig rhythmische Brummen der Säge schallten die dröhnenden Hammerschläge von der Schmiede herüber. Inzwischen müßten die Eisenbeschläge fast fertig sein, dachte Peter, vorausgesetzt, die selbstgemachten Blasebälge funktionieren noch. Er zog so regelmäßig an der Säge, als wäre er selbst eine Maschine, und hielt automatisch den Blick auf die eingekerbte Markierung an seinen Füßen geheftet. Sein Körper ging ganz im Rhythmus der Arbeit auf, aber seine Gedanken liefen ihre eigenen Wege. In einiger Entfernung hinter ihm stürzte krachend ein Baum um. Das wird der große gewesen sein, den Mr. Dennis markiert hat, dachte er zufrieden.

Was war nicht alles in diesen letzten zwanzig Tagen geschehen! Vor drei Wochen, oder fast drei Wochen, war die Insel ein Ort schwärzester Verzweiflung gewesen. Damals war die *Centurion* verschwunden: Sie war in der Nacht bei ablandigem Sturm zu den Riffen in Lee abgetrieben, mit ungesicherten Kanonen, an Deck abgefierten Rahen und einhundert Mann an Bord – ein Großteil von ihnen war nicht in der Lage zu schwerer Arbeit, geschweige denn, das Schiff durch diese mörderische See zu manövrieren. Folglich mußte die *Centurion*, so die fast einmütige Überzeugung, mit Mann und Maus gesunken sein, und zwar, nach der Meinung alterfahrener Seeleute, spätestens eine Stunde nachdem ihre Ankerkabel gerissen waren. Ein paar unverbesserliche Optimisten hatten zwar lange gehofft, sie wäre aus dem riffverseuchten Gewässer freigekommen, aber selbst die hoffnungsvollsten unter ihnen konnten nicht sagen, wie sie mit einer so jämmerlichen Crew und in dem fürchterlichen Zustand, in dem sie nach dem Orkan sein mußte, jemals gegen den vorherrschenden Wind aufkreuzen sollte, vorausgesetzt, daß sie überhaupt noch schwamm. Und als in den folgenden Tagen und Wochen kein Wunder geschah – keine plötzlich wiedergeborene *Centurion* in der Bucht auftauchte –, mußten selbst die Optimisten zugeben, daß sie sich geirrt hatten.

Jene ersten Tage waren schlimm gewesen, sehr schlimm. Trotz der wunderbaren Wohltaten, die Tinian bot, war bei vielen Männern, insbesondere bei den älteren, die Grenze des Erträglichen erreicht. Es war mehr als fraglich, ob sie diesen neuen Schlag überstehen würden. Eine Zeitlang schien sogar das innere Gefüge der Royal Navy kurz vor seiner Auflösung zu stehen, als nämlich die Disziplin der übriggebliebenen Besatzung nicht länger eine Selbstverständlichkeit war. Selbst in einer so erstklassigen Crew wie dieser fehlte es nicht an Querulanten, und sie verbreiteten das Märchen, daß die Bestallungen der Offiziere mit dem Verlust des Schiffes keine Gültigkeit mehr hätten und somit auch ihre Autorität an Land erloschen sei – daß folglich jedermann tun und lassen könne, was ihm beliebe.

Aber auch damit war der Kommodore fertig geworden. Nach seiner Ansprache an die Männer – eine seiner ganz seltenen Ansprachen, denn er war kein redseliger Kommandant – hatte es keinen weiteren Anflug von Meuterei mehr gegeben. Zwar hatten sich die Männer anfänglich nur mit apathischem Gehorsam in ihre scheinbar unmögliche Aufgabe geschickt, doch Kommodore Ansons Zuversicht, das ungeheure Ansehen, das er bei seinen Leuten genoß, ihre Sympathie für ihn und sein ansteckend fröhlicher, unermüdlicher Eifer hatten eine erstaunliche Veränderung bewirkt.

»Die Besatzung wird nicht geschunden«, hatte er bei einer Versammlung der Offiziere angeordnet. »Zeigen und erklären Sie alles Notwendige. Gehen Sie stets mit gutem Beispiel voran. Das sind gute Männer, sie brauchen Ermutigung, keine harten Worte. Ich brauche wohl nicht hinzuzufügen«, hatte er seine Rede geschlossen und mit einem Lächeln die Überflüssigkeit der nachfolgenden Bemerkung unterstrichen, »ich brauche wohl nicht hinzuzufügen, daß ich von den Offizieren erwarte, zu keinem Zeitpunkt auch nur die geringste Spur von Mutlosigkeit an ihnen zu bemerken.«

Natürlich hatte er recht behalten. Kein Seemann, der unter Mr. Anson gesegelt war, würde untätig danebenstehen und dem Kommodore beim Arbeiten zuschauen, ohne mit anzupacken; und, in wesentlich kleinerem Maßstab betrachtet, würde niemand aus Peters Wache und Abteilung seine Hilfe verweigern, während sich Peter damit abmühte, die Bark zu den Rollen zu verholen, über die sie in das zu diesem Zeitpunkt noch nicht existierende Trockendeck gebracht werden sollte. Binnen weniger Tage hatten sich die Männer wieder voll und ganz auf ihre Pflicht besonnen. In Ermangelung der entsprechenden Leinen und Taljen zogen sie die Bark mittels eines ausgeklügelten Systems von Hebeln und Palmenstämmen auf den Strand. Sie sägten sie entzwei, knüpften neues Tauwerk, bauten sich eine komplette Schmiede zusammen, schmiedeten das alte Eisen neu, kurz, sie verwandelten sich von Seeleuten in Schiffsbauer.

Die Offiziere ließen sich keinerlei Mutlosigkeit anmerken. Aber unter den erfahrenen, die seit langem zur See fuhren und sich auf ihren Beruf verstanden, war keiner, der nicht insgeheim bezweifelt hätte, daß sich einhundertdreizehn Mann, mitsamt den Vorräten für eine Reise von zweitausend Meilen, in eine Neununddreißig-Tonnen-Bark zusammenpferchen ließen. Sie wußten, was für miserable Karten sie hatten; sie wußten, daß ihr einziger Kompaß, der aus dem spanischen Boot stammte, ein im Grunde unnützes Spielzeug war; sie wußten, daß sie kein einziges Navigationsinstrument mehr besaßen. Dennoch ließen sie sich nicht die geringste Mutlosigkeit anmerken, und wenn sich Peter in den Pausen von der schweren Arbeit erholte, wagte er nicht einmal im stillen, die alles andere als ermutigenden Berechnungen zu wiederholen, die er heimlich angestellt hatte. Doch obwohl er so hart schuftete, wie er nur konnte, empfand er auch jetzt, drei Wochen nach der Katastrophe, noch immer keine Spur von Fröhlichkeit im Herzen. Denn Sean war an Bord des abgetriebenen Schiffes gewesen, ebenso wie viele andere Freunde und Männer, die ihm ans Herz gewachsen waren: Ransome, Mr. Walter, Mr. Brett, die Hälfte der Männer, mit denen er so viel durchgemacht, so viele Schwierigkeiten bestanden hatte. Nicht zu vergessen das geliebte Schiff selbst, die gute, alte, tapfere *Centurion,* ein lebendiges Wesen für einen Seemann.

»Halten zu Gnaden, Sir, Empfehlung von Mr. Dyer, und ob er die Schnittzeichnung vom Aufsatz der oberen Binnenspanten haben kann?« keuchte ein Schiffsjunge atemlos und erhitzt vom Laufen.

»Sie liegen auf meinem Schreibtisch, Mr. Palafox, nein, warten Sie, ich weiß genau, wo sie sind.« Geschwind kletterte der Kommodore aus der Sägegrube und dem erstickenden Staub. »Kommen Sie ruhig mit, Mr. Palafox. Wir haben eine Verschnaufpause verdient.«

Das Zelt des Kommodore stand auf einem schönen, etwas erhöht liegenden Rasenstück mit Blick über den Ankergrund. In der Nähe befand sich eine seltsame, überwucherte Säulenallee, der offene Tempel der früheren Inselbewohner, einem friedlichen Volk, das hier seine Götter verehrt hatte, bevor es von den Spaniern verschleppt worden war, um in einem fremden Land vor Heimweh und Verzweiflung zu sterben. In der Nähe des Zeltes entsprang eine sprudelnde Quelle und speiste einen kleinen Teich mit frischem, klarem Wasser. Der Kommodore riß sich den Hut vom Kopf und kniete sich ins Gras. »Na los«, prustete er erfrischt, nachdem er Kopf und Schultern unter Wasser getaucht hatte, »danach fühlen Sie sich wie neugeboren.«

Das ließ sich Peter nicht zweimal sagen. Er spürte die köstliche Kühle, und genau wie Mr. Anson fühlte er sich wie neugeboren. Er schüttelte sich das Wasser aus den Ohren, als er bemerkte, daß der Kommodore mit zusammengekniffenen Augen an ihm vorbeistarrte. Er drehte sich um. Die blauen Breeches, die er in fliegender Hast vom Aussichtsposten den Hang hinunterrennen sah, gehörten Gordon, dem Hauptmann der Seesoldaten. Ab und zu verschwand der Mann kurz zwischen den Bäumen, und schließlich tauchte er auf der Wiese auf und brüllte beim Näherkommen atemlos abgehackte, unverständliche Worte.

Die Spanier, dachte Peter, und ein eiskalter Schauer lief ihm über den Rücken.

»Ho, ho«, rief der Soldat, der jetzt sogar noch schneller rannte. Und schon stand er vor ihnen, deutete einen Gruß an, der vorschriftsgemäß erwidert wurde, und fuchtelte wild mit der Hand herum.

»Beherrschen Sie sich, Mr. Gordon«, sagte der Kommodore in scharfem Ton.

»Das Schiff«, stieß der keuchende Hauptmann mühsam hervor. »Das Schiff. Es – es kommt.«

Was für ein Tag! Unter gröbster Mißachtung von Disziplin und Ordnung wurde das Werkzeug in hohem Bogen zur Seite geschleudert. Entlang des breiten Uferstreifens loderten überall riesige Feuer, auf denen Schweine und anderes Viehzeug für die halb verhungerte Besatzung gebraten wurden. Aufgeregtes Stimmengewirr stieg zum Himmel, als die zurückgekehrten Überlebenden ihren Bordgenossen die Erlebnisse der vergangenen drei Wochen schilderten. Und sämtliche Backschaften saßen mit dem Gesicht zur See, alle in einer Reihe nebeneinander, denn sie konnten den Blick nicht von der *Centurion* wenden, die sich erstaunlich unversehrt und shipshape auf dem sanften Schwell wiegte.

»... zog dabei den Anker an zwei Trossen hinter sich her ...« – »... brachen die Rahtakel, als wir die Großrah aufgeheißt haben ...« – »... die Schwarzen haben wie gute Seeleute geschuftet, stimmt's, Sambo? Aber die Indianer waren vor Angst wie gelähmt ...« – »... der Kaplan hat sich am Gangspill fast die Seele aus dem Leib gerackert. Einundzwanzig Stunden hat's gedauert, bis wir den Anker eingeholt hatten – ohne eine Sekunde Pause ...« – »... ein Kampf auf Leben und Tod bei diesen Monsterwellen, während ihr Faulenzer hier an Land euern Spaß hattet und euch mit Obstsammeln die Zeit vertrieben habt ...«

»Das stimmt doch gar nicht, Henry Burrell. Wir haben uns an die Arbeit gemacht und angefangen, ein neues ...« – »Wo wir nicht mal einen Stift hatten ...« – »... haben uns selber Bohrer gebaut ...« – »... und Sägen ...« – »Nicht mal einen Kompaß hatten wir, weil Mr. Brett den mit an Bord genommen hatte ...« – »Und keinen Quadranten, bis Hairy Amos im Sand gegen einen getreten ist. Aber er hatte keinen Schimmer, was das war, bis Mr. Palafox ihm das Ding aus der Hand riß und gebrüllt hat wie ein ...« – »Und Joe Welling hat in einer alten, weggeworfenen Schublade Verklicker entdeckt ...« – »... hatten sie schon auf Kiel gelegt ...« – »Mit dem Schiff war auch unser ganzer Rum weg ...« – »Und der Tabak auch ...«

»Zum Wohl, mein lieber Sean«, sagte Peter und hob sein Glas.

»Zum Wohl, mein lieber Peter«, erwiderte Sean und stürzte den tröstlichen Punsch hinunter. »Und da, Euer Ehren«, er wischte sich den Mund mit dem Handrücken ab und seufzte vor Wohlbehagen, bevor er fortfuhr, »hat Mr. Saumarez gesagt: ›O'Mara, was sollen wir denn nur machen? O bitte, ich brauche Ihren Rat und Ihre Hilfe.‹ Also hab' ich geantwortet: ›Als erstes, mein guter Mr. Saumarez, müssen wir sofort die Segel aufgeien.‹«

»Das hast du wirklich gesagt, Sean? Nun, das war ein ausgezeichneter Rat, denn dadurch kam das Schiff wieder zurück.«

»Oh, das war doch nur meine Pflicht, dem armen Mann mit meiner Erfahrung zur Seite zu stehen. Wo Ihr doch all Euer Prisengeld verloren hättet, wenn das Schiff gesunken wäre, und ich meine wunderbaren fünfzig Pfund.«

»Ja, stimmt«, rief Peter voller Freunde bei dem Gedanken, daß dem nicht so war, »und nun ist es wieder da, juhu! Das hatte ich ja völlig vergessen, mein Gott. Aber wie bin ich froh, daß es wieder da ist. Sean, ich bitte dich inständig, es mit dem Punsch nicht zu übertreiben. Denn ich muß jetzt unbedingt mal mit Mr. Walter und Ransome sprechen und Mr. Brett begrüßen.«

»Höflichkeit ist bekanntlich die Perle guter Erziehung«, sagte Sean und füllte rasch noch einmal sein Glas auf, »deshalb will ich den restlichen Punsch meinen Backsgenossen spendieren.«

»Du warst eine schöne und gute Insel für mich«, sagte Peter und nickte durch die geöffnete Stückpforte nach Tinian hinüber, »aber ich will für alle Zeiten puterrot anlaufen, wenn ich jemals auch nur den geringsten Wunsch verspüre, dich oder deinen faulen Ankergrund wiederzusehen.«

Er hatte Grund genug zu dieser Verbitterung, denn sie hatten unendlich viele Maßnahmen getroffen, um das Schiff zu sichern; hatten in aller Eile Vorräte und Wasser an Bord geschafft und wieder und wieder den Meeresgrund nach den verlorenen Ankern abgesucht, aber vergeblich. Am dritten Tag, nachdem die *Centurion* wieder aufgetaucht war, riß ein plötzlicher, mit der steigenden Tide aufkommender Wind den Anker aus seinem Halt in den zerbrechlichen Korallen, und die Männer an Land mußten ein weiteres Mal mit ansehen, wie ihr Schiff abtrieb. Sie stürzten zu den Booten, und der Kommodore schickte später die Barkasse zurück zur Insel. Denn Peter und Ransome waren mit einer größeren Gruppe tief im Inselinnern auf Jagd, und als sie zum Strand zurückkehrten, sahen sie weit und breit kein Schiff mehr und auch keine einzige Menschenseele am Strand. Zwar war die Lage nicht ganz so verzweifelt wie beim ersten Mal: Man hatte ihnen die Barkasse zurückgeschickt, mitsamt

Navigationsinstrumenten, eilig abgefaßten Instruktionen und einer Karte. Dennoch war die Situation am Anfang ziemlich entmutigend.

Nur das Wissen darum, daß sie ein Schiff bauen konnten – denn das hatten sie bereits bewiesen –, und das lebhafte Beispiel von Mr. Ansons Methode, mit Schwierigkeiten fertig zu werden, sorgten dafür, daß ihre Stimmung nicht auf den Nullpunkt sank. Sie machten sich unverzüglich daran, die kleine Bark wieder zusammenzusetzen, die in ihrer ursprünglichen Größe genügend Platz für das Häufchen Zurückgelassener bot und wesentlich leichter zu handhaben war.

Tatsächlich waren sie gerade beim Anschlagen der Wanten, als die *Centurion* plötzlich wieder auftauchte. Peter und Ransome hatten bereits den Kurs auf Macao abgesteckt, und obwohl sie von Herzen froh waren, das Schiff wiederzusehen, empfanden sie doch ein gewisses Bedauern darüber, nun den Ruhm eines eigenen Kommandos ebenso aufgeben zu müssen wie die sichere Überzeugung, Macao als erste zu erreichen, zum grenzenlosen Erstaunen der später eintreffenden *Centurion.*

»Eine stramme Leistung, Mr. Ransome, alle Achtung!« hatte der Kommodore gelobt und dabei die Bark gründlich durch sein Fernrohr gemustert. »Sie haben in fünf Tagen mehr erreicht, als ich selbst von bedeutend dienstälteren Offizieren erwartet hätte. Sie haben sich selbst übertroffen.«

Voller Genugtuung über dieses Lob lief Ransome dunkelrot an und räusperte sich verlegen. »Das meiste hat Palafox getan, Sir.«

»Ich bin überzeugt, daß sich Mr. Palafox hervorragend geführt hat«, sagte der Kommodore.

»Verzeihung, Sir«, mischte sich Peter ein, »aber hätten Sie nicht vielleicht einen Moment Zeit, um rasch einen Blick auf die Bark zu werfen?«

»Nein, Mr. Palafox«, erwiderte der Kommodore bestimmt, »ich habe ein Deck unter meinen Füßen, und nicht einmal das Vergnügen, Ihre Arbeit zu bewundern – ich kann von hier aus sehen, daß sie ganz ausgezeichnet ist –, könnte mich dazu bewegen, von Bord dieses Schiffes zu gehen. Noch nicht einmal das Verlangen, einen Blick in unsere Sägegrube zu werfen – Sie erinnern sich an unser gemeinsames Sägen? –, könnte mich dazu bringen, einen Fuß an Land zu setzen.«

Die *Centurion* war also wieder zurückgekehrt! Mit ungeheurer und unermüdlicher Tatkraft hatten die Männer das Wasserbunkern zu Ende gebracht, eine Arbeit, die durch das Fehlen des (beim ersten Abtreiben der *Centurion* zerstörten) Langboots zwar erheblich erschwert, aber von der Angst vor einer neuerlichen Windbö (einer verständlichen Angst bei einem Schiff, das mit nur einem Anker auf so faulem Grund vermurt war) vorangetrieben wurde.

Dann war es geschafft. Voll proviantiert, mit Rauchfleisch vom Rind und Pökelfleisch vom Schwein, Trinkwasser, Holz und vorerst frischem Obst im Überfluß, hielten sie auf die offene See hinaus. Um Peter herum begann sich alles wieder dem vertrauten wohlgeordneten Ablauf des Lebens in der Royal Navy unterzuordnen. Das Heben und Senken des Schiffes ließ seine Seebeine wieder erstarken, und das Knirschen und Kratzen der Gebetbücher beim Scheuern des Decks gab ihm seinen Seelenfrieden zurück. Um acht Glasen würde er zur Wache antreten, wo ihn Mr. Saumarez mit Sicherheit aus irgendeinem Grund zusammenstauchen würde – kurz, er war wieder ganz in seinem Element, und das genoß er in vollen Zügen.

»Einhundertsiebenundfünfzigeindrittel Meilen in vierundzwanzig Stunden«, sagte Peter.

»Mr. Bailey?« fragte der Bootsmann.

»Bei mir kommt dasselbe raus, Sir«, erwiderte dieser listige junge Mann.

»Sehr gut. Das ist richtig«, lobte Mr. Blew. »Und das ist, das kann ich Ihnen sagen, eine beachtliche Zahl für ein Schiff, das schon so lange in tropischen Gewässern schwimmt und seit zwei Jahren, sechs Wochen und einem Tag keine Werft mehr gesehen hat.«

Die Navigationsschüler saßen mit Mr. Blew unter dem Überhang des Hüttendecks. Sie hatten einige ausgesprochen knifflige Fragen im Zusammenhang mit dem Durchgang der Venus erörtert, wobei Mr. Blew ein wenig ins Schwimmen geraten war – ein Dilemma, aus dem er sich nur durch einen plötzlichen Themawechsel zur Besteckrechnung hatte retten können.

»Und zudem, meine Herren«, fuhr Mr. Blew fort, »glaube ich, daß wir morgen einhundertsechzig Meilen loggen werden.«

Die Midshipmen nickten in feierlicher Einmütigkeit, denn auch wenn diese Zahl beinahe unerhört hoch schien, brauchten sie nur aufzustehen, um die Kraft des warmen, gleichmäßigen Windes zu spüren, der ohne auch nur einmal auszusetzen, stetig von achtern einkam. Doch es gab keinen unter ihnen, der nicht an den straff gespannten Kurven der Segel – die *Centurion* lief nur unter Normalsegeln, mehr verkraftete sie nicht – und den fliegenden Schoten die genaue Windstärke abschätzen konnte.

Sie fielen in nachdenkliches Schweigen. Das ständige Geräusch der Pumpen, das Knirschen der Bimssteine und das Klatschen des Wassers hätte sie an das alte Leck unten am Vorsteven erinnern können, aber sie achteten nicht weiter darauf. Die großen nachlaufenden Seen, die die Galionsfigur der *Centurion* in regelmäßigen Ein-Minuten-Abständen in die Gischt tauchten, drückten so viel Wasser in den Schiffsrumpf, daß die Pumpen Wache für Wache in Betrieb blieben, aber was bekümmerte sie das: Sie preschten vor einem erstklassigen Wind übers Meer, und vor ihnen lagen all die Verlockungen des Orients. Weder Mr. Blew noch seine Klasse schenkten den Pumpen irgendwelche Beachtung.

4. November. 22°N 119°17'W. Stürmischer Wind, stetig aus Ost. Wieder ist mein Geburtstag, und wir haben Formosa zweifelsfrei gesichtet, was die Besatzung ungemein gefreut hat. Gestern wegen tiefhängender Wolken keine Mittagsbreite, also war das, was wir gesichtet haben, Formosa und nicht Botel Tobago Xima. Jetziger Kurs Westnordwest. Dies ist mein dritter Geburtstag auf See. Sean hat mir wieder einen Schal geschenkt. Wie lang er ist, kann ich nicht sagen, denn das Fähnrichslogis ist zu klein, um ihn exakt zu messen. Von Mr. Walter ein paar köstliche eingelegte Guaven bekommen. Eigentlich wollte ich sie mit den anderen teilen, aber Ransome und ich sind zum Essen in der Offiziersmesse eingeladen. Nicht vergessen, Ransome zu fragen –

»Bist du fertig, Kumpel?« brüllte Ransome aus sechs Zoll Entfernung.

»Ja, so ziemlich. Oder seh' ich vielleicht nicht so aus?«

»Tja – also, Junge«, meinte Ransome, nachdem er Peter einer sorgfältigen Musterung unterzogen hatte, »ich würde sagen, ein besseres Rigg hättest du gar nicht auftreiben können. Wenn ich dich zu Hause so herumlaufen sähe, würde ich allerdings sagen: ›Der arme Schlucker muß vom Pech verfolgt sein. Warum? Weil er's anscheinend nötig hat, einer Vogelscheuche die Lumpen zu klauen.‹«

»Hol dich der Teufel!« gab Peter zurück. »Vielleicht bin ich keine Schaufensterpuppe, aber wer, bitte schön, hat dir auf Tinian gezeigt, wie man eine Doppelwipp-Säge benutzt?«

»Und wer hatte den Einfall, die Poller unter eine Talje zu stellen?« fragte Ransome versöhnlich; um sich einen moralischen Vorteil zu verschaffen, schob er jedoch gleich darauf nach: »Und wer hat beim Nägeleinschlagen immer mit dem Hammer auf die Hand von Joe Pride gehauen, so daß der Ärmste jedes Mal mit Tränen in den Augen zu mir kam und mich anflehte, ihm irgendeine andere Arbeit zu geben, weil er den wilden Blick, den Mr. Palafox immer beim Hammerschwingen bekäme, nicht mehr ertragen könne?«

»Und wer hat einen Kurs abgesetzt, der mitten durch Borneo geführt hätte? Und wer hat ihn korrigiert?«

»Ist doch egal«, wehrte Ransome, bis über beide Ohren errötend, ab. »Wer hatte die Idee mit der Talje an der großen Palme?«

»Dummes Gezänk«, mischte sich Keppel ein. »Man könnte meinen, ihr beide hättet die Arche allein gebaut. Haltet endlich die Klappe!«

»Meine Herren«, meldete der Steward, »die Offiziere sind bereits fast alle in der Offiziersmesse.«

»Los, komm!« rief Ransome erschrocken.

Eilig rannten sie nach achtern. Der Eifer, ja die Begeisterung, mit der Ransome neuerdings auswärts aß, verblüffte nicht nur seine Backsgenossen. Aber gesellschaftliche Veranstaltungen hatten mittlerweile ihren Schrecken für Ransome verloren. Und die beiden hatten kaum in der überfüllten Offiziersmesse Platz genommen, in der sich außer den Offizieren der *Centurion* nun auch die Offiziere, Schiffsärzte und Zahlmeister von *Gloucester* und *Tryal* drängten; sie hatten sich kaum auf ihre Stühle gesetzt, als sich der vor Vorfreude aus allen Knopflöchern strahlende Ransome mit den folgenden Worten an den Ersten Offizier wandte: »Welche Antwort bekam ein Mann, Sir, der zu einem anderen sagte, er gebe doch nicht jedem Stutzer die Hand?«

»Tja, Mr. Ransome«, antwortete der Erste Offizier und begann angestrengt nachzugrübeln, während sein Messer in der Luft über der Schweinelende erstarrte, »vermutlich so was wie: ›Mach, daß du abstehst, du ...., oder ich ramm dich‹, wenn nicht sogar etwas noch Unhöflicheres.«

»Nun, Sir«, sagte Ransome mit vor Stolz sichtlich geschwellter Brust, »daraufhin sagte der andere: ›Aber *ich,* Sir‹, und gab ihm die Hand.«

Die Offiziersmesse lachte laut und anhaltend über diesen Witz, und bis der erste Gang abgedeckt wurde, saß Ransome in stummer Genugtuung am Tisch, kaute weder an seinen Nägeln, noch schielte er begehrlich auf die Teller der anderen Gäste und reinigte sich auch nicht mit dem Tischtuch die Zähne. Dann aber verblüffte er den Schiffsarzt der *Tryal* mit der Frage: »Wie viele Knochen hat ein gesunder Mensch?«

»Wie viele Knochen? Nun, lassen Sie mich mal überlegen«, begann der Schiffsarzt und blickte hilfesuchend zu Mr. Woodfall.

»Die Knochen in einem Menschengeribbe
Sind *summa summarum* vierhundert und sibbe«,
behauptete Ransome kategorisch.

»Du bist ja beim Dinner so richtig zu Hochform aufgelaufen, Ransome«, meinte Peter anerkennend, als sie nach dem Punsch in der Offiziersmesse an Deck frische Luft schnappten.

»Ja, ich war ganz gut in Form«, gab Ransome selbstgefällig zu. »Hast du das Gesicht von Pfarrer Walter gesehen, als ich ihn mit der Frage löcherte: ›Wer hat als erster öffentlich die Antipoden erwähnt?‹«

»Oder mit der über die Gepflogenheiten gewisser Griechen.«

»Aber das war nichts im Vergleich zu dem Witz über den König von Schweden, den ich neulich zum Besten gegeben habe, als Balthasar und ich beim Kommodore eingeladen waren.«

»Ransome«, fragte Peter ernst, »wo ist das Buch?«

Ransome räusperte sich verlegen und wurde rot. »Ich geb's dir demnächst zurück. Ich hab's momentan verlegt und weiß nicht mehr genau, wo ich's hingetan hab'.« Ransome war ein miserabler Lügner. Er verriet sich nicht nur durch sein verschlagenes Gesicht, sondern auch dadurch, daß er beide Hände an die Brust preßte.

»Ich glaube, es steckt unter deinem Hemd«, sagte Peter argwöhnisch.

»Nein, da ist es nicht!« rief Ransome und stürzte blindlings davon.

»Es hat keinen Zweck, daß du dich da versteckst«, sagte Peter, als er wenig später das Fähnrichslogis betrat, wo Ransome gerade vergeblich versuchte, sich hinter Keppel und dem genauso kleinwüchsigen Midshipman Pollock von der *Gloucester* zu verbergen. »Gib's auf, Ransome, sofort.«

»Ich weiß wirklich nicht, wo es ist«, beteuerte Ransome und versuchte wider alle Logik und erfolglos dazu, sich kleiner zu machen.

»Aber ich weiß es«, sagte Keppel mit unheilvoller Stimme. »Es ist hinter dem Doppelspantenläufer.«

»Oh«, Peter erbleichte und wich einen Schritt zurück. Er sah sich flüchtig nach Balthasar um und erblickte ihn, eingeschnürt in eine Hängematte unter dem Deckenbalken, hilflos gefesselt und von Kopf bis Fuß ockergelb angepinselt. »Nein!« schrie er, mit dem Rücken gegen den Kettenkasten stoßend, als er erkannte, daß sein Fluchtweg abgeschnitten war. »Das könnt ihr mir nicht antun! Heute ist doch mein Geburtstag.«

»Können wir nicht?« fragte Bailey scheinheilig mit einem teuflischen Grinsen.

»Du und deine Krolburke«, zischte Preston.

»Läßt uns das ganze Handbuch nach Plätscherstrak durchkämmen.«

»Nein!« schrie Peter gellend, als sich der Kreis immer dichter um ihn schloss. »Nein. Ich muß an Deck ...«

»Was ist das hier für ein Höllenlärm?« fragte Mr. Saumarez.

»Halten zu Gnaden, Sir«, antwortete Keppel, »wir malen Mr. Palafox blau an.«

»Was für ein Unfug!« rief Saumarez aus. »Wißt ihr nicht, daß grün das Sinnbild dafür ist? Na kommt, los, mischt einfach etwas Gelb in euer Blau, und schon bekommt ihr Grün – die einzig richtige Farbe. Wann begreift ihr endlich, daß ihr *erst* denken und dann handeln müßt?«

Fahl und grau dämmerte der Morgen herauf. Die *Centurion* hatte die ganze Nacht beigelegen, denn sie befand sich auf lotbarer Wassertiefe, und der verschwommene Schemen, den die Centurions vor einiger Zeit an Backbord querab gesichtet hatten, war aller Wahrscheinlichkeit nach der asiatische Kontinent.

Peter, noch immer voll grüner Farbflecken und bitterem Groll im Herzen, spähte angestrengt in den Nebel, den er von Zeit zu Zeit mit mißmutigen, aber wirkungslosen Handbewegungen wegzuwedeln versuchte.

»Und ob es stimmt«, sagte er, als ein niedriger, dunkler Schatten vorbeitrieb und das Geschnatter lauter wurde.

»Das kann nicht sein«, widersprach Bailey. »Das sind Vögel.«

»Es stimmt«, wiederholte Peter und eilte zum wachhabenden Offizier, salutierte und sagte: »Melde mehrere Boote vor dem Bug, Sir.«

»Wie viele, Mr. Palafox?«

»Oh, vielleicht tausend, Sir«, antwortete Peter gedankenlos.

»Mr. Palafox«, sagte Mr. Brett mit strengem Stirnrunzeln.

»Verzeihung, Sir.«

Doch als sich der Nebel lichtete, stellte sich heraus, daß tausend noch stark untertrieben war. Mindestens viertausend, wenn nicht fünf- oder sogar sechstausend Sampans waren ringsum über die See verstreut, und mit jeder Minute des anbrechenden Tages wurden es mehr. So weit das Auge reichte, war das ruhige, graue Wasser rings um die *Centurion* von Hausbooten bedeckt, deren Bewohner mit unermüdlichem Eifer über die Reling fischten, während sie gleichzeitig alle mit hohen, piepsigen Stimmen in einem unaufhörlichen, die gesamte Luft erfüllenden Geschnatter durcheinander redeten. Sie fischten, ohne nach links oder rechts zu blicken und ohne auch nur die geringste Notiz von der *Centurion* zu nehmen, und die verwunderte Besatzung hatte den seltsamen Eindruck, als sei alles nur ein Traum, in dem sie selbst nicht mehr als treibende Schemen waren.

Zurufe, mehrfach wiederholt, verzerrt grinsende Gesichter auf dem Achterdeck, der Ruf nach einem Lotsen in all den vielen Sprachen, deren die *Centurion* mächtig war, das Locken mit Silbermünzen und Gold – alles ließ die zigtausend Fischer völlig ungerührt. Sie hörten und sahen nichts, sondern fischten unbeirrt weiter.

»Kutter aussetzen«, befahl der Kommodore. Und als der Kutter zurückkehrte, fragte er: »Was haben Sie erfahren, Mr. Palafox?«

»Nichts, Sir«, berichtete Peter. »Das Boot hat nur ›Bah‹ auf Chinesisch geantwortet.«

»Was heißt ›Bah‹ auf Chinesisch, Mr. Palafox?«

»Bah, Sir, bitte um Verzeihung.«

»Hm«, sagte der Kommodore und sah ihn scharf an, bevor er sich abwandte. »Sampan ahoi!« preite er wahllos ein Boot an. »Lo-o-tse?«

Peter warf Keppel einen kurzen Blick zu. Er entdeckte ein Zittern in Keppels Mundwinkeln, aber es kam kein Laut über seine Lippen.

»Lo-o-tse-e?« fuhr der Kommodore fort. »Macao? Kapiert?«

»Aufsässiges Pack«, schimpfte Mr. Walter. Wutschnaubend beugte er sich über die Reling. »Am liebsten würde ich die mal ordentlich mit den Köpfen zusammenknallen.«

»Rammen Sie einfach einen von der verdammten Saubande, und nehmen Sie dann die Leute an Bord. Das wird sie eines Besseren belehren«, sagte Peter zu niemand bestimmtem und lauter als beabsichtigt.

Peter war schon vom Blitz getroffen worden, aber das war harmlos im Vergleich zu dem plötzlichen Wutausbruch des Kommodores. Und als er bereits auf halbem Weg zum Masttopp war, wurde er wieder hinunterzitiert, um sich etliche geharnischte Rügen darüber anzuhören, wie unerwünscht Geschwätzigkeit bei einem Midshipman sei, wie sehr sein Benehmen zu wünschen übriglasse, welchen bemerkenswert niedrigen Rang er auf dem Schiff bekleide, wie zuwider dem Kommodore das Fluchen im allgemeinen sei und wie verhaßt erst recht die verabscheuenswürdige, unmännliche und unerzogene Flucherei von jungen Männern im besonderen. Und all das wurde Peter in unmittelbarer Nähe seiner Backsgenossen unter die Nase gerieben, die offiziell kein Wort hörten, mit glasigen Augen ausdruckslos in die Ferne starrten und sich – sie waren schließlich auch nur Menschen – ihre Grimassen für später aufhoben.

Es war ein Tag zum Verzweifeln. Langsam glitt die *Centurion* durch eine Horde völlig gleich aussehender Chinesen. Von seinem luftigen Platz aus verfolgte Peter, wie das Achterdeck zahllose Versuche unternahm, wenigstens einen Hauch von Interesse in den Booten hervorzurufen, aber vergebens. Allmählich wurden die Stimmen der Offiziere immer heiserer und ärgerlicher, und mehr und mehr von Peters Kollegen gesellten sich zu ihm in den Masttopp.

»Hier, Kumpel«, flüsterte der bislang noch ungeschoren gebliebene Ransome. »Ich hab' dir einen Bissen Schweinefleisch mitgebracht, um dir die Zeit zu vertreiben.«

»Danke, Kumpel.« Schlagartig war Peters schlechte Laune verflogen. »Ich sterbe vor Hunger. Ist das Keppel im Besantopp?«

»Ja. Ich habe ihm auch gerade was zu essen gebracht. Er hat gelacht, als Mr. Dennis sein Fernglas fallen ließ.«

»Und Bailey und Preston im Großtopp?«

»Mr. S. fand, daß sie zu selbstzufriedene Gesichter machten.«

»Klein-Pollock auf dem Klüverbaum?«

»Wegen Kicherns, glaub' ich.«

»Es ist schon ein hartes Leben, Ransome.«

»Ein sehr hartes Leben, Kumpel.«

»Ob wir jemals einen Lotsen finden – was meinst du?«

»Der Kommodore flucht und schwört, daß er durch den verdammten Kanal fährt, und wenn die Boote jeden Zoll loten müssen.«

»Er flucht, tatsächlich?«

»Muß chronisch sein.«

»Ich hoffe, wir bekommen bald einen Lotsen. Keine Lust auf Landgang, Ransome, eh?«

»Ho, ho, Kumpel. Landgang, ho, als ob sich das nicht jeder wünscht.«

Und so vergingen dieser Tag und der nächste und der übernächste. Nachts lag das Schiff bei, tagsüber kroch es an der endlosen, traumähnlichen Prozession stummer, tauber, gleichgültiger chinesischer Gesichter vorbei, was die Besatzung vor Ungeduld und Enttäuschung an den Rand der Raserei trieb.

Sie passierten Pedro Blanco und die kartierten Riffe; sie passierten unkartierte Riffe und lavierten an gefährlichen Untiefen vorbei. Sie hatten im Kielwasser des ständig lotenden Kutters das tückische Fahrwasser schon beinahe hinter sich gebracht, bevor sie einem orientalischen Gesicht auch nur das leiseste Interesse entlockten. Dieses Gesicht aber war sogar lebhaft interessiert: Der Mann kam in seinem Boot über die See angeprescht, enterte seemännisch flink die Bordwand auf, grüßte das Achterdeck und wurde augenblicklich als die lang ersehnte Erfüllung erkannt – der chinesische Lotse. Auf der Stelle wurde man sich handelseinig. Der Lotse nahm seinen Posten ein und führte das Schiff mit seltsam schrillen Schreien und eindrucksvollen Gesten und weidete sich mit verstecktem Triumph an der Enttäuschung seiner Konkurrenten, die nun auf einmal scharenweise auftauchten und Zeugnisse (die meisten davon dreiste Fälschungen) von portugiesischen, holländischen und englischen Steuerleuten vorwiesen, aber leider alle zu spät.

Die Küste kam näher und näher. In der Straße von Macao war ihnen bereits ein auslaufender Holländer begegnet, der beim Passieren seine Nationale gedippt hatte.

»Ich dachte, es wäre gelb«, sagte Sean und starrte enttäuscht zur Küste hinüber.

»Hier noch nicht«, beruhigte Peter ihn. »Das hier ist Macao, was zu Portugal gehört. Da hinten das, auf der anderen Seite, das ist China.«

»Macao«, sagte der Lotse. »Sehr lustig. Sehr schön. Sehr, sehr schön. O ja.«

»Los, beeilt euch.« Bailey kam eilig aus einem Versteck gehuscht. »Er kommt gerade an Deck.«

»Landgang?« fragte Mr. Saumarez, als habe er nicht richtig gehört, und starrte sie an. »So eine Frechheit, wo wir noch nicht mal den Befehl zum Ankern gegeben haben. Quartermaster, bringen Sie diese Gruppe unverzüglich aufs Vorschiff. Mr. Keppel! Bemannen Sie das Gangspill. Na, wird's bald, ihr Lahmärsche! Ja, schlafen die Kerle? Mr. Palafox, nehmen Sie augenblicklich die Hände aus Ihren Taschen. Landgang – wahrlich.«

An Hochwürden Mr. Palafox,
Ballynasaggart,
Grafschaft Galway.

Macao in China
21. Dezember 1742
Alte Zeitrechnung

Sehr geehrter Sir, schrieb Peter, *dank der Güte von Mr. Walter ist es mir möglich, Ihnen von dieser Seite der Welt meine herzlichsten und ergebensten Grüße zu senden, denn inzwischen sind wir in diesem Hafen eingetroffen, der für die Kauffahrer ein wichtiger Umschlagplatz im Chinahandel ist, und auf einem von ihnen wird er nach England zurückkehren. Mit ihm fahren noch einige andere Offiziere, deren Boß Kapitän Saunders ist, unser ehemaliger Erster Offizier, aber inzwischen zum Vollkapitän ernannt und damit beauftragt, die Depeschen des Kommodores der Admiralität zu überbringen. Diese sollen in der* Gazette *veröffentlicht werden (zumindest der für die Öffentlichkeit bestimmte Teil), weshalb ich auf eine ausführliche Schilderung von unserer Fahrt verzichten will, die mich, ehrlich gesagt, auch in große Bedrängnis brächte. William könnte das bestimmt, Homer oder Vergil auch, aber ich war noch nie ein besonders guter Schreiber, und ich weiß, daß selbst der Kommodore in den letzten Tagen, als er mit seinem Schreiber den Brief an Ihre Lordschaften abfaßte, hin und wieder der Verzweiflung nahe war. Allerdings habe ich bestimmte Ereignisse in einem Tagebuch festgehalten, und mit diesem als Gedächtnisstütze hoffe ich, Sie (im Geist) auf eine Umsegelung der aus Land und Wasser bestehenden Erdkugel entführen zu können, wenn ich wieder zu Hause bin. Was (so Gott will) einige Monate nach Mr. Walter der Fall sein dürfte. Denn wir müssen noch das Schiff kielholen und reinigen und überholen, und danach laufen wir aus, zuerst mit Kurs auf Batavia und dann um das Kap der Guten Hoffnung herum – die gewohnte Route der Ostindienfahrer, bestens kartiert und bekannt. Unsere Expedition ist zu Ende. Es ziemt sich nicht, daß ich bestimmte Neuigkeiten in einem Privatbrief verrate, bevor die Admiralität die Depeschen kennt, aber ich kann sagen, daß wir leider nicht alles erreicht haben, was die Welt von uns erwartet haben mag. Dennoch kann ich sagen, daß wir einiges zustande gebracht haben, und immerhin sind wir in diese Gegend gekommen, in der vor uns noch nie ein Kriegsschiff war. Zwar hatten wir, wie zu erwarten, eine beschwerliche Zeit bei der Umrundung von Kap Hoorn, aber davon haben wir uns auf Juan Fernandez völlig erholt. Danach hatten wir eine herrliche Fahrt beim Kreuzen auf der Suche nach den Spaniern, mit ein, zwei Scharmützeln und einigen Erfolgen und, wie immer, auch einigen Enttäuschungen; und schließlich, nach einigen Schwierigkeiten, deren Beschreibung hier zu weit führen würde, überquerten wir den Pazifischen Ozean – ein Meer, das seinen Namen eindeutig zu Unrecht trägt. Was China betrifft, ist es zwecklos, daß ich versuche, Ihnen eine Vorstellung von dem Land zu geben. Aber Mr. Brett, unser Zweiter Offizier, hat mir freundlicherweise einige hervorragende vor Ort gemachte Zeichnungen geschenkt, die Ihnen, zusammen mit einigen kleinen Geschenken (die ich Sie gütigst anzunehmen bitte) mehr sagen werden, als ich es könnte, selbst wenn ich mir den Kopf während der ganzen Wache zerbrechen würde. Das kleine Bastpäckchen enthält Tee, ein chinesisches Getränk, das bei vornehmen Leuten in England sehr beliebt sein soll. Nach der landestypischen Zubereitungsart tut man etwas davon in eine Kanne und gießt kochendes Wasser darüber. Eine leidlich große Handvoll reicht für eine Kanne. Wie es heißt, regt er die Phantasie an und stärkt die Nerven. Das kann ich bei mir zwar nicht feststellen, aber das könnte entweder an meiner völligen Unempfänglichkeit liegen oder aber die Folge der zweijährigen Ernährung mit Schiffszwieback, verdorbenem Essen und Trockenerbsen sein. Die anderen Geschenke habe ich beschriftet, damit man erkennt, was es ist und für wen bestimmt. Sie sind nur klein, aber Mr. Walter hat bereits schwer zu tragen, und ich wollte seine Freundlichkeit nicht ausnutzen – obwohl er wahrlich ein wunderbares Vorratslager besitzt und uns bei jedem Wind und Wetter sehr unterstützt hat.*

Was mich betrifft, so bin ich gesund und stark wie ein Pferd. Ich hoffe, daß es Placidus gutgeht und sein linker Vorderhuf nicht mehr so empfindlich ist. Auch Sean ist bärenstark und völlig gesund bis auf ein paar Finger und Zehen, die er sich in den hohen südlichen Breiten abgefroren hat. Er läßt Sie ergebenst und hochachtungsvoll grüßen. Er ist ein zuverlässiger, großartiger Bursche und wird von der ganzen Besatzung sehr geschätzt. Er ist Vormann der Focktoppgasten, und der Kommodore hat mich vertraulich gefragt, ob er lesen und schreiben könne. Was bedeuten könnte, daß er ihn zum Deckoffizier ernennen will. Und nun, Sir, schließe ich diesen Brief mit den herzlichsten Grüßen an meine Mutter und Sie, und meine Geschwister, und an alle, die sich liebenswürdigerweise meiner erinnern. Es erfüllt mich mit Scham, daß es nur so eine jämmerliche Epistel geworden ist, aber ich will es wieder gutmachen, indem ich zu Hause, an einem schönen Torf-Feuer mein Seemannsgarn spinne, wie die Seeleute so schön sagen.

Er unterschrieb und faltete den Brief und blickte in das Gesicht von Pollock, der an der anderen Seite des schmalen Tisches saß. Pollock starrte mit offenem Mund und leerem Blick in die Luft.

»Du mußt dich beeilen, wenn du willst, daß die *Walpole* deinen Brief mitnimmt«, mahnte Peter, als sich ihre Blikke trafen.

»Ich weiß nicht, was ich schreiben soll«, stöhnte Pollock. »Es war so eine lange Zeit«, fügte er seufzend hinzu.

»Nur Mut, alter Knabe«, munterte Peter ihn auf. »Komm schon, sonst wird das nie was. Alle sagen, was für ein toller, forscher Kerl du bist. Also laß dich nicht so hängen.«

»Wirklich, Palafox, sagen sie das?«

»Klar, so wahr ich hier stehe. Na los, schreib schon. Weißt du nicht, wie du anfangen sollst?«

»Nein«, antwortete Pollock und versank erneut in Trübsinn.

»Willst du meinen Anfang nehmen? Der ist ziemlich gut.«

»O ja, bitte.«

»In Ordnung. Was hast du zu Hause für eine Familie? Ich frage nur, um es anzupassen.«

»Meine Mutter und Sue.«

»Großartig. ›Sehr geehrte Madame‹«, begann Peter seinen Brief mit einigen Abweichungen vorzulesen, während Pollock eifrig mitschrieb, »Placidus lassen wir aus, Sean auch, aber wenn du willst, kannst du eine Zeichnung haben und Mr. Brett drinlassen. Die Mißgeschicke der *Gloucester* brauchst du nicht zu erwähnen – schreib einfach, du wärst versetzt worden –, das würde sie sonst nur beunruhigen. Du bist bärenstark, oder? Gut, dann schreib das. Keine anderen Geschwister mehr? Dann schreib nur Schwester. Ich nehme an, bei euch zu Hause gibt's keinen Torf; dann setz Steinkohle oder Holz dafür ein, je nachdem, was ihr zum Brennen nehmt. So, fertig. Jetzt streu noch Sand auf die Tinte. Das ist doch ein schöner Brief geworden, wie man ihn sich besser kaum wünschen kann. Nein, nicht versiegeln, das wäre unhöflich gegenüber Kapitän Saunders, der ihn mitnimmt. Falte ihn noch mal und gib her, ich bringe ihn zusammen mit meinem weg.«

»Du kannst wirklich ein unglaublich anständiger Kerl sein, Palafox«, sagte Pollock. »Ich bin dir unendlich dankbar für deine ...«, aber da war Peter schon verschwunden.

Am Ufer des Perlenflusses stand ein chinesischer Weiser, den Rücken der vor Menschen wimmelnden Stadt Kanton zugewandt, und betrachtete nachdenklich die unzähligen Sampans und Dschunken. Neben ihm spielte sein Enkelsohn, ein schlaues Bürschchen von sechs Wintern, mit einer im Käfig gehaltenen Grille im Schlamm – ein Kind, das, es sei hinzugefügt, dazu bestimmt war, nur vierzig Jahre später öffentlich zu Tode gekocht zu werden.

»Großpapa«, sagte der gerade flügge gewordene Galgenvogel, »ich sehe zwei prächtige Palankins, die sich aus der Ferne nähern.«

»Sind es Beamte?« fragte der Weise, drehte sich rasch um und spähte angestrengt durch seine Brille.

»Das weiß ich nicht, dazu bin ich noch zu jung«, piepste der Kleine. »*Besonders* prächtige Palankins sind es allerdings nicht, denn obwohl sie reich verziert sind, sehen die Vorhänge eher nach billigem Flitterzeug aus.«

»Sie sind überhaupt nicht prächtig«, widersprach der Weise, als die Palankins näherkamen. »Es sind ganz primitive, gewöhnliche, neumodische Palankins, protzige Palankins, aber deine unbedachte Bemerkung hat mich veranlaßt, ein freundliches Gesicht zu machen, denn es hätten ja Mandarine sein können.«

»Neben dem Palankin, das uns am nächsten ist, marschiert ein fremdländischer Teufel, Großpapa.«

»Ein Barbar, mein Kind. Ein gebildeter Mensch sagt nicht ›fremdländischer Teufel‹.«

»Ein Barbar, Großpapa. Bitte, Großpapa, sag mir, was sind Barbaren?«

»Sie stammen von den Affen und bestimmten unreinen Geistern in den einsamen Regionen des Fernen Westens ab, mein Kind. Ihre Körper sind behaart, aber sie verfügen über eine rudimentäre Sprache, in der sie sich untereinander auf einfache Weise verständigen können. Und ihrem übernatürlichen Elternteil verdanken sie die seltsame Fähigkeit, in riesigen Wasserfahrzeugen zu reisen, die sie über die Meere tragen. Vor allem hatten sie das Glück, das Himmlische Reich unter der Sun-Chi-Dynastie zu finden, denn als bekannt wurde, daß man sie zähmen kann und sie empfänglich auf Freundlichkeit reagieren, wurde angeordnet, sie als neutrale, weder gutartige noch bösartige Monster dritter Klasse zu betrachten, sie offiziell als Sehenswürdigkeiten zu erhalten und sie mit angemessener Nahrung zu versorgen, von unbefugten Personen jedoch unbedingt fernzuhalten.«

»Mit Verlaub, Großpapa, was ist angemessene Nahrung für ein Monster dritter Klasse?«

»Von einem kleinen Brocken einer steinharten mehlartigen Substanz kann einer von ihnen eine Woche leben«, antwortete der Weise. »Ihr Unterhalt ist nicht teuer, aber auch nicht besonders angenehm, denn von einem Elternteil haben sie die Körperbehaarung bekommen, vom anderen die Sturheit und von beiden einen unglaublichen Mangel an guten Sitten, der sich in ihnen verdoppelt.«

»Das Monster im zweiten Palankin hat aber gar keine Haare«, berichtete das Kind, als es, sich durch die Menschenmenge schiebend, wieder zurückkehrte.

»Dann ist es eins der Südlichen Glattmonster«, erwiderte der Weise scharf, »um so schlimmer.«

»Sag bitte, Großpapa, warum singt das Monster dauernd ›Palankin ho, Palankin he‹?«

»Es versucht vergeblich, die menschliche Sprache zu sprechen.«

»Meinst du, es will seinen Brocken aus der mehlartigen Substanz haben? Oder vielleicht hat das Monster Schmerzen, Großpapa?«

»Nicht halb so viele Schmerzen, wie du gleich haben wirst, wenn du nicht aufhörst, solche blöden Fragen zu stellen!« schrie der Weise aufgebracht. »Laß die fremdländischen Teufel in Ruhe, verstanden? Und kümmer dich um dich! Das wird noch ein schlimmes Ende mit dir nehmen, wenn du so weitermachst, du ungezogener Rotzbengel.« Und mit diesen ominösen Worten wandte der Weise sein Gesicht wieder dem Fluß zu und interessierte sich nicht mehr für die Vorgänge in seinem Rükken.

Und das war in gewisser Weise typisch für das, was die *Centurion* im Umgang mit den Chinesen ständig erlebte. Die Wurzel des Übels lag möglicherweise darin, daß diesem gebildeten, gesitteten Volk jede Achtung vor militärischem Gepräge abging. In einem Land, wo Soldaten zwar offiziell als »gleich« betrachtet wurden, tatsächlich aber noch unter den zur fünften Klasse gehörenden Straßenkehrern standen und sich nach landläufiger Meinung kaum von gedungenen Mördern unterschieden, und in einem Land, zu dem überdies bisher noch nie ein Schiff der Royal Navy vorgedrungen war, erwies es sich sehr zum Leidwesen des Kommodores nicht nur als außerordentlich schwierig, der Flagge seines Königs den gebührenden Respekt zu verschaffen, sondern auch (trotz der Gefälligkeiten der Portugiesen und der gut gemeinten, aber sinnlosen Vermittlung der Ostindischen Handelskompanie) sein Schiff mit den Dingen des täglichen Bedarfs zu versorgen, von der so dringend benötigten Überholung ganz zu schweigen. Behinderungen durch kleine Beamte, ständige Verzögerungen, falsche Versprechungen und Mißverständnisse hielten die *Centurion* für eine, wie es schien, endlos lange, für ihre Offiziere absolut unzumutbare Zeit in Macao fest; und selbst als sich der Kommodore über den kleinmütigen Rat der Kaufleute hinwegsetzte und sich unter Umgehung der

Bürokratie direkt und energisch an den kantonesischen Vizekönig persönlich wandte, ging die Arbeit mit unerträglicher Bedächtigkeit weiter. Unerträglich freilich nur für die Schiffsführung. Die Besatzung, das Fähnrichslogis und die Unteroffiziere waren begeistert über ihren ausgiebigen Landgang.

Nun, da das Schiff an seinem Liegeplatz lag und die Reparaturarbeiten endlich begonnen hatten – eine ganze Horde sehr kompetenter, wenn auch aufreizend langsam arbeitender chinesischer Kalfaterer bearbeitete mit dumpfen Hammerschlägen den Schiffsrumpf, während Schmiede hämmerten und bliesen und Schiffsbauer werkelten –, schwärmte der eher dem leichten Leben zugetane Teil der Besatzung an Land aus und mischte sich in das fröhliche Treiben von Macao, Kowloon und Kanton. Denn trotz der offiziellen Reserviertheit der Chinesen und ungeachtet ihres Status als drittklassige, neutrale Monster fanden sie genügend Vergnügungsstätten, die ganz nach ihrem Geschmack und mit geselligen Seelen bevölkert waren.

Peter hatte das große Glück, sich mit ein paar Kadetten der Ostindischen Handelskompanie zu befreunden, von denen zwei ganz brauchbare Kantonesisch-Kenntnisse hatten und die einschlägigen Orte kannten, wo Fremde willkommen waren und sich bis zum Platzen sattessen konnten. Außerdem lernte er ein paar verwegene, junge Chinesen aus der Klasse der Händler und Kaufleute kennen, die ihn einluden. Manchmal durchstreifte er zusammen mit Keppel und Sean die Gegend auf der Jagd nach dem blutrünstigen chinesischen Fuchs. Er fand China wunderbar, und genau wie seinen Backsgenossen war es ihm egal, wie lange sich ihre Abfahrt verzögerte, solange sein Sold reichte.

Dies war freilich eine in ihrer Bedeutung nicht zu unterschätzende Bedingung. Am Anfang war ihm der Sold von zwei Jahren, selbst der kärgliche Betrag, den ein Midshipman erhielt, wie eine unerschöpfliche Summe erschienen. Aber da der Schein bekanntlich trügt, brach im Februar eine wilde Borgerei im Fähnrichslogis aus. Im März gab es nichts mehr zu borgen, und jeder stand tief in der Schuld der anderen. Das gesamte gemeinsame Geld war Keppel als Einsatz beim Glücksspiel im Teehaus Zur Freudigen Überraschung anvertraut worden. Für einen kurzen, blendenden Moment hatte sich die Summe auch tatsächlich verdreifacht, dann löste sie sich restlos in Luft auf und ließ sieben betrübte, bettelarme Midshipmen zurück. Weder eine Petition an den Kommodore noch ein Frontalangriff auf ihn nach dem Dinner vermochten ihn auch nur einen Zollbreit von seinem Standpunkt abzubringen, der da lautete: Das Prisengeld dürfe nicht angetastet werden. Sparsamkeit sei eine Tugend, die gefördert werden müsse und die in keinem Beruf so wichtig sei wie in dem ihren. Sie müßten ihr Prisengeld als Notgroschen, als Notanker, betrachten. Es betrübe ihn, feststellen zu müssen, daß sie ihren Sold, der für alle nötigen und vernünftigen Bedürfnisse üppig bemessen war, sogar wesentlich üppiger als jede Summe, die er sich als Midshipman jemals erträumt hätte, bereits verpraßt hätten. Aber hier hätten sie zehn Guineen, die sie beim chinesischen Handelsagenten wechseln könnten, und er hoffe, sie würden nicht anfangen, überkandidelte Ansprüche zu entwickeln. Das vertrage sich nämlich überhaupt nicht mit der Marinelaufbahn.

Zehn Guineen waren eine großzügige Spende. Aber die *Centurion* war noch immer aufgelegt, und irgendwie rann ihnen das Geld nur so durch die Finger. Bald begannen kleinere Kleidungsstücke aus den persönlichen Beständen über die Reling in Bumboote oder deren örtliches Pendant zu wandern – den Anfang hatten die privaten Beutestücke aus Paita gemacht; Quadranten,

Kurslineale und Winkelmesser folgten. Schamlos wurden die weichherzigeren Mitglieder der Offiziersmesse überfallen, und Peter etwa hielt es nicht für unter seiner Würde, das Batteriedeck auszuplündern.

17. März, schrieb er. *Ich glaube, Sean versteckt zwei Piaster. Ich habe deutlich etwas klirren gehört, als er vorgab, gerufen worden zu sein, und mir entwischte, bevor ich ihn festhalten konnte. An die ein Pfund neun Pence von Mr. Brett denken. Nicht vergessen zu probieren, ob der alte Schleimer Lee Hee Balthasars Silbermünze mit dem Loch drin wechselt. Ob ich auf meine Matrosenjacke verzichten kann?*

»Das kann ich bestimmt«, antwortete er laut. »Der Kurs nach Hause verläuft nie über 35°S, folglich muß es den ganzen Weg über ziemlich warm sein.«

Die Matrosenjacke ging über Bord, und umsichtig, wie Peter war, gab er Ransomes Jacke gleich mit dazu, was diesem die Qual der Entscheidung ersparte. Gleichwohl tat sich nirgends eine nennenswerte Nachschubquelle auf, und am 3. April schrieb er: *Heute sind wir nur wie ein paar schwermütige Kater durch Macao geschlichen.*

Daher war es ein nur noch dürftig ausgestattetes Häuflein Midshipmen, das in der Kuhl oder auf dem Achterdeck stand, als am 6. April der donnernde Abschiedssalut für das portugiesische Fort über die Reede von Macao hallte und die *Centurion* die Segel füllte und auf See hinaushielt. Dürftig ausgestattet, aber ausgelassen und voller Lebensfreude, denn das Schiff war in einem prächtigen Zustand, der Anblick des Riggs erfreute ein jedes Herz, die schweigenden Pumpen glänzten in frischer Farbe, die zwischen hier und dem Englischen Kanal mit Sicherheit unberührt bleiben würde, und an den Brassen standen, mitten unter den Centurions, rund zwei Dutzend neuer Leute bereit, alles erfahrene Vollmatrosen, holländische und ostindische Laskaren. Die *Centurion* war auf Heimatkurs, und als sie wendete, ging sie mühelos und souverän über Stag, und so zügig, wie sie sofort wieder Fahrt aufnahm und mit ihrem lupenrein sauberen, tadellos kalfaterten Unterwasserschiff durchs Wasser glitt, versprach es, eine herrliche, unbeschwerte Reise zu werden.

Sie hatten zwar nicht all ihre Ziele verwirklicht, denn das Glück war nicht auf ihrer Seite gewesen, und die Geheimhaltung ihrer Expedition hatte sich als Farce entpuppt. Aber sie hatten Kap Hoorn auf einer Route umrundet, auf der kein anderes Schiff ihnen hätte folgen können, und sie hatten es überlebt; sie hatten die Spanier in einer See gekapert, in der diese sich äußerst sicher gefühlt hatten; sie hatten der feindlichen Schiffahrt – Kriegsschiffen und Kauffahrern – ungeheuren Schaden zugefügt, unendlich mal mehr, als sie nun an Prisengeldern mit sich führten, denn entsprechend ihren Befehlen hatten sie versenkt, gebrandschatzt und vernichtet. Und sie hatten Paita ausgeplündert. Dafür hatten sie zwar selbst einen schrecklich hohen Preis bezahlen müssen, und jetzt mußten sie auch erst einmal gegen den Monsun nach Batavia aufkreuzen. Aber das erste war Vergangenheit, und das zweite würde irgendwann kommen, und im Moment segelten sie mit einer erstklassigen Backstagsbrise und einem sauberen, stabilen Schiff unter sich. Und vor allem: Sie waren auf Heimatkurs.

VIERZEHNTES KAPITEL

ALLE MANN AN DECK! Alle Mann an Deck!« schallten der Ruf und das schrille Gezwitscher der Pfeifen durchs Schiff.

»Was zum Teufel ist denn jetzt los?« Schlaftrunken wälzte sich Peter aus seiner Hängematte. »Besatzung antreten zum Strafvollzug?«

»Ansprache vom Kommodore an die Crew«, brüllte Hill über die Schulter, während er aus dem Fähnrichslogis stürzte.

Peter sauste hinauf an Deck und reihte sich, ins Sonnenlicht blinzelnd, an seinem vorschriftsmäßigen Platz auf dem Achterdeck ein.

Was zum Kuckuck soll das denn bedeuten, dachte er ziemlich verwundert und kniff geblendet die Augen zusammen. Sie waren erst vor wenigen Tagen aus Macao ausgelaufen und seit kurzem nicht mehr auf lotbarer Wassertiefe, eigentlich konnte nichts passiert sein, was eine so außergewöhnliche Versammlung gerechtfertigt hätte.

Sobald der letzte Matrose eilig an seinen Platz gehuscht war, senkte sich tiefes Schweigen auf das Schiff herab. Zweihundertfünfundzwanzig Augenpaare vom Hauptdeck und neunzehn Paare vom Achterdeck waren gespannt auf den Kommodore richtet. Nur die Quartermaster blickten weiter nach vorn, während sie die *Centurion* vor dem leise seufzenden Wind steuerten.

Mr. Anson hielt dem Kreuzfeuer der bohrenden Blikke mit völligem Gleichmut stand. Nachdem also absolute Stille eingetreten war, wartete er noch einen Augenblick und sagte dann mit lauter, vernehmlicher Stimme: »Männer! Wir werden noch mal Jagd auf die Acapulco-Galeone machen. Ruhe, da hinten. Ich habe diese Information absichtlich zurückgehalten, bis wir auf See sind, damit nicht irgendein dummer Schwätzer die Chancen seiner Bordgenossen zunichte macht. Wie ihr alle wißt, segelt die Galeone im März von Acapulco nach Manila. Sie wird ihren Landfall zwischen der ersten und letzten Juniwoche – nach der neuen Zeitrechnung – bei Kap Espiritu Santo, auf den Philippinen, machen. Wenn jedes Besatzungsmitglied ordentlich seine Pflicht erfüllt, werden wir rechtzeitig dort sein. Wegen unserer Belagerung damals sind es dieses Jahr möglicherweise sogar zwei Schiffe. Vielleicht kennen einige von euch die Geschichten, die über die Galeone im Umlauf sind – daß sie ein großes Schiff mit einer starken Besatzung ist und ihre Bordwände so dick sind, daß ihnen Kanonenkugeln nichts anhaben können. Es sind immer große Schiffe, möglicherweise mit fünfzig oder mehr Kanonen bestückt und einer fünf- bis sechshundert Mann starken Besatzung, aber kugelsicher sind sie nicht. Sicher, wenn man sie nur aus großer Entfernung beschießt, weil man sich nicht näher rantraut, nun, dann kann es schon sein, daß die Kugeln nichts ausrichten. Aber, Männer«, der Kommodore hob die Stimme, und eine zarte Röte stieg ihm ins Gesicht, »wenn ihr euch so verhaltet, wie ich es von euch gewöhnt bin, werden wir die Galeone – oder falls es zwei sind, alle beide – angreifen, und ich gebe euch mein Wort darauf, daß das aus so kurzer Entfernung geschehen wird, daß eine Kugel von uns nicht nur *eine* Bordwand durchschlägt, sondern auch die andere Seite. Und wenn ihr die Männer seid, für die ich euch halte, werden wir den Feind versenken oder kapern.«

Tosender Jubel donnerte los wie eine Breitseite. Die Besatzung brachte ein dreifaches Hoch aus, das die *Centurion* vom Kielschwein bis zum Flaggenknopf erschütterte, und brach in ohrenbetäubendes, nicht endenwollendes Jubelgeschrei aus.

»Das genügt«, sagte der Kommodore. »Lassen Sie bitte die Männer abtreten, Mr. Saumarez. Wir gehen auf Ostkurs.«

Die *Centurion* ging auf Ostkurs und jagte los. Der günstige Wind stand die Nacht über durch, und am nächsten Morgen preschte sie noch immer in unvermindertem Tempo über die See, den Bugspriet genau in die aufgehende Sonne gerichtet.

»Wir dürfen nicht zu optimistisch sein«, mahnte Peter, bemüht, das Zittern seiner Hände zu unterdrücken, während er die Karte ausbreitete und glatt strich.

»Nein. Wir hatten schon einmal große Hoffnungen, und sie wurden gnadenlos enttäuscht«, nickte Ransome. »Wir dürfen nicht zu hohe Erwartungen haben.«

Aber noch beim Sprechen wußten sie, wie vergeblich dieser Vorsatz war. Das ganze Schiff vibrierte vor Aufregung – all die enttäuschten Sehnsüchte, die die Besatzung mit der hart erlernten Gelassenheit eines Seemanns hinuntergeschluckt hatte, wurden plötzlich wieder zu strahlendem Leben erweckt, glühender denn je zuvor; auf dem Schiff brannte die Erwartung, und die Männer konnten sagen, was sie wollten, aber ihre Herzen waren in Aufruhr, und das ließ sich nicht mehr unterdrücken.

Noch nie hatte der Kommodore etwas mit solcher Gewißheit verkündet. Damals, vor Acapulco, hatte er stets Vorsicht und Zurückhaltung walten lassen. Aber dieses Mal hatte er versprochen: »Ich bringe euch zu der Stelle, die die Galeone passieren muß, und wenn ihr genügend Kampfgeist und Elan beweist, werden wir sie kapern.« Ohne Frage hatte er sich in Kanton oder Macao Geheimdienstinformationen verschafft. Er hatte gewußt, daß die Spanier kommen würden, und er hatte nichts verraten – die ganze Besatzung war sich sicher gewesen, daß sie nach Batavia bestimmt waren; und auch an Land war jedermann so blind davon überzeugt gewesen, daß sich in der Kammer des Schreibers nun die Postsäcke für Batavia stapelten.

Nach Osten, immer nach Osten; südlich an Formosa vorbei. *5. Mai. 21°57'N,* schrieb Peter in sein Tagebuch. *Die Bashiinseln peilen in 60 Meilen Entfernung in Südsüdost. Botel Tobago Xima 21 Meilen in Nord. Demnach sind die Bashis auf der Karte 75 Meilen zu weit westlich eingezeichnet; habe es korrigiert.*

Diese Messungen waren für die Navigation von allergrößter Bedeutung, und der Kommodore dachte keine Sekunde daran, solche Gelegenheiten ungenutzt verstreichen zu lassen. Weil die Messungen zudem eine unschätzbare Hilfe für das rechtzeitige Erreichen der Station darstellten, wurden die Meßinstrumente von jedem an Bord, der sich auf ihre Bedienung verstand, mit beispiellosem Eifer gehandhabt. Ruhm und eine Million Piaster hingen von der Effizienz jedes einzelnen Besatzungsmitglieds ab, denn hier ging es nicht um irgendeine Prise, sondern um die nach Manila bestimmte Ladung aus massivem Silber und Gold.

Effizienz war die Parole, und darauf richtete sich nun ihr ganzer Ehrgeiz. Selbst in den euphorischen Tagen vor Acapulco hatte Peter nicht erlebt, daß die Männer mit dieser eifrigen, ja vorausschauenden Bereitschaft die Wanten emporhuschten oder sich auf die Brassen stürzten. Es schien, als hätte die lange Pause ihre Hoffnungen um das Fünffache verstärkt. Auch die Stückmannschaften legten sich beim Geschützdrill mit wahrem Feuereifer ins Zeug: Und wenn ein Schuß danebenging, bedurfte es keines Tadels seitens eines Offiziers: Die Stückgasten waren so niedergeschmettert, als hätte jeder von ihnen dabei fünf Guineen verloren, und der Stückführer machte ein jämmerlich beschämtes Gesicht. Da bei einer so kleinen Schiffsbesatzung nicht jede Kanone ihre eigene Stückmannschaft haben konnte, wurden die Männer auf dem Hauptdeck in Zehnergruppen und auf dem Batteriedeck in Zwölfergruppen eingeteilt – zwei Lader für jede Kanone, der Rest mußte von einer Stückpforte zur nächsten eilen, und durch das ständige Exerzieren waren die Stückgasten so gut aufeinander eingespielt, daß sie kaum Worte verlieren mußten und die schweren Geschütze stumm und mit erstaunlicher Geschwindigkeit ein- und ausrannten.

Die Scharfschützen, die Männer mit den Handfeuerwaffen in den Masttoppen, übten verbissen, bis sie es zu einem Grad an Perfektion gebracht hatten, der selbst dem Ausbilder einer Musketiertruppe den Atem verschlagen hätte. Jedes einzelne Mitglied der dreißigköpfigen Gruppe war bei einer langen Reihe von Wettbewerben, die von der gesamten Besatzung mit atemloser Spannung verfolgt wurde, sorgfältig ausgewählt worden. Rang oder Dienstgrad spielten innerhalb der Gruppe keine Rolle, denn über eine ruhige Hand und ein scharfes Auge konnte jeder Mann, unabhängig von seiner Rangstufe, verfügen. So kam es, daß sich einige der besten Schützen – Deckoffiziere und ihre Maate – plötzlich unter dem strengen Regiment von Gyppo Soames fanden. In den letzten beiden Jahren hatte das Pfeifsignal *Alle Mann an Deck als Zeugen des Strafvollzugs* fast immer bedeutet, daß Gyppo mal wieder sein Fett abkriegte, und die Hauptaufgabe des Trommelbuben hatte darin bestanden, die Schmerzensschreie des ehemaligen Wilderes zu übertönen. Aber nun – welche Veränderung – erschien Soames sauber und ordentlich zur Arbeit: ein pflichtbewußter, geradezu exemplarischer Tyrann und, mehr noch, ein ganz ehrbarer, angesehener Mann. Überhaupt wies die Strafliste der *Centurion* seit dem Tag der Rede des Kommodores eine geradezu unnatürliche Leere auf, die nur einmal verschandelt wurde, und zwar im Mai durch den Eintrag eines erbitterten Kampfes zwischen Hairy Amos und Henry Burrell, beides Vollmatrosen aus der Steuerbordwache. Es ging um den Besitz einer Muskete namens *Old Noll*, die angeblich allen anderen Musketen, mit Ausnahme der *Dead-Reckoner* von Gyppo Soames, überlegen war.

15. Mai. Heute mittag kein Besteck zur Standortbestimmung. 210-Meilen-Etmal gemacht, Kurs Südwest 17 Stunden, Südwest ½ West 7 Stunden. Eine wunderbare Rauschefahrt nach den Gegenwinden und Flauten von gestern und vorgestern. Die Scharfschützen in den Toppen haben auf einen (alten) Zinnteller geschossen, der an einer 20-Faden-Leine abgefiert war: 30 Löcher nach der ersten Salve – Lob vom Kommodore. Mir einprägen, wie Kap Espiritu Santo aussieht: ein Buckel, drei kleine Buckel, ein Buckel, und dann eine Landzunge, die in Nordnordost peilt und sich 1 Meile ins Meer hinaus erstreckt.

17. Mai. Schrecklicher Tag mit Flaute. Boote zum Schleppen ausgesetzt. Wieviel leichter das Schiff geworden ist! Aber trotzdem bin ich völlig geschafft. Das ist die Angst, nicht die körperliche Bewegung. 4-Meilen-Etmal. Aber Gott sei Dank leichte nach Ost ½ Nord setzende Strömung.

18. Mai. Leichter Wind aus Nord und Nordnordwest zur großen Freude der Besatzung. Backbord-Großbramleesegelspiere abgesegelt. In 7 Minuten und 45 Sekunden eine neue Ersatzspiere aufgeriggt. Sean hat mich gebeten, ihm die Faustregeln der Navigation zu erklären. Sämtliche Freiwachen im Masttopp verbracht und nach dem Kap Ausschau gehalten. Nicht vergessen: ein Buckel, Dreiergruppe, ein Buckel, Landzunge – müßte an Steuerbord voraus auftauchen. Später: Wind flaut in Böen ab – große Besorgnis.

19. Mai 11°53'N 3°46'E von Botel Tobago Xima. Eine sagenhafte Fahrt. Wir könnten es doch noch schaffen.

20. Mai. Herrlich stürmischer Wind während Mittelwache und Vormittagswache. Mittags das Kap gesichtet. Ich sah es im selben Moment wie Wilson, auch wenn er was anderes behauptet. Südsüdwest, 33 Meilen –Buckel, 3 Buckel, Buckel an Steuerbord voraus. Sofort gewendet und die Bramsegel gestrichen wegen der Wachtposten, die sie dort mit Leuchtfeuer für die Galeone postiert haben. Kap Espiritu Santo liegt genau auf 12°40'N und 4°E von Botel Tobago Xima – unsere Berechnungen stimmen alle überein. Nach ihrer Zeitrechnung ist heute der 31. Mai, 3 Tage, bevor das Acapulco-Schiff jemals das Kap passiert hat. Wir werden zwischen 12°50' und 13°5'N kreuzen. Die Besatzung ist unglaublich guter Laune. Muß mich aufs Ohr legen, hab' seit vier Wachen nicht mehr geschlafen.

31. Mai. Geschützdrill. Ein paar erstklassige Schüsse. Nummer 7 und 10 aus der unteren Batterie noch etwas langsam, sind größtenteils Schiffsjungen. Langboot in Bereitschaft längsseits festgelascht. Dran denken, daß das Kugelregal von Nummer 4 schon etwas morsch ist.

3. Juni. Halten Station. Nach der neuen Zeitrechnung ist heute der 14. Juni. Wir machen uns langsam Sorgen. Die Zauberei geht wieder los. Die Laskaren opfern heimlich Pulay Wooloo – ein Gott ihrer Gegend, glaube ich. Hab' ihnen ein Kantonhuhn gegeben und Glück gewünscht. Ich hatte einen schrecklichen Traum, daß uns ein Sturm von der Station weggeweht hätte. Hoffentlich war das kein Omen.

5. Juni. Halten Station. Wie üblich den ganzen Tag an den großen Geschützen exerziert. Die Kanonen der Schwarzen haben den Preis gewonnen. Wie sie glänzen, wenn sie schwitzen! Mulberry hat beim Ausrennen von Nummer 36 seinen kleinen Finger verloren, aber nur »verdammtes Ding« gesagt und herzhaft gelacht. Morgen ist der halbe Monat um – ein ganz gewöhnlicher Tag –, der 16., nach ihrer Zeitrechnung.

11. Juni. Wir kreuzen immer noch. Eine Woche voller Angst, allerdings wurden die Ängste etwas gelindert durch den auffrischenden Wind aus West und Westsüdwest, der sie zweifellos aufhält. Die Männer haben auch kaum Zeit für Angst, so beschäftigt, wie sie sind. Vorfall zwischen dem Kommodore und Sean. Mr. Anson wollte Hammelfleisch essen. Sean sagte: Nein, sind nur noch zwei Schafe aus China übrig, und, Verzeihung, aber das eine muß für die Siegesfeier des Kommodores aufgehoben werden und das andere zum Trost für den besiegten spanischen Kapitän. Der Kommodore wollte trotzdem Hammel, aber Sean weigerte sich hartnäckig – wurde als stur und dickköpfig beschimpft und gefragt, ob er ausgepeitscht werden wolle. Blieb ungerührt, bis der Kommodore murrend nach achtern ging.

12. Juni. Mißgeschick mit Nummer 41. Zu heiß geworden – ist beim Laden zurückgesprungen, hat sich gedreht und den Schildzapfen beschädigt. Wunderbar repariert von Aston, Goldschmied von Beruf. Ransome mit einem Entermesser schlafgewandelt. Wir beten inständig um Gegenwind, der für die Galeone günstig wäre. Am Unterwasserschiff entsteht schon wieder Bewuchs.

13. Juni. Die Gebete haben geholfen. Auffrischender, fast stürmischer Wind aus Ost und Nordost. Mulberry behauptet, das sei seinem Gott zu verdanken – Quatsch. Die Laskaren wechseln vielsagende Blicke, schweigen aber. Exerzieren mit Kanonen und Handfeuerwaffen; Ausguckposten in erhöhter Alarmbereitschaft.

16. Juni. Etwas Schreckliches ist passiert. Wir waren überzeugt, daß wir auf Station 45 Meilen vor dem Kap waren, doch im Morgengrauen sahen wir es plötzlich in höchstens 20 Meilen Entfernung aufragen, so ungeheuer stark war der Tidenstrom. Sofort vom Kap abgehalten – aber womöglich wurden unsere Marssegel gesichtet. Die der Gloucester *wurden vor Acapulco entdeckt. Wenn ihre Wachtposten schlau sind, könnten sie im Schutz der Dunkelheit bereits eins dieser verblüffend schnellen Auslegerkanus an uns vorbeigeschickt haben, als Aviso für die Galeone.*

18. Juni. Lagen den ganzen Tag mit schlagenden Segeln in einem Algenteppich. Könnte sie uns schon vor Tagen unbemerkt im Dunkeln passiert haben? Im Schiff kursieren alle möglichen Gerüchte.

19. Juni – 30. nach ihrer Zeitrechnung. Halte es kaum noch aus. Kommodore bleibt an Deck. Kann nicht schlafen und nichts essen. Wenn sie nicht in den nächsten 48 Stunden kommt, ist alles aus.

Erschöpft und gereizt vor Übermüdung kam Peter von der Mittelwache. Es war vier Uhr morgens, die Morgenwache begann. Er verspürte weder Lust auf Dünnbier und Zwieback noch auf die endlosen Spekulationen im Fähnrichslogis. Langsam enterte er im grauen Licht des abnehmenden Mondes zum Vortopp auf. Das Rigg war naß vom Tau und saitenstraff gespannt. Die *Centurion* lag mit dem Bug zum Schwell des Pazifiks, und in der Ferne vor ihr blinkten matt einige tiefstehende Sterne. Irgendwo hinter dem Horizont war die Sonne bereits aufgegangen. Peter überlegte kurz – ja, jetzt würden die ersten Strahlen grünlich durch den Wald von Tinian fallen. Gleich würden sie den verkohlten Kiel der in Brand gesteckten Bark bescheinen; und mit unvorstellbarer Geschwindigkeit würde die Dämmerung nach Westen rasen. In etwa anderthalb Stunden hatte sie sich über die gesamte Fläche der See ausgebreitet, für deren Überquerung sie so lange gebraucht hatten, und würde die Sterne auslöschen, die bereits zu verblassen begannen.

Ja, dachte Peter, und bewegte das Bein, in dem er vom Sitzen einen Krampf bekommen hatte, den er zu lösen versuchte, indem er hinauf zur Bramsaling kletterte. Ja, sie sind schon viel blasser, und die drei kleinen in einer Reihe waren fast verschwunden. Der Stern dort – welcher ist das, grübelte er, ich kann ihn nicht zuordnen. Er rief sich den astronomischen Atlas ins Gedächtnis, aber vergeblich. Nein, sagte er sich erneut, ich erkenne ihn nicht.

»O Gott!« flüsterte er dann, und der Schreck – aber eher ein freudiger – schnürte ihm die Kehle zu. »Das kann nicht wahr sein ...« Der Stern war nicht verblaßt. Er war auch kein bißchen aufgestiegen wie die wenigen anderen, die noch zu sehen waren – und überhaupt war in *dieser* Himmelsrichtung kein einziger Stern oder Planet mehr zu sehen.

In einem langen Rutsch glitt Peter am Backstag hinunter an Deck. »Verzeihung, Sir«, sagte er leise zu Mr. Dennis, dem Offizier der Morgenwache, »aber ich glaube, einen Strich an Backbord voraus könnte das Licht eines Schiffes sein. Ich bin nicht sicher, Sir.«

Das Gesicht des Dritten Offiziers erstarrte. Wortlos schwang er sich in die Wanten und verschwand nach oben. Wieder zurück, griff er nach Peters Hand, schüttelte sie kurz und stürmte auf die Kajüte des Kommodores zu. Doch dann besann er sich und sagte: »Nein. Gehen Sie – meine Empfehlung, natürlich –, und sagen Sie, ich kann es bestätigen.«

»Empfehlung von Mr. Dennis, Sir«, sagte Peter zu den Augen, die ihn hellwach aus der Koje anfunkelten, »und da ist ein Topplicht in Südost.«

»Vielen Dank, Mr. Bailey, nein, Mr. Palafox, wie ich sehe. Ich komme sofort an Deck.«

Wie oder durch wen sich die Neuigkeit verbreitet hatte, ließ sich unmöglich sagen, aber noch ehe der Kommodore aus seiner Kajüte getreten war, tauchten aus allen Teilen des Schiffes Gestalten in der Dunkelheit auf. Die gesamte Freiwache stand an Deck und wartete und wartete; wartete stumm und ergeben, den Blick starr zum Masttopp emporgerichtet. Und als schließlich mit der aufgehenden Sonne der erlösende Schrei von oben zu ihnen hinunterschallte, war es für niemanden eine Überraschung, sondern für alle eine Bestätigung – eine Bestätigung, die mit einem kollektiven Raunen der Erleichterung und Genugtuung aufgenommen wurde.

Da die *Centurion* schon seit langem gefechtsklar war, blieb nur wenig zu tun, und das Wenige war in sieben Minuten getan. Nun hieß es warten. Doch bevor die Kombüsenfeuer gelöscht wurden, ließ der Kommodore für die gesamte Besatzung eine warme Mahlzeit kochen.

»Wer nicht ißt«, warnte er die Männer, »bleibt während des gesamten Gefechts unter Deck.«

Ängstlich beobachteten die Männer, wie er ihre sauber leergekratzten Teller kontrollierte. Zufrieden ließ er die Feuer löschen, und fünf Minuten später schallte rollender Trommelwirbel, tan tarara tan, durchs ganze Schiff. *Klar zum Gefecht – alle Mann auf Gefechtsposition.*

Getrieben von einem seltsamen Impuls – der, wie Peter feststellte, von allen anderen geteilt wurde, obwohl niemand ein Wort sprach –, sauste er ins Fähnrichslogis und schlüpfte in seine beste Uniform. Die Trommelschläge dröhnten noch in seinen Ohren, als er seinen Platz auf dem Achterdeck einnahm, und die aufsteigende Sonne ließ die Farben aufleuchten. In gold-blauer Pracht stand der Kommodore an der Luvreling; ebenfalls in Gold und Blau standen Mr. Saumarez, der Zweite und der Fünfte Offizier an der Leereling; ganz in Blau der Master, der hinter dem Ruder das Schiff navigierte, und in Rot die Offiziere der Seesoldaten. Peter, Keppel und Preston waren auf dem Achterdeck. Die anderen Midshipmen und Offiziere befanden sich auf ihren Stationen rund ums Schiff: Der Schiffsarzt hielt sich im Bordlazarett bereit, Ransome und Bailey mit Mr. Norris und Mr. Stapleton im Batteriedeck, Mr. Smith von der *Gloucester* und Hill (der Peter wegen höheren Dienstalters an den Kanonen ersetzt hatte) auf dem Vorschiff, Balthasar und Mr. Hughes in der Kuhl und Mr. Wood von der *Tryal* bei den Achterdecksgeschützen – alle in höchster Gefechtsbereitschaft.

Eine weite Fahrt lag hinter der Galeone, die langsam, fast unmerklich näher kam. Trotz der großen Entfernung erkannte Peter die vertraute Schiffsform wieder, die er so oft nachts in jener Bucht im fernen Mexiko gesehen hatte. Er kannte alles an ihr, bis auf eine Ausnahme: das dunkle Kreuz, das wie eine Royalrah, und auch wieder nicht wie eine Royalrah, hoch über den weißen Segeln schwebte. Das ist das Kruzifix, erkannte er plötzlich, und ein seltsamer Schauer überlief ihn. Das Kreuz, unter dem die Spanier in feindlichen Gewässern segelten.

Sie geit ihre Bramsegel auf, sagte er sich. Sie bleibt auf ihrem Kurs und hält auf uns zu. Sie will angreifen. Und er stellte fest, daß der Lärm, den er hörte, sein Herzklopfen war. Ob die anderen es auch gehört hatten? Verstohlen warf er einen Blick auf die unbewegten Gesichter neben sich. So groß wie ein Schiff erster Klasse, setzte er seinen inneren Monolog fort. Wenn sie den Kurs hält, haben wir in zehn Minuten den Luvvorteil. Dann kann sie uns nicht mehr entwischen.

»Mr. Saumarez«, sagte der Kommodore, »wir gehen einen halben Strich höher an den Wind.«

Noch drei Meilen, dachte Peter, als sich der Offizier

mit raschen Schritten entfernt hatte. Alles war seit langem vorausgesehen und vorbereitet. Jetzt brauchten sie nichts anderes zu tun, als zu warten. Ihre Aufgabe bestand darin, zu warten und die wachsende Spannung zu ertragen. Genau wie die anderen stand auch Peter auf dem Achterdeck, um dem Kommodore jederzeit Beistand zu leisten, um im Notfall da zu sein.

Sie dreht bei, dachte Peter, als die Galeone herumzuschwingen begann. Und dann lag sie in ihrer ganzen Herrlichkeit vor ihnen, beigedreht unter Marssegeln, mit dem Bug nach Norden zeigend, die Breitseite ihnen zugewandt. Und als ihr Vormarssegel den Wind ausschüttete, entfaltete sich am oberen Ende ihrer Großbramstenge die königliche Standarte von Spanien, ein Rauchwölkchen erschien an der Bordwand, und kurz darauf erreichte der dumpfe Donnerhall des Kanonenschusses die *Centurion.*

Eine Regenbö trieb zwischen die Schiffe. Peter sah die spanischen Segel verschwimmen, und dann war die Galeone verschwunden. Ein paar warme Tropfen fielen auf Peters Wangen. Die Regenbö zog vorbei –, und da lag sie noch, die Galeone, und erwartete sie mit drohend geöffneten Stückpforten.

»Ich denke, wir können ihnen jetzt unsere Farben zeigen«, meinte der Kommodore mit einem Blick auf seine Uhr.

Unverzüglich setzten sich Keppel und der Signalgast in Bewegung, und schon stiegen die Nationalflagge, der Breitwimpel und die Union Flag am Mast empor.

Sie haben noch nicht gefechtsklar gemacht, dachte Peter, denn irgend etwas wurde in diesem Moment über die Reling der Galeone gehievt. Er überlegte, ob er einen Blick durch sein Fernrohr riskieren konnte. Oder ob ihm das nicht zustand? Nein, lieber nicht. Er konnte es auch so sehen. Es war eine Kuh oder ein Ochse. Noch einer.

Sie warfen ihre Vorräte über Bord, um an die Kanonen zu kommen.

»Der Stückmeister zu mir«, befahl der Kommodore. Und Sekunden später: »Mr. Randall, erreichen Sie sie schon mit den Buggeschützen?«

»Ja, Sir.«

»Dann tun Sie Ihre Pflicht, Meister Stück. Nur die Jagdgeschütze. Richten Sie sie persönlich aus, Meister Stück. Und daß mir keine andere Kanone feuert, bis ich den Befehl dazu gebe. Stören Sie die Spanier mal ordentlich bei der Arbeit, Meister Stück.«

»Aye, aye, Sir.«

Bumm, ging das Backbordbuggeschütz los. Angestrengt versuchte Peter, die Flugbahn der Kugel zu verfolgen. Zwei Aufsetzer auf dem Wasser, und mit dem dritten Satz mußte sie die Galeone hinter den Besanwanten erwischt haben. Ein Raunen ging durch die *Centurion*, das im Krachen ihrer Steuerbordkanone unterging. Das hat sie naß gemacht, dachte Peter befriedigt, und im selben Augenblick sah er am Heck der Galeone Rauch aufsteigen. Drei Gischtfedern stiegen vor dem Bug der *Centurion* auf, und eine matte spanische Kugel prallte mit dumpfem Aufschlag irgendwo weiter vorn gegen den Rumpf der *Centurion*.

»Bramsegel einholen«, befahl der Kommodore und hob die Stimme, um das Ächzen des Windes im Rigg zu übertönen.

Stumm huschten die Toppgasten die Wanten hinauf, während unten an Deck die Männer in perfekt eingespielter Zusammenarbeit wortlos an den Fallen und Geitauen holten; und zum ersten Mal in seinem Leben auf See hörte Peter, wie einhundertfünfzig Fuß über ihm das Luvgeitau mit seinem Block gegen die abgefierte Rah klatschte.

»Fock und Groß«, sagte der Kommodore nach einer

Pause, in der das Steuerbordbuggeschütz erneut gefeuert hatte, aber offenbar folgenlos. Er wollte sich der Galeone unter Marssegeln und Besan nähern, um von achtern einen besseren Überblick zu haben.

Auch ohne Untersegel machte die *Centurion* noch flotte Fahrt, und die Stückmannschaften unter Deck hörten das gurgelnde Rauschen des unter dem Süll ihrer geöffneten Stückpforten an der Bordwand abfließenden Wassers.

Die *Centurion* näherte sich dem Spanier von Backbord achteraus, um längsseits in seinem Lee aufzukommen und damit zu verhindern, daß er vor dem Wind abfiel und entkam. Das gewaltige Hüttendeck der Galeone und ihre breite, goldverzierte Heckgalerie waren nun klar zu erkennen, die Gesichter der Männer auch. Der Abstand verringerte sich schnell.

»Die Sprietsegelrahen vorn und achtern, Mr. Saumarez. An Marsen: Ihr könnt mit dem ersten Geschütz feuern. Mr. Brett, Feuer frei«, befahl der Kommodore, blickte erneut auf die Uhr und notierte Zeit und Position auf einer Schiefertafel.

Im Vormarssegel der Galeone klaffte ein Loch, und wieder brüllten die spanischen Heckkanonen auf. Auch die Spanier waren mit ihren Sprietsegelrahen beschäftigt. Sie machen dasselbe wie wir, dachte Peter. Als hätten sie vor, *uns* zu entern. Was für eine verdammte Dreistigkeit. Aber ganz schön forsch, das muß man ihnen lassen.

Inzwischen war die breite Fläche See zwischen den Schiffen nur noch ein schmaler, sich mit jedem Herzschlag verengender Streifen. Immer näher kamen sie dem Spanier, der vor dem von Steuerbord achteraus einkommenden Wind nur noch Ruderfahrt machte und auf die *Centurion* wartete. Mittlerweile segelten die beiden Schiffe fast auf Parallelkurs. Die *Centurion* hatte in einer Diagonalen das Kielwasser der Galeone gekreuzt und preschte nun, eine stattliche Bugwelle aufwerfend, hinter ihr her.

Noch näher, schnell näher.

»An die Brassen!« brüllte Saumarez, nur Sekunden, bevor der Bugspriet der *Centurion* in den Windschatten der Galeone vorstieß.

Der Rest seines Befehls ging im Donnern der spanischen Breitseite unter, als die *Centurion* mit dem Bug die Heckpforten der Galeone passierte. Aber die Marssegel waren bereits backgestellt, und das Schiff machte nur noch Restfahrt. Seite an Seite glitten sie auf sicherer Pistolenschußweite durchs Wasser, scheinbar bewegungslos, weil sie nun im gleichen Tempo fuhren. Zwischen ihnen hing eine dichte, schwarze Rauchwolke, die von zahllosen feuerroten Flammenzungen durchstochen unter dem infernalischen Krachen der Kanonen und dem metallischen Bellen der Musketen erzitterte. Die *Centurion* feuerte ununterbrochen, die Galeone antwortete mit Breitseiten, durchdachten, gleichmäßigen, ohrenbetäubenden Detonationen aus Lärm, Rauch und Feuer. Die erste hatte Bugspriet und Galion der *Centurion* weggeschossen. Die zweite, in der Aufwärtsbewegung, ging zu hoch.

»Jetzt gilt's«, flüsterte Peter.

Nummer drei. Mit einem Donner, als stürze der Himmel herab, leuchtete die gesamte Wolkenbank auf, und ein gewaltiger Schlag erschütterte die *Centurion.*

Der Kommodore brüllte etwas, der Erste Offizier verschwand, und das Großmarssegel wurde eine Spur umgebraßt. Als Peter nach oben spähte, sah er die Mündungsblitze der Musketen und Drehbassen in den Marsen, aber er hörte nichts.

Nummer vier. Die vierte Breitseite. Er hatte sie erwartet. Mr. Blew lag am Boden. In der Kuhl war eine Kanone umgestürzt, und ihre Crew versuchte verzweifelt, sie wieder aufzurichten. Der Kommodore winkte ihn zu sich.

»Empfehlung an Mr. Norris, und wir ziehen jetzt vorbei. Die vorderen Kanonen seitwärts ausschwenken.«

»Aye, aye, Sir.«

Peter schoß an dem Wachtposten am Niedergang vorbei, rannte über das Batteriedeck, übermittelte schreiend seine Botschaft durch die schwarzen Rauchschwaden und stürzte wieder zurück auf seinen Posten. Kommodore Anson stand mit dem Rücken zur Galeone, die Hände hinter dem Rücken verschränkt, und starrte angestrengt zu den Segeln empor. Mr. Blew war verschwunden. Auf Prestons Wange war Blut.

Nummer fünf. Ein lautes Brausen, dann zischte ein heißer Luftstoß zwischen den Köpfen von Keppel und Peter hindurch. Keppel blinzelte und bewegte die Lippen, aber Peter konnte nichts hören. Er schneuzte sich die Nase.

Eine Windbö rollte den Qualm schräg übers Deck, von Steuerbord achteraus nach Backbord voraus. Zu seiner Rechten, hoch über ihm, sah Peter das spanische Achterdeck mit den Offizieren. Dunkle, unbewegte Gesichter, Degen, betreßte Uniformen, lange Perücken. Ein junger Bursche sah ihm genau ins Gesicht. In einer kurzen Pause zwischen den Kanonenschüssen der *Centurion* kam eine knatternde Salve aus den Marsen, der junge Spanier fiel um und verschwand hinter der Reling.

Nun kam die *Centurion* an der Seite des Spaniers auf. Die sechste Breitseite. Dann Nummer sieben. Eine Kugel traf das Achterdeck. Eine dunkle Furche markierte die Einschlagstelle. Nummer acht. Etwas knallte auf Metall, im nächsten Moment lag Peter auf dem Boden und starrte auf seinen Fuß. Ein sechs Zoll langer Splitter steckte zitternd im Absatz seines Schuhes, der in den Leespeigatten lag, sein Fuß war unversehrt. Meine Güte, dachte er. Als er den Splitter aus dem Absatz riß, sah er im Augenwinkel Sean einen Mann unter Deck tragen.

Die neunte Breitseite würde nicht lange auf sich warten lassen. Und da kam sie auch schon. Irgendwo auf dem Vorschiff ertönte ein schrecklicher Schrei, und ein Block mit einer großen Tauwuhling fiel aufs Achterdeck.

»Preston, Palafox, bringen Sie das in Ordnung.«

Während der zehnten und elften Breitseite waren sie oben im Rigg und knoteten und machten fest. Peter sah das von Männern wimmelnde spanische Deck und den Offizier, der den Befehl für die Kanonen gab. Die spanischen Masttoppen waren bis auf ein paar Scharfschützen im Großtopp fast leer. Einer der Männer zielte auf ihn und schoss, aber in dem Moment schob sich das Besansegel der *Centurion* dazwischen. Auf dem spanischen Achterdeck befanden sich nun nicht mehr viele Offiziere. Ihre Flagge war weg, allerdings nicht gestrichen, sondern im Geschützfeuer verbrannt.

»Leeruder! Scharf anbrassen! Stagfock!« brüllte der Kommodore.

Noch eine Breitseite, eine tiefe, tödliche Breitseite, unmittelbar vor der Aufwärtsbewegung ins Batteriedeck der *Centurion* abgefeuert. Und dann hatte sich die *Centurion* aus dem Lee der Galeone herausgekämpft und legte sich vor deren Bug, aus allen Rohren feuernd, während die spanischen Breitseiten ins Leere donnerten.

Durch den Rauch wurde ein rotes Glühen an der Backbordseite der Galeone sichtbar, gleich darauf loderten Flammen auf, die sich schnell ausbreiteten. Die Hängematten in den Finknetzen brannten. Das Geschützfeuer ließ nach. Schrille spanische Stimmen erklangen. Jetzt gegen sie zu stoßen, wäre fatal, dachte Peter besorgt. Er spähte an den in den Finknetzen der *Centurion* verstauten Hängematten entlang. Sie waren selbstverständlich naß. Wasserströme liefen über das mit Sand bestreute Deck, und um die Pumpen herum standen mit Wasser gefüllte Eimer. Aber das Tauwerk war trocken. Und in den offenen Magazinen lag Pulver.

»Klarmachen zum Abhalten«, befahl der Kommodore. »Leesegelspieren. Wahrschau da vorn.«

Aber bevor der Befehl ausgeführt werden konnte, flog die brennende Masse über Bord und klatschte zischend aufs Wasser.

Von der Galeone kamen nun nicht mehr die dröhnenden Detonationen kompletter Breitseiten, sondern nur noch das krachende Einzelfeuer der Buggeschütze und der wenigen Vorschiffskanonen, die ihr Ziel noch auffassen konnten. Die *Centurion* feuerte in einem nicht endenwollenden Donner ihre gesamte Steuerbordbatterie ab, Unter- und Hauptbatterie, und durch den betäubenden Lärm drangen Jubelschreie zu Peter, und wieder hörte er das Knattern der Musketen in den Masttoppen.

Der Wind riß den Rauch auseinander und gab den Blick auf die furchtbar zugerichtete Galeone frei. Peter sah Offiziere zwischen den Kanonen hin und her hasten. Vorn waren vier Stückpforten weggeschossen. Mitschiffs lagen zwei umgestürzte Kanonen. Nur noch vier Mann hielten das Achterdeck, und während er hinschaute, sank einer von ihnen zu Boden. Die *Centurion* schoß jetzt mit Kartätschen, und der mörderische Hagel fegte das gegnerische Deck leer, und dazu regnete aus den Marsen unaufhörlich tödliches Feuer herab.

Aber dumm ist er nicht, dachte Peter, als er sah, wie die Galeone ihre Rahen rundbraßte.

»Kugel!« brüllte der Kommodore und rüttelte Peters Arm.

Auf einem Absatz humpelnd, eilte Peter unter Deck. Das Brüllen der spanischen Unterbatterie verschluckte seine Worte, als er den Befehl weitergab, und er zeigte auf die Vierundzwanzigpfundkugel neben der nächsten Kanone.

»Gute Arbeit«, sagte der Offizier und nickte mit wildem Grinsen durch die zertrümmerte Stückpforte von Geschütz Nummer 51, das aus seiner Lafette gesprungen, inzwischen wieder seefest verzurrt war.

Auf seinem Weg hinauf an Deck mußte Peter zunächst die Verletztentransporte zum Bordlazarett und dann die schier endlose Reihe von hin und her hastenden Pulverjungen vorbeilassen. Er trat just in dem Moment aufs Deck hinaus, als die Galeone eine neue Breitseite auf die *Centurion* abfeuerte. Dann lag er auf dem Rücken, und sein Mund war voller Blut. Er konnte nichts sehen – vor seinen Augen war alles rot. Es ist nichts, dachte er, schüttelte den Kopf und zog sich empor. Ein Splitter hatte ihn an Mund und Stirn getroffen, aber nur gestreift. Er wischte das Blut weg und nahm wieder seinen Posten auf dem Achterdeck ein. Preston war nicht mehr da. Der Boden war blutig.

»Alles in Ordnung?« brüllte Mr. Saumarez und blickte Peter scharf ins Gesicht.

Der nickte. »Nur eine Schramme!« schrie er.

Inzwischen war die Gaelone wieder aufgekommen und hatte in den Wind gedreht. Jetzt lagen sie wieder Seite an Seite. Die Hauptbatterie des Spaniers gab nur noch vereinzelte Schüsse ab, aber seine Unterbatterie bestrich die *Centurion* entschlossen mit einer soliden Breitseite von zerschmetternder Wucht.

»Gehen Sie näher ran«, befahl Mr. Anson dem Rudergänger.

Verbissen beharkten sich die Schiffe nun Rahnock an Rahnock, daß der Kanonendonner vom Himmel widerhallte. Über das Hauptdeck der Galeone rannten Männer. Im Niedergang sah Peter ein Handgemenge – ein Offizier erschoß einen Mann mit der Pistole.

Der auffrischende Wind verwehte den Pulverqualm, und mitschiffs, wo an Stelle von drei Stückpforten ein riesiges Loch gähnte, konnte Peter in das Unterdeck des Spaniers hineinblicken, wo ein Offizier mit seinem Säbel auf die Stückmannschaften eindrosch. Weiter vorn feuerten drei Kanonen der Galeone gleichzeitig, dann geschah lange Zeit nichts, sehr lange Zeit. Zwei weitere Schüsse krachten, dann noch ein dritter – alles Treffer. Gordon von den Seesoldaten warf die Arme hoch, taumelte zwei Schritte und stürzte über die Reling. Eine längere Pause seitens des Spaniers, dann brüllten vorn und mittschiffs noch einmal zwei einsame Kanonen auf.

Jetzt feuerte nur noch die *Centurion*. Ununterbrochen bestrich sie den Spanier, Stichflammen, Rauch und Metall speiend.

»An Marsen! An Marsen!« brüllte der Kommodore mit dröhnender, alles übertönender Stimme. »An Marsen! Feuer einstellen!«

Über das verwaiste Hauptdeck der Galeone huschte eine einsame Gestalt. Zwischen den zertrümmerten Booten und Spieren Deckung suchend und über Leichenberge springend, flitzte sie zur Luvseite und enterte in Windeseile zum Großtopp auf.

Am Flaggenknopf der Großbramstenge ruckte die spanische Königsflagge, hielt für einen kurzen Augenblick noch einmal an und wehte flatternd im Wind, bevor sie in immer schnellerer, schwindelnder Flucht nach unten fiel: Die Galeone hatte die Flagge gestrichen.

»Mr. Saumarez«, sagte der Kommodore in die unheimliche Stille hinein. »seien Sie so gut, pullen Sie im Langboot rüber, und übernehmen Sie die Galeone.«

FÜNFZEHNTES KAPITEL

21. *JUNI 1743,* schrieb Peter ganz sorgfältig, *12°40'N. Kap Espiritu Santo peilt 18 Meilen entfernt in Westsüdwest. Gestern haben wir nach einem kurzen, ungefähr 2 ½ Stunden dauernden Gefecht Seiner Katholischen Majestät Galeone* Nuestra Señora de Cobadonga *gekapert. Die Spanier haben sich ordentlich geschlagen – ihr Admiral und 67 andere wurden getötet und 84 Mann verwundet – 152 Opfer bei einer Crew von 550 Mann. Wir haben Corleß und Windrow verloren, beides Seeleute, tot; außerdem wurden Mr. Norris und 16 Mann verwundet – 19 Opfer bei einer Crew von 227, einschließlich mir. Die Galeone führte folgende Geschütze: 22 Kanonen auf Lafetten, 28 Drehbassen auf der Reling und jeweils einen 4-Pfünder in jedem Masttopp. Sie transportierte 1 313 843 Piaster und 35 682 Unzen gediegenen und plattierten Silbers, was 100 000 Pfund mehr macht, als wir gehofft hatten. Um ein Haar hätten wir sie allerdings verloren und unser Leben dazu, denn plötzlich fing sie unmittelbar achtern des offenen Pulvermagazins Feuer. Mr. Brett flüsterte es dem Kommodore zu, als er nach achtern kam, um ihm zum Sieg zu gratulieren, aber wir konnten es ohne viel Federlesens löschen. Dabei hat sich Sean noch einmal selbst übertroffen, als er sich naß auf das Feuer gestürzt und es ausgerollt hat, kurz bevor es das Pulver erreichte (obwohl sein Kopf schon im Pulver steckte), weil er sich, wie er sagte, zum Teufel noch eins nicht um seinen Ruhm bringen lassen wollte. Der arme Preston bekam einen*

Block auf den Kopf und verlor das Bewußtsein. Ich wurde leicht von einem Splitter getroffen. Keppel verlor seine besten Zähne beim Gähnen – sie fielen ihm aus dem Mund und wurden von der nächsten Breitseite zerschmettert. Wir sind alle noch halb taub, aber von Herzen froh.

Von Herzen froh waren sie in der Tat, und das trotz des gewaltigen Berges an Arbeit, die vor ihnen lag. Nun hieß es knoten und spleißen, die entstandenen Schäden (und das waren nicht wenige) an der *Centurion* zu reparieren, die Galeone über Wasser zu halten (sie hatte einhundertfünfzig Treffer erhalten – etliche davon auf Höhe der Wasserlinie und, wie vom Kommodore prophezeit, glatte Durchschüsse beider Bordwände) und wieder seetüchtig zu machen. Denn ein so großer und schwerer Schatz ließ sich unmöglich auf hoher See umladen, weshalb die Galeone mit der *Centurion* nach China segeln sollte, als Vollschiff der Royal Navy, unter dem Kommando von Mr. Saumarez und mit einer bunt gemischten Besatzung zur Bewachung der Gefangenen, einer ihren Eroberern zahlenmäßig haushoch überlegenen Schar von Seeleuten, die sich der vermeintlichen Übermacht eines starken Kriegsschiffs ergeben hatten und sich nun einer unterbemannten Stammbesatzung gegenübersahen.

Alle waren von Herzen froh, auch wenn Peter, Keppel und Preston unmittelbar im Anschluß an das Gefecht an einer schweren Mumpsinfektion erkrankten. Trotzdem konnten sie keine Sekunde vom Dienst befreit werden, sondern mußten bis an die Zähne bewaffnet Wache schieben, um im Fall eines Überrumpelungsversuchs gewappnet zu sein. Deshalb waren sie alle glücklich, als sie wieder in Macao waren, und noch fröhlicher auf der langen, unbeschwerten Fahrt durch die Sundastraße, unterbrochen nur durch einen einzigen Zwischenstopp bei der Prinzeninsel, bei dem sich die Männer ein wenig Bewegung verschafften und Wasser und frisches Obst an Bord nahmen. Und von da an folgte eine ruhige, ereignislose Fahrt über den Indischen Ozean, vorbei am Kap der Guten Hoffnung, wo die allgemeine Fröhlichkeit dank einer beträchtlichen Verstärkung durch holländische Seeleute noch zunahm. Fortan wurde den Neuzugängen fast die gesamte Arbeit an Bord aufgehalst, während die Centurions, um gute Ratschläge nicht verlegen, auf dem Schiff herumschlenderten, zuguckten und anspornten. Das heißt, sofern sie sich von ihren akribischen, zahllose Seiten füllenden Berechnungen und präzise durchgeführten Kalkulationen ihres Reichtums und ihren unterschiedlichen, nicht weniger präzisen Plänen, ihn wieder zu verprassen, losreißen konnten.

Außerordentlich froh und vergnüglich verlief auch die Fahrt durch den Südatlantik. Fröhlich winkten sie nach St. Helena hinüber, als sie vor einer frischen Backstagsbrise an der Insel vorbeipreschten. Unverschämt glücklich waren sie, als sie nach einer flotten Fahrt durch die Tropen die westlichen Vierziger erreichten und von einem auslaufenden englischen Schiff erfuhren, daß sie sich im Krieg mit Frankreich befanden. Und schließlich schnappten sie vor Freude schier über, als sie nach einer zähen Kriechpartie bei dichtem Nebel durch den rauhen Englischen Kanal feststellten, daß sie unbehelligt mitten durch die französische Flotte gesegelt waren.

Von ganzem Herzen froh.

Nicht so freilich Sean. Nicht so der Bootsmannsgehilfe O'Mara mit seinem neuen, glänzend schwarzen Hut. Quälende Sorgen und die erdrückende Last der Verantwortung beugten ihn nieder, seit Mr. Saumarez ihn auf die Poop der Galeone gerufen hatte, auf der noch immer das Blut hin und her schwappte und Pulvergeruch vom zertrümmerten Deck aufstieg. Neben dem Rohsilber, dem plattierten Silber, den Goldbarren, dem Schatz von

Paita und dem ungemünzten Gold und Silber aus anderen Prisen hütete er eine Million und dreihundertdreizehntausendachthundertdreiundvierzig Piaster, und er war fest entschlossen, die Fahrt mit genau einer Million und dreihundertdreizehntausendachthundertdreiundvierzig Piastern und dem restlichen Gold und Silber zu beenden. Aber er hatte auch nur zwei Augen, und hin und wieder mußte er sie schließen. Es war grausam. Wenn er schlief (was nur selten vorkam), tat er das auf den klimpernden Segeltuchsäcken tief unten in der luftlosen Last, umgeben von einem ganzen Arsenal von Rasiermessern, Pistolen, Entermessern und einer mächtigen Axt. In China ging er nie an Land, es sei denn Ransome löste ihn ab. Ransome war der einzige an Bord, dem er völlig vertraute. Peter durfte nur bis zur Schwelle, aber nicht weiter; gegen Mr. Brett hegte Sean den größten Argwohn – »tut beim Reden immer wer weiß wie höflich, der Kerl, aber seine Großmutter war die Schlange in Person« –, weil Mr. Brett ihn nur selten beschimpfte, was äußerst verdächtig war. Selbst dem Kommodore wurde nur sehr widerwillig Zutritt gewährt, und dann spürte er die ganze Zeit Seans heißen Atem im Nacken. Auf jeden Unteroffizier, Deckoffizier und einfachen Matrosen wurde unterschiedslos und ohne Warnung geschossen, und nach einer Weile gaben sie es auf, zu Sean in die Last hinabzusteigen, um ihm einen guten Tag zu wünschen.

Der Friede des Südchinesischen Meeres, die ruhige, friedliche Weite des Indischen Ozeans erleichterten sein Los, die Rekrutierung der Holländer in Afrika aber stellte eine schwere Prüfung für ihn dar. Daß die Neuzugänge allesamt Diebe, Banditen, deportierte Schwerverbrecher waren, erkannte er auf den ersten Blick an ihren verschlagenen Gesichtern und ihren hinterhältigen Schlitzaugen, durch die Bank weg Höllenbrut bis zum letzten mißratenen Hurensohn!

Und schließlich die Ankunft und das Ausladen – die Tortur schlechthin für Sean, die aber noch übertroffen werden sollte von den Höllenqualen, die er beim Marsch der Centurions nach London ausstand, durch Westminster, an St. James's vorbei, wo der König ihnen zuwinkte, und dann durch die ganze City bis zum Tower. Unter schmetterndem Trommelwirbel und dem Flattern der Fahnen, der versengten Flagge der Galeone und der ausgebleichten, verschlissenen Wimpel der *Centurion,* marschierte die Besatzung – Weiße, Braune, Gelbe, Schwarze und Mulatten, alle in Schale geworfen und mit zu dümmlichem Grinsen erstarrten Gesichtern – neben den zweiunddreißig großen, quietschenden, mit Schätzen beladenen Lastkarren einher, die Offiziere mit gezogenem Degen und in der ganzen Pracht ihrer Paradeuniformen an der Spitze des Zuges. Für König George II. hatte Sean noch ein mattes Lächeln übrig, aber beim Anblick der dichtgedrängten Menschenmenge erwachte erneut sein Zorn. Da stand dieses hinterlistige Diebesgesindel, als könne es kein Wässerchen trüben, und jubelte scheinheilig, um ihn in Sicherheit zu wiegen, dabei wartete das Pack nur darauf, daß er endlich einmal den Blick von den Wagen abwendete. Aber ihn, Sean, konnte das heimtückische Londoner Gelichter nicht täuschen! Er kannte das kriminelle Gezücht! Wachsam und das Entermesser gezückt, schoß er unablässig wütend funkelnde Blicke nach allen Seiten.

Endlich kamen sie in den Tower, und das Rasseln der Fallgitter war Musik in Seans Ohren. Sowohl der Hauptmann des Towers als auch die Beefeater fanden seine uneingeschränkte Anerkennung – besonnene, wachsame Menschen, die um die Bedeutung von Sperrvorrichtungen wußten –, und als die letzte Kiste hinter mächtigen Eisengittern und fünfundzwanzig Fuß dicken Mauern am sicheren Aufbewahrungsort stand, fiel ihm das Gewicht von anderthalb Millionen Silberpiastern von der Seele. Zum ersten Mal seit zwölf Monaten und vierzehn Tagen atmete er befreit auf und machte seiner Erleichterung mit einem Schrei Luft, der die Beefeater schreckensbleich zusammenfahren ließ.

Mit seinem eigenen Geld hingegen ging Sean ausgesprochen unachtsam um. In unbekümmertem Leichtsinn trug er es in seiner Seitentasche mit sich herum, es waren ja hauptsächlich englische Banknoten. Seine unfaßbare Sorglosigkeit ging so weit, daß Peter schließlich fünfhundert Pfund konfiszierte, bis Sean seine sieben Sinne wieder beisammen hätte. Lediglich eine Tasche voll Gold gestand er Sean zu, die dieser freilich auf der Stelle ausgab, so daß er Peter fortan um jeden einzelnen Grot angehen mußte.

Peters Reaktion auf den plötzlichen Reichtum aber hätte kaum unterschiedlicher ausfallen können. Während der Fahrt von Kap Espiritu Santo nach Spithead und von Portsmouth nach London war er – vom Mumps einmal abgesehen – fröhlich und ausgelassen wie ein Sack voller Flöhe. Diese Unbeschwertheit fand jedoch in London ein jähes Ende. Denn die Admiralität zeigte sich, zum ersten Mal seit ihrer Gründung, von einer erstaunlich großmütigen Seite. Bei der Belohnung des Kommodores ließ sie sich zwar wie üblich viel Zeit, so daß es eine ganze Weile dauerte, ehe er in den Stand eines Peers erhoben und zum Konteradmiral der Blauen Flagge und Seelord befördert wurde. Aber man zahlte nicht nur den holländischen Seeleuten umgehend ihre Heuer aus und schickte sie obendrein mit einer Gratifikation nach Hause, sondern sah auch davon ab, die zurückgekehrten Centurions sofort wieder für einen neuen Einsatz zu pressen, und beschleunigte die Auszahlung der Prisengelder. Für Peter, der sich mit dem Rest des Fähnrichslogis bei der Geschäftsstelle des Prisengerichts einfand, war es ein beklemmender Moment, als der Sekretär ihm einen Scheck über eintausenddreihundertachtundsiebzig Pfund, vier Shilling und zweieinhalb Pence aushändigte. Und noch beklommener wurde ihm zumute (denn Gold ist um einiges realer als jedes Papier), als der Kassierer bei der Bank von England gleichmütig die letzten Guineen aus der Waagschale schaufelte, sie in den Sack kippte und grunzend die schwere Last über den Schalter schob.

Es war eine ernste und feierliche Angelegenheit, den schweren Sack durch London zu Keppels Elternhaus zu bringen. Und damit in der Postkutsche nach Holyhead zu sitzen ebenfalls, wenngleich der Sack nun leichter war. Denn die Entlassung des Vaters vom armen Elliot aus der Schuldhaft hatte eine ganz beträchtliche Summe gekostet – wenn auch, dank Lord Albermares Agenten, der die Sache in die Hand genommen und die Schulden des unglücklichen Hilfspfarrers für fünf Shilling das Pfund aufgekauft hatte, nicht ganz so beträchtlich wie befürchtet. Die Sache nahm für alle Beteiligten ein unglaublich glückliches Ende; nicht nur, weil Mr. Anson bei seiner Heimkehr feststellte, daß eine der Pfründe auf seinem Besitz vakant geworden war, sondern auch weil Elliots Schwestern, die bei ihrem Vater im Schuldgefängnis gewohnt und, um ihn ernähren zu können, vierzehn Stunden täglich bei einer Putzmacherin gearbeitet hatten, Peter in Sachen Pariser Bonnets (die, Krieg hin oder her, weiterhin über den Englischen Kanal kamen), Bänder, Umhänge, Mäntel, Handschuhe und Mützen mit Rat und Tat zur Seite standen. Aus ihrem neuen Pfarrhaus in Wiltshire schickten sie per Expreß ein Bonnet für Mrs. Palafox und ebenfalls eines für jede von Peters Schwestern – wunderbare Kreationen, gut eine Elle hoch und mit Vögeln, Spitzenborte, Früchten und den ausgefallensten Blumen verziert, wie sie die Damen von St. James's trugen –, nebst den ersten drei Eiern, die ihre neu angeschaffte Henne gelegt hatte, und einer unschuldigen, jungen Forelle, dem ersten Fang ihres eifrig angelnden Vaters.

Eine ernste Angelegenheit war auch die Einschiffung auf dem Paketboot. So ernst, daß Peter fast den erbitterten Kampf nicht bemerkt hätte, der entbrannte, als Sean von den Preßgangs gepackt wurde. Erst im allerletzten Moment gelang es ihm, Sean aus den Fängen der wenigen, nicht kampfunfähig geschlagenen Gangmitglieder zu retten.

»Was zum Teufel fällt Ihnen ein, so mit einem Deckoffizier der *Centurion* umzuspringen?« hatte er den verdutzten verantwortlichen Fähnrich angeschnauzt. »Was zum Teufel bilden Sie sich ein, Sie jämmerlicher, kleiner Sloopfähnrich? Welches Dienstalter haben Sie überhaupt? Na los, raus mit der Sprache. Aha, dachte ich's mir doch. Sie haben Sir zu sagen, wenn Sie mit mir reden. Bootsführer, entlassen Sie den Mann. Himmel Herrgott, ihr verdammten, nichtsnutzigen Bambusen – seid ihr denn zu blöd, um einen Kriegsschiffsmatrosen zu erkennen?«

»Centurion?« keuchte der Fähnrich, »Verzeihung, Sir.«

»Centurion?« murmelte die Preßgang. »Heiliger Strohsack!«

Eine ernste und feierliche Angelegenheit, mit dem Sack von Bord zu gehen und irischen Boden zu betreten, und eine nicht minder ernste, den Beutel mit dem meisten Geld unter den Bodenbrettern des kleinen Karrens zu verstecken.

»Du kannst dieses Pferd nicht haben«, stöhnte Peter händeringend zum dritten Mal, als Sean am Händlerpier einen Vollblüter vor ihm auf und ab tänzeln ließ.

»Verdammt!« Enttäuscht und wütend spuckte Sean in den Liffey. »Und woran soll man dann erkennen, daß wir glorreiche Helden sind, wenn wir nicht auf edlen Pferden angeritten kommen?«

»Sei's drum.« Peter blieb hart. »Du bringst jetzt sofort diesen Gaul zurück, der ist sowieso spatig, und holst dafür den kleinen Esel her.«

»Nein. Bei meiner Seele, das werde ich nicht tun. Hinter einem mickrigen, kleinen Esel herzureiten, diese Schmach ertrage ich nicht! Hört zu, Euer Ehren, mein Bester, laßt mich doch das prächtige Pferd von meinem Geld kaufen, ja, Sir? O bitte, mein lieber Peter. Wir wollen doch in Glanz und Gloria zurückkehren, oder etwa nicht? Und es den Burschen aus Leinster zeigen! Ihr werdet Euch doch auch einen goldbetreßten Rock kaufen, nicht wahr? In diesem scheußlichen alten, stockfleckigen Kittel wollt Ihr doch wohl nicht nach Hause kommen, oder?«

»Nein«, antwortete Peter.

»Hört zu ...«

»Nein, kommt nicht in Frage. Hol den Esel, Sean.«

»Muß es denn unbedingt ein Esel sein, mein lieber Peter?« fragte Sean mit Tränen in den Augen. »Damit wir auf dem Weg von Dublin nach Ballynasaggart zum Gespött der Leute werden? Das habe ich wahrlich nicht verdient, Euer Ehren.«

»Na gut«, gab Peter zähneknirschend nach, und sie einigten sich auf ein älteres Pferd, einen ziemlichen Klepper, aber zumindest hatte er noch alle vier Beine und zog willig den kleinen Karren mit seiner Last aus Bonnets, Bändern, einem großen Steinbrocken von Juan Fernandez, acht grünen Papageien, einem Flederhund (im Winterschlaf) aus Sunda, zwei Sumpfschildkröten (angeblich lebendig), einem zitternden Affen, ein paar Krokodilszähnen, einem seltsamen chinesischen Baum, einer Porzellanpagode, einem Andenken von Miß Anne Elliot (das Peter zwar an seiner Brust trug, aber er saß schließlich auch auf dem Karren), einer Trommel vom Hottentotten-Kap, einem kleinen Delphin im fortgeschrittenen Verwesungsstadium und einer Unmenge Hals-, Kopf- und Schultertücher in den scheußlichsten Farben, ferner diverse andere Gegenstände von zweifelhaftem Reiz oder Nutzen und nicht zu vergessen, einem sehr nützlichen Ballast aus Gold. In flottem Tempo zog das Pferd den Karren quer durch Irland. Sie übernachteten in kleinen, billigen Absteigen, auch wenn Sean protestierte, begehrliche Blicke auf noble Herbergen mit prächtigen Kutschen davor warf und mit dem Gold in seiner Tasche klimperte, denn Peter hatte ihm nun, da er ein Auge auf ihn hatte, großzügig eine Banknote zum Wechseln gewährt.

Das Motiv für Peters Sparsamkeit lag auf der Hand. Er hatte bei seiner Seele geschworen, daß er seinem Vater eintausend Guineen und nicht einen Viertelpenny weniger in die Hand drücken würde. Denn diese Summe würde, in Staatspapieren angelegt, das Gehalt von Hochwürden Mr. Palafox genau verdoppeln; sie würde seine Schwestern mit einer Mitgift ausstatten und William den ersehnten Besuch des Trinity Colleges ermöglichen. Viel war dann von seinem persönlichen Überschuß nicht mehr übrig; trotzdem würde er, komme, was wolle, diesen phantastisch hohen Betrag niemals antasten. Verbissen stapfte er weiter durch die Grafschaft Roscommon, neben sich den verzweifelt jammernden Sean.

Es war ein schöner Sommertag in Connaught, als sie die Ebene der Zwei Nebel erreichten, wo über ihren Köpfen die Brachvögel ihre klagenden Schreie ausstießen. Das heißt, es war deutlich über null Grad, und der Regen tröpfelte nur langsam von Seans rundem, satiniertem Hut.

»In fünf Minuten werden wir das Moor von Connveagh sehen, jawohl«, frohlockte Peter.

»Unser gutes, altes Moor, Gott sei Dank.«

»Ich danke Ihm«, sagte Peter und nahm seinen Hut ab.

»Seht Ihr die Wolke, die über Cruachan schwebt? Zwei Strich an Steuerbord voraus, Sir?«

»Allerdings. Klar bei Riemen, ruder an!« rief er dem Pferd zu.

Das Pferd, gewissermaßen ein Seepferd, denn es hatte in der Royal Navy gedient, legte sich sofort in die Riemen. Der grasbewachsene Weg verschluckte das Stampfen der Hufe; lautlos zogen die Räder ihre lange Spur durch den aufgeweichten Boden.

»Da ist die Hütte von Joseph Noonan«, sagte Peter ergriffen. »Und ich kann schon die Eschen in unserem Garten sehen.«

»Und da vorn steht Pegeen Ban und staunt sich die Augen aus dem Kopf.«

»Tatsächlich, da steht sie mitten im Torf, mit ihrem Melkschemel unterm Arm, und kriegt den Mund gar nicht mehr zu.«

»Einen schönen Tag, junge Frau, und Gottes Segen.«

»Gott zum Gruß, ihr Seeleute. Ist euch nicht vielleicht eine kleine, störrische Kuh über den Weg gelaufen? Na – also – da soll doch – hol dich der Teufel, Sean! Ja, lieber Sean, ich hätte dich fast nicht erkannt. Und Peter! Aber was ist denn mit deinem armen Gesicht passiert? Sind das Schüsse gewesen? Und Sean, mein Schatz, was hast du mit deinen Ohren gemacht? Wo hast du die denn verloren? O Sean, was für einen komischen Hut du aufhast. O Sean, ich hätte dich fast nicht wiedererkannt!« rief Pegeen und vergoß Freudentränen. »Habt ihr denn in der Ferne Kriege erlebt? Ihr Armen – in dem kleinem Karren«, sagte sie mitfühlend. »Und ich hab' euch noch nachgerufen, ihr sollt die Krone vom spanischen König mitbringen, ach je.«

»Nun, Pegeen-Schätzchen«, Peter bückte sich und griff in seine Seekiste, »hier ist sie! Ich will zwar nicht behaupten«, sagte er und betrachtete den Reif, eine Votivgabe, die er in Paita erbeutet hatte, »ich will nicht behaupten, daß es seine allerbeste Krone ist, seine Festtagskrone. Aber«, er setzte den Reif auf Pegeens reizendes Köpfchen und gab ihr einen schmatzenden Kuß auf die Wange, »es war die beste, die ich in der kurzen Zeit und bei den grausamen Kriegen auftreiben konnte.«

»O Peter, du bist der Stolz von ganz Connaught!« stammelte Pegeen und fiel ihm atemlos um den Hals, um sich schon im nächsten Augenblick wieder umzudrehen und ihr gekröntes Spiegelbild in einer Pfütze zu bewundern.

»Das bin ich auch!« rief Sean. »Auch ich bin ein großer Held, Pegeen Ban!« Und damit warf er eine Handvoll Guineen in die Luft, die mit dem Regen wieder herabfielen.

»Anker auf!« sagte Peter zu dem maritimen Pferd. »Sean, wirf die Leinen an Steuerbord los. Na los, wird's bald!«

Denn in der Ferne hatte er verschwommen etwas Weißes in den Eschen des Pfarrhausgartens aufblitzen sehen. Es war seine jüngste Schwester, die seit fünf Wochen, seit dem Tag, an dem die Nachricht von der Ankunft des Schiffes den Westen erreicht hatte, täglich auf den Baum geklettert war, um Ausschau nach ihm zu halten. Jetzt war sie etwa einen Meter tief abgestürzt und wurde nur von ihrer robusten Schürze gehalten. Sie hing mit dem Kopf, an dem ein aufgerollter Zopf baumelte, nach unten, und was in der Ferne weiß blitzte, war ihr flatternder Unterrock, als sie mit den Beinen strampelte.

»Willst du wohl endlich die Leinen loswerfen, Mann?« wiederholte Peter mit dröhnender Achterdecksstimme.

»Nein, will ich nicht!« schrie Sean und umklammerte verzweifelt den Pferdehals.

»Pfui, Sean, schäm dich.« Erbost sprang Peter aus dem Karren. »Du frecher, unverschämter Mensch.«

»Vier Jahre lang habe ich gehorcht«, fuhr Sean fort und warf tanzend die Füße hoch, »und das Vergnügen, einem Offizier den Gehorsam zu verweigern, kann ich mir beim besten Willen nicht verkneifen.«

»Also Sean, mein Lieber, willst du jetzt wohl mal das Pferd lomachen, damit ich auf dem schnellsten Weg nach Hause reiten kann?«

»Schäm dich, Sean O'Mara, für diese freche Antwort. Befehle verweigern, zum Teufel mit dir. Wenn du mich heiratest, Sean, ist damit aber Schluß.«

»Euch zuliebe werde ich es tun, mein lieber Peter«, sagte Sean und begann das Pferd abzuschirren. »Und damit du's weißt, Pegeen Ban«, schnaubte er verächtlich, »vielleicht heirate ich ja eine andere. Aber ich befolge keine Befehle mehr, Euer Ehren, denn seht Ihr, ich werfe an Backbord los.«

»Sean, du wirst mich heiraten und keine andere«, kreischte Pegeen und packte ihren Schemel.

»Erst mal sehen, *vielleicht*«, begann Sean.

Aber den weiteren Verlauf ihres Werbens bekam Peter nicht mehr mit, weil er sich mit einem Schrei auf das Pferd schwang und es wild anfeuernd über die Wiese trieb. Ganz hinten, am anderen Ende des Weges, tauchte eine ferne Gestalt auf, die sich schnell näherte. Im gestreckten Galopp kam Placidus angeflogen, seinen Herrn auf dem Rücken, die Hufe trommelten über das Gras wie bei einem Dreijährigenrennen. Mr. Palafox' Soutane flatterte im Wind. Dann kamen flink wie die Hasen William und Dermont angeflitzt, dahinter die weißen Schürzen seiner Schwestern, gefolgt von den anderen.

»Vorwärts!« feuerte Peter sein Pferd an und unterdrückte den starken Impuls, über Stag zu gehen, denn der Wind blies ihm nun genau ins Gesicht. »Vorwärts!« rief er, und zwang durch Willenskraft das Pferd, über eine Torfreihe zu springen, die den Weg versperrte. Er preschte an der Wegkreuzung und der niedrigen Hütte von Noonan vorbei.

»Willkommen, Peter!« riefen sie. »Willkommen daheim! Willkommen zurück von der See!«

»Willkommen zurück vom Goldenen Ozean!« jubelten alle und winkten. »Willkommen zurück von der Goldenen See!«

Er sprang vom Pferd und rannte ihnen zur Begrüßung entgegen.

»Willkommen daheim, Peter, lieber Peter! Willkommen zurück von der See!«

»Daß der Autor Quellen und Literatur gleichsam juristisch exakt genutzt hat, sorgt für den historischen Rang seiner Erinnerungsarbeit.« **Die Zeit**

Die Verfolgung und der Untergang der *Bismarck* im Mai 1941 während der ersten atlantischen Operation gehören zu den dramatischsten Ereignissen des Zweiten Weltkriegs und der Seekriegsgeschichte überhaupt. Lediglich 115 von 2221 Mann Besatzung überlebten die Versenkung der *Bismarck* durch britische Schlachtschiffe 400 Seemeilen westlich von Brest. Burkard Freiherr von Müllenheim-Rechberg, von 1943 an Korvettenkapitän der Reichsmarine, war einer der wenigen Überlebenden dieser Tragödie. In seinen Erinnerungen, ergänzt um Zeugenberichte weiterer deutscher wie britischer Beteiligter, schildert er noch einmal die historischen Abläufe detailliert in all ihren Einzelheiten.

Burkard Freiherr von Müllenheim-Rechberg
Schlachtschiff Bismarck
Ein Überlebender in seiner Zeit
Mit 54 s/w-Abbildungen
ISBN 3-548-25644-9

Ullstein Taschenbuch